저주받은 원자

저주받은 원자

미국의 핵기술 도박이 만들어낸
현재진행형 지구사

2022년 9월 19일 제1판 1쇄 인쇄
2022년 9월 30일 제1판 1쇄 발행

지은이   제이콥 햄블린
옮긴이   우동현
펴낸이   이재민, 김상미

편집   이상희
디자인   지희령, 정희정

종이   다올페이퍼
인쇄   청아디앤피
제본   국일문화사

펴낸곳   (주)너머_너머북스
주소   서울시 서대문구 증가로20길 3-12
전화   02)335-3366, 336-5131, 팩스 02)335-5848
등록번호   제313-2007-232호

ISBN 978-89-94606-71-2 03340

www.nermerbooks.com
너머북스와 너머학교는 좋은 서가와 학교를 꿈꾸는 출판사입니다.

저주받은 원자

THE WRETCHED ATOM

미국의 핵기술 도박이 만들어낸
현재진행형 지구사

제이콥 햄블린 지음 ― 우동현 옮김

너머북스

차례

한국어판 서문

핵과 한국이라는 말은 미국인에게 아주 구체적인 함의가 있다. 조지 부시 전 미국 대통령은 북한을 이란·이라크와 함께 '악의 축'Axis of Evil에 포함하면서 다른 트러블 메이커와 연관지었다. 그러한 나라들은 국제적으로 왕따 신세였는데, 그 이유 가운데 하나가 그들의 핵개발 계획이었다. 미국의 정치 담론에서 정책분석가들은 그러한 '불량' 국가가 원자폭탄을 가지고 무엇을 할지 궁금해했다.

생각해보면, 북한의 핵무기는 한반도에서 펼쳐진 지정학과 원자력의 약속 사이의 얽히고설킨 오래된 관계의 한 가지 측면에 불과하다. 이 책을 쓰면서 구체적으로 한국 독자들을 염두에 둔 것은 아니었다. 이 책에서는 전 세계를 상대로 평화적 핵기술을 홍보하려는 미국의 시도와 그렇게 해서 나타난 숙명적 결과를 다루었다. 사실 엄청난 주목을 받았던 드와이트 아이젠하워의 '평화를 위한 원자력'Atoms for Peace 계획은 한국전쟁이라는 맥락에서 시작되었다. 아이젠하워는 1952년 대통령 선거운동을 하면서 전쟁에서 왜 원자폭탄이 더 진지하게 고려되지 않는지 의아해했다. 그는 대선에서 승리한 뒤 원자폭탄이 지나치게 악마화되었다고 불평했다. 그리고 1953년 휴전이 성립된 한반도에서 만일 전쟁이 다시 벌어지진다면 미국은 원자폭탄을 쓸 수도 있다고 영국·프랑스 같은 우방국에 말했다.

한국에서 벌어진 상황은 미국이 더는 원자전쟁 도발자로 묘사되지 않는 선전상의 새로운 이니셔티브를 미국 대통령이 상상하게끔 추동했다. 아이젠하워는 핵폭탄을 정상화하길 원했으므로 핵기술에 대한 긍정적 의견을 제시했다. 미국과 소련을 제외한 세계의 모든 나라가 두 나라의 무장해제를 외칠 때도 아이젠하워는 그렇게 할 생각이 전혀 없었다. 그 대신 미국 정부는 히로시마와 나가사키를 파괴한 폭탄 규모의 천 배에 달하는 파괴력을 갖춘 수소폭탄 실험을 준비 중이었다. 1954년 봄 남태평양에서 수소폭탄 실험을 한 미국에는 평화적 선전이 필요했다.

그래서 미국은 세계를 돕기 위해 핵기술의 혜택을 나눈다는 모호한 계획인 '평화를 위한 원자력'을 시작했다. 이 계획은 국제원자력기구IAEA: International Atomic Energy Agency 창설로 이어졌는데, 여기에는 오늘날 우리가 주로 고려하는 전기 생산뿐 아니라 광범한 약속도 포함되었다. 즉 식량·물에 대한 더 손쉬운 접근, 기적과 같은 신품종인 밀과 쌀, 늘어난 식품 보존기간, 의학적 치료, 과학 연구, 심지어 질병 확산의 통제를 제안했다. 미국은 핵에너지를 우화에 나오는 풍요의 뿔인 코누코피아cornucopia처럼 보이게 했다. 그것은 세계인을 먹이고, 사막에서 꽃을 피우며, 굶주린 배를 채울 숙명을 지녔다.

원자력을 평화적이라고 선전하는 이니셔티브는 당시 미국과 우방들에 군사적·경제적으로 의존하던 대한민국에 이상적인 것처럼 보였다. 원자력은 남한과 북한을 모두 사로잡았는데, 한반도의 발전發電 기반시설은 북쪽에 있었으므로 남한은 원자력을 자원 부족에서 벗어나는 통로로 보았다. 이처럼 미국의 원자력 이니셔티브는 에너지 자립이라는 미래를 상상하기 좋은 때에 찾아왔다. 남한의 과학자와 지도자들은 전기가 가장 필요할 때 미국의 프로그램에서 전기를 제공하는 정치적 약속을 보았다. 그러나 미국은 거기서 멈췄다. 미국의 수사를 따르고 원자에 자원을 전념할 준비가 된 핵심 우방이 있었지만 미국 정부는 이상하게 주저했다. 한국과 일본은 평화를 위한 원자력의 첫 번째 시험대가 되었다. 그럼 미국은 얼마나 진지했을까? 그들은 이 새로운 기술로 발전소를 세워 자신들의 수사를 실천에 옮기고 남한을 재건할 준비가 되어 있었을까?

오늘날 우리는 미국 정부가 그러한 약속을 실천에 옮길 진정한 계획을 가지고 있지 않았음을 안다. 비평가들은 미국의 정책이 식민주의 세상의 인종주의적 구분과 그다지 다르지 않은 핵질서를 상상했다고 불평했다. 원자력에는 두 종류가 있는 것처럼 보였다. 하나는 유럽인·북미인을 위한 것으로 전력과 산업화에 초점이 맞춰졌다. 다른 하나는 이전에 식민지였고, 전쟁으로 파괴되었으며, 피부색이 갈색인 사람들을 위한 것이었다. 후자의 원자력은 광물 채굴, 농업, 보건에 초점이 맞춰졌을 뿐 과학적 연구는 아주 약간에 불과했다. 한국과 일본이 원자로를 요청했을 때, 미국에서는 참을성을 기르라고 말했다. 당신들의 시간은 온다고 말이다. 미국의 이런 태도는 일본의 발전을 원자력과 결부하는 정치적 의제를 내세운 쇼리키 마쓰타로 같은 야심가들을 격노하게 했다. 남한에서 박철재 같은 과학자들은 실망했으나 정치 지도자들은 연구용 원자로로 소박하게 시작하는 데 동의했다.

남한은 미국이 주도하는 대로 따르면서 1957년 IAEA가 창설되자 참여했으며 소소하지만 핵개발 계획을 시작해 1962년 최초로 연구용 원자로를 가동하게 되었다. 한국이 전력 생산용 핵시설을 건설하기까지 또 다른 10년이 걸렸고, 1978년 고리원자력발전소가 가동을 시작했다. 남한은 미국, 프랑스의 회사들과 일하면서 향후 수십 년간 원자력에 대한 야심을 키웠고 세계의 선도적 제작자 중 하나로 거듭났다. 남한은 자국의 미래를 풍요로운 미래라는 원자력의 꿈과 결부했다. 원자력에 깊숙이 헌신하는 다른 나라들에서와 마찬가지로 한국인은 1986년 체르노빌과 2011년 후쿠시마처럼 재난 이후 나아갈 길을 두고 의견이 크게 엇갈렸다.

북한의 열망은 처음에는 비슷한 장애물에 직면했다. 소비에트 우방들은 전력 생산용이 아닌 연구용 원자로를 약속했다. 북한은 1965년 영변원자력연구소를 개소하면서부터 소비에트사회주의공화국연맹이 제공한 연구용 원자로를 받아 운용했다. 인도가 핵장치를 자체적으로 폭발시킨 1974년, 조선민주주의인민공화국은 IAEA에 가입했다. 인도는 핵실험으로 전 세계에 경악과 분노를 안겨준 반면 엄청난 위신을 얻었고, 경쟁자인 파키스탄도 같은 경로를 따랐다. 북한을 포함해 다른 나라들은 민수용·군사용 핵개발 계획을 주권과 힘의 상징으로 보았다. 그들은 자신들의 노력이 경제적·사회적 부상을 제공하고자 고안되었다고 주장하기 위해 미국인의 수사를 마음껏 빌렸다. 1985년, 북한은 핵무기비확산조약에 가입했고, 민간 영역에서 핵 공유 약속의 대가로 군사용 프로그램을 포기하는 데 합의했다. 다른 많은 나라와 마찬가지로 북한은 평화적 원자의 수사를 끌어안았다.

북한은 약 20년 동안 IAEA 회원국으로서 자체 핵개발을 시도했고 핵무기 능력도 키웠다. 1992년, 북한은 IAEA에서 나온 사찰관들에게 자국 프로그램을 평가하도록 허락했지만 그 결과는 모두를 불편하게 했다. 수많은 불일치를 발견한 사찰관들은 북한 프로그램의 평화적 성격에 관해 아무런 확신도 할 수 없다고 공표했다. 그리고 정치적 싸움의 한 가운데에서 북한은 1993년 핵무기비확산조약에서 탈퇴하겠다고 위협했고, 1994년에는 IAEA에서 탈퇴했다. 북한이 프로그램을 평화적으로 유지하겠다고 약속한 대가로 미국은 북한에 석유와 원자로를 공급하는 너그러운 거래를 제안했다. 비평가들은 미국이 북한에 허를 찔렸고 자국이 서명한 조약에 단순히 복종하는 대가로 그 나라에 대한 보상에 합의했다고 지적했다. 그럼 이것이 과연 이라크, 이란, 파키스탄에 비슷한 전술을 구사하도록 독려할까? 한편 북한은 미사일 개발을 포함해 자국의 군사용 프로그램에 계속 투자했다. 2003년, 북한은 이제 더는 비확산조약에 얽매이지 않을 거라고 공표했고, 2006년 최초로 핵무기를 실험했다. 북한은 지구 곳곳의 헤드라인을 장식하는 공개 군사 퍼레이드와 미사일 시험에서 핵 정체성을 계속 드러내고 있다.

　한반도의 두 코리아가 겪은 국가적 원자력 경험이 꽤 다르게 보일 수 있음에도 그것들이 동전의 양면인지는 모르겠다. 한반도의 두 부분 모두 오늘날 핵기술에 치중한다. 두 나라 정부는 풍요한 미래라는 수사를 일상적으로 배치한다. 이 책에서 밝히듯이 원자력이 제공하는 풍요의 약속은 세계의 모든 핵개발 계획에서 핵심 특징으로 자리 잡았다. 그 핵개발 계획의 진짜 목적과는 관계없이 말이다. 북한은 핵 태세를 포기할 것 같지 않다. 북한이 세계무대에서 차지하는 엄청난 지위를 핵무기가 제공하기 때문이다. 남한에서는 상황이 불확실하다. 남한은 평화적 원자의 모든 약속을 받아들였고, 의심하는 이들이 많음에도 선도적인 원자력 발전 국가 가운데 하나로 거듭났다. 그리고 핵기술에 대한 엄청난 국가적 전념은 후쿠시마 사고 같은 위기가 벌어진 이후에도 남한의 위기대응 능력을 심대하게 제한했다. 최근 한국 정치인들은 원자력에서 벗어나겠다고 약속했지만 새로운 설계와 풍요의 약속이 남한을 유혹해 원자력에 전념토록 하는 상황이 벌어질 가능성은 여전하다. 이와 별개로, 한반도에서 원자는 앞으로 상당 기간 확고부동하게 자리할 것이다. 하지만 나는 역사학자일 뿐이다. 내가 어떻게 미래를 예측하겠는가?

제이콥 다윈 햄블린

미국 오리건주, 코밸리스

2021년 11월

감사의 말

독창적인 연구 결과를 바탕으로 네 번째 책을 펴냈지만 고마움을 전해야 하는 사람을 모두 거명하는 것은 여전히 쉬운 일이 아니다. 박사과정에 있던 1990년대에는 과학과 기술의 국제적 차원을 생각했고, 학위논문으로 국제원자력기구의 역사를 쓸까 했지만 그렇게 하지 않아서 기쁘다. 박사학위 지도교수 로렌스 바다시(1934~2010)는 내 의견을 마음에 들어 하지 않았고 그럴 만한 이유도 충분했다. 이용 가능한 문서보관소들은 손에 꼽을 정도인 반면 주제는 너무 방대했다. 게다가 누가 제도사를 읽고 싶어 하겠는가? 나는 다른 영역들로 눈을 돌려 해양학자들과 냉전에 관해 쓰기로 했다. 그 후 과학에서의 국제협력, 바닷속 방사성 폐기물에 관해 글을 쓰는 과정에서 학자들, 학생들, 사서들 그리고 아주 많은 다른 이에게서 도움을 받았다. 이 책에 대한 아이디어는 로마에 있는 국제식량농업기구FAO 문서보관소에서 문서철을 뒤지다가 나왔는데, 지난 20년 동안 이 사안들을 고민하고 연구하면서 많은 이에게 빚을 졌다.

그들에게 조금이라도 구체적인 감사 인사를 전해야 한다. 옥스퍼드대학출판사 편집자 수전 퍼버는 참을성 있는 청취자로, 그렇게 광범한 주제들에 관해 주의 깊고 사려 있게 읽는 그의 역량에 경외심을 느꼈다. 내 직장인 오리건주립대학의 교수진과 학생들은 과거에 대한 내 시각을 계속 바꿔준다. 다수 학자는 여러 해에 걸쳐 이 책을 연구하고, 사고하고, 집필하는 동안 논평이나 다른 지원을 너그럽게 제공해 주었다. 리사 브래디, 케이트 브라운, 안젤라 크리거, 존 디모이아, 토시히로 히구치, 폴 조셉슨, 데이비드 카이저, 스튜어트 레즐리, 기젤라 마테오스, 패트릭 맥크레이, 에리카 밀럼, 잉그리드 오커트, 자나비 팔키, 마리아 렌테지, 린다 리처드, 아시프 시디키, 에드나 수아레즈−디아즈, 애런 울프, 마사 카츠 야마자키 그리고 카린 자크만이 그들이다. 자신들의 초고들을 출간 전에 내게 열람하게 해준 크리스틴 케이너, 자이타 사카르, 로빈 멜러, 조너선 헌트에게도 특별히 감사를 표한다.

자료를 참고하도록 해준 모든 기관의 사서들과 직원들에게 감사 인사를 전한다. FAO(로마)와 IAEA(빈)에서 근무하는 이들에게 특별히 감사를 표하고 싶다. 그곳에서는 내가 역사 연구를 수행하기 위해 그들의 문서보관소를 처음 이용한 역사가라고 했다. 2008년 처음 빈을 방문했을 때도 선명히 기억나는데, 그들은 나를 어디서 작업하게 할지 몰라서 누군가의 책상을 깨끗이 치워주었다. 그들이 공개한 자료는 심지어 40년이 넘은 문서도 빈약하기만 했다. 2014년, 나는 이 기구가 당혹스러운 자료들을 대중의 눈에 띄지 않게 하려 변명거리를 찾는다고 비판하는 글을 『더 컨버세이션The Conversation』에 썼다. 2016년에 그곳을 다시 찾았을 때 사서들은 학자들을 더욱 노련하게 받아들였고, 더 많은 자료를 공개하려고 노력했다. 기구 전체적으로는 아직 가야 할 길이 멀지만 관료주의라는 수레바퀴 안에서 선의로 행동하려고 한 그들에게 감사한다.

특별한 감사를 아내 사라, 두 아이 소피아와 하퍼에게 보낸다. 우리가 기이한 환경에 다 함께 내몰리게 된 코로나19 팬데믹이 시작되고 몇 달 후 나는 이 책을 썼다. 그 과정은 한 작가가 한 주제를 다룬 책 한 권을 마감하려고 시도하면서 다른 많은 것을 우려할 때, 사랑하는 이들의 참을성과 지원이 얼마나 많이 필요한지를 상기해 주었다. 나를 끊임없이 독려해 준 장인 폴 골드버그와 장모 캐시 골드버그도 있다. 특히 부모님 레스 햄블린과 샤론 햄블린 그리고 누이 사라에게 고마움을 전한다. 미국 공군 전략분석 및 핵미사일 분야에서 오래 근무한 아버지는 우리가 한 곳에서 다른 곳으로 옮길 때마다 우리 삶 전체를 이끌었고, 개인적 흥미에도 분명한 영향을 미쳤다. 비판적으로 그리고 역사적으로 사고하려는 아버지의 의지를 존경하는 것만큼이나 어머니의 재치, 끈기, 겸손에도 감사한다. 나 자신이 나이를 먹고 내 아이들이 성장하는 모습을 보면서 그러한 관계들이 내게 얼마나 소중했는지 깨닫게 된다. 또한 우리 형제자매가 세상을 바라보는 방식을 형성하는 데 얼마나 중요했는지를 알게 된다. 나의 첫 번째 동행인이자 친구인 누이가 아니었다면 나의 삶, 생각, 글쓰기는 확실히 지금과 달랐을 것이다. 누이에게 이 책을 바친다.

서론

    1975년 3월 4일, 이란의 경제재무성 장관 후상 안사리는 미국 대통령 집무실로 들어서면서 원자력 이란이라는 야심 찬 꿈을 품었다. 이란은 석유가 풍부했으나 원자력 발전에도 상당한 투자를 계획했고 원자로, 훈련, 과학적 조사, 연료 생산에 관해 미국인, 유럽인과 협력했다. 모든 이란인의 삶을 증진하려는 희망 속에서 미화 1,800억 달러 상당의 석유를 이란 경제에 투입하려는 전략의 일환이었다. 바로 몇 달 전 테헤란을 방문한 미 국무장관 헨리 키신저는 이런 야심을 독려하면서 안사리와 제럴드 포드 대통령에게 1983년까지 이란인이 유럽의 생활 수준에 도달할 거라고 말했다. 이란은 국민총생산, 1인당 국민소득과 같은 관습적 경제 기준들뿐만 아니라 텔레비전 수상기, 전화기, 냉장고, 자동차의 소유와 같은 문명의 다른 지표에도 집중할 계획이었다. 이란은 미국과 무역량을 늘리고, 국내 여러 산업에 투자하며, 대규모 기반시설 건설 계획에 착수할 터였다.[1] 미국은 석유에 대한 대가로 5년간 수십억 달러 상당의 군사 장비와 125억 달러 규모의 민간 무역 거래를 약속했는데, 이 중 절반가량은 이란의 민수용 핵개발 계획을 발전시키려는 것이었다. 세계의 석유는 고갈되는 듯 보였고, 심지어 석유를 풍부하게 보유한 국가들도 장기적인 에너지 계획을 세워야 할 것처럼 보였다. 원자력은 곧 현실로 닥쳐올 공급 부족에서 탈출하여 풍요로운 미래를 제공하기 위해 이란의 미래가 될 터였다.[2]

안사리는 이란이 원자로용 연료 제조에 필요한 시설을 지을 기술적 노하우를 얻지 못할까 봐 불안해했다. 지난여름, 인도는 핵분열 장치를 폭파해 핵무기 능력이 또 다른 나라로 확산되었다는 세계의 항의를 불러왔다. 안사리는 이런 상황을 이란이 우려해야 할지 판단이 서지 않았다. 만일 이란이 원자력 배전망에 투자한다면, 언젠가 이를 위한 연료 생산 기술은 얻지 못하는 게 아닌가? 키신저는 "기술적 장애가 있지만 우리는 그것들이 해결될 거라고 희망합니다"라고 싹싹하게 인정했다.[3]

그날 아침, 키신저는 대통령과 다른 종류의 회의를 했다. 키신저는 '이란 건'을 언급하며 "그들이 지금 하는 일을 실현하리라고는 생각하지 않습니다"라고 말했다. 이란인은 수많은 재정적 약속을 한 결과로 조만간 석유 생산량을 줄일 능력을 상실할 터였다. "만일 우리가 이것과 같은 거래를 하나 더 할 수 있다면, 우리는 OPEC을 무너뜨릴 것입니다."[4] 1975년 당시 민수용 핵기술은 석유수출국기구OPEC: Organization of Petroleum Exporting Countries를 굴복시키려는 범세계적 전략의 일환이었다. 회원국이 대부분 역사적으로 빈곤했거나 '후진적인' 사람들로 이루어졌음을 고려할 때, 이 기관의 권력은 유례없는 것처럼 보였다. 미국은 유럽의 다른 거대한 석유 소비자들과 협업해 비밀리에 "석유 생산자들을 거대한 발전 계획으로 밀어 넣었는데, 그 이유는 그들에게 추가로 석유 생산이 필요할 것이었기 때문이다." 이러한 기획은 이란과 사우디아라비아 등을 확신시켜 핵기술 같은 값비싼 개발 계획에 투자하게 만들었고, 이 나라들은 정말 많은 청구서 때문에 석유를 판매할 수밖에 없을 터였다.[5]

이란과 논의가 진행 중이던 1975년, 미국은 이미 30년 동안이나 다른 나라들과 관계를 설정하는 데 민수용 핵기술을 포함시킨 경험이 있었다. 당시 가장 널리 쓰인 문장을 빌리면, 원자력은 강력한 호소력을 지녔으며, 지구상의 가장 가난한 이들을 끌어올려 풍요로운 미래를 가져다줄 것처럼 보였다. 미국의 정치 전략가 루이스 스트라우스가 1950년대에 예측했던 것처럼, 전력 생산은 '계측하기에는 너무나 값싼' 것이 되어야 했다.[6] 가장 일반적으로 민수용 핵기술은 전력을 연상시켰지만 약속은 그 이상으로 확대되었다. 핵분열 부산물에서 나오는 전리 방사선*을 식물에 노출함으로써 밀과 쌀의 고단백 변이종을 만들어 토머스 맬서스가 1798년 예측한, 일종의 잔혹한 인구 보정으로 널리 알려진 일을 피하는 것이 가능해 보였다. 1950년대에 유전학자 디터 폰 베트슈타인이 상상했던 것처럼 "우리는 방사선을 이용해 식물로부터 우리가 정말로 원하는 거의 모든 것을 얻을 수 있다. … 우리는 지금 세계의 모든 식량 작물을 재건할 수 있는 기구를 갖췄다."[7] 아울러 곡물 저장고와 포장 음식에 방사선을 쬐면 해충과 세균을 사멸시켜 세계 주요 상품의 유통 기한을 늘릴 수 있었다. 방사선에 노출되어 불임이 된 수컷 파리와 교미한 암컷

---

* 전리 방사선電離放射線은 이온화ion化 방사선으로도 불리는 방사선으로, 원자 또는 분자로부터 전자를 떼어내 이온화하기에 충분한 운동 에너지를 전달할 수 있는 입자들로 구성된다.

파리가 후손을 낳지 못하면서 질병의 주요한 매개체들이 줄어들었다. 방사성 동위원소 추적자는 생태계, 비료, 인체의 신진대사를 연구하는 데 쓸 수 있었다. 전력의 새로운 원천인 원자력은 해안 지역의 담수 공장과 짝을 이뤘고, 그 물은 새로운 관개체계에 공급되어 사막을 꽃피우게 할 터였다. 심지어 핵폭발도 유용하게 쓰여 공학이 자연경관을 재배열하는 막대한 공훈을 세우도록 했다. 원자력은 세상을 빠르게 앞당기는 것처럼 보였다. 미국 과학자 로이드 버크너가 한때 변이식물 육종에 관해 언급했듯이 "이는 마치 진화적 목적을 이루기 위해 우리가 천 년을 일 년으로 접어버린 것과 같다."[8]

그러한 약속의 힘으로 원자력은 20세기 후반 지구 전역으로 퍼졌고, 소련과 유럽 국가뿐 아니라 새로 독립해 경제가 취약하고 안정을 갈구하는 이른바 개발도상국들에까지 닿았다. 냉전기에 유명한 것들 가운데 하나인 미국의 '평화를 위한 원자력'Atoms for Peace 계획은 1953년 말 드와이트 아이젠하워 대통령이 시작했다. 이는 미국 헌법이 더 많은 핵기술 공유를 허락하는 쪽으로 개정되게 했고, 초강대국들이 무장해제하는 한편 나머지 국가는 민간 차원의 원자에서 이익을 보리라는 개념을 고무했다. 아이젠하워 대통령은 새로운 국제기구가 우라늄 연료를 상당량 관리하여 모두에게 혜택이 돌아가게끔 하자고 제안했다. 수십여 개 국가가 오스트리아 빈에 본부를 둔 새로운 국제원자력기구IAEA에 참여했다. 원자력은 이 기구를 위해 국가 후원, 외교적 지원, 풍부한 미래를 상상하려고 애쓴 과학자 다수의 존재 등 수많은 장점을 갖췄다 역사적 제안이 있은 지 반세기가 지난 뒤 누구라도 빈 본부를 방문할 수 있고 미소 짓는 아이젠하워의 사진들과 '평화를 위한 원자력'이라는 그의 구호를 볼 수 있다.[9]

지난 세기말에 이르러 원자의 이상향적 경로는 분명히 디스토피아적으로 선회했다. 원자력은 기술적 경이에 관한 이야기만큼이나 각성과 정치적 반대에 관한 이야기를 담고 있었다. 원자력 분야는 세간의 주목을 받은 원자로 사고, 폐기물 처리 논쟁, 인간의 방사선 피폭, 반핵활동가 단체의 부상, 정부 기관들에 대한 대중의 신뢰 저하에 시달렸다.[10] 수많은 개발도상국은 핵기술을 채택했고, 국가 기반시설의 주요 부분이 종종 미국과 유럽의 전문성, 장비, 연료에 의존했다. 이 국가들은 자연으로부터 해방된 것이 아니라 새로운 형태의 종속에 직면했다. 이란은 우라늄에 접근할 수 있는 믿을 만한 힘을 결코 얻지 못했고, 1975년 안사리가 구상한 경제적 기적도 이루지 못했다. 지구적 핵질서는 가난한 국가들을 부상시키는 대신 식민지기를 떠올리게 하는 방향으로 구조화된 것처럼 보였다. IAEA 내부의 아주 뜨거운 논쟁 속에서 핵무기 보유국은 이른바 저개발국가들LDC: less developed countries과 맞붙었다.

IAEA는 결코 핵분열 생성물 저장소가 되지 않았다. 그 대신 이 기구의 주요한 기능 중 하나는 군비통제조약, 즉 핵무기비확산조약NPT: Treaty of the Non-Proliferation of Nuclear Weapons을 감시하는 것이었다. 세기말에 이르러 IAEA는 수많은 사찰관을 보유한 '감시견'으로 불리게 되었다. 2003년, IAEA 사찰은 미국의 이라크 침공에 관한 공적 논쟁에서 주요한 화두였다. 이 얼마나 대단한 역설인가. 아이젠하워의 제안이 있은 지 정확히 50년 뒤, 미국 정부는 평화적인 원자를 위해 창설된 기구가 수년간 수집한 증거를 군사 개입을 정당화하는 근거로 사용했다. 더욱이 이 전쟁은 멀리 떨어진 곳에서 제한전을 수행하는, 기술적으로 선진적인 초강대국과 나름의 총력전에서 죽을 때까지 싸우며 중요한 천연자원을 보유한 구식민지, 비백인, 산업화되지 않은 국가가 대결하는 것이었다.

지구적 핵질서에서 이처럼 반이상향적으로 선회한 것은 누구 책임인가? 일반적으로 떠오르는 범인은 미국, 소련, 영국으로 구성된 최초 집단에서 핵무기 개발 계획이 꾸준히 증가한 것이다. 핵무기 보유국들은 나머지 국가들과 '거대한 흥정'을 벌였고, 핵무기 포기 서약을 대가로 그들과 민수용 핵기술을 공유하겠다고 약속하는 한편, 자신들도 군비를 축소할 것이라고 했다. 확산의 역사와 정치학에 대한 방대한 양의 학문은 종종 미국과 다른 핵무기 보유국들이 감축 약속을 지키려고 노력하는 한편, 새로운 폭탄 개발 계획을 차단하려고 시도하는 군비통제 이야기라는 틀에 맞춰진다. 인도 같은 몇몇 나라는 핵개발 계획에서 가진 자들과 가지지 못한 자들이라는 개념의 성립을 어렵게 하면서 비확산협정 체결을 거부했다. 1960년대와 1970년대에 새로운 나라들이 핵무기 보유국 집단nuclear club에 합류했다. 1960년 프랑스가 최초로, 1964년 중국이, 1974년 인도가 가담했고 뒤이어 이스라엘, 남아공,* 파키스탄, 북한, 이라크, 이란도 이 행렬을 따르려고 했다. 핵확산 우려는 1970년대와 1980년대의 핵 거래를 극적으로 바꾸었고, 원자에 대한 이상향적 전망을 어둡게 했다. 약속은 유지되었으나 상용 기술에 접근할 거라고 생각한 나라들은 자국의 장비, 연료 사용 방식과 관련된 엄격한 사찰과 '세이프가드'safeguard(보호장치) 규정에 직면했다. 협정을 위반한 나라는 치명적인 경제 제재, 심지어 전쟁이라는 상황과 맞닥뜨리게 되었다.[11]

군비통제 관점이 무기 확산의 정치학을 이해하는 데는 가치가 있지

---

* 1910~1961년 정식 명칭은 남아프리카연방The Union of South Africa이지만 독자들의 편의를 위해 후신인 남아프리카공화국의 약어인 남아공으로 통칭한다.

만 민수용 핵개발 계획을 처음에 독려한 역사적 동기에 관해서는 거의 아무것도 말해주지 않는다. 군비통제에만 초점을 맞추는 것은 핵개발 계획의 국내 정치학, 특히 국가 권력과 정통성의 상징으로서 첨단기술의 역할을 호도한다.[12] 이는 또한 냉전을 연구하는 학자들이 수십 년간 지적한바, 즉 정부들, 특히 미국 정부가 위신을 높이려고, 상거래를 주선하려고, 비밀 감시를 수행하려고, 또는 기술원조 계획으로 나라들을 한데 묶으려고 외교적 도구로 과학기술을 이용했다는 설명과도 맞지 않는다. 현대화modernization, 즉 배고픔, 빈곤, 자연의 제약에서 탈출하기 위해 선진적 기술을 이용한다는 가난한 나라들의 꿈은 미국 외교의 영업 수단일 뿐이었다.[13]

그렇다면 우리는 왜 원자력의 평화적 이용과 연결된 약속들이 지정학적 술책과 조작으로 그나마 덜 점철되었다고 상상해야 할까? 물론 몇몇 역사가는 평화적인 원자가 1950년대 이래 가장 중요하지만 간과된 미국의 정치적 도구 중 하나임을 시사했다.[14] 어쨌든 역사의 중대한 시기, 즉 제2차 세계대전 이후에 정치질서가 세워졌을 때 세계의, 특히 아시아와 아프리카의 수십여 나라가 식민지 주인들로부터 스스로 해방하고 지구적 천연자원(특히 석유)의 균형이 최초로 미국과 유럽에서 반대쪽으로 기우는 듯 보였을 당시 평화적 원자는 권력과 근대성modernity의 상징처럼 보였다. 무엇이 이상향의 출현을 저지했는지 묻기보다 그러한 세계에서 미국과 다른 정부가 어떻게 원자의 약속을 책략 도구로 사용했는지 이해하기 위해 우리는 이 약속을 면밀히 조사해야 한다.

이 책은 제2차 세계대전부터 20세기 말까지 지구적으로 핵기술을 옹호하려는 노력을 다룬 최초의 역사적 연구서다. 이 책에서 나는 인간 존재의 끝자락에서 사는 것처럼 보였던 나라들, 즉 간신히 생계를 유지하거나 자원 부족을 겪는 나라들, 또는 사람들이 일상적으로 기아, 가뭄, 질병에 시달리던 곳에 초점을 맞춘다. 그러한 나라는 대개 비백인 인구로 구성되었고, 대다수는 이전에 식민지였거나 얼마 전까지 군사적으로 점령되었던 곳이다. 과거에 이들은 제3세계Third World, 개발도상국, 저개발국 또는 심지어 무정하게 '후진'국으로 분류되었다. 여기에는 오늘날 그러한 범주에서 벗어난 것처럼 보이는 이스라엘이나 일본 같은 나라도 포함되었다. 이 책에서는 인도와 브라질 같은 거대하고 인구가 많은 구식민지뿐만 아니라 가나나 1960년대 독립한 아프리카 국가들과 같은 비교적 작은 나라들의 경험을 탐구한다. '저주받은'wretched이라는 말은 『대지의 저주받은 자들The Wretched of the Earth』로 영역英譯된 프란츠 파농의 1961년 저작 *Les Damnés de la Terre*에서 영감을 받은 것이다. 알제리에서 벌어진 전쟁 한가운데에서 식민지 분쟁에 익숙해진 흑인 파농이 쓴 이 책은 이전에 짐승 취급을 당해 주변화된 사람들이 기술적 해결책을 제공받았을 때 벌어지는 통렬한 역설을 반영했다. 파농은 "그들은 구애를 받았다"라고 썼다. "그들에게는 꽃다발이 주어졌다. 초청장도. 솔직히 어느 누구라도 그것들의 일부를 원한다."[15] 파농에게 기술이 제공한 지름길은 장사치의 고함에 지나지 않았으며, 기껏해야 수백 년이 소요되는 경제적 발전을 단기간에 건너뛸 수 있다는 순진한 꿈을 가지고 노는 것이었고, 최악의 경우 가부장적인 형태의 구조를 씌우는 방식으로 그러한 나라들을 영원히 '저주받은' 또는 '빌어먹을' 상태로 두어 식민주의 구조를 지속하게 하는 것이었다.

21세기의 여명에서 지구적 원자력 디스토피아의 기원들을 이해하기 위해서는 세계가 원자력에 헌신해야 한다고 확신시키려고 했던 이들, 특히 세계의 가난한 지역들에 있는 이들에게 주의를 돌려야 한다. 그것은 가장 상위의 약속자인 미국 정부에서 시작해야 하지만 또한 다른 핵무기 보유국들과 심각한 분규가 일어난 국제기구들로 확장된다. 여기에는 일본, 가나, 남아공, 인도, 파키스탄, 이라크, 이란 같은 나라들에 원자력 기반시설을 지으려고 시도했던 이들이 포함된다. 이러한 역사적 행위자들에 초점을 맞춤으로써 이른바 평화적인 원자가 국가 권력의 행사, 개인적 야심의 달성은 물론 정치적 또는 외교적 목적을 이루기 위해 기술 지원 약속을 형식적으로만 하고, 국제 무역을 조작하고, 심지어 인종주의와 식민주의의 강화를 암시한 과거가 드러난다. 민수용 원자력이라는 약속은 20세기 말 국가 권력의 가공할 도구였는데, 이 약속이 특히 개발도상에 있는 세계에서 사회적 열망, 불안, 환경적 취약성을 이용했기 때문이다. 역설적으로, 원자력은 자신의 약속을 실질적으로 거의 이행하지 않아도 되었다. 나아가 원자력을 옹호하는 수사의 배치는 지정학과 결코 분리할 수 없었고, 완전히 평화로운 적도 거의 없었다. 그 대신 재래식 전쟁, 인종주의적이고 신식민주의적인 구분, 지구상의 천연자원을 통제하려는 투쟁, 오래된 핵무기 개발 계획과 새로운 핵무기 개발 계획 모두에 대한 방조라는 이야기들에 내장되었다.

이 책에서는 이런 주장을 개진하면서 원자력 시대의 여명기부터 20세기의 최후까지, 그리고 심지어 그 이후에도 되풀이된 여러 주제를 강조한다. 그중 하나는 원자력의 기술적 잠재력에 관한 인식의 조작인데, 이는 세계의 천연자원을 통제하거나 그러한 통제를 유지하기 위한 것이었다. 예컨대, 1940년대 말과 1950년대 초에 미국 관리들은 상용 원자력 발전이 핵무기 저장고에 필요한 우라늄과 모나자이트 공급을 흡수할 거라며 몹시 우려했다. 그리하여 그들은 원자에너지를 이용한 발전 가능성을 노골적으로 경시하는 대신 방사성 동위원소가 의학과 농업에서 차지하는 중요성을 과대평가했는데, 그러한 방사성 동위원소가 미국 핵무기 저장고의 부산물로 미국 핵무기의 비축과 경쟁하지 않았기 때문이다. 따라서 미국, 소련은 물론 유럽의 국가들이 개발도상의 세계에서 옹호했던 종류의 기술은 구식민지를 자원 공급처로 유지함으로써 신식민주의적으로 보이게 했다. 이런 사실을 알아챈 인도, 브라질 등의 정부 관리들은 분개했다. 변이식물 육종, 해충 박멸 또는 식품 살균을 위한 조사照射, 방사성 동위원소의 비료 적용 연구 등은 식민지기의 문제와 구분이 불가능한 식량, 상품 수출과 공중보건에 초점을 맞췄다. 이것들은 북반부에서 수용한 기술과는 종류가 달랐다. 북반부에서는 종종 원자로를 이용한 전력 생산에 초점을 맞췄는데, 이는 중동 석유 생산 국가들의 커지는 정치적 권력에 대비하려는 방책이었다. 1960년대 중반과 1970년대에 이르러 미국과 유럽은 석유에 대한 접근을 보장받으려고 정치적으로 가장 불안정한 국가들에조차 원자로를 제공했다. 석유 공급자들에게 미래에 그들이 원자로를 절실히 요구할 것이라고 확신시키는 작업은 지정학적 영향력을 재확보하려는 전략의 일부였다. '평화적 원자'라는 이름에도 불구하고, 이러한 기술들은 종종 전투기, 탱크, 다른 군사 장비와 함께 묶여 거래되었다.

또 다른 핵심 주제는 풍요라는 상상에 대한 정부의 의지다. 정부는 질병, 가뭄, 기근, 빈곤으로 항상 위협받았던 지구상의 사람들을 구할 구세주로서 원자력을 선사했다. 고전적 의미의 고대에 과일과 곡식이 넘쳐

흐르던 전설적인 풍요의 뿔cornucopia처럼, 원자력은 풍요로운 미래를 제공할 것이었다. 원자력 옹호자들은 자연의 '맥박을 빠르게 하는 것', 즉 현대화를 이룩하는 장치에 찬성하고 국가들을 신속하게 북반부와 같은 위치에 올려놓는다는 개념을 설파했다. 원자와 함께라면 자연이 가하는 제약을 극복할 수 있고, 자연의 맥박은 빨라질 수 있으며, 자연에서 오는 재앙을 넘어설 수 있었다. 이 과도한 풍요에 대한 담론은 미국과 다른 산업화된 나라들에만 국한되지 않았다. 자신들의 원자력 개발 계획(평화적인 이용에 진정으로 기울어졌든 아니든 간에)을 만들고, 정당화하고, 지키려고 시도한 정부들 또한 이를 채택했다. 이러한 자연과의 수사적 연계 때문에 환경 문제와 원자력의 관계는 복잡하고 역설적이었다. 한편, 전후* 수십 년간 원자력 옹호자들은 환경이 제기하는 문제들을 잘 알았으며, 맬서스주의적 인구압, 물 안보, 살충제의 무차별적 사용에 관한 레이첼 카슨의 경고, 심지어 탄소 배출과 지구적 기후변화의 관계 같은 여러 위협을 거론했다. 그러나 정부 기구의 지원을 받은 역사적 행위자들은 생태학자들과 환경운동가들이 원자력에 제기하는 의문을 비합리적이고 감정적이라고 종종 일축했다. 세기말에는 경쟁하는 환경 서사 두 가지가 분명하게 이용되었다. 하나는 원자력에 비판적이었다. 이 서사는 방사선이 공중보건에 미치는 영향에 관한 과학적 논란, 스리마일섬(1979)과 체르노빌(1986) 같은 원자력 사고의 경험 또는 우라늄 광부들의 방호 태만이나 토착민들 터전의 고의적 파괴 및 오염을 포함한 공중보건상 불의不義에 관한 끔찍한 이야기들에 근거했다. 대조적으로, 대다수 정부가 선호

---

* 제2차 세계대전이 종식된 1945년 이후를 일컫는다.

한 서사는 핵기술을 구세주 역할로 채색하고 풍요로운 식량, 물, 전력뿐 아니라 대기오염과 기후변화 문제의 종언을 약속하는 것이었다.

세 번째 주제는 정부가 사회적·환경적 문제의 해결책으로 홍보한 원자력이 빈번히 가식적이었거나, 과장되었거나, 추측에 근거했다는 점이다. 물론 세계가 겪는 여러 문제를 해결하고 그들의 삶을 더욱 낫게 하는 원자력의 힘을 진지하게 믿은 역사적 행위자들도 있었다. 그러나 처음부터 수많은 기술은 냉소적으로 홍보되었고, 정부 옹호자들은 진정한 문제를 해결하는 것과 거의 관련 없는 이유를 들어 이를 방어했다는 사실을 언급해야겠다. 오히려 대다수는 핵무기를 지향하는 개발 계획들의 신뢰성을 강화하거나, 핵무기 개발 계획을 포기하는 대가로 해당 국가들에 평화적 원자의 적용 방식을 제공하기 위해 고안되었다. 하지만 정작 중요한 일은 문제를 해결해 주는 것이 아니라 해결 방법을 알려주는 것이었다. 예컨대, 1960년대 린든 존슨 미국 대통령이 자신의 '평화를 위한 물'Water for Peace 계획의 하나로 이스라엘에 담수 공장을 제공했을 때, 그는 물론 이스라엘 상대자들도 경제적·기술적으로 가장 현실적인 방식으로 물을 제공하는 데는 전혀 관심이 없었다. 그들은 오직 원자력 발전소만 원했다. 비슷하게, IAEA는 원자력이라는 영역에서 믿을 만한 성취를 얻기 위해 여러 시도를 거듭하며 식량안보와 공중보건상의 문제를 풀려고 했다. IAEA의 이러한 시도는 국제식량농업기구FAO: Food and Agriculture Organization 및 세계보건기구WHO: World Health Organization 같은 다른 국제기구들과의 직접적인 충돌을 불러왔다. IAEA는 못을 찾는 망치와 같아서 원자력이 해결책인 이상 문제가 무엇인지는 하나도 중요하지 않았다.

마지막 주제는 평화적인 원자를 위한 국제적 토론장, 특히 IAEA의 정치적 이용이다. 학자들이 언급했던 것처럼, IAEA는 정치와 철저히 무관하고 무엇보다 기술적 기구로서 명성을 유지하려 노력했다. 그러나 이 기구에는 정치적으로 헤아릴 수 없는 효용이 있었다. 예컨대, 미국 중앙정보부CIA 문서에 일상적으로 언급된 것처럼, 이 기구는 정보를 수집하는 장이었다. 또한 1960년대 초 WHO와 FAO를 압도했고, 권위적인 발언권을 바탕으로 원자력에서 나온 공중보건상 위험을 과소평가했다. 나아가 이 기구는 가장 유명하게는 인도, 파키스탄, 이스라엘 같은 나라들이 비확산조약을 체결하지 않더라도 그들이 원자력 관련 사안에 지속적으로 관여하게 붙잡아두는 수단을 제공했다. 이 기구는 인종차별apartheid 시기 남아공이 노골적인 인종주의 정책으로 다른 국제기구들에서 추방되었을 때도 남아공이 국제적 사안에 참여할 수단을 제공했다.[16] 같은 이유로, 이 기구는 미국인과 유럽인에게 주요한 우라늄 공급자인 남아공과 관계를 지속하도록 정치적 보호 장치를 제공하기도 했다. 또한 IAEA가 비확산 장치로 기능한다고 주장하는 바로 그 순간에도 스스로 여러 나라의 비밀 핵폭탄 개발 계획을 덮는 공식적인 변명거리public face를 제공했다. 미국과 유럽 국가들은 순수하게 기술적이며, 구식민지 세계에 대한 경제적·사회적 부상을 제공한다는 이유로 IAEA를 방어했는데, 이는 이 기구를 감독·감시 기구로 바꾸는 것을 가능하게 한 막강한 수사였다.

이 책은 미국과 다른 정부들이 원자력을 국가 권력의 도구로 활용하는 역사적 전환 단계에 맞춰 3부로 구성했다. 1부 '원자력의 약속'은 원자폭탄이 새로운 개념이었고 원자력의 민간 적용에 관한 생각(일부는 과학에, 다른 일부는 공상과학에 근거)이 풍부했던 종전 직후 시기에 집중한다.

1부에서는 아이젠하워의 상징적인 1953년 연설이 있기 이전 시기, 우라늄과 모나자이트에 대한 지구적 탐색이 어떻게 미국 정부의 기술 공유 관련 태도를 변화시켰는지에 주안점을 두고, '후진'국들에 원자를 약속하는 일이 얼마나 매력적이었는지 알아본다. 이 장들에서 우리는 충성, 광물 또는 미국의 핵무기 실험에 대한 정치적 묵인을 대가로 다른 국가들에 무엇을 약속할 수 있는지 상상했던 무수한 시도들을 볼 것이다. 2부 '원자력의 선전'에서는 미국이 특히 아시아와 아프리카에서 구사한 수사가 한계에 직면한 1950년대와 1960년대에 그러한 약속이 불러온 결과를 탐구한다. 2부에서는 '평화를 위한 원자력'의 전성기에 초점을 맞추는데, 당시 미국의 여러 대통령은 인종, 식민주의, 신식민주의라는 언어를 두려워했으므로 기술적 경이에 대한 희망 또는 급속한 경제발전으로 그것들을 바꾸길 희망했다. 인도, 일본, 가나, 남아공 모두 근대성과 번영의 상징으로 원자력을 들여오려 노력했고, 새로운 IAEA는 전력부터 농업, 질병 통제, 의학에 이르는 영역에서 동반자로 자처했다. 마지막으로 3부 '원자력의 금지'에서는 '유색'有色 원자폭탄(1964년에는 중국에서, 1974년에는 인도에서)이 최초로 출현한 뒤 중요한 에너지 자원인 석유에 대한 통제가 미국과 유럽에서, 특히 중동의 덜 산업화된 나라들로 집중된 이후 평화적 원자가 어떻게 변화했는지 알아본다. 비확산의 정치학과 평화적 원자력의 정치학은 함께 움직였고, 핵기술은 그 어느 때보다 정치적·경제적 영향력을 얻으려는 전략 안에 내장되었다. 이 장들에서는 세기말에 이르러 미국의 지구적 권력 행사와 원자의 풍요로운 약속이 어떻게 불가분의 관계였는지 강조한다.

비록 이 책이 조작과 통제 이야기에 프레임을 맞췄지만 미국과 유럽 국가들, 소련의 노력이 언제나 성공적이지는 않았다는 것은 분명한 사실이다. 1940년대 말만 해도 많은 미국인은 세계가 핵기술을 채택하도록 독려하는 일을 예측할 수 없는 결과를 불러올 무지막지한 도박이라고 우려했다. 뒤이어 수십 년간 발생한 많은 사건은 개별 국가들의 미래를 결정하거나 빠르게 변하는 지정학적 환경에서 기회를 잡아 이용하는 데 주체성을 가지려는 투쟁으로 해석할 수 있다. 무척 놀랍고 흥미로운 이야기 가운데 다수가 개발도상국의 개인들에 관한 것인데, 이들은 원자력의 약속을 각자의 조국을 위해, 즉 국가적 야망을 위해 봉사하게 만들려고 시도했다. 예컨대, 일본 신문들은 히로시마·나가사키의 황폐화로부터 채 10년도 지나지 않아 미국 정보 요원들과 협력하면서 원자를 친구로 바꾸려고 노력했다. 원자력은 1960년대에 새롭게 독립한 사하라사막 이남 국가들에서 범아프리카주의의 도구로, 1970년대 석유 파동 당시에는 범아랍주의의 도구로 쓰였다. 인도, 파키스탄, 이란에서 원자력 분야는 국가적 자부심이 되었다. 이러한 충동 가운데 대다수는 먼 과거에 있지만, 핵폭탄 개발 계획을 숨기거나 이에서 주의를 분산하기 위한 평화적 개발 계획의 이용, IAEA의 환경 피해에 대한 지속적 경시, 핵무기비확산조약 지지 및 원자력 발전이 제시하는 풍족함에 대한 전망이 수행하는 역할 등은 여전히 우리와 함께 있다.

　신중한 독자는 처음부터 이 책의 관점이 친핵인지 반핵인지 궁금해할지 모르지만, 사실 친핵도 반핵도 아니다. 여기서 제시한 관점들은 모두 역사적인 것들이다. 이 책 끝에 가서 분명해질 사실은 바로 평화적 원자라는 약속이 수십 년에 걸쳐 세계인의 가장 커다란 공포와 야심을 종종 자신에게 유리하게 이용하려고 산업 옹호자들과 가장 강력하게는 미국이 주도하며 다른 수많은 국가를 포함한 정부들이 분명히 활용하고 오용하고 착취했다는 점이다. 핵무기 개발 계획의 완전성과 에너지 전략을 비평가들로부터 보호하는 일은 몇몇 특정 국가에는 국익을 보호하는 것이었다. 평화적 원자는 바로 그런 일을 할 수 있는 장치였고, 마찬가지로 천연자원과 지구적 에너지 공급의 통제를 형성하는 장치였다. 원자력 발전을 채택하는 일은 결코 단순한 기술적 선택을 하는 것이 아니었다. 우리가 변화하는 행성의 기후가 제기하는 위협을 어떻게 완화할지 고민하듯이 오늘날과 미래의 위기에서 원자력이라는 해결책을 상상하는 것은 자연스러울 수 있다. 그럼에도 풍요라는 미래, 환경 재난을 피하는 미래라는 약속을 새로운 것이라거나 지구적 핵질서에서 돌이킬 수 없는 부분으로 상상하는 것은 어리석은 일이다.

1부
원자력의 약속

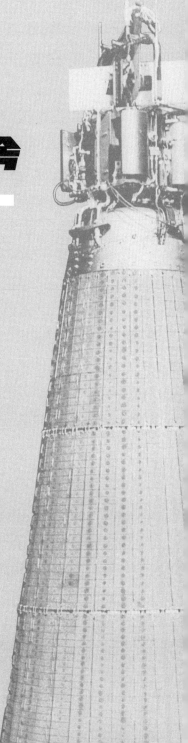

1장
가지지 못한 자들

보리스 다비도비치는 처음 브라질의 백사장을 보고는 브라질이 비밀을 가지고 있음을 알아챘다. 관광객들과 해변 애호가들이 오랫동안 선호해온 이스피리투산투주의 장관을 이루는 해안선은 이례적으로 방사성을 띠었다. 이 러시아 태생 사업가는 1920년대부터 방사성 물질을 밀거래하는 여러 채광·상업 활동에 관여한 뒤, 1930년대에는 프랑스 회사인 소시에테 미니에레 책임자이자 부분적 소유자로서 브라질에 갔다. 그는 이스피리투산투 해변의 방사능이 돈벌이가 되는 상품인 귀한 모나자이트의 존재를 의미함을 알고 있었다. 모래를 추출한 그는 모나자이트를 세륨cerium, 란타늄lanthanum 같은 '희토류'를 비롯해 토륨thorium이라는 기이한 방사성 원소를 추출하는 해외의 화학 정제공장에 팔 수 있었다.

1940년, 프랑스가 나치 독일에 함락된 후 다비도비치는 세계의 전략 광물을 확보하려는 미국과 우호적인 관계가 되었다. 그는 훗날 프랑스에서 좋지 못한 형사 고발을 불러온 행동으로 프랑스 내 회사를 판 뒤 그 수익금으로 모나지타 일메니타 두 브라질MIBRA이라는 회사를 새로 세웠다. 이 회사의 주요 채광 작업은 해안 도시 구아라파리의 해변에서 진행되었다.[1] 그때까지 세계에 공급되는 모나자이트는 대부분 인도산이었다. 다비도비치는 전쟁 기간 영국인들이 식민지 인도를 잃을 것을 대비해 시카고에 있는 린제이전력화학회사를 설득해 브라질에 새로운 공급원을 개척한 뒤 '모나자이트 거물'이 되었다. 린제이의 전시 공급량 가운데 브라질이 차지하는 비중은 30여 퍼센트로 올라갔다. 이후 모나자이트는 쪼개져 미국의 군사기술에 필수 제품들로 거듭났다. 예컨대 세륨, 란타늄, 다른 희토류의 합금인 미슈메탈mischmetal은 제트 추진기 모터 제조에 쓰였고, 불화弗化희토로 불린 혼합물은 공중 탐조등에(아울러 영화 제작에도) 필요한 경질탄소를 만드는 데 사용되었다. 토륨은 다른 희토류에 비해 순수해 보여 주로 가스등 안의 백열덮개mantle를 만드는 데 쓰였다.[2]

미국과 다른 야심 찬 핵무기 보유국들은 세계의 우라늄 원천과 함께 모나자이트 확보를 최우선순위로 삼았다. 전시 맨해튼 프로젝트Manhattan Project* 소속 과학자들은 토륨이 등덮개보다 훨씬 더 중요한 운명을 지녔다고 믿었다. 즉 토륨이 우라늄처럼 원자폭탄을 만드는 데 사용될 수 있다는 것이었다. 뉴멕시코사막에서 최초의 원자폭탄이 폭발한 바로 그날(이른바 1945년 7월 16일의 트리니티 실험), 미국은 모나자이트 모래를 해마다 3,000톤씩 구입하기로 보장하는 비밀협정을 두고 브라질과 협상을 벌였다. 곧 미국 국무부는 『원자력의 국제적 통제에 관한 보고서』(이른바

---

* 제2차 세계대전 중 미국이 주도하고 영국과 캐나다가 공동으로 참여한 핵폭탄 개발 계획으로, 미국 육군공병단 소속 장교 레슬리 그로브스 소장의 지휘 아래 1942년부터 1946년까지 진행되었다.

애치슨·릴리언솔 보고서Acheson-Lilienthal Report)에서 아주 분명하게 토륨의 타당성을 밝혔고, 우라늄과의 연쇄반응은 물론 다른 핵분열 물질들을 만드는 과정에서 토륨의 역할을 강조했다. 이 보고서는 최초의 원자폭탄이 일본에 투하된 지 고작 반년 만인 1946년 3월 대중에게 공개되면서 전 세계에 모나자이트 모래의 전략적 중요성을 일깨워주었다.

전쟁 말기에 미국은 다양한 핵기술을 갖춰 놀라운 힘을 지닌 것처럼 보였다. 핵폭탄과 같이 일부는 진짜였고, 다른 일부는 농업, 의학, 전력 생산같이 향후 다른 분야에서 평화적으로 적용하겠다는 상상이었다. 미국은 기술적 지도자로 자리매김했고, 우방들과 공유하거나 미국을 제외한 세계의 나머지 부분에 평화적 목적으로 공여할 비밀들을 보유했다. '가진 자들'과 '가지지 못한 자들'이 있다면 미국은 확실히 '가진 자'였다. 그러나 이러한 관점은 미국 국무부가 만들어낸 이미지에 부합했던 반면, 중요한 취약성을 무시했다. 원자폭탄에 쓰이는 연료 자원을 얻으려는 미국의 치열한 노력은 우방의 식민지적 재산 또는 미국인이 '후진적'이라고 여긴 다른 나라들에 대한 막대한 의존을 초래했다. 이러한 측면에서 미국인(그리고 이들과 마찬가지로 소비에트인, 영국인, 프랑스인)은 '가진 자들'이 아니라 '가지지 못한 자들'이었고, 세계 곳곳에서 전략물자를 찾아 추출하기 위해 상당한 외교력, 상업 역량, 군사력을 동원해야 했다. 그렇게 하는 한 가지 전략은 바로 그러한 나라들에서 원자의 평화적 적용이 자급자족, 원료 상품들, 기초적인 위생과 의학(식민주의 아래서도 똑같이 주안이 두어졌던 영역들)에 초점을 맞춰야 한다고 독려하는 것이었다. 그러한 태도에 인도, 아르헨티나, 브라질 같은 독립한 구식민지 국가들은 크게 분개하며 저항했다. 그러나 미국 외교관들은 고집을 꺾지 않고 무엇이 평화적 원자력 기술의 가능성을 구성하는지에 관한 대화를 주도하길 강하게 바랐다. 그렇게 하여 그들은 우라늄과 모나자이트에 대한 상업적 경쟁을 미연에 방지하려고 했다. 1940년대 말, 우라늄이 부족한 것처럼 보이자 미국 정부는 원자력의 상용화에 의문을 던지는 대신 정책적으로 농업과 의학 연구에 잠재력이 있는 방사성 동위원소의 사용에 관해 대대적으로 홍보했다. 방사성 동위원소는 핵무기 생산에서 우라늄이 사용된 뒤 생성되었으므로 폐기물로 인식될 수 있었다. 실질적으로, 미국 관리들은 핵무기 저장고를 확보하기 위해 전략자원을 추구하는 한편, 국가가 승인할 수 있는 평화적 원자의 의미를 대폭 줄였다. 즉 미국 관리들은 원자의 산업적 힘을 경시하는 대신 식량을 넉넉하게 제공하고 사람의 건강을 향상하는 능력을 과대평가했다.

*

1947년, 미국 의회의 합동원자력위원회에 보고된 일급비밀 보고에서 국무차관 딘 애치슨은 "실질적으로 [원자폭탄에 필요한] 원료 가운데 그 어느 것도 미국이 직접 통치하는 영토에 존재하지 않는다"라고 지적했다.[3] 최초의 핵폭탄에 쓰인 우라늄은 아프리카에 있는 벨기에령 콩고산이었고, 다른 곳의 공급량은 부족해 보였다. 엄청난 규모의 모나자이트 모래 해변을 보유한 영국령 인도는 전시 미국에 대한 공급 대부분을 책임졌다. 브라질의 자원은 영국이 추축국에 인도를 잃을 경우를 대비하는 것을 의미했다. 물론 영국은 전시에 인도를 잃지 않았으나 곧이어 인도는 독립을 쟁취했다. 독립국 인도의 첫 번째 법령 중 하나는 모나자이트 수출을 중지한다는 것이었다. 1947년 8월 말, 대륙의 평화와 안보를 유지하기 위한 미주회의에 참석한 미 국무장관 조지 마셜은 모나자이트 거래 협상을 최우선순위로 삼았고, 원자력을 활용하기 위해 브라질에서 수입되는 자원을 늘리기를 희망했다.[4] 1949년 말에 이르러 미국 대사관은 "브라질이 수출할 수 있는 나머지 전체"에 해당하는 모나자이트를 미국이 구입하길 원하며, 브라질이 모나자이트에서 토륨을 추출하는 능력을 확보한다면, 그 또한 전부 구입하겠다고 브라질 정부에 명명백백하게 전달했다.[5]

미국이 우라늄과 모나자이트에 관해 느낀 불안은 평화적 원자력의 미래에 대해 국가가 승인한 관점에 직접 영향을 미쳤다. 관례대로 마셜 국무장관은 전기 수요를 맞춤으로써 원자로의 중요성을 하찮게 여겼다. 그는 우라늄이 가치 있는 민수용 상품으로 인식되는 상황을 가장 원하지 않았다. 미국 외교관들은 전력 생산을 강조하는 대신 각국이 경공업을 발달시키는 한편 가뭄, 질병 같은 자연재해와 맞설 수 있다고 생각하도록 돕는 방식으로 원자의 다른 평화적 사용을 강조하기 시작했다. 그들은 이것을 전력 생산이 아니라 반응로reactor*와 사이클로트론cyclotron**에서 생산되는 방사성 동위원소를 활용해 가장 효과적으로 수행할 수 있다고 주장했다. 그러한 방사성 동위원소는 우라늄, 토륨 같은 희귀 핵분열성 원소들이 아니라 핵무기 시설들 내부의 원자로 안에서 강력한 전리 방사선에 피폭되어 방사성을 띠는 탄소와 아이오딘 같은 더욱 평범한 것들이었다. 방사성 탄소나 방사성 아이오딘으로 명명된 이러한 방사성 동위

---

* 이하에서는 독자들의 이해를 돕기 위해 원자로로 통일했다.

** 사이클로트론은 입자 가속기의 일종으로, 고주파의 전극과 자기장을 이용한다.

원소는 가이거 계수기*로 쉽게 감지되었기 때문에 사람과 동물의 신진대사, 비료 연구, 생태학 등 흐름의 추적이 중요한 어떤 분야에든 쓸 수 있는 이상적인 연구 자원이었다. 그것들은 핵무기 저장고의 생성물이었으나 민수용으로 전용될 수 있었다.

일찍부터 미국인과 영국인은 방사성 동위원소를 홍보했으나 그것들에 대한 수요는 낮았다. 폭탄 원료를 만들기 위한 우라늄을 농축하는 핵심 현장인 오크리지국립연구소에서는 방사성 동위원소를 1946년에 분배하기 시작했으며 몬산토, 유니온 카바이드 같은 기업 계약자들이 이를 관리했다. 민간적 사용에 대한 열정적 옹호자로 1946년부터 오크리지의 '동위원소 부서'를 총괄한 폴 애버솔드는 그것들이 팔려나갈 광범한 시장을 기대했다. 그러나 연구소가 저비용을 유지했는데도 방사성 동위원소는 때때로 출고되지도 못했다. 동료 대다수가 그랬듯이 애버솔드는 암 연구와 다른 활용에서 방사성 동위원소가 원자를 보완하고 세계의 실질적 문제들을 해결하는 데 열쇠를 쥐고 있다고 믿었다. 그러나 동의한 이들, 고도로 훈련받은 이들, 적합한 역할을 하는 이들, 맞춤한 연구 안건을 갖춘 이들의 수는 너무 부족했다. 방사성 동위원소 계획은 수요를 과대평가했고, 1947년에 이르러 공업적 규모의 생산은 수요를 훨씬 넘어섰다. 역사가 안젤라 크리거가 썼듯이, 결과적으로 오크리지의 동위원소 부서는 평화적 원자력의 미래가 방사성 동위원소에 달렸다고 사용자들을 확신시키는 '홍보 문화'를 개발했다.[6]

1940년대 말, 미국인과 영국인은 원자력을 사회적 진보와 연결하는

---

* 1908년 한스 가이거가 개발한 휴대용 방사능 측정 장비이다.

주요한 수단으로 방사성 동위원소에 이목을 집중하도록 엄청난 노력을 기울였다. 방사성 동위원소는 1930년대에 개발된 사이클로트론에서도 만들 수 있었듯이 새로운 것이 아니었다. 그러나 그것들은 또한 원자로 폐기물이었으므로 미국과 영국의 핵폭탄 개발 계획에 따라 결과적으로 방사성 동위원소가 넘쳐나게 되었다. 존 콕크로프트가 이끄는 하웰 소재 영국원자력연구소에서는 수출용 방사성 동위원소를 생산하길 간절히 바랐다. 콕크로프트는 캐나다 초크리버에서 전시 영국·캐나다 계획에 참여했는데, 그곳에서는 원자로를 이용해 플루토늄과 다른 방사성 동위원소를 만들었다. 이를 가장 자연스러운 일로 본 그는 영국으로 귀환한 뒤 병원·생의학 연구 환경에서 방사성 동위원소를 사용하도록 홍보하고자 그것들의 생산에 집중하면서 영국의학연구심의회와 동맹을 맺었다. 원자력연구소에서는 그것들을 서유럽 기관들에 내놓았다. 하웰연구소의 동위원소 부서는 오크리지의 것을 본떠 1948년 만들어졌으나, 1949년에 이르러 부서의 방사성 동위원소 수출은 미국의 그것을 넘어서게 되었다. 애버솔드처럼 독일 태생인 영국 과학자 헨리 셀리그만은 대규모 방사성 동위원소 시장을 상상했고, 이러한 시장을 개척하기 위해 훈련, 공중보건 지침서, 언론의 지대한 관심을 제공하려고 열심히 일했다.[7]

미국의 트루먼 행정부와 원자력위원회AEC 내부의 많은 관리는 처음에는 방사성 동위원소의 해외 수출을 승인하지 않았다. 애버솔드를 비롯한 오크리지의 다른 이들은(엄청난 공급량을 깔고 앉은 채 특히 유럽 사용자들에게 접근하기를 희망하며) 법적 규제에 관해 통렬한 불만을 쏟아내며 AEC의 공유를 꺼리는 태도가 "도를 넘어 어떻게 보면 과학적이고 정치적인 사안에서 우리를 러시아와 같은 부류로 묶을 정도이다"라고 말했다.

1947년, 해리 트루먼 대통령이 마셜플랜으로 널리 알려진 유럽의 경제 부흥 계획을 발표했을 때 AEC는 방사성 동위원소를 공급할 수 있는 훨씬 더 큰 시장을 여는 데 동의했다. 1947년 9월 3일, 대통령은 세인트루이스의 국제암연구대회에서 외국인들에 대한 방사성 동위원소의 이용 가능성을 발표하면서 이것이 사람을 살릴 수 있는 행위라고 천명했다. 그 이후 오크리지는 이러한 국제시장을 겨냥해 수사적일 뿐만 아니라 기반 시설 측면에서도 노력을 기울였다. 1949년 오크리지는 전시 작전에서 유입된 기관이라기보다 1948년에 제정된 상설 국립연구소로서 위상을 높이기 위해 시설들을 짓기 시작했다. 방사성 동위원소의 가공, 포장, 수송을 전담하는 건물(지역적으로 동위원소 골목으로 알려진) 열 개가 여기에 포함되었고, 시간이 지나며 규모는 더 확대되었다.[8]

미국 정부 내의 대다수에게 방사성 동위원소이든 아니든 간에 원자와 관련된 어떠한 것을 공유하는 일은 이질적인 개념이었고, 당시 방사성 동위원소의 정치적 비용은 높았다. 반대자들은 이것을 민감한 군사기술을 거저 주는 계획이라고 여겨 불신했다. 예컨대, AEC 위원들 중 하나인 스트라우스는 분배가 원자력의 국제적 통제에 대한 협정에 연계되어야 한다며 수송을 막기 위해 헛수고를 했다. 스트라우스를 비롯해 다른 공화당원들은 방사성 동위원소 분배 계획의 성격을 미국의 비밀을 공산주의자들에게 넘겨주는 것이라고 규정했다. 이것은 공화당 정치인들이 AEC 위원장 데이비드 릴리언솔이 안보 사안들에 별달리 신경 쓰지 않는다고 암시하기 위해 사용한 여러 논점 가운데 하나였다. 스트라우스는 수송 보고서를 이 잡듯이 샅샅이 살펴 방사성 철이 노르웨이국방연구소로 보내진 사실을 확인하고는 이를 AEC의 구멍 난 보안절차의 한 예시로 의회에 보고했다. 또한 그는 수령자인 핀란드도 싫어했는데, 이 나라가 소련과 근접해 있을 뿐 아니라 긴밀한 관계를 유지했기 때문이다. 스트라우스의 추측에서 프랑스도 방사성 동위원소를 받았다는 사실이 더 심각한 일이었다. 프랑스 원자력 기구의 수장 프레데리크 졸리오–퀴리는 자타가 공인하는 공산주의자였기 때문이다.[9]

비록 스트라우스는 어떠한 방사성 물질이라도 철두철미하게 보관되어야 하는 미국의 상품이라고 상상했지만 진실은 더욱 복잡했다. 미국은 이미 중요한 전략자원을 가진 나라들과 관계를 굳건히 다지는 지렛대로 평화적 원자를 사용하기 시작했다. 미국의 방사성 동위원소 분배 계획은 특히 식민지를 보유한 유럽 열강을 대상으로 했다(첫해의 수송량 중 약 70퍼센트는 유럽 또는 호주 같은 영연방 국가들로 갔다). 그들 중 누구도 상용 원자로를 건설하지 않았고, 미 국무부는 그러한 방식이 지속되길 바랐다. 방사성 동위원소가 풍부했기 때문에 약속하기는 무척 쉬웠다. 대조적으로 미국은 다른 종류의 원자력 개발은 눈에 띌 정도로 돕기를 꺼렸다. 예컨대 브라질은 원자력의 국제적 통제에 관한 미국의 제안을 외교적으로 지지했고, 자국이 공급할 원료의 가격 보증, 향후 국제적 원자력 기구 참여, 원자력 발전소 건설에서 우선적 대우를 원했다. 이에 미국 협상가들은 협상을 멈췄고, 상용 발전소의 미래에 대해 어떠한 암시도 하지 않으려고 했다.[10]

방사성 동위원소에 초점을 맞추는 일은 미국이 생명과학, 농업 또는 의학에 집중하는 한편 물리학은 회피하면서 기꺼이 공유하겠다는 것처럼 보이게 했다. 전임 맨해튼 프로젝트 소속 과학자 헨리 디울프 스미스는 1950년에 다음과 같이 지적했다. "동위원소 분배 계획은 실로 막대한 가치를 지니는데, 그 이유는 원자력위원회가 단순한 핵무기 조직 이상임을 보여주기 때문이다. 이는 국내뿐만 아니라 동위원소의 대외적 분배가 우리의 대외관계에 아주 좋은 영향을 준 해외에서도 진실이다." 아르헨티나 국립의학원은 1947년 말 미국 방사성 동위원소를 최초로 수령하였고 페루·남아공도 이를 받았다. 해외로 배송된 절대다수는 생의학 연구에 제공되었고, 적은 양이 농업에 돌아갔을 뿐이다.[11] AEC는 물리학적 측면은 억제하면서 보건과 식량에 대한 활용을 추진하는 한편, 핵폭탄이나 민수용 원자로와 연계하기를 꺼렸다.

전후 몇 년간, 미국 관리들에게 남미에서 '원자와 관련된' 어떤 것을 홍보하는 일은 끔찍한 저주나 다름없었다. 브라질과 아르헨티나 모두 나치 정보 요원들의 작전 중심지였고, 미국은 나치 당원들을 독일로 송환하는 문제를 놓고 아르헨티나와 충돌을 빚었다. 아르헨티나는 전후 친파시스트적 지도자 후안 페론의 통치 아래 이전 나치 당원들 다수의 피난처가 되었고, 아우슈비츠의 내과의사 요제프 멩겔레, 아돌프 아이히만, 미국인이 아르헨티나에 있을 거라고 추측했던 마르틴 보어만 같은 기소된 전범을 여러 명 숨겨주었다.[12] 1946년, 미 국무장관 제임스 반스는 독일의 영향력이 아르헨티나 외교부의 최고위층에까지 미친다는 글을 아르헨티나 대사관에 보냈다.[13] 그는 (표지에 '폭로된 아르헨티나!'라고 쓰인) '아르헨티나 청서靑書'를 발행했는데, 이는 아르헨티나가 나치에 협력한 사실과 이웃에게 여전히 위험을 끼치는 방식을 열거한 정보책자였다. 이 책에서는 다음과 같이 경고했다. "미래 전쟁에서 쓰일 무기들이 실험되고 그 원형들이 개발될, 전쟁에 필수적인 산업들이 아르헨티나에 존재하며, 그것들을 독일인이 통제한다."[14]

아르헨티나는 종속국가 취급을 단호히 거부하려는 나라 가운데 선두에 있었다. 초기부터 아르헨티나는 미국의 (농업과 의학을 중시하고 물리학은 경시하는) 비대칭적 원자 공유를 식민 열강의 움직임과 유사한 것으로 보았다. 아르헨티나 정부와 과학자들은 핵물리학에 비상한 관심을 보였다. 실제로 후안 페론은 아돌프 히틀러의 최고 물리학자들 중 몇몇의 도움을 받아 원자력 개발 계획을 세우려고 시도했다. 국립코르도바천문대 소장 엔리케 가비올라는 전시에 오스트리아 물리학자 기도 베크를 아르헨티나로 불러들였는데, 그는 나치 원자폭탄 개발 계획의 책임 과학자인 베르너 하이젠베르크와 함께 일하다가 1943년에 아르헨티나로 왔다. 전후에도 이러한 종류의 채용이 계속되기를 희망한 가비올라는 전쟁으로 황폐해진 유럽의 음울한 환경에서 벗어나 아르헨티나에서 전문성을 쌓을 수 있게끔 최고 과학자들을 끌어들였다. 그는 "아르헨티나를 문명적이고 교육받은 나라로 바꿀 수 있는 우호적인 상황은 다음 수백 년간 다시는 오지 않을 것이다"라고 썼다. 가비올라는 하이젠베르크를 채용하길 희망하며 그를 초청해 학교를 방문하게 했다. 부에노스아이레스대학에 노벨상을 수상한 물리학자를 초빙하는 것은 지역적으로도 무척 중요한 일이었다. 하지만 미국이 라틴아메리카에서 방사성 동위원소와 관련해 일어나길 바라던 상황과는 거리가 멀었다.[15] 미국 잡지 『뉴 리퍼블릭New Republic』은 '페론의 원자력 계획'으로 불린 기사에서 하이젠베르크 초빙과 아르헨티나의 우라늄광 발견 사실을 거론하며 군사 개발 계획이 진행 중이라고 직접적으로 말했다. 그러나 가비올라는 결코 하이젠베르크를 아르헨티나로 데려올 수 없었다. 영국 점령 당국이 '명백한 이유로' 하이젠베르크가 출국 허가를 받을 수 없을 거라고 알려주었기 때문이다.[16]

영국이 하이젠베르크 일에 간섭하자 가비올라는 신경을 쓰기 시작했다. 그가 이 사건을 점령 독일에 대한 보안 조치가 아니라 아르헨티나를 제자리에 머물게 하려는 방안으로 해석했기 때문이다. 그는 자신이 영국인들에게 기대했던 바로 그러한 종류의 가부장적이고 제국주의적인 태도의 낌새를 영국인들에게서 보았다. 가비올라는 1932년 오타와회의 때 아르헨티나에 대한 영국의 부당한 대우를 떠올렸다. 당시 영국은 자국의 식민지들에 경제적 우선권을 부여했다. 예컨대, 소고기에 대한 영국의 접근을 보장하는 것과 같은 여러 가지 편파적 조약은 아르헨티나를 비공식 식민지처럼 보이게 만들었다.[17] 가비올라는 원자력 분야에서의 간섭 또한 비슷하다고 보아 아르헨티나 고위 해군 장교에게 이렇게 불평했다. "아르헨티나가 여전히 영국의 '영예 자치령'Honorific Dominion이란 말인가?"[18]

아르헨티나는 독일인 인재를 과감하게 모셔왔으나 이는 곧 치명적인 실수로 드러났다. 페론은 통제된 융합(분열이 아닌)에서 에너지를 만들 수 있다고 약속한 독일인 망명가 로널드 리히터를 전적으로 믿었다. 그리고 그가 세운 목표를 이루도록 국가원자력위원회를 만들었으며, 대중의 눈은 물론 부에노스아이레스에서 멀리 떨어진 섬에 있는 연구소에 대한 막강한 권한을 리히터에게 주었다. 리히터는 도시 지역에서 온 과학자들과 협력하는 데는 거의 관심을 보이지 않았고, 마침내 1952년에는 사기꾼이라고 비난받았다. 그는 매력적인 약속, 즉 아르헨티나가 추종자가 아닌 선도자가 될 거라고 약속했다. 이는 페론이 국민들에게 '빛을 선사하고, 음식을 조리하며, 철을 가열할' 도구를 제공할 수 있게 했다. 핵융합은 유일무이할 것이었고, 아르헨티나는 미국과 영국의 가부장주의에서 더는 아이 역할을 맡도록 강요받지 않을 터였다. 리히터의 낭패는 황당함 자체였으나, 계속 반항적이고 실용적이고 싶은 충동은 아르헨티나의 원자력 발전의 방향을 인도할 것이었다.[19]

그렇다면 왜 미국은 릴리언솔이 방사성 동위원소를 노르웨이에 보내느라 곤욕을 치를 때인 1947년에 심지어 방사성 동위원소를 보내는 데 합의까지 하면서 아르헨티나에 열중했을까? 나치 문제가 해결되어서 그런 것은 아니었다. 미국 연방수사국FBI은 특별정보원SIS이라는 이름으로 외국에 직원들을 두었는데, 그들은 1947년에 "위험한 나치 요원들 대부분이 아르헨티나에 있고, 그들의 송환 협상이 여전히 진행 중이다"라고 말했다.[20] 하지만 트루먼 행정부는 탈나치화보다는 반공주의로 초점을 재조정했고, 외부적 영향력과 전체주의적 체제에 기꺼이 저항할 정부들을 지원했다. 1947년 3월, 트루먼 대통령은 의회에 그리스·터키에 대한 원조를 요청하면서 공산주의자의 위협을 분명하게 언급했고, "빈곤과 요구는 전체주의적 체제들을 양육한다"라고 했다. 트루먼 독트린Truman Doctrine으로 알려질 강령 내에서 미국 대통령의 정책은 공산주의의 영향력을 막아낼 정부를 지원하는 것이었다. 1947년 1월에 임명된 조지 마셜 국무장관은 서반부 국가들의 동유럽과 소련에 대한 물자 수출을 막아내고, 미국이 아닌 다른 원천으로부터 무기를 구매하는 일 또한 좌절시키기를 희망했다. 이를 완수하기 위한 그의 일차 지렛대는 미국에서 조달된 군사 장비에 대해 우호적인 조건을 제공하는 것이었다.[21] 이러한 논리가 아르헨티나에서, 특히 이 나라가 소련에 살랑살랑 꼬리를 치기 시작한 이후 작용했다. 1946년, 페론이 소비에트 체제를 인정하자 FBI는 "소련은 아르헨티나를 서반부에서 미국의 힘에 대응하는 아주 중요한

진지 중 하나로 간주하며, 그 안에서 영향력을 증진하는 데 엄청나게 큰 관심이 있다"라고 경고했다.[22]

아르헨티나와 브라질을 믿을 수 없는 독재정권에서 동반자로 바꿔 상상하는 일은 단순히 공산주의의 영향력을 차단하는 문제뿐 아니라 구체적으로 두 나라의 이용 가능한 전략광물과 관련되어 있었다. FBI는 이미 모나자이트에 접근하기 위해 브라질에서 다비도비치의 채광회사와 긴밀히 협업하고 있었다. 당시 그 모래에 섞여 있는 토륨은 미래의 무기에 쓰일 연료로 보였는데, 이는 토륨이 핵분열성 물질이기 때문이다. 그때까지 전쟁 중 사용된 핵폭탄 두 개는 우라늄과 플루토늄으로 만들었다. 전략광물에 관한 논의에서 광물학자 잭 디멘트와 헨리 드레이크는 1947년 다음과 같이 썼다. "우리가 곧 다른 종류인 '토륨 폭탄'의 존재에 관해 알게 될 가능성은 상당히 크다. 이것이 사실로 판명된다면, 토륨 광석은 즉각적으로 막대하게 중요해질 것이다." 광물 비축량 경쟁은 일반적으로 토륨과 우라늄 양자를 두고 벌어졌지만 때때로 원자로에 쓰이는 녹주석을 두고도 벌어졌다. 1947년 그들은 상황을 직설적으로 썼다. "방사성 광물을 대규모로 비축한 국가는 단순히 규모나 인구 또는 부유함에 비례해서보다 정치적으로 위상을 훨씬 더 인정받는다."[23] 1948년 중반에 이르러 아르헨티나는 미국과 영국으로부터 군사 장비를 받고 있었다.[24] 미국 관료들은 브라질의 토륨을 원하면서 유망한 우라늄 광상에 눈독을 들였던 것처럼, 1946년 말 아르헨티나의 채광회사들이 우라늄 광상을 발견했다는 사실을 알고 있었다.[25] 뒤이어 그러한 유대는 끈끈해질 것이었고, 1953년에 페론은 미국인과 나라 안의 아직 손대지 않은 우라늄·녹주석 광상 채굴에 대한 기술적 원조를 협상했으며, 그 대가로 채굴한

모든 광물을 미국에 팔겠다고 약속했다.[26]

미국 국무부는 더 많은 핵폭탄 연료를 찾는 한편, 전력 발전에 대한 관심을 방사성 동위원소 쪽으로 돌리려고 이례적인 노력을 기울였다. 예컨대, 마셜 국무장관은 1947년과 1948년 중국에서 우라늄과 토륨 원천을 개발하려고 시도했다. 당시 중국에서는 창카이섹이 이끄는 잔존 국민당 정부와 마오쩌둥이 이끄는 공산당 군대 사이에 내전이 벌어지고 있었다. 창카이섹의 원자력 사안 관련 핵심 자문인 웡원하오는 실험실 및 물리학자 훈련에 필요한 현금과 기술적 지원을 대가로 우라늄과 모나자이트에 대한 중·미 합동조사를 약속했다. 이로써 미국은 해당 자원들에 대한 배타적 권리를 가질 터였다.[27] 마셜 국무장관은 자국 정부가 물리학 분야에서 중국인을 훈련하겠다고 약속하거나 평화적인 원자력 개발을 지원하겠다고 말하기를 망설였다. 마셜은 농업적 활용에 초점을 맞추는 편이 훨씬 더 나을 것이라고 보았다. 마셜은 대사에게 보낸 서한에서 중국의 계획은 "원자력의 평화적 이용에 따른 절박한 위험에 관해 너무 낙관하는 것으로 비친다. 연구에서 몇 가지 활용을 제외하면 이는 아직 한참 멀어 보이며, 방대한 자본과 공업 시설의 구현을 요구한다"라고 했다.[28] 웡은 너무나 많은 것을 주면서도 중국에서 원자력을 개발할 기회를 놓쳤다고 중국인 물리학자들과 다른 과학자들이 자신을 비난할 거라며 저항했다. 그는 1948년 10월에 이르러 마셜과 일정한 진전을 이루었는데, 이는 몇몇 실험실 시설에 관해 협정을 하고 미국 대학들에서 중국인 학생들을 위한 자리를 마련하겠다는 약속을 받아낸 것이었다. 하지만 당시 중국 내전은 공산주의자들에게 유리하게 진행되고 있었다. 곧 미국 대사는 우라늄 탐사 협상을 취소했고, 웡은 우라늄 관련 문건을 모두 타

이완으로 보내라고 지시했다.[29]

미국 외교관들은 미국 무기고에 계속 중요했던 콩고 식민지를 보유한 벨기에인들에게도 우라늄의 상업적 중요성을 낮게 평가해 주었다. 벨기에 외교관들은 미국인에게 평화적 원자력에 관한 정보를 공유해달라고 요청했다. 마셜은 다행히 미국 입법부에서 이를 금지한다고 주장할 수 있었다. 때때로 맥마흔법으로도 불리는 1946년 원자력법Atomic Energy Act은 벨기에가 원했던 종류의 공유, 즉 원자로 건설에 대한 도움을 제한했다. 1947년, 마셜은 벨기에 대사와 만난 자리에서 미국 과학자들이 벨기에의 발전發電 계획 또는 넓은 의미에서 그들이 직면한 난관에 대한 평가를 제공할지도 모르나 구체적인 사항은 밝힐 수 없다고 했다. 그 대신 그는 방사성 동위원소 개발 계획이 아주 유용할 거라고 제안하면서 "평시에 가장 유용한 원자력의 적용 방안은 이 방면에 있을 거라는 점이 분명 언젠가는 사실로 드러날 것"이라고 지나가는 말처럼 읊조렸다.[30] 벨기에 대사와 다른 이들과 나눈 대화에서 조지 퍼킨스 미 국무차관보는 "우라늄은 전적으로 서구 세계의 방위를 증강하려는 군사적 목적에 사용되기 때문에 현재 상업적으로 중요한 가치를 가지지 않을뿐더러 이로부터 미국이 어떠한 경제적 이득도 볼 수 없는 유일무이한 상품"이라고 지적했다. 벨기에원자력위원회 위원(전임 벨기에령 콩고 총독)인 피에르 리크맨은 가까운 미래에 상업적 활용 방안이 생길 거라며 이에 반대하자고 주장했다. 벨기에인들은 영국의 실험용 원자로 개발 계획을 본뜬 자체 원자력 개발 계획이 진행 중이라고 밝히기도 했다. 당시 국무부 관리 고든 아니슨은 리크맨에게 "원자력이 언제 전력을 위해 쓰일 수 있을지에 관한 의견들이 상충되었으나 당분간 그것이 이뤄지지는 않을 거라는 게

전문가들의 중론이다"라고 언급했다.[31]

　　미 국무부와 마찬가지로, 새롭게 창설된 원자력위원회는 우라늄이 제공하는 경제적 혜택이 거의 없거나 전무하다는 태도를 유지했다. 위원회 위원들은 각국 정부가 우라늄을 탐사하며 발견하는 것은 무엇이든 미국에 판매할 수 있다고 확신시키기 위해 그 나라들을 방문했다. 그들은 우라늄 탐광에 비용을 대고 작업을 완수하기 위해 웨스팅하우스 같은 미국 회사들과 협업할 것을 제안했다. 1951년 포르투갈과 스페인을 방문한 위원 토머스 머레이는 미래에 누적될 무형의 혜택을 제안했다. 그것은 과학 관계자들을 자유로이 교환하고 우라늄을 전력용, 의학용, 공업용으로 사용하는 데 궁극적으로 협력하는 것이었다. 머레이는 스페인 독재자 프란시스코 프랑코와 대담한 내용을 보고하면서 다음과 같이 말했다. "나는 수차례나 우라늄을 구리, 주석, 아연, 납 등과 범주가 같은 금속으로 간주해서는 안 된다고 말했다. … 오늘날 우라늄은 군사적 목적 외에 어떠한 실질적 중요성도 가지고 있지 않다."[32]

　　19세기 말과 20세기 초 유럽 식민 열강들 사이의 '아프리카 분할'처럼 1940년대 말과 1950년대 초에 보증 구매를 놓고 우라늄·토륨에 대한 지구적 쟁탈이 벌어졌다. 원자로를 짓고 있던 프랑스는 주로 아프리카 식민지에서 우라늄을 찾았으나 모나자이트 모래를 두고 인도와도 협상을 벌였다. 미국의 전시 무기에는 서아프리카의 벨기에령 콩고의 원료가 쓰였다. 전시 미국과 영국은 공급이 줄어들자 전략광물을 확보하려고 합동개발신탁Combined Development Trust을 동업 형태로 만들었는데, 이 합의는 전후에도 지속되었다. 두 나라는 다른 정부들과 협업하여 배타적 권리를 확보하고자 했으며, 이후에는 광산을 운영하고 모래를 준설한 기업의 믿음직한 구매자가 되었다. 두 동맹은 벨기에의 유니온 미니에레가 벨기에령 콩고에서 채굴한 모든 우라늄을 구입하려고 계획했다. 영국인은 또한 미래의 탐광을 위해 영연방 국가인 캐나다와 호주를 주시했다. 캐나다 광산들은 전시에 정부 소유였으나 1947년에 정부는 민간 탐광을 허락했다. 호주는 1948년 탐광사업자에게 세금 혜택을 제공했다. 1950년대에 이르러 캐나다와 호주 두 나라는 우라늄 호황을 맞았는데, 대다수 작업은 토착민들이 점유한 토지에서 진행되었다.[33]

소련은 최초로 핵폭탄을 만들려는 열망에 휩싸여 제2차 세계대전 이후 자국이 점령한 지역들, 특히 세기의 전환기에 마리 퀴리가 최초로 추출한 라듐의 원천을 찾기 위해 독일과 체코슬로바키아 접경지대의 전설적인 '광산산맥'(에르츠산맥)에서 광산을 개발했다.* 군정기 독일을 연구하는 학자들은 이제 막 패전한 독일과 체코의 주민들 중 죄수들과 일용 노동자들이 이러한 광산에서 별다른 의학적 고려 또는 보호 장비 없이 일했고, 이로써 수천 명이 부상당하거나 사망했다고 언급했다. 새로운 우라늄 원천을 발견하는 작업에 대한 지질학자들의 태만과 이에 대한 소비에트의 조급성은 심지어 1949년 지질학자와 다른 광업 전문가 수백 명을 체포하는 데 일조했다. 이들 가운데 일부는 부광富鑛에 대한 정보를 숨겼다는 혐의를 받았다. 소비에트 정부는 미국에서 우라늄에 대한 자국의 접근을 차단하려고 시도하면서 우라늄의 국내 원천을 간절히 찾고 있음을 알았다. 미국인처럼 소비에트인 또한 우라늄에 관해서는 '가지지

---

* 에르츠산맥은 '광산산맥'을 의미하며, 오늘날 작센주 일부를 이루는 14개 동독의 구 가운데 하나인 카를마르크스슈타트구와 체코슬로바키아 접경지대에 위치한다. 이곳에는 또한 1947년부터 1990년까지 소련의 원자력·무기 산업을 위한 우라늄 채굴을 주도한 기업체인 소·독 합자회사 비스무트의 주요 생산 시설이 있었다.

1부 원자력의 약속

못한 자들'로 해외 원천에 의지해야만 했다.[34]

우라늄 쟁탈전은 미국 관리들을 압박해 식민주의뿐 아니라 노골적으로 백인지상주의적인 정치 지도자들에 대한 지지를 결의하게 했다. AEC는 고든 딘 위원장의 관리 아래 1940년대 말 비공식적인 인종 분리 정책에서 아파르트헤이트로 알려진, 흑인으로부터 백인을 분리하는 공식적·법리적 체계로 옮겨간 남아프리카연방과 협상을 시작했다. 남아공에는 흑인 노동자들이 작업하는 유망한 우라늄 원천이 여러 개 있었는데, 딘은 이곳의 생산이 머지않아 콩고에서의 생산만큼이나 중요해질 거라고 추측했다. 인도, 브라질, 콩고의 다른 전략광물(각각은 미국 또는 벨기에에서 '원자재'의 원천이 가공되어야 한다고 간주되었음)과 달리, 남아공의 우라늄광은 요하네스버그 외곽에 있는 한 공장에서 가공될 터였다. 미국원자력위원회의 여러 위원은 1951년 남아공인들을 만나 선린관계 유지의 중요성을 강조했다. 남아공인들은 자신들이 무언가를 더 바랄 거라고 말했는데, 이는 콩고처럼 원자재의 원천으로 인지되지 않는 대신 '국가의 우라늄 공급자로 새로운 위상에 맞게 원자력 사안들에서 일종의 특별한 입지'를 갖는 것이었다. 남아공인들은 식민지의 유색인들과 같은 대우를 받길 바라지 않았지만 미국인들은 그들을 그렇게 대하지 않았다.[35]

미국 정치인들은 유럽과 북미의 산업화된 세계(호주와 남아공 포함)와 일차적으로 농업에 종사하는 원료 산지의 세계를 분명히 구분하는 외교정책을 짰다. 마셜플랜 아래 유럽에서 미국의 수사는 부흥과 산업에 초점이 맞춰졌다. 다른 곳에서는 자연재해로부터 해방되고 기초적인 생계를 마련하는 데 집중했다. 트루먼 대통령은 미국인이 과학과 산업에서 지도력을 발휘해 "세계의 자유로운 사람들이 그들 자신의 노력으로 부담을 완화하도록 더 많은 식량, 더 많은 의복, 더 많은 주택 자재, 더 많은 기계적 역량을 생산하게" 지원해야 한다고 언급했다.[36] 트루먼은 재선에서 승리한 뒤 1949년 취임사의 네 번째 공약에서 이를 처음 소개했다. 따라서 이 계획은 '포인트 포'Point Four라는 명칭을 달게 되었다. 이 목표들은 미국의 물질적·기술적 이점을 이용해 다른 국가들을 돕는 한편, 그들을 미국에 가깝게 묶어놓기 위해 고안되었다. 포인트 포와 마셜플랜은 질적으로 달랐으나 둘 다 세계의 다른 이들을 지향했다.

트루먼은 포인트 포를 식민주의의 긍정적 대체물로 규정하는 방식으로 차이점을 정당화하려고 시도했다. 그는 1950년 미국신문협회에서 한 연설에서 "포인트 포는 오래된 식민주의 관념, 17세기 중반, 18세기, 19세기의 착취적 관념에서 나온 것입니다"라고 말했다. "우리는 우리가 판매해야 할 막대한 잉여 산물들을 구입하는 데 관심을 둘 융성한 세계를 원합니다. 그리고 오늘날 그렇게 하고자 할 때 그들은 우리에게 돌려줄 무언가를 가져야만 우리 상품을 살 수 있습니다. 나는 우리가 가진 이 공장 조직이 전력을 다해 계속 돌아가길 원합니다. 이를 위해 우리는 그런 사람들이 반드시 자조自助할 수 있도록 도와야만 합니다."[37] 트루먼은 그러한 조건에 처한 사람들이 공산주의의 영향력에 취약하므로 그들이 크렘린*의 제물로 전락하지 않도록 미국이 그들을 강화해야 한다고 자주 언급했다. "기아, 질병, 빈곤은 지구상의 많은 지역에서 일어나는 재앙입니다. … 동물 전염병과 식물 병해충은 그들의 곡물과 가축을 빼앗습니다. 천연자원 오용은 그들의 대지를 홍수와 가뭄에 노출시킵니다." 그

---

* 크렘린Kremlin은 '도시 안의 성채'를 일컫는 말로, 여기서는 모스크바 크렘린을 지칭한다. 모스크바 크렘린은 대한민국의 청와대와 같이 러시아 정부를 지칭할 때 쓰는 고유명사로 확립되었다.

는 모기로 들끓는 대지에서 농사를 지을 수 있도록 인도에서 DDT* 뿌리기, 우물을 깊게 파는 법과 물거르개 사용법을 이란인에게 훈련하기, 라이베리아에서 광물·목재 자원 조사하기 등 여러 가지 성공담을 늘어놓았다. 향후 계획에 동아시아에서의 우역牛疫 제거와 다수확 벼 품종 개발이 포함되었다.[38] 트루먼은 포인트 포가 '경제발전에서 연쇄반응을 가져'올 것이라고 한 암시 외에는 원자에 관해 일절 언급하지 않았다. 하지만 다른 이들은 정확히 원자야말로 세계 대다수 지역을 존립 위기에 처하게 한 문제들을 해결해 줄 거라고 추측했다.[39]

실질적으로 포인트 포는 원자력을 완곡하게, 다시 말해 미국을 위한 우라늄 확보라는 방식으로 통합했다. 벨기에는 콩고 지배를 유지하는 한편, 포인트 포에서 거대한 해방자로서 과학기술이라는 관념을 채택할 기회를 보았다. 벨기에 식민지부 장관 피에르 위그니는 1949년 "흑인 차별color bar에 맞서 우리의 모든 힘을 다해 싸우고," 비백인 아프리카인의 사회경제적 복지에 기여하겠다고 천명했다. 그는 식민지 농업 개발 계획을 포인트 포에 맞추려고 했고, 인종주의와 분리된 경제 아래 고통받는 사람들을 위해 미국과 벨기에의 자금과 전문성을 통합할 것이라고 말했다. 농업 개발 계획이 "백인 식민지 개척자들이 운영하는 중간 크기 농장들을 위하며 … 선주민들이 덤불에서 나오게 유인해서 정착하도록 유도할 것이 기대된다"고도 했다. 또한 경공업도 독려해야 했다. 현실에서 이 계획은 콩고인들을 교육하는 데는 주안점을 두지 않았다. 이 계획은 원래 벨기에 백인들의 콩고 이주를 독려하기 위해 고안된 것이었다. 시드니

---

* DDT: Dichloro-diphenyl-trichloroethane. 살충제의 하나로 1874년 처음 합성되었고, 1970년대 이전까지 전 세계 농업에서 광범히 쓰였다.

그루손이 『뉴욕타임스』에 쓴 것처럼 "콩고 땅에 그들의 뿌리를 내릴 준비가 되어 있는 효율적이고 근면한 집단"을 고무하고 그들의 예를 들어 아프리카인을 고취하려는 것이었다.[40] 더하여 이 계획은 더 많은 아프리카인을 도시로 보내 일하게 하는 것을 분명히 겨냥했다. 1950년 『뉴욕타임스』는 "선주민들 가운데 약 90퍼센트는 여전히 덤불에서 살며, 원시적인 농업을 하고, 입에 풀칠하기 위해 한 장소에서 다른 장소를 전전하는 가장 결핍된 방식을 고수하며 존재한다"라고 보도했다.[41]

주요 언론 매체들은 미국의 무기고를 가능하게 한 콩고에서의 인종주의적 구분을 얼버무렸다. 『뉴욕타임스』의 논객 윌리엄 화이트는 다음과 같이 썼다. "콩고의 벨기에 행정가들은 백인과 검둥이Negro 사이에서 일정한 정치적 협의를 만드는 가장 중대한 책임에서 항시적으로 벗어나 백인들이 살기에 안락하고 검둥이들이 살기에도 상당히 괜찮은 땅을 만들고 있다." 그는 아프리카 흑인들이 다른 아프리카인에 비해 괜찮은 수준의 급여를 받으며, 그들 중 1만 명은 월급이 미화 120달러 이상이고, "몇몇은 소득세를 내면서 여전히 자기네들의 신에게 기도를 올린다"라고 만족스러운 듯 언급했다. 그는 자신의 독자들에게 벨기에인들이 남아공인들과 같은 백인지상주의자들은 아니라고 다시 확신시켰다. "이곳 지도자들은 정서적 측면에서는 선주민들에게 '친절하지' 않으나 실용적 측면에서는 선주민들을 배려해서 참으로 아름다운 병원들을 개발 중이며 레오폴드빌에서는 선주민들의 여흥을 위해 7만 2,000석 규모의 경기장을 짓고 있다." 화이트에 따르면, 콩고의 벨기에인들은 남아공인들이 백인들이 수적으로 열세인 대륙을 무분별하게 흥분시킨다고 생각했다. 그들은 미국이 프랑스, 영국, 벨기에, 포르투갈 같은 북대서양조약기구

NATO 동맹들이 여전히 '계몽된' 식민정부를 유지하는 중앙아프리카를 선호하길 희망했다.[42]

미국은 콩고에서 벨기에 식민정부를 강화했다. 이는 포인트 포의 규정 아래 공개적으로 진행되었고, 아프리카인에 대한 원조라는 프레임에 맞춰져 있었다. 미국은 비밀리에 식민 체제를 더욱더 지원했다. 미국은 식민지에 혜택을 제공하는 것은 벨기에가 할 일이고 미 의회는 이 목적으로 특별 자금 제공을 요청받지 않을 것이라고 주장했다. 하지만 미국은 콩고의 신콜로브웨광산으로부터 우라늄의 안정적인 공급을 보장받기 위해 신중한 조치들을 취했다. 미국 합동참모본부는 외세가 아닌 '구역의 선주민들'이 주로 광산을 위협한다고 노골적으로 강조했다. 합동참모장들은 미국이 벨기에에 더 많은 병력을 제공하고 정보 병력을 강화할 것, 광산 주변에 살거나 광산에서 일하는 콩고인들의 동향에 신중한 주의를 기울일 것, 공산주의의 기미가 보이는 어떠한 것에도 대항할 것을 조언하라고 권고했다. 이에 더하여 이들은 미국 중앙정보부장 앨런 덜레스에게 벨기에령 콩고에서 군사 안보를 위한 일련의 비밀 계획을 가능한 한 빨리 수행하라고 권고하기도 했다.[43]

미국이 식민지를 보유한 군사 동맹들(네덜란드, 벨기에 또는 영국)과 그러한 합의를 하는 것은 상대적으로 간결한 일이었다. 하지만 식민주의 역사를 지닌 독립국들과 협상하는 일은 훨씬 더 민감했다. 인도와 브라질의 정치인들은 미국과 유럽의 수익성 높은 제조업에 봉사하는 순전한 원자재 원천으로 대우받는 익숙한 협의방식에 분개했다. 인도가 어떠한 수준으로 산업기술을 도입해야 하는지는 독립운동 기간 인도 정계에서 심각한 불화의 지점이었고, 모한다스 간디와 자와할랄 네루 같은 저명한 인사들을 편 가르기도 했다. 두 사람은 모두 기술을 과거 식민착취의 도구로 보았으나, 네루는 간디와 달리 인도가 강력한 유럽 또는 북미 열강들의 손에 새롭게 착취당하지 않는 최선의 방안은 철두철미한 산업화라고 믿었다. 인도가 독립을 쟁취한 1947년 네루는 총리로서 인도가 오로지 자원 채취 장소로 인식되는 걸 바라지 않았다.[44] 유사하게, 맥그로힐 인터내셔널 코퍼레이션 대표 존 아빙크가 이끄는 미국 대표단이 1948년 브라질·미국 합동기술위원회 일원으로 브라질의 경제적 미래를 논하기 위해 브라질을 찾았을 때, 지역 신문들은 그가 식민지기 포르투갈에서 파견된 대표들과 같은 부류라고 노골적으로 시사하며 그를 '아빙크 총독', '돈 주앙 아빙크 폐하'라고 칭했다.[45] 인도 총리 네루처럼, 브라질 대통령 제툴리우 도르넬리스 바르가스도 오래된 착취적 행태를 지속하기보다는 국내 제조업의 발전을 선호했다.[46]

　미국 정부의 공식 견해가 있었는데도 모두가 전력 생산(농업적 적용이 아닌)이야말로 궁핍과 '후진성'에서 세계를 끌어내는 데 도움이 되는 기술로 여긴 것처럼 보인다. 셀 수 없이 많은 근거에서 낙관적 예측이 나타났는데, 1949년 노벨물리학상을 수상한 영국 물리학자 패트릭 블래킷이 쓴 『공포, 전쟁 그리고 폭탄Fear, War and the Bomb』이 이를 가장 압축적으로 잘 보여주었다. 원자력의 국제적 통제라는 사안에서 소련에 동조적인 블래킷의 견해 때문에 이 작품은 논쟁적이었다. 블래킷 또한 판에 박힌 것처럼 원자의 미래를 멸절 또는 낙원이라는 양극단으로 표상했다. 그는 세계의 비참함을 종식하는 원자력의 역할을 예측하면서 이 새로운 전력원의 급속한 발전에서 가장 많은 혜택을 볼 나라로 인도를 구체적으로 꼽았다.[47] 블래킷은 직감적으로 제안한 것이었으나 한 가지 심각한 문제가 도사리고 있었다. 그 누구도 상용 원자로를 건설하지 않았기 때문에 원자력에 대한 진정한 정보가 너무도 적었던 것이다.

다수의 전문가가 세계의 '후진적인 지역'이라고 불렀던 곳(일본, 중국, 인도, 남미의 여러 나라)에서 원자력의 잠재성을 계산하는 첫 번째 시도를 담은 글은 미래에 노벨문학상 수상자가 될 허버트 사이먼이 썼다. 그는 시카고대학에 근거지를 둔 연구기관인 코울리스위원회가 수행하는 연구의 하나로 이 작업을 했다. 사이먼은 나중에 "원자력 연구 계획은 경제적 분석에서 내게 진정한 세례였다"라고 회상했다.[48] 그는 다음과 같은 단순한 질문을 던졌다. 원자가 산업화 과정을 가속하는 데 무언가를 할 수 있는가? 그는 농업과 지역적 수공업으로 구성된 자급자족 경제 또는 수출에 상당히 의존하는 상품작물 경제를 '후진적인 지역들'로 규정했다. 국내적 소비와 수출을 위해 상품을 생산하도록 의도된 제조업의 존재가 세계를 후진 지역과 다른 지역으로 나누는 주요한 경계선이었다. 사이먼을 비롯해 그 이전까지 그리고 그때부터 많은 이에게 '산업화'를 기준으로 하는 구분은 나라들을 개념적으로 분리하는 일을 수월하게 했다. 원자력의 이용 가능성(다른 잠재적 적용들을 제쳐두고)이 한 나라를 후진 국가에서 산업화된 국가로 도약하도록 돕는 데 큰 효과가 있을까?[49]

당시 산업화 관련 논의들은 생산성 증가뿐 아니라 이른바 인구학적 천이遷移의 달성 가능성에 초점을 맞췄다. 이 용어는 산업화되지 않은 상태에서 산업화로 변화하는 일을 단순한 현대화의 일종이 아니라, 인구압에서 궁극적으로 탈출한다는 광범한 관념으로 표현했다. 이 시각의 지지자 중 하나인 미국의 사회학자 킹즐리 데이비스는 1950년 인구학적 천이가 지구적인 정치적 투쟁과 독특한 관계가 있다고 언급했다. 그는 식민주의뿐 아니라 냉전을 암시했다. 그는 "오늘날 세계의 오래된 농업 지역들은 전쟁터 같다"라고 말했다. "그들은 약하고 가난하기 때문에, 산업적 공백이 있기 때문에, 넓은 지역과 많은 수의 인구를 포용하기 때문에 이 투쟁에서 중요한 졸병들이다." 그들은 산업화 없이 더욱 강력한 국가들에 영원히 복속될 것이며, 영속적인 졸 신세를 면치 못할 것이다. 1950년, 데이비스는 "그들 정부들은 이를 인식하고 있다"라고 주장했다. "때때로 간디 같은 이들이 시간을 돌리고 전통문화를 되살리길 원할 수 있음에도 오늘날 모든 정부는 고도의 경제적 생산성을 선호한다."[50]

사이먼의 계산은 원자력을 이른바 개발도상국에서 경제적으로 실행 가능한 작업으로 평가한 최초의 진지한 시도로 자리매김했다. 그는 이 시도를 인구학적 천이를 이룩하는 것으로도 규정했다. 사이먼은 고도로 도시화된 유럽인이 "인구압이 부과한 자원에 대한 딜레마에서 결정적으로 탈출한 것처럼 보인다"라고 믿었다. 하지만 '후진'국들에서는 그렇지 않았다. 그는 몇몇 나라는 인구압에서 결코 탈출할 수 없을지도 모르며 기아, 전쟁, 질병 같은 자연의 교정에 빈번히 굴복할 것이라고 경고했다. 그러나 그는 석탄이나 수력 발전에 비해 원자력은 산업화에서 요구되는 자본의 양을 줄일 수 있다고 낙관했다. "급속한 산업화는 이를 통해서만 이 나라들이 제한적인 농업 자원을 가지고 증가하는 인구압에서 탈출하기를 희망할 수 있기 때문에 특히 중요하다." 원자력은 사회의 급속한 변화와 자연의 압박에서 탈출을 가능케 하는 열쇠였을지도 모른다.[51]

일부 전문가들은 원자력에 건 그러한 신념을 비웃었다. 선도적 비평가로 비용 평가에 회의적이었던 하버드대학 경제학자 월터 이사드는 해당 주제에 관해 사회학자 빈센트 휘트니와 함께 논문을 발표했다. 그들은 '후진적인 지역들'이 원자와 함께 산업화를 수행할 기회를 잡을 거라고 믿지 않았다. 휘트니는 기술에 대한 단순한 이용 가능성이 곧 사용으로 이어진다고 순진하게 상상했다며 특히 블래킷의 저술을 비판했다. 그 대신 휘트니는 증기기관에서 말, 객차에 이르기까지 문화가 혁신에 저항했던 수많은 이유가 있었다고 말했다.[52] 그와 이사드는 저비용 원자력이 "지구상의 가장 후진적인 지역들을 위해 다수의 풍요를 어떻게든 만들어낼 것"이라는 물리학자의 관념을 일축했다. 그들은 원자의 잠재력이 적어 보이도록 본질적으로 복종적인 문화 같은 고정관념을 이용했다. 그들은 "멕시코와 중남미 대부분 국가는 그러한 복종적 문화 형태의 예들이다"라고 주장했다. 그러한 나라들 가운데 일부는 부유하지만 보유 자원들은 개발되지 않았고, 한 경제학자는 자본 또는 수송 시설의 부재가 주요한 장애물이라고 말할 터였다. "그러나 이들은 정치적 불안전성, 불균형하고 통합되지 않은 경제, 보통교육에 대한 광범한 무관심 등을 보여주는 문화들의 표면적 현상이다. 빈곤, 문맹, 산업화에 도움이 되지 않는 일련의 관행과 가치가 일반적으로 만연해 있다." 그러한 나라들에서 원자에 대한 지식이 경제적·사회적 발전을 불러올 수 있다고 생각하는 것은 '심각한 오산'이었다.[53]

구체적으로, 이사드와 휘트니는 원자력 발전의 시기가 무르익은 것처럼 보일 수도 있지만 산업화 달성에 실패할 나라들로 인도와 브라질을 꼽았다. 파키스탄과 버마(미얀마)를 포함해 한때 인구를 대략 4억 2,500만 명 보유했던 인도는 '맬서스주의적인 원칙이 작동하는 두드러진 사례'로 보였다. 그러나 두 학자는 또한 그들이 문화적 관성의 피해자들이라고 주장했다. 대다수 사회들이 미국인같이 기술적 변화라는 생각에 익숙한 사람들처럼 혁신을 채택하리라고 추정할 수 없었다. "지구상의 방대한 지역에 걸쳐 원자력이 관성과 적대감의 합성 이상의 무언가로 받아들여지려면, 수세기에 걸쳐 고집스럽게 뿌리내린 문화적 전제들은 반드시 파괴되거나 엄청나게 수정되어야 한다." 브라질은 또 하나의 예증이었다. 브라질 인구는 대략 4,800만 명이고 그중 절반 정도는 남미인이다. 그러나 영토가 광대하고 아직 손대지 않은 자원이 풍부해서 인구과잉이라고 할 수 없었다. 이 나라 사람들은 극단적인 존재의 기로에 서 있지 않았으나 두 저자에게 현실에 안주하며 동기부여가 없는 것으로 보였다. 두 저자는 그 이유를 기후, 문화, 삶에서 운명을 바꿀 수 없는 오래된 무능에서 찾았다. 이러한 조건들을 원자력이 바꿀 가능성은 없었다. 이사드와 휘트니는 원자력이 기적적인 치료제라는 신화가 틀렸음을 드러내길 바랐고, "어쨌든 원자력은 세계를 경제적 기회의 균등으로 이끌지 않을 것"이라고 결론을 지었다.[54]

그들이 할 수 있는지를 두고 학자들이 논쟁하는 동안 인도·브라질 두 나라는 전략광물에 대한 미국의 필요를 국내적 산업발전의 지렛대로 쓰려고 시도했다. 독립 이후 인도의 모나자이트 금수 조치를 영국·미국의 군사적 노력을 방해하려는 시도로 해석하는 일은 매혹적이다. 그러나 실제로 인도 정부는 계속 전략자원을 거래했다. 통상 금속합금을 강화하는 데 쓰일 뿐 아니라 효과적인 원자로 중성자 감속재로 인식된 녹주석을 공급하는 비밀협정을 두고 미국과 협상했을 때를 예로 들 수 있다. 심지어 모나자이트 모래도, 인도 정치인들은 단순히 모래를 인도 내에서 가공하고, 토륨과 다른 물질들을 직접 생산하며, 일종의 산업을 만들기를 희망한다고 주장했다. 인도는 발전용 원자로 건설 같은 미래의 자체 원자력을 활용하기 위해 토륨을 고수하길 바란다고 밝혔다. 모래에 섞인 나머지 희토류는 모나자이트에서 이것들을 생산하는 화학공장이 인도에 있다면 판매될 수 있었다.[55] 브라질의 태도도 인도와 매우 흡사해서 브라질은 1951년 인도의 모나자이트 금수 조치에 합류했다. 그들에게 이일은 미국의 전략자원 확보를 막는 것이 아니라 산업 발전이 걸린 문제였다. 금수 조치가 발표된 후 브라질 외무장관 주앙 네베스 다 폰투라는 미국 외교관들에게 미국에 모나자이트가 필요하다면 브라질은 이를 제공할 방도를 찾을 것이라고 비밀리에 언급했다.[56]

일부 미국 정치인들과 기업 사주들은 전략광물에서 더 나은 조건을 얻어내기 위해 인도 같은 나라들에서 원자력 발전 약속이 아닌 사람들의 비참함을 이용하려고 했다. 1951년, 미국은 인도의 주요 기근을 미연에 방지하기 위해 밀 200만 톤이라는 대규모 원조 꾸러미를 고려했다. 미국에서 가장 큰 모나자이트 수입자인 린제이전력화학회사 대표 찰스 린제이 3세가 기근을 이용해 전략광물을 확보하려는 대화를 시작했다. 그는 모나자이트 모래의 전략적 중요성에 관해 의회 구성원 여럿에게 로비했고, 토륨이 (우라늄과 함께) 원자력의 원료물질로 언급된 두 원소 중 하나라고 언급했다. 그는 1946년 4월 이래 인도가 모나자이트 수출을 중지했다고 의회에 상기시켰다. 린제이는 정치적 이유에서든, 인도주의적 이유에서든 간에 자신이 우호적인 나라들에 대한 원조 제공을 진심으로 지지한다고 말했다. 그러나 제안된 곡물 수송과 관련해서는 "우리는 우리 정부가 원료를 획득할 수 있는 아주 잠재성이 큰 협상력을 망각했다고 생각합니다"라고 말했다. 린제이는 인도에서 반대급부를 원했는데, 그것은 밀이라는 선물을 주고 모나자이트 구입권을 받는 것이었다. 그는 전쟁이 벌어져 소련이 인도를 침공할 경우, 원자무기와 재래식 무기에 필수 물질인 엄청난 양의 토륨과 희토류에 접근하는 권한을 소련이 쥘 것이라고 경고했다.[57]

미국이 당시 세계에서 가장 강력한 핵무기 저장고를 가지고 있었음에도 몇몇 미국 정치인은 자국이 전략자원 '쟁탈전'에서 더 나은 협상가들, 즉 산업 발전이라는 약속을 가난한 나라에 어떻게 해야 더 잘 구현할지 알고 있는 나라들에 뒤처졌다고 우려했다. 프랑스의 희토류회사는 인도 내에서 프랑스인이 모나자이트 모래를 가공할 공장을 지을 수 있다고 인도 정부를 확신시켰다.[58] 이는 산업 기반시설을 지으려는 네루의 목표와 맞아떨어지는 것이었다. 인도는 단지 '원료'의 원천으로 기능하는 것이 아니라 토륨을 추출해 미국에 필요한 나머지 전략광물을 판매하는 역할을 할 것이었다. 하지만 미국 회사 린제이는 가공에 필요한 화학약품을 인도로 수송하는 데서 발생하는 비용을 언급하며 거절했다. 한편 프랑스 회사의 주주들은 미국 상원의원 브라이언 맥마흔이 언급했듯이 "꽤 영악하게 그리로 건너가 인도인과 한통속이 되어" 정확히 네루 정부가 제안한 대로 일을 진행했다. 이후 '이 프랑스 사기꾼'은 브라질로 가서 금수조치를 내리게끔 정부를 확신시켰고, 미국이 모나자이트 원천을 가질 수 없게 만들었다.[59] 전임 브라질 대사이자 최근 인도에서 비료공장을 지은 윌리엄 폴리는 증언에서, 프랑스인이 '협상에서 매우 날카롭고 영리했다'고 지적했다. 프랑스인은 인도·브라질 양자에 필요한 것, 즉 산업적 번영을 포함한 미래라는 전망을 준 것처럼 보였다. 폴리는 대사로서 경험을 반영해 다음과 같이 말했다. "일례로 브라질인은 정말 수많은 자리에서 '폴리, 우리가 원하는 것은 우리 자체의 산업을 발전시키는 겁니다. 원료 공급자로만 남아 있고 싶진 않아요'라고 말했다." 폴리는 또한 밀을 모나자이트에 연계하는 일이 문제를 만들 수도 있음을 이해했고, 최근까지 인도에서의 식민 통치라는 '민감한 상황'에 더해 "단지 그들은 우리가 그들에 대해 약간의 정치적 통제를 가할 상황을 만들려는 술책을 꾸미고 있다고 겁을 집어먹었다"라고 말했다.[60]

의회에서 식량 원조에 대해 논쟁할 때 미국 라디오 논평가 칼텐본은 마치 인도가 불공평하게 미국에 토륨을 제공하는 일을 막고 있는 것처럼 논의를 이어나갔다. "우리에게는 공산주의에서 세계를 방어하기 위해 모나자이트가 필요합니다. 인도는 영양부족에 시달리는 수백만 인구가 처한 끔찍한 사망률을 낮추기 위해 밀을 필요로 합니다. 우리의 대의는 그들의 대의만큼이나 훌륭합니다. 우리가 인도 모나자이트 약간을 미국의 밀과 교환하는 방식으로 인류에 봉사하지 않는다면 우리는 감성적인 바보가 될 것입니다. 우리의 구입을 막을 그 어떤 타당한 이유도 인도에는 없습니다. 인도의 태도는 심술쟁이 개dog-in-the-manager와 같다고 할 수 있습니다."[61] 칼텐본은 자신이 건초를 먹을 수 없는데도 다른 말이 이를 먹지 못하게 막은 개에 관한 고대 우화를 언급한 것이다. 칼텐본의 질문은 다음과 같았다. 왜 인도 같은 나라가 미국이 중요한 전략자원에 접근하지 못하게 하는가?

트루먼 행정부 말기의 원자력위원회 위원장 고든 딘 또한 밀에 관한 인도주의적 위기의 논의 한가운데서 모나자이트 모래 접근권이 묻히지 않게 하려고 노력했다. 그는 밀을 노골적인 지렛대로 이용해 모나자이트를 얻어야 한다고 고집 피우지 않을 정도로 요령 있는 사람이었다. 그는 트루먼의 두 번째 임기 동안 국무장관이었던 딘 애치슨에게 보낸 편지에서 인도의 토륨·녹주석에 대한 원자력위원회의 야망을 그에게 상기시키기에 앞서 간략히 밀에 관한 논의를 언급했다. 그는 "모나자이트와 다량의 녹주석 그리고 가능하다면 우라늄을 미국이 확보하고, 그렇게 함으로써 위원회의 계획에 필요한 이들 핵심 원료들을 위원회에 제공하도록 도울 공평한 거래에 지금 또는 가까운 시일 안에 도달하는 것이 우리 바람입니다"라고 썼다.[62]

애치슨의 미 국무부는 공식적으로는 전략물자에 밀을 직접 결부하지 않았다.[63] 그는 의회에서 "내가 현재 강조하고 싶은 것은 근본적이고 엄청나게 중요한 사안이 바로 곡물이 수송되어야 한다는 것이며, 그렇지 않으면 사람들이 굶어 죽을 것이라는 점"이라고 말했다. '가뭄, 홍수, 메뚜기 떼 창궐'에서 비롯한 곡물 부족은 1억 2,000명에서 1억 3,000명가량이 정부 배급에 의지하도록 만들었다.[64] 애치슨이 토륨 관련 논평에서 분명하게 밝힌 것처럼, 미국이야말로 심술쟁이 개와 같았다. 미국은 토륨이 절대적으로 필요하지는 않았다. "토륨이 고려되는 경우 우리는 이에 대한 예방적 이해가 있습니다. 우리가 이의 취득에 관심이 많다고 생각하지 않는데, 그 이유는 원자력위원회에서 오늘날 토륨을 대체로 실험 용도로 쓰지 생산 체계에 쓰지 않기 때문입니다. 우리는 이것이 다른 이의 수중에 떨어지기를 원하지 않습니다. 우리가 이를 구입하고자 하지만 그럴 수 없다면, 우리는 강력한 금수조치를 걸어 아무도 이를 가질 수 없게 하는 데 만족할 것입니다." 애치슨은 밀 판매가 모나자이트 합의 여하에 달리기를 원하지 않았다. 그는 인도인을 언급하면서 다음과 같이 덧붙였다. "그들은 아주 완고한데, 그러한 태도가 오히려 우리에게 더 나쁜 방법을 선택하게 할 거라고 생각합니다."[65] 그러나 그는 미국에 일정하게 긍정적인, 즉 발전 또는 생명을 구한다는 약속이 필요했음을 감지했다. 이 약속은 공식적으로는 반대급부 성격을 띨 수 없었으나, 실제로는 미국의 무기고를 지키기 위해 그런 식으로 작용할 터였다.

인도의 밀에 관한 의회 청문회 참석자들은 인도의 항시적인 식량·인구 문제가 미국에 어떤 의미가 있는지를 두고 입씨름하느라 애를 먹었다. 이러한 자연재해들이 책임감을 불러일으켜야 하는가, 아니면 미국의 이해를 위해 이용되어야 하는가? 상원의원 윌리엄 풀브라이트는 전후 인구압에 관한 우려를 다시 초래하도록 자극한 주요한 지적 작업들 중 하나인 페어필드 오스본의 1948년 작 『우리의 강탈당한 행성Our Plundered Planet』을 구체적으로 거론했다.[66] 풀브라이트는 다음과 같이 물었다. "매년 이것이 사실이지 않습니까? 인도에서 사람들이 죽는다는 것은 전혀 새로운 일이 아닙니다. 그렇지 않습니까?" 그는 과학적 진보가 가진 양날의 검을 우려했고, 미국이 어떤 종류의 책임을 떠맡아야 하는지를 두고 두려워했다. 그는 오스본의 책을 언급하면서 다음과 같이 말했다. "[세계의] 평균수명이 약 25년이고, 이 나라의 평균수명은 60년 언저리라는 게 사실이지 않습니까? 우리는 그곳에 DDT를 뿌리기 위해 몇몇 이들을 보낼 수 있고, 우리가 그들을 먹인다는 전제하에 평균수명이 35년으로 늘 것이라고 예측할 수 있으나, 여전히 우리가 그들을 먹이고 살리는 일을 떠맡습니다. … 그리고 만일 당신이 그들을 25년에서 늘어난 35년간 살게 해준다면 그들은 정말로 [무언가를] 생산할 것입니다. … 이는 매우 위험한 일이고, 우리가 어떤 극동 지역에서도 연루되지 않았던 방식으로 관여하게 될 것입니다." 그는 과거 중국에 식량을 원조했으나 이는 정부가 아닌 민간 창구를 통한 것이었다고 언급했다. "우리는 중국인을 살리기 위해 이를 국가 정책으로 수행하지는 않았습니다." 상원의원 부크 히켄루퍼는 "비유적으로 말하자면 아마도 우리는 호주에 토끼를 들여놓는 것일지도 모릅니다"라고 했다.[67]

그들은 식민주의의 부재 속에서 왜 미국이 책임을 떠맡아야 하는지 의문을 가졌다. 상원의원 헨리 캐벗 로지 주니어는 "이것은 모두가 5년 만에 자립할 수 있길 기대하는 마셜플랜과 같지는 않습니다"라고 지적했다. 히켄루퍼는 맬서스주의적 상황을 아주 잔혹한 방식으로 언급했다. "영국인은 이러저러한 방식으로 인도를 150년 또는 200년 동안 지배하면서 반복되는 기근을 경험했고, 그들이 제시한 해결책은 명백히 사람들을 죽게 내버려두는 것이었습니다. … 오늘날 우리가 영국인이 그곳에서 사람들이 죽고 사는 모습을 보기 위해 짊어졌던 어떤 책임이든 인수하는 겁니까? 오늘날 우리가 영국인이나 인도인이 가졌던 그 어떤 것보다 더욱 거대한 규모로 이러한 책임을 받아들이는 겁니까?"[68] 히켄루퍼는 말을 이었다. "제가 꼬마였을 때 제 어머니와 같이 참석하곤 했던 감리교 선교위원회와 보호여회에서 우리는 굶주리는 인도인의 사진을 보았습니다. 그들은 그곳에서 오랫동안 굶주렸습니다."[69]

일부 미국 정치인들은 공정한 반대급부의 필요성(전략광물에 접근하는 대가로 주는 식량 원조)을 본 한편, 다른 이들은 산업 발전을 열망하는 구식민지 사람들과 신중히 거래하라고 독려했다. 공화당 상원의원 알렉산더 와일리는 밀을 언급하며 불평했다. "만일 우리가 그들에게 밀을 준다고 해도 그들이 가진 어떠한 [모나자이트] 모래도 얻을 수 없습니까? 제 생각에 그들과의 거래에서 우리는 약간의 모래만 추가로 필요합니다." 정반대로 민주당 상원의원 브라이언 맥마흔은 다음과 같이 답했다. "그들은 바로 그 토륨이 향후 힘의 원천이라고 생각합니다. 언젠가 미래에 토륨은 상용 전력의 원천이 될 것입니다. 이 말이 맞을 수도 틀릴 수도 있습니다. 만일 그들이 이를 진심으로 믿고, 또 그렇게 한다면, 그들이 보기에 자신들은 150년간 착취를 당했지만 지금이 나라를 산업화할 기회이기 때문에 와일리 상원의원, 당신은 그들이 그런 귀중한 자원을 지키길 희망한다고 해서 그들을 비난할 수는 없는 것입니다. 아시겠습니까?" 와일리는 이에 "나는 그들에게서 도둑질을 하지 않을 것이나, 그들 또한 주민들의 생명이 값어치가 있다고 생각하지 않을까요? 그들은 우리에게 자신들을 살려주길 원합니다"라고 응수했다.[70]

　　트루먼 대통령은 궁극적으로 전략자원에 밀을 직접 결부하지 않겠다면서 원조를 인도주의적인 몸짓으로 규정했다. 트루먼은 인도 사회 내부의 구조적 문제가 기근의 원인이라고 믿은 상원의원들의 조언과 달리 '끔찍한 자연재해'를 강조했다. 그는 범인으로 지진, 홍수, 가뭄, 메뚜기 창궐을 언급했다. 이제 미국은 "인도에서 동료 인류 수백만 명을 엄청난 고통에서 구제하기" 위해 나서려 했다. 이에 더하여 그는 원조가 자신의 포인트 포 계획의 일부라고 시사하고는 1951년 인도긴급식량원조법에 따라 인도의 학생, 교수, 기술자들에게 미국에 와서 학업을 계속하고 훈련을 받을 수 있도록 했고, 미국인에게는 인도에 기술적 원조를 할 수 있도록 했다고 말했다. "1920년대 초 러시아대기근에서 고통받은 자들과 일본 지진 피해자들이든, 아니면 1940년대 말 루마니아의 굶주린 자들이든 간에 시달리는 인류에게 이러한 종류의 도움을 제공하는 것은 미국인의 전통입니다."[71]

　　미국 관리들이 식량 원조에 관한 노골적인 반대급부 협정을 회피했음에도 그들은 자신들이 원자력의 비군사적 활용을 개발하도록 다른 국가를 도와야 한다는 기대에 일상적으로 부딪혔다. 그들은 국민당 중국, 브라질, 아르헨티나 등 원자폭탄에 필요한 핵심 광물을 보유한 다른 나라들에서 그러한 요청을 보았다. 예컨대, 1951년에 결국 타결된 미국, 영국, 벨기에 사이의 일급비밀 협정은 과학전 전문성과 장비가 협상에서 자산으로 거듭난 정도를 보여주었다. 미국인과 영국인은 '원자력 분야에서 잘 훈련된 벨기에 과학자·기술자 군단의 신속한 양성'을 지원하기로 합의하고, 비밀 해제된 자료와 시설들에 대한 접근 권한을 부여하였으며, 학생들이 심화 학습을 받을 자리를 찾는 데 협조하고, 비밀 해제된 장비와 물질들을 원자로를 포함한 개발 계획들을 위해 공급했다.[72]

1950년대 초 이전, 미국 관리들은 그러한 협정들이 농업·의학에 국한되지 않을 경우 일반적으로 저항했다. 그러나 그것들은 구미를 당기게 했다. 바로 이것이 미국인으로 하여금 자신들이 취약한 나라들을 갈취하는 것이 아니라 너그럽고 기꺼이 도울 준비가 되어 있는 것처럼 스스로를 보게 만든 반대급부였다. 관리들이 전략광물에 우호적 조건으로 다가가는 경로를 인지함에 따라 AEC·국무부는 모두 물리학 연구라는 사안으로 기울고 있었다. 브라질은 모나자이트 원천에 더해 우라늄도 탐색했는데, 이는 미국에 더욱 중요해졌다. 1951년 말, 브라질 과학원 원장 알바로 알베르토 아 모타 에 실바는 워싱턴D.C.를 방문해 브라질의 사이클로트론 취득을 논의했다. 이 기계들은 동위원소들을 생산하는 데 쓰였고, 실제로 캘리포니아대학의 사이클로트론은 미국 과학자들이 최초로 플루토늄을 생산한 장소이기도 했다. 전쟁이 끝난 후 점령 당국 미국은 일본 내 사이클로트론을 공개적으로 분해한 뒤 다이너마이트로 폭파했다. 브라질은 제너럴 일렉트릭GE의 판매를 미국 정부가 승인하기를 원했다. 사실, GE는 비용과 사이클로트론에 필요한 자재 획득의 어려움을 들며 사이클로트론을 생산하고 싶어 하지 않았고, 미국 정부의 공식 요청이 없으면 그렇게 하지 않을 것이라고 AEC에 말했다.[73] 브라질 주재 미국 대사 허셀 존슨은 GE에서 브라질을 위해 사이클로트론을 만들어주길 원했다. 심지어 그는 브라질이 원자력 관련 사안에서 미국 또는 유럽 중 어디에 기대할지 결정할 중요한 순간이라고까지 보았다. 브라질에서 우라늄과 모나자이트를 확보해야 했으므로 존슨 미국 대사는 "이곳에서 브라질인을 돕겠다는 우리의 의지는 원자력 분야에서 우리의 모든 협력 계획에 상당한 영향력을 가질 것이고, 반대로 우리가 이를 기꺼이 돕지 않는다면 유감스러운 효과가 발생할 것이다"라고 썼다. 게다가 네덜란드에 근거를 둔 필립스사처럼 다른 곳에서 단순히 구매할 수 있으므로 주문 거절만으로 브라질의 사이클로트론 취득을 막지 못할 테고, 이로써 브라질은 귀중한 연료자원의 미래에 관해 엄청난 불확실성을 조성할 터였다.[74]

미국 외교관들은 비밀주의에도 불구하고 원자력 개발에 대한 미국의 통제가 급속하게 줄고 있음을 신속히 깨달았다. 영국의 개발 계획이 진행 중이었고, 프랑스 원자력 개발 계획의 방향은 점점 더 불명확해졌으나 실험용 원자로는 1951년에 이르러 한창 진행 중이었다. 1950년 4월, 졸리오−퀴리는 공산주의적 신념을 가졌다는 이유로 프랑스원자력위원회 위원장 자리에서 파면되었다. 이 사건은 프랑스 정부가 바라는 원자력 개발 계획의 종류가 무엇인지에 관해 여러 질문을 열어놓았다. 한편이 사건이 미국·영국에 의한 전략광물의 공동 통제에 심각한 위협을 제기했다는 사실에는 의문의 여지가 없었다. 미국인은 이에 대해 전혀 준비가 되어 있지 않은 것으로 보였다. 프랑스의 '원자력 광물에 대한 식욕'은 이미 어려움을 불러왔는데, 특히 프랑스 회사들이 기꺼이 인도에 모나자이트 처리시설들을 건설할 것처럼 보였고, 이것이 인도를 꽤나 행복하게 만들었기 때문이다. 그리고 아프리카의 프랑스 식민지 재산에서 나온 어떠한 광물이라도 당연히 프랑스에 먼저 갈 것이었다.[75]

미국 핵무기 저장고는 브라질과 인도라는 예측할 수 없는 두 구식민지 나라에서 토륨을 조달하는 어려움을 고려해 결코 토륨으로 선회하지 않았고, 그렇게 할 이유도 없었다. 그리고 미국이 직면했던 전략광물 확보상 어려움은 곧 줄어들었는데, 풍부한 우라늄 원천들 중 하나가 미국 내, 즉 콜로라도, 유타, 애리조나, 뉴멕시코의 주들을 연결하는 콜로라도고원으로 알려진 지역에 있었기 때문이다. 그곳에 우라늄이 존재한다는 사실은 알려졌으나 그 규모는 알 수 없었다. 1948년 원자력위원회는 새로운 발견에 대한 현찰 보상금, 톤당 지불할 수 있는 최고 한도 금액top dollar, 구입 보장을 제공하는 방식으로 우라늄 채굴 유행을 촉발했다. 이 위원회는 심지어 민간 기업들로 하여금 대지를 샅샅이 뒤져 노르스름한 물질을 찾도록 독려하기 위해 설명 안내서인 『우라늄 탐사하기Prospecting for Uranium』를 간행하기도 했다.[76]

이 우라늄은 대부분 나바호 인디언으로 널리 알려진 디네인들이 점유한 땅과 그 주변에 존재했는데, 연방정부는 그들의 노동력을 이용했다. 채광회사들은 갱내수갱*과 노천굴 기술들을 이용해 디네인들을 저임금으로 부리며 1948년 카리조산맥에서 우라늄을 채굴하기 시작했다. 다

---

* 수갱豎坑 또는 수직갱. 수갱은 광업 용어로 지하의 광상이나 탄층에 접근하기 위해 수직으로 판 갱도를 일컫는다.

1부 원자력의 약속

음 10여 년 동안, 보호구역인 나바호국 내부에 주요 우라늄 채굴지점이 여러 개 생기지만 광부들에게 대가 하나 없는 큰 지역적 사업이 될 것이었다. 반세기가 지난 뒤 이뤄진 디네인 광부들에 대한 연구로 광산 내에서의 방사능 피폭이 폐암, 진폐증 및 다른 호흡기 질병, 결핵 발병률 증가를 야기했음을 밝혀냈다.[77] 노동자들의 절대다수가 백인인 실험실 내에서나 원폭 실험이 이뤄지는 동안의 방사선 피폭은 엄격히 감시되었으나 이 광산들에는 같은 기준이 적용되지 않았다.[78]

이 보호구역이 미국 경내에 있는데도 디네인들에 대한 연방정부의 대우는 미국이 전략자원을 추구함에 따라 해외에서 직간접적으로 방조한 식민지적 관계와 흡사했다. 건강에 영향을 주는 위험을 전혀 이해하지 못했거나 몰랐던 비백인들이 이런 직접적 결과로 시달릴 때 이들은 미국 시민이었다. 개별 노동자들은 임금을 받았지만 어떠한 방식으로도 추적되거나 감시되지 않았으며, 그들에 대한 정부 책임은 최소였을 뿐 최우선순위는 우라늄을 추출하는 일이었다. 당시 과학자들은 라돈radon과 라돈 동위원소 자손이 폐암 발병률 증가를 야기하는 이유를 연구했으나, 디네인 노동자들(대다수가 영어로 말을 하지 못했다)에게는 위험 관련 통보나 방호가 주어지지 않았다. 다만 그들은 탐구되었을 뿐이다. 1950년 의학적 현지 조사를 총괄한 한 백인 과학자는 광부들이 피험자로 대우받기보다는 단순히 탐구되었다는 사실에 얼마나 놀랐는지를 나중에야 회상했다.

1950년 임무를 보고했을 때 나는 연구의 목표가 무엇인지 물었다. 나는 그것이 15세기와 16세기 체코슬로바키아의 요하킴스탈과 독일의 슈니베르크에서 있었던 광부들의 죽음처럼 그것이 방사선 때문인지, 규폐증과 같은 다른 질병 때문인지 판정하는 것이라고 들었다. 이 장기적 목표에 직면한 연구들은 유타주 나바호인들 사이에 일어난 심각한 문제를 무시했다. 해당 지역에서 장티푸스는 고질적이었고, 모뉴먼트 밸리에서 온 광부들 가운데 6퍼센트는 개방성·공동성 결핵을 가지고 있었다. 워싱턴으로 복귀해 인디언 사무국 의료국장에게 이를 보고했을 때, 그는 그가 할 수 있는 일을 할 것이라고 말했다. 하지만 그는 자신이 무엇을 할 수 있을지에 대해 아주 낙관적이지는 않았다.[79]

1960년대에 이르면 디네인들 가운데 폐암 환자들은 만연할 것이었다.[80]

디네인들에 대한 소홀한 대우는 다른 곳의 식민지민들과 함께, 관리들이 군사적 무기고를 최우선순위로 삼았던 정부 차원에서는 거의 인식되지 못했다. 미국은 우라늄을 확보하려고 노력할 때 식민주의에 눈을 감았고, 아프리카인과 선주민들에게 의지해 이를 채굴하고는 그들에게 회복할 수 없는 생물학적 결과라는 피해를 안겨주는 방식으로 값을 치르게 했다. 나아가 여전히 '후진적'이라고 인식했던 식민 통치에서 벗어나 독립된 세계의 그런 부분들을 상대하면서 미국은 자국 무기고에서 나온 폐기물을 방사성 동위원소 형태로 제공하는 데만 관심을 보였다. 정부가 지시하는 '평화적' 원자력의 모양새(전력보다는 방사성 동위원소)는 곧 바뀔 터였다. 미국 내에서 실로 거대한 우라늄이 매장된 것을 발견한 일이 우라늄에 대한 지구적 '쟁탈전'의 압박에 일종의 유예를 제공했다. 하지만 미국 정부는 세계의 다른 우라늄 매장지에 소련이 접근권을 갖지 못하도록 계속해서 '심술쟁이 개'처럼 행동했다. 더욱 중요하게는 원자력이 미래 발전에 열쇠가 될 수 있다는 개념(식량과 보건뿐 아니라 에너지를 해결)은 협상에서 뜻밖에 강력한 자산이 되었으며, 미국인은 점차 이에 더욱 의존하게 되었다. 전략광물에 대한 장악은 또한 다음 대통령인 드와이트 아이젠하워의 사고에서도 중요해서 조만간 '평화적 원자력' 개념은 상당히 확장되고 주요한 선전 노력이 되었다. 트루먼이 그랬던 것처럼 아이젠하워는 세계의 고통, 특히 자연의 변덕 앞에 놓인 가난한 나라들의 취약함을 이용하고, 핵기술을 잠재적 해결책으로 제공하려고 했다.

2장
천 년을 일 년으로

1953년 12월 미국, 영국, 프랑스의 선출된 지도자들이 버뮤다에서 만났을 때, 한 명은 연설 초고를 가지고 있었고, 다른 한 명은 그림통을 가지고 왔으며, 또 다른 한 명은 끔찍한 독감을 앓고 있었다. 이 자리는 아이젠하워, 윈스턴 처칠, 조제프 라니엘(그리고 그들의 최고 외교관)이 모여 자신들의 연합, 소련, 식민지에서 벌어지는 전쟁, 원자폭탄을 논의하는 정상회담이었어야 했다. 아이젠하워는 골프를 좋아했으나 처칠은 그림 그리기를 선호해 스포츠를 단념했다. 둘은 함께 그림을 그리기 위해 시간을 내려고 노력했다. 라니엘은 그림 그리는 취미는 없으나, 자리 보전하느라 회담 기간 대부분을 방에서 보냈기 때문에 이는 그다지 중요하지 않았다. 아이젠하워는 두 사람에게 자신이 국제연합UN에서 곧 하게 될 원자력 관련 연설에 대한 지도를 요청했다. 이는 '평화를 위한 원자력'Atoms for Peace 연설로, 이 말은 미국의 민수용 원자력 홍보 노력을 오래 규정하는 용어이기도 했다. 또한 미국이 군비감축은 물론 세계의 사회적 부상을 위한 기술 공유에도 진지하게 임한다는 인상을 주었고, 1957년 IAEA 창설로 이어질 아이디어를 제공하기도 했다.

역설적으로, 이 평화적 제안은 미국이 진정으로 의도한 것, 즉 미국과 연합국의 군사 계획에 핵무기를 더욱 완전히 통합하고 이례적인 일련의 대기 핵무기 실험이 야기할 정치적 손상을 완화하려고 고안되었다. 비밀 해제된 대화록은 버뮤다 회담이 생각할 거리를 많이 제공했음을 보여준다. 원자폭탄을 재래식 무기로 간주할 필요가 있다고 믿은 아이젠하워는 한국에서 적대행위가 다시 점화될 경우 원폭을 사용하려고 계획했다. 처칠은 두 나라 간의 원자 공유를 복구하려 노력했고, 영국의 핵무기 저장고가 진척을 이루고 있다고 대통령에게 알려주었다. 프랑스 지도자는 인도차이나에서 현지 공산군에 맞서 버티는 데 더 많은 군사적 원조를 해달라고 호소했다. 아이젠하워는 동맹들에 자신의 연설이 군비감축을 부르짖는 세계에 무언가 긍정적인 메시지를 주는 것이라고 설명했다. 그러나 아이젠하워는 군비를 감축할 의사가 없었다. 만일 그가 평화적 원자력을 제공할 수 있다면, 미국이 군비감축 분야에서 진전을 만들지 않더라도 기꺼이 평화를 향해 행동한다는 사실을 세계에 확신시킬 수 있을 것이다. 그는 세계의 나머지가 군비감축에 기울이는 주의는 분산되는 대신 원자력의 평화적 활용을 홍보하는 데 주의가 맞춰질 것이라고 시사했다. 이 연설은 국제기구에 우라늄 공급을 약속하는 한편, 소련(그리고 영국)에도 똑같이 하라는 과제를 제시했다. 그러한 계획은 만일 소련이 합의하면 소비에트 무기고에서 귀중한 물자들을 빼낼 것이었다. 만약 그들이 합의하지 않는다면, 서방이 거두게 될 선전상의 승리일 터였다.

대통령은 구체적 사안에 관해서는 모호하게 표현했다. 그는 원자로가 의학적·농업적으로 활용될 수 있고, 어쩌면 '트랙터들을 가동하는 데'도 쓰일 것이라고 말했다. 사실 아이젠하워는 평화적 원자력이 무엇을 수반하는지에 대한 분명한 개념이 없었다. 그에게 구체성은 제안 자체보다 덜 중요했지만 모호한 이 제안을 믿을 만한 것으로 만드는 열쇠가 될 터였다. 향후 수십 년 동안 선사된 수많은 원자의 약속처럼, 아이젠하워는 제안을 상상된 미래에 근거하였는데, 아무도 증거를 요구하지 않더라도 실제로 보여야 할 필요는 있었다. "우리는 만일 한 남자에게 플루토늄 구球를 한 개 주면 그가 아마도 다음 100년간 자신의 경작지를 가질지도 모른다는 희망을 품지 않도록 연설 문안을 주의 깊게 작성해야 한다. 하지만 우리는 지금 수많은 사람을 우리 편으로 데려올 무언가를 할 수 있는 분야를 가졌다"라고 아이젠하워는 주의를 주었다.[1] 이는 대체로 후진적이라고 인식된 나라들을 겨냥했다. 새로 독립해서 예측할 수 없는 제3세계 국가들, 전쟁에서 여전히 회복 중인 나라들 말이다.

마치 광고회사들이 고안한 것처럼 나중에 '매디슨가Madison Avenue의 술책'으로 이름 붙여진 아이젠하워의 '평화를 위한 원자력' 연설은 원자력의 평화적 측면에 대한 건국설화로 종종 인식된다. 사실, 이는 과거로부터 그렇게까지 극적으로 단절하는 것은 아니었다. 공식적으로든 다른 방식으로든 이미 원자력은 세계의 탄압받는 이들에게 요긴한 것으로 홍보되었다. 민주당원들은 이러한 방식으로 처음에는 방사성 동위원소로, 나중에는 경이로운 변이 생산의 희망 속에서 씨앗을 조사照射하는 것 같은 다른 흥미로운 생각으로 원자를 이용했다. 사실 1949년 트루먼 대통령이 수소폭탄을 개발하겠다고 공표한 지 얼마 지나지 않아 민주당원들은 지구적 원자력 마셜플랜을 요구하며 '평화를 위한 원자력'이라는 생각의 싹을 틔웠다. 이는 실제로 무기 개발 노력을 강화하는 한편, 평화적 전망을 제공한 또 하나의 사건이었다. 트루먼은 이러한 일을 심지어 더욱 이른 시기에 벌이면서 대담한 평화 계획을 세웠는데, 이때는 1946년 마셜군도의 비키니에서 전후 최초 원폭 실험을 하기 바로 몇 주 전이었다. 이 모든 사건에서 평화적 원자라는 관념은 무기 개발이 현저하게 늘어남에 따라 나타나게 된 정치적 결과를 완화시키고자 어떠한 진심 어린 시행 계획 없이 단지 수사적으로만 이용되었다. 아이젠하워의 맹세는 새로운 개발 계획이 아닌, 원자를 국가적 사안으로 논의해야 하는 방식에 관해 미국의 정치적 합의를 불러왔으며, 세계의 짓밟힌 사람들을 좀 더잘 살게 하기 위한 핵기술의 복무 방식(그 대다수는 아직도 달성되지 않았다)에 초점을 맞췄다. 미국 정부는 공공연히 그렇게 함으로써 민수용 원자력의 성공에 대한 정치적 밑천을 확보했는데, 그것들이 무기 개발 계획을 보호하고 심지어 확대하는 전략으로 수용되었기 때문이다.

*

1945년 말 미국 국무부가 내놓은 기본 외교정책은 군사적 개발 계획을 독려하지 않는 선에서 '산업적이고 인도주의적인 목표를 위해' 과학적 정보를 공유해야 한다는 것이었다.[2] 1946년 원자력을 둘러싼 외교적 대화는 심지어 원자력의 국제적 통제에 관한 질문들을 두고 이뤄지기도 했다. 미국 외교관들은 UN 원자력위원회의 창설에 일조했으며, 짧은 기간이긴 하나 이 기구가 원자폭탄, 평화적 핵기술, 심지어 우라늄·토륨의 공급마저 통제하는 실질적 가능성을 가진 것처럼 보였다. 트루먼 행정부는 자신들이 파견한 부유한 자본가 버나드 바루크가 1946년 6월 14일 UN 기구 연설에서 그러한 통제에 관한 구체적 계획을 제안하도록 했다. 바루크는 핵폭탄 제조를 멈추고 기존의 폭탄은 해체하며, 모든 활동을 관리하고 시설들을 사찰할 뿐 아니라 원자력을 유익하게 활용하도록 새로운 국제기구를 창설하는 동시에 세계의 모든 우라늄·토륨 공급을 이 기구 지배 아래 두자고 제안했다.[3]

당시 바루크의 제안은 세상을 깜짝 놀라게 했다. 원자폭탄으로 무장한 유일한 국가가 가장 급진적인 평화의 몸짓을 상상할 수 있게 한 것이었기 때문이다. 미국은 폭탄의 포기를 제안했을 뿐 아니라 자기 주권을 기꺼이 밀치며 일종의 세계정부 형태를 지지할 준비가 되어 있는 것으로 보였다. 당시(그리고 그때부터) 비평가들은 해당 계획이 결코 성공할 수 없고, 트루먼 행정부가 소비에트인이 사찰·집행이라는 거슬리는 방법을 결코 받아들이지 않을 것을 알고 있었다고 지적했다. 그러나 단순히 제안한 일이 헤드라인을 독차지하며 미국이 역사에서 가장 야심 찬 평화 실현 계획을 만들었다고 여기도록 세계를 추동하기에 충분했다. 연설은 기억에 남을 수많은 이미지로 채워졌다. 바루크는 "우리는 산 자와 죽은 자 사이에서 선택하려고 이곳에 있습니다. 그것이 바로 우리 사업입니다"라고 연설을 시작했다. 그는 또한 '새로운 원자력 시대의 어두운 전조'를 언급하고 원자력 시대를 영적인 용어로 틀 지으며 원자에 대한 공포는 희망으로 대체되어야 한다고 말했다. "오늘날 사람들은 세계 곳곳에서 굶주림으로 배고파합니다. 그러나 더 큰 굶주림은 바로 영혼의 배고픔입니다. 이 굶주림은 공포를 정복해 희망으로 대체하겠다는 믿음으로 치료할 수 있습니다. 그 믿음은 서로에 대한 믿음, 우리가 구원하기 위해 함께 일하고 싶어 한다는 믿음 그리고 평화와 안전을 위협하는 그 누구라도 벌을 받아야 한다는 각오입니다."[4]

바루크는 새로운 세계질서를 제안했는데, 이는 그해 여름 정말로 닥쳐올 무언가, 즉 핵폭격으로 나가사키가 파괴된 이후 최초로 전개된 원자폭탄 실험에 미국인들이 대항하기 위해 여념이 없던 바로 그때 각종 매체의 헤드라인을 지배했다. 바루크의 평화 계획이 발표되고 2주 뒤, 미국은 산 자와 죽은 자 사이에서 인류의 선택이라는 바루크의 구상에 마치 점이라도 찍는 것처럼 크로스로드 작전을 개시했다. 1946년 6월 원자폭탄 실험을 감독하는 전담반을 지휘한 제독 윌리엄 블랜디는 "나는 이 계획을 '크로스로드 작전'이라고 명명했는데, 이 혁명적인 무기로 전쟁(아마도 문명 자체)이 역사의 전환점 앞에 놓이게 되었음이 명백했기 때문이다"라고 말했다.[5] 그와 다른 이들은 이 실험을 비키니라고 불린 태평양의 거의 알려지지 않은 한 환초에서 '인류의 이익을 위해' 수행했다고 떠벌렸다. 미국 해군은 영화 제작진을 부르고 전 세계에서 참관인들을 초빙했을 뿐 아니라 언론에 널리 알렸다. 프랑스 디자이너 루이 레아르가 원자탄 폭발에 영감을 받아 자신이 만든 투피스 수영복에 '비키니'라고 이름 붙인 것은 아주 유명한 일이다.

'인류의 이익을 위한다'는 논리를 최초로 제안받은 이들은 다름 아닌 비키니인들이었다. 그들에게 미국인은 새로운 사람들이었다. 비키니는 1943년과 1944년 길버트제도와 마셜군도에서 미국과 일본이 치른 해전에서 미국이 승리해 차지한 새로운 영토인 마셜군도를 이루는 29개 환초 가운데 하나였다. 미군이 마주로, 콰절레인, 에니웨톡을 침공했을 때 가장 잔혹한 전투가 벌어졌고, 폭격과 격렬한 지상전으로 일본인과 미국인 약 1만 4,000명이 전사하거나 부상당했다. 미국이 태평양에서 보유한 기존 영토(가장 대표적으로 하와이와 필리핀)는 종전과 함께 마셜, 마리아나, 캐롤라인제도에서 일본인을 몰아내면서 확대되었다. 이전에 괌섬(1898년 스페인으로부터 취득한)은 남태평양에서 미국의 전략적 전초기지로 활용되었다. 이제 미국은 태평양에서 도전을 받지 않는 주인이었고, 수천 킬로미터에 걸친 수백 개 섬을 비롯해 이례적으로 넓은 영역을 지배하게 되었다. 미국이 마음대로 활용할 수 있는 제도들과 사람들을 보유한 것처럼 보였다. 미 해군은 비키니의 원주민들을 소개疏開하면서 그들에게(마셜군도 사람들이 다음 반세기 동안에 걸쳐 배우게 된 것처럼 부정확하게) 이동은 단지 일시적일 뿐 곧 고향으로 돌아올 거라고 했다.

미국·영국의 과학자들은 비키니인이 옮겨가자 비키니 환초를 현대전과 현실을 바꾸는 원자의 가능성을 이해하는 제어된 실험장으로 상상하려고 시도했다. 현실에서는 1946년 여름의 최초 실험들은 제어되지 않았을 뿐 아니라 양자 모두 기대에 미치지 못했다. 그것들 가운데 에이블Able이라는 작전명이 붙은 최초의 실험은 목표를 비껴갔고, 조악하게 실시된 실험에서 가장 과학적인 문제 해결 방법은 그나마 유용한 결과의 수집에 맞춰졌다. 이는 정치적으로도 문제였다. 바루크의 평화 계획은 전쟁과 문명의 역사에서 원자폭탄이 유례없는 요소로 인식된다는 사실에 근거한 것이었고, 크로스로드 작전은 그 사실을 증명하려는 의도에서 나왔다. 그러나 폭탄은 불발이었다는 증언이 많았다. 몇 킬로미터 밖에서 실시된 이 실험은 과시된 '원자력 시대'의 기대와 과도한 선전에 부응하지 못했다. 단지 바다 한가운데서 거대한 연기 기둥이 일어나는 것처럼 보였을 뿐이다. 초대받은 참관인들은 무언가 더욱 극적인 것을 기대했다. 브라질 무관 올란도 랑겔은 기자들이 소감이 어떤지 묻자 '그저 그렇게' 느꼈다고 말했다. 러시아 과학자 시몬 알렉산드로프가 어깨를 으쓱하는 모습이 화면에 비쳤다. 멕시코의 폭발 전문가이자 무관인 후안 로요 곤잘레스는 원자폭탄조차 명백히 한계가 있다고 언급했다.[6]

그러한 인식은 다음 폭발이 일어난 베이커에서 극적으로 변했다. 이 실험에서는 폭탄이 수중에서 폭발했기 때문에 시각적으로 더욱 장관을 이루었다. 한 장교가 '거꾸로 된 나이아가라 폭포'라고 표현한 것처럼 솟구쳐오르는 물기둥은 경외심을 자아냈고, 크로스로드 계획가들은 작전이 세계의 기대를 만족시킬 만한 것으로 보인 무언가로 만회되었다고 안도의 숨을 내쉬었다.[7] 에이블 실험에서는 폭탄이 폭발된 후에도 많은 배가 바다에 떠 있었다. 하지만 이번 수중 폭발은 제2차 세계대전에서 살아남은 강인한 배들에도 종말을 가져왔다. 미국 항공모함 사라토가는 뇌격기와 가미카제神風 자살공격은 이겨냈지만 베이커의 적수는 되지 못했다. 영국 수학자 윌리엄 페니는 본국 동료에게 보낸 편지에서 관련 사실을 약간 구체적으로 썼다. 수중 27미터 지점에서 폭발한 폭탄이 오염수의 격류를 만들어 함선들을 강타했을 뿐만 아니라 위에서부터 그것들을 가격했다. 폭발로부터 약 450미터 떨어진 지점에 12미터 높이의 파도를 만들었으며 바닷물은 공중으로 1.6킬로미터 이상 솟구쳤다. 바닷물이 다시 아래로 떨어져 수면을 강타하자 배들은 방사능으로 가득 찼다.[8]

베이커 폭발은 세계에서 유례없는 환경 재난 지역을 만들었다. 도처에 방사능이 있었고 군사·과학 사업은 마비되었다. 페니는 동료 제임스 채드윅 경에게 보낸 편지에서 해군이 설정한 일일 선량 제한이 "모든 것을 지독히 혼란스럽게 만들었고 실질적으로 아무도 실제 선박에 2분 내지 3분 이상 승선하지 못했습니다. 일부 선박은 단순히 평범한 누수로 서서히 침몰했습니다"라고 썼다.[9] 함선들은 한동안 '뜨거운'* 채 남아 예기치 못한 방식으로 방사능을 축적했으며 시간이 지나면서 새로운 피폭의 원천을 조성했다. 방사선 방호대를 총괄했던 스태퍼드 워런은 두 번째 비키니 폭탄이 "핵전쟁이라는 전적으로 새로운 위험을 증명했다"라고 썼다. 1년 후 그는 잡지 『라이프Life』에 폭발 한 시간 후 자신의 방사선 감시대가 비키니 석호潟湖로 들어가려고 했으며, "두꺼운 오염의 벽을 기록했다"라고 썼다. 해수 견본을 모으기 위해 오직 무선조종 소형 배들만 쓸 수 있었고, 몇몇 배에 한 번에 한 시간 이상 승선할 수 있기까지는 한 달 이상이 걸렸다. 워런은 오염이 "표적선들의 모든 틈새를 관통했다"라고 썼다.[10]

크로스로드 작전은 바루크의 제안과 '인류의 이익'이라는 블랜디의 수사와 보조를 맞춰 무기의 효과 연구에 약간의 잠재적인 평화적 이용을 혼합했다. 크로스로드 작전에서 표적선 19척에는 과일·채소 통조림과 다양한 옷가지, 연료 등을 포함해 방사선 피폭 연구용 물건들을 실었다. 또한 밀, 보리, 옥수수, 목화 같은 상품작물 씨앗들도 있었다. 1946년 여름의 실험에 대한 결론이 난 지 얼마 지나지 않아 미국에서 토지를 무상으로 받은 대학들과 연계된 농업시험장의 과학자들이 대다수 씨앗을 가져갔다. 아마도 그들은 핵폭탄이 삶과 죽음을 유도할 수도 있다고 상상했을 것이다.

반세기 전 방사능이 발견된 이래 삶과 죽음의 병치는 방사능과 관련

---

* 영어 형용사 hot은 여기서는 '방사활성放射活性이 있음'을 의미한다. 따라서 '뜨거운'이라는 형용사는 '방사성 활동이 활발하다'는 표현으로 이해할 수 있다.

1부 원자력의 약속

해 되풀이되는 주제였다. 20세기 여명에 라듐 지지자들은 라듐이 건강과 장수에 대한 비밀을 쥐고 있다고 상상했으나, 부유한 이들에게 판매된 라듐탄산수radium tonic는 그들을 아프게 하거나 죽음에 이르게 했다. 영국 과학자 존 버틀러 버크는 1904년 살균된 소고기 육수를 라듐으로 자극해 인위적으로 일종의 생명체를 만들었다고 주장했다. 그는 "모든 것은 살아 있다"라고 주장하는 데까지 나아갈 것이었다. 그리고 1920년대 라듐시계 눈금판 도장공들의 저명한 사건(이른바 라듐 소녀들)은 직업적 라듐 피폭과 암 사이의 애달프고 섬뜩한 연결 고리를 드러냈다.[11] 이제 세계를 위협하는 것은 핵폭탄이었다. 바루크는 국제기구가 원자력을 통제하고, 나아가 인류를 해치기보다는 도울 수 있도록 원자력을 사용하는 쪽으로 나아가자고 제안했다.

방사능을 이용해 자연 자체를 변형시키고 자연이 제기하는 명백한 한계를 극복할 가능성은 다양한 분과 과학자들에게 영감을 불어넣었다. 20세기의 최초 몇 년 동안 화학자들인 어니스트 러더퍼드와 프레더릭 소디가 수행한 방사능 해석은 현대판 연금술처럼 보이게 만들었다. 그들의 이른바 변환이론은 납을 금으로 바꾼다는 수세기에 걸친 꿈처럼 원소들이 확실히 바뀔 수 있음을 증명했다. 소디의 1911년 교과서 『방사성 원소 화학The Chemistry of the Radio-Elements』은 어떻게 우라늄이 토륨이 되고, 라듐이 납으로 바뀔 수 있는지 보여주었다.[12] 그러한 자연적인 유연성은 인간의 필요에 따른 자연의 재배치를 상상하도록 과학자들을 독려했다. 예컨대, 러시아의 지구화학자 블라디미르 베르나츠키는 지구에 대한 인위적(사람이 일으키는) 변화를 구원으로 보았고, 원자력이 구세주 역할을 할 선도적 후보라고 믿었다. 만일 인간이 자연의 법칙에 지배를 받는다면, 맬서스가 1798년『인구론Essay on the Principle of Population』에서 언급한 것처럼 인구압은 전쟁과 기근으로 이어질 것이라고 베르나츠키는 믿었다. 베르나츠키는 맬서스주의적 인구 재앙을 불러올 유령을 거부했고, 1931년 소비에트 지도자 이오시프 스탈린에게 보내는 글에서 "우주선線과 원자핵에 관한 연구는 우리가 새롭고 강력한 에너지의 원천을 발견하도록 이끌 것입니다. … 우리는 전기보다 훨씬 더 강력한 방사성 에너지라는 미래의 통치권을 마주하고 있습니다"라고 썼다.[13]

방사선이 변모시킨 미래에 관한 가장 도발적인 관념 중 일부는 유전학에서 제기되었다. 그들은 전후 만화책 영웅들의 전성기에 훨씬 앞서 변이를 통한 생물학적 개선을 상상한 과학자들이었다. 1920년대 미국 과학자 허먼 멀러는 엑스선이 초파리들에서 변이를 손쉽게 유발했듯이 방사선이 유전에 뚜렷한 효과가 있음을 보였다. 1930년대 쏟아진 연구에서는 유전형질이 변형될 수 있음을 시사했다. 이론적으로 새로운(그리고 아마도 유익한) 변이를 유도하는 일은 다시 과학자들 손에 설계의 힘을 가지게 했다. 『사이언스Science』에 대문짝만 하게 실린 멀러의 1927년 연구는 현대 변이식물 육종에 관한 기초 교과서가 되었다.[14] 멀러가 가장 주목할 만한 논문을 발표해 1,000달러를 상금으로 받은 미국과학진흥협회에서 열린 회의에 참석한 한 논자는 다음과 같이 성찰했다. "과학 인사들이 모인 자리에서는 모든 방면에서 작년이 생명체의 유전 연구 분야에서 다윈Darwin이『종의 기원Origin of Species』을 발간한 1859년과 멘델의 법칙이 재발견된 1900년에 비견될 수 있는 하나의 혁명이 일어난 해였다는 점이 합의되었다."[15]

아직 엑스선(작동을 위해서는 전기가 요구되는) 또는 방사성 물질에서 나오는 방사선을 이용하는 일은 1927년에 나온 과도한 선전에 부응하지 못했다. 제2차 세계대전 이전의 10년간 파리와 식물에서 변이를 유발했지만 생육 가능한 새로운 종은 만들어내지 못했다.[16] 미국 유전학자 루이스 스태들러는 가장 적극적으로 씨앗을 조사照射한 여러 명 가운데 하나였다. 그는 원자폭탄이 나오기 한참 전에 옥수수·보리를 비롯해 다른 작물들을 키웠다. 스태들러는 엑스선에 대한 광범한 작업으로 대다수 유전적 변화는 불량할 뿐 유익한 이종異種은 거의 없다고 결론 지었다. 그는 변이를 유발하기 위해 라듐도 이용했지만 너무 비싼 라듐 선원과 널리 이용 가능한 엑스선 장치 사이에 분명한 차이는 없음을 발견했다.[17] 변이를 유발하는 방사선을 만드는 방식에서 방사능은 사태의 본질을 흐리는 요소로 여겨졌다. 스태들러는 방사성 선원이 비쌀 뿐 아니라 유해 변이 수는 작업 전체를 비효율적으로 만들었다고 말했다.[18]

크로스로드 작전은 원자에서 방출된 방사능이 자연에 대해 인간을 강화할 수도 있다는 관념에 활기를 불어넣었다. 1946년 2월 첫선을 보인 만화책의 영웅 아토맨이 원자방사선 때문에 강력한 힘, 초인적 속도, 날 수 있는 능력을 얻은 것처럼 현실에서 식물들은 새로운 특성을 획득하는 것처럼 보였다. 과학자들은 지속적으로 변이에 흥미를 느꼈고, 허먼 멀러는 초기 작업을 인정받아 1946년에 노벨상을 받았다. 연회에서 멀러가 수상 수락 연설을 하기에 앞서 스웨덴 왕립과학원 원장 시구르드 쿠르만은 멀러가 "이전에 '자연의 어쩔 수 없는 법칙'으로 불렸던 것의 낯선 징후에 개입할 수 있는" 방안을 찾았다고 경탄해 마지않았다.[19] 전쟁 전, 이로운 변이를 만들기 위한 멀러의 열정은 과학 연구에, 특히 텍사스 대학에 소속된 이전 학생들과 동료들 사이에서 계속 공명했다. 그곳에서 유전학자 존 패터슨은 1932년 멀러가 떠난 이후 방사선과 초파리 변이에 관한 연구 프로그램을 집중적으로 지속하면서 젊은 유전학자 세대에 영향을 미쳤다. 이들 중 텍사스 A&M대학 연구자 메타 수치 브라운은 (1930년대 대다수 유전학자처럼) 염색체를 연구하기 위해 초파리에 집중하다가 미국 남부의 주요 상품인 고시피움Gossypium(면화)으로 선회했다.[20] 메타 수치는 1947년 여름 수확된 비키니 면화 묘목을 연구하다가 그중 일부가 이상하게 보이는 것을 발견했다. 그는 연례 학술회의에서 동료 유전학자들에게 이를 이야기하면서 유전정보를 지닌 세포의 부분인 염색체들이 변형되었거나 파괴되었다고 말했다.[21]

메타 수치가 키운 식물은 원자력 시대의 새로운 창조물이었다. 그가 연구한 면화는 피폭되지 않은 씨앗에서 자라 크고 덜 빽빽한 면화와 비교했을 때 방사선의 영향으로 변형되어 땅딸막하고 조밀한 상태였다. 씨앗들 중 극소수만 그런 놀라운 차이를 만들어냈지만 그는 유전법칙에 따라 새로운 특성이 다음 세대에서 가장 분명하게 드러날 것이라고 믿었다. 식물 전체는 강렬한 방사선을 받아 염색체 변형을 겪은 것처럼 보였다.[22] 따라서 그것들은 육종에 이용 가능한 이종들의 비축량과 진화 과정에서 변화하는 속도에 관한 진지한 질문을 제기했다. 당시 면화 전문가들은 신대륙과 구대륙의 면화가 현재 상태로 진화한 시점이 고대 인간이 이주했을 때인 아주 오래전의 어떤 분기점인지 또는 대륙 이동기인 더 먼 과거의 일인지를 두고 논쟁을 벌였다.[23] 바로 그 시간 척도에 비키니 폭탄은 도발적으로 개입했다. 막대한 방사선의 양과 함께 새로운 변이는 진화 과정에서 변화의 속성인 느린 속도에 저항했다.

그러한 흥미로운 결과가 평화적 원자력 개발에 확실한 경로를 제공하기에는 미흡했는데, 방사선이 원자력에만 국한되는 것은 아니었기 때문이다. 여러 과학자가 엑스선이나 방사성 원소에 농작물을 노출시키는 방식으로 성장 패턴을 바꿨다고 주장했으나, 통계학적으로 중요한 차이점을 증명할 수는 없었다. 비키니 씨앗에 관한 언론의 관심이 커졌지만 유전학자 루더 스미스는 발아이든, 잎사귀에 난 반점이든, 키메라chimera 이든 아니면 돌연변이 빈도이든 간에 "원자폭탄 폭발에 따른 방사선 피폭은 모든 면에서 엑스선 노출과 비교될 수 있는 효과를 가져왔다"라고 지적했다.[24] 사실 미국 농무부에서는 여러 주에서 다른 작물 열여섯 개를 이용해 방사성 비료 판매 회사들이 제기한 주장을 실험하는 연구를 시행했다. 그들은 엑스선과 원자력 선원線源 사이에서 중요한 차이를 발견하지 못했다.[25]

　원자력의 평화적 활용으로서 변이식물 육종은 막다른 길에 들어선 것처럼 보였다. 하지만 역설적으로 엄청난 핵폭탄 개발 계획이 이를 구제했다. 폭탄 연료 생산에 쓰이는 원자로에서는 방사성을 띤 동위원소(방사성 동위원소)를 그 누구의 기대보다 저비용으로 생산했다. 그중 1947년 뉴욕주 브룩헤이븐에 건설된 새로운 국립연구소는 가장 주목할 만한 연구 현장이었다. 이 연구소는 원자력위원회가 소유했으나 미 동북부의 여러 엘리트 대학이 후원하는 '대학연합'이라고 불린 비영리 회사가 관리했다. 브룩헤이븐연구소의 초기 직원들 가운데는 식물 세포 전문가이자 엑스선으로 꽃을 피폭시키는 데 심취한 유전학자 아널드 스패로와 방사성 코발트로 변이를 유발한다는 생각에 매혹된 유전학자 랄프 싱글턴이 있었다.[26] 이상적인 과학적 파트너가 된 둘은 핵실험을 기다릴 필요 없이 방사능이 식물에 미치는 영향을 연구할 수 있다고 판단했다. 그들은 생산용 원자로에서 나온 방사성 동위원소로 그렇게 할 수 있었다. 10년 안에 대학연합 총장 로이드 버크너는 "마치 진화적 목적을 위해 우리가 천 년을 일 년으로 접어버린 것과 같다"라고 말할 정도로 방사성 동위원소를 이용한 변이 유발에 호들갑을 떨게 될 터였다.[27]

1930년대와 반전된 상황 속에서 엑스선과 대조적으로 방사선을 위해 방사성 선원을 쓰는 가장 큰 장점은 바로 비용이었다. 식물 연구자들은 식물의 전체 생명주기에 걸쳐 고선량을 계속 조사할 만큼 충분한 방사성 동위원소를 얻었다. 값싼 방사성 선원은 아주 다른 종류의 연구 또한 가능하게 했다. 즉 과학자들은 원자폭탄에서 나온 것 같은 급성 방사선 선량의 결과를 분석하는 대신, 장기간에 걸쳐 지속적인 피폭을 추적할 수 있었다. 더욱더 주의 깊게 그리고 믿을 만하게 그런 피폭을 측정하는 일도 가능해졌다. 스패로와 싱글턴은 코발트를 선택했는데, 코발트는 부서지기 쉬운 은회색 금속으로, 방사성 동위원소(코발트-60)는 고에너지 감마선을 방출했다. 코발트-60의 반감기는 5.3년이었기 때문에 연구자는 단일한 코발트 견본을 이용해 여러 생장기에 걸친 연구를 수행할 수 있었다. 스패로와 싱글턴은 곧 전 세계 과학자들이 복제할 기술을 이용해 밭 한가운데에 선원을 놓고 이를 중심으로 동심원을 그리며 작물들을 배치했다. 이 과학자들이 1949년 방사코발트에 피폭된 작물의 생장기를 시작하면서 이른바 감마 정원이 탄생하게 되었다.[28]

감마 정원은 농업 생산에 대한 일정한 통제를 시사했고 풍요라는 미래를 암시하기에 특히 유망했다. 감자, 토마토, 옥수수, 브로콜리, 딸기 같은 식량 작물은 글라디올러스, 담배, 자주달개비꽃처럼 전부 다르게 반응했다. 일부가 불모, 위축된 성장 또는 다른 기형의 징후를 보인 반면,

다른 일부는 상대적으로 아무런 영향을 받지 않은 것처럼 보였다. 예컨대, 글라디올러스는 무려 하루 2,000뢴트겐R 선량의 방사선에도 내성이 있는 것처럼 보였고, 자주달개비Tradescantia paludosa는 하루 30R에도 격심한 효과를 보였다. 브룩헤이븐에서 일생의 경력을 쌓을 터였던 스패로에게 이는 과학 연구의 가능성의 세계를 열어주었다. 개별 식물들의 '방사선 감수성'을 탐구하는 작업 하나만으로도 감마 피폭에 따른 새로운 변이의 유전에 대한 작업처럼 과학 잡지 여러 권을 채울 수 있었다.[29]

미국 정부 내 민주당원 가운데 일부는 농업적 기술을 더 큰 이익을 얻기 위한 비군사적 이용으로 묘사했다. 바루크의 제안이 비키니 폭발과 평행하게 제기된 것처럼, 평화적 핵기술 또한 원자폭탄보다 거대한 새로운 초강력 무기를 개발한다는 미국의 결정과 같은 시기에 부활을 목도했다. 트루먼이 포인트 포 계획으로 과학적 지식과 기술을 공유하겠다고 발표하고 몇 개월이 지난 1949년 8월, 소련은 원자폭탄을 실험했다. 그러자 트루먼 대통령은 분열에서만이 아니라 융합에서 동력을 얻고 히로시마를 파괴했던 폭탄의 천 배에 해당하는 폭발력을 가질 수 있는 수소폭탄 개발을 신속하게 강행했다. 트루먼의 민주당 우방들은 평화적 사용에 대한 제안, 특히 수많은 사람이 생존의 갈림길에 서 있는 나라들에서 자연환경을 개조할 수 있다면서 수폭 개발 발표의 파장을 즉각 완화하려고 시도했다. 상원의원 브라이언 맥마흔은 트루먼의 결정을 언급하며 『핵과학자 회보Bulletin of the Atomic Scientists』에서 "그는 어떠한 선택지도 가지지 못했으며, 현재 상황에서 그의 결정은 옳다"라고 언급했다. 맥마흔은 탄식했다. "우리는 진정으로 끔찍한 군비경쟁에 빠지게 되었다! 이에 대해 우리는 무엇을 할 것인가?"[30] 1950년 2월 2일, 맥마흔은 상원 연설에서 원자력을 초점으로 삼는 '평화를 위한 도덕적 십자군'을 제창했다. 『핵과학자 회보』에 실린 연설에는 미국의 의도에 관한 두 가지 전망을 보여주는 만화가 삽입되었는데, 하나는 선의와 평화이고 다른 하나는 악의와 불만이었다. 이는 '지킬 박사와 수소폭탄 씨'로 불렸다. 맥마흔은 수소폭탄 씨라는 인상을 지우기 위해 급진적인 것을 제안했다. 즉 그는 미 정부가 연간 150억 달러를 무기에 사용했다고 언급하면서 거기서 100억 달러를 가져와 평화적 목적에 쓸 것을 제안했다. 미국은 그 돈을 무기 제조가 아니라 포인트 포 계획에 건넬 수 있었고 이익을 위해, 심지어 다른 곳에서 원자력을 개발하기 위해 쓸 터였다. 그는 "그러한 지구적 마셜플랜은 평시 원자력의 경이로운 힘과 결합되어 보편적인 물질적 진보와 보편적인 협력 정신을 생성할 수도 있다"라고 언급했다.[31]

당시 맥마흔은 1952년 대선 출마를 눈여겨보고 있었는데, 이 연설에 대해 그의 정치적 동맹 중 어떤 이는 "비상하게 우수하고 감동적이며, 기독교 윤리에서 가장 높은 경륜을 지녔다"라고 했고, 다른 이는 '위대한 공적 문서'라고 하는 등 이 연설에 이목을 집중시키려고 시도했다.[32] 더욱 정확했던 경제학자 제임스 워버그도 이 연설을 좋아했지만 "이것이 불붙인 희망의 불길이 타오르다 꺼진다면, 이것의 반향은 몇 주 또는 몇 달 안에 사라질 것이다"라고 추측했다.[33]

이 계획은 아무런 성과를 거두지 못했고 연설은 냉전 속에서 잊힌 문건의 하나가 되었지만, 다음과 같은 질문은 던져봄 직하다. 맥마흔은 연간 100억 달러로 무엇을 할 수 있었을까? 1950년 당시 어떠한 평화적 활용이 가능했는지에 대한 정보는 바루크가 제안하고 비키니에서 핵폭탄이 '인류의 이익을 위해' 터진 1946년에 비해 그다지 분명해지지 않았다. 그러자 맥마흔은 원자력이 자연세계를 새로 만들 것이라는 구체적이지 않은 생각에 의지했다. "평화를 위한 원자력에 대한 전면적 집중이 인류의 물리적 환경을 개조하고 개선한다는 측면에서 무엇을 이룩할 수 있는지 과대평가하는 일은 거의 불가능하다." 그는 개조가 무엇을 의미하는지는 말하지 않았는데, 아마도 핵폭발을 이용한 거대공학 계획 또는 변종인 새로운 작물들을 상상했을 것이다. 그는 자연세계에서 끔찍한 대안도 보게 될 거라고 말했다. 모든 미국 지도자는 "태양을 보고, 그가 수백만 킬로미터 떨어진 그곳에서 무엇이 이 지구상에서, 우리의 도시들, 즉 워싱턴, 뉴욕, 로스앤젤레스, 시카고에서 개조될 거라고 위협하는지 성찰해야 한다"라고 말했다.[34]

맥마흔이 물리적 환경의 변화를 요구하는 동안 소비에트 지도자들은 이를 이미 수행하고 있다고 주장했다. 그들도 핵무기 개발 계획과 원자의 건설적 사용에 관한 언론 홍보로 균형을 맞추려고 시도했다. 1949년 트루먼이 소비에트 핵실험에 대해 성명을 낸 뒤, 소비에트 외무상 안드레이 비신스키는 UN의 한 정치위원회에 참석했을 때 소비에트사회주의공화국연맹USSR*이 핵폭탄으로 어떻게 자연을 개조하려고 계획하는지를 설명했다. 소비에트 과학자·기술자들은 단순히 핵폭탄을 비축한다기보다 더욱 생산적인 풍경을 만들기 위해 산을 옮기고 사막 지역으로 물을 돌릴 것이었다. "우리는 산맥을 평탄하게 만들고 사막에 물을 끌어옵니다. 우리는 정글과 툰드라를 헤치고 나아가 수천 년간 인간의 발자국

---

* 소비에트사회주의공화국연맹. 한국과 일본에서는 이를 '소비에트 연방'이라고 번역하지만, 역사가 E. H. 카가 말했듯이, 러시아어 소유즈союз는 동맹alliance과 연합union의 의미를 내포할 뿐 연방federation이라는 의미는 전혀 들어 있지 않다. 중국이나 북한에서는 연맹으로 정확히 번역한다. 자세한 사항은 쉴라 피츠패트릭, 고광열 옮김, 『러시아혁명 1917−1938』, 사계절, 2017을 참조하라.

이 닿지 않은 곳들에 생명, 행복, 번영, 복지를 전파합니다."[35] 소비에트 인이 그때까지 원자폭탄을 한 개만 폭발시킨 것으로 보였기 때문에 소련 에서 나온 그러한 성명들은 안 그래도 이미 높아진 신빙성을 더 높여주 었다.

소련에서 나오는 기이한 주장은 일부를 분노하게 했으나 다른 일부, 특히 브라이언 맥마흔에게는 영감을 불어넣었다. 그는 비신스키가 의심 할 여지없이 '군중을 기만했다'고 불평했고, 미국 기관들에 선전 노력을 강화하도록 촉구했다. 그는 소비에트인이 여론전에서 승리를 거두고 있 다고 믿었다. 공산주의 조직들이 평화 단체들을 지배했고, 소비에트인은 자신들의 원자 행동을 무기가 아니라 자연 개조로 구조화하는 데 더 행 운이 있었다. 맥마흔은 미국이 주요 방송사들을 통해 비슷한 수준의 담 대한 주장을 펼치라고 요구했고, 미국의 평화적 원자 이용 계획에 대한 구체적 사안들을 알리는 전단을 수백만 부 찍어 세계에 보내길 원했다.

맥마흔이 볼 때 미국에는 더 나은 광고가 필요했고, 연방정부가 원자 를 세계파괴자가 아니라 구세주로 거듭날 가능성이 있음을 설명하는 선 전 노력을 더 많이 하기를 원했다. 당시 미국 정부는 다른 정부들처럼 자 국을 우호적으로 묘사하려 언론을 조작하고 방송사들을 후원했다. 이 가 운데 하나가 바로 미국 바깥에서 방송되는 미국의 소리Voice of America였 다. 맥마흔은 이를 우롱하며 '미국의 소곤거림'Whisper of America이라고 했 는데, 이 기관의 연간 예산이 고작 2,900만 달러로 적었기 때문이다. "우 리는 화장품을 광고하는 데 1년에 3,000만 달러를 쓰면서 자유라는 귀 중한 상품을 판매하는 데는 2,900만 달러를 쓴다!"라고 그는 불평했다. 그럼에도 세계는 계속 미국을 전쟁도발자로 보았다. "그들은 우리가 총포, 탱크, 전투기, 원자무기에 수십억 달러를 바치는 것으로 보며, 공산주의 선전기계는 밤낮을 가리지 않고 그들에게 미국의 군비가 정복에 쓰일 것이라고 주입하고 있다."[36]

그의 이러한 행동 요구를 미국의 정보 조직들은 심각하게 받아들였다. 예컨대, 새롭게 창설된 중앙정보부CIA는 신문을 비롯해 다른 언론 매체들을 친미국적 선전의 중요한 통로로 파악했다. 이 기관은 평화를 위한 유격대와 1949년 뉴욕시에서 열린 세계평화문화과학회의 같은 공산주의와 연계된 평화 노력에 대항하려고 시도했다. 이 조직들은 노벨상 수상자(그리고 핵물리학자) 프레데리크 졸리오-퀴리와 세계적으로 유명한 예술가 파블로 피카소를 대열에 보유했는데, 피카소는 심지어 이 운동을 위해 기억에 남을 평화의 비둘기를 고안하기도 했다. CIA는 친서구적이며 잘 알려진 지식인들과 예술가들로 구성된 비슷한 단체들을 원했다. 이러한 단체들 중 하나가 바로 문화자유회의Congress for Cultural Freedom로, 학계의 학자들과 CIA의 심리전략이사회가 협업할 계획이었다.* 이 단체는 공산주의가 아닌 자유민주주의를 선호하는 출판물과 행사들을 후원했고, CIA의 역할은 오직 소수에게만 알려져 있었다.[37] 문화자유회의의 믿을 만한 발행 수단 중 하나가 바로 과학과 정치를 결부하는 다양한 문제를 다룬『핵과학자 회보』였다. 일부 기고자들은 편집자인 유진 라비노비치를 포함해 문화자유회의와 연결되어 있었으며, 이는 장차 원자의 평화적 전망을 나열하는 토론장이 될 것이었다.[38]

이 친서구적인 '회의'의 최초 회동에서 발언할 이들 중에는 버트런

---

* CIA와 문화자유회의 사이의 관계에 대한 탁월한 연구로는 김일년, 「스파이와 지식인: 반공 이데올로기와 미국 헤게모니, 그리고 문화냉전의 딜레마」,『서양사론』145권, 2020, 9-42쪽을 참조하라.

드 러셀, 존 듀이, 베네데토 크로체 같은 대중 지식인이 있었다. 핵물리학자 한스 티링, 유전학자 허먼 멀러, 그해 초 미국원자력위원회 위원장자리에서 내려온 데이비드 릴리언솔이 원자력에 관해 연설했다. 멀러는 1946년 노벨상 수상이라는 공공연한 명성을 여전히 누렸고, 정부의 흥미로운 협력자가 되기도 했다. 그는 1930년대 공산주의에 이끌려 소련으로 이주했으나 스탈린주의에 환멸을 느껴 그곳을 떠났다.[39] 그와 다른연사들은 공산주의의 위험을 경고하고 서구식 자유민주주의를 지지했다. 일부는 평화로운 원자력의 미래를 약속했다. 수소폭탄 개발에 반대한 릴리언솔은 자신을 군비 기관이 아닌 세계를 더 나은 곳으로 만드는위원회의 수장으로 보았다. 그는 1949년 저작 『나는 이를 믿는다: 미국의 신조This I Do Believe: An American Credo』의 한 주제를 되뇌었다. 이 책에서는 민주주의와 개인의 자유 그리고 원자폭탄이 더욱 긍정적인 힘으로 다시금 모습을 갖출 미래에 대한 믿음을 주제로 삼았다.

다른 연설에서 릴리언솔은 민주주의를 일종의 종교로 묘사했는데, 원자는 그것과 얽혀 있었다. 그는 미국교원협회에서 한 연설에서 오늘날 인류가 '방사선의 시대'를 살고 있다고 말했다. 교육자들에게 이것은 네번째 'R'이었다. 독서Reading, 쓰기Riting, 산수Rithmetic, 방사선Radiation. "우리에게는 지식이 필요하고 용기가 필요하지만 다른 무엇보다 믿음이 필요합니다. 우리에게는 자유 제도에 대한 믿음이 필요합니다. 우리가 서로 믿고 제도를 믿으며, 우리 모두의 창조주가 우리에게 이 아름다운 지구와 그 위에 사는 모든 것을 파괴하라고 원자 안에 자리한 비밀을 풀 능력을 사람들에게 주지 않았다는 믿음과 함께 원자력과 관련된 발견을 인류의 향상과 신의 영광에 복무하게 해야 한다는 깊고 변치 않는 내 신념을 여러분과 함께 나누길 바랍니다."[40] 릴리언솔에게 평화적 원자는 믿음과 헌신의 상징이 되었다.

정치인들은 1952년 대선에 앞서, 특히 대통령이 핵융합 무기 개발의 추진을 결정했기 때문에 원자의 이미지를 쇄신해 미국이 호전적이라는 인상을 바꿔야 한다고 강조했다. 그렇게 하는 가장 창조적인 생각은 포인트 포의 교리와 동맹을 맺은 민주당원들이 제공했는데, 그들은 미국의 과학적 혁신과 기술적 노하우를 개발도상에 있는 세계에 대한 해외 원조 계획과 명백히 연관 지었다. 맥마흔 스스로 원자력 분야에서 전문성을 갖춘 선도적인 민주당원이었다. 그는 의회에서 원자력법을 후원했고, 원자력의 민간 통제를 주장했으며, 의회 합동원자력위원회를 주관했다. 그의 열망은 아주 뜨거웠기에 그의 이름은 1952년 민주당 전당대회의 대통령 후보지명 투표용지에 올랐다. 그러나 그는 병환으로 대회에 앞서 출마를 포기했고, 이틀 뒤 48세라는 이른 나이에 공격적인 암으로 사망했다. 그의 마지막 메시지 중 하나는 『핵과학자 회보』에 부고와 함께 실린 수필이다. 이는 '생존, 우리 시대의 실질적 문제'라고 불렸는데, 원래 워싱턴의 병상에서 무전으로 보내져 코네티컷 민주당 주 총회에서 발표될 예정이었다.

이 수필에서 맥마흔은 친숙한 주제에 기댔다. 앞에 두 갈래 길이 있는데, 하나는 평화와 풍요이고 다른 하나는 멸절이었다. 그는 "우리가 UN 앞에 가서 원자력의 모든 좋은 것을 세계와 공유하겠다고 제안한" 바로 그 순간인 1946년 바루크 계획을 회상했다.[41] 그는 원자력이 빈곤 정복에 쓰일 수 있다는 자신의 신념을 반복했다. 미국이 평화를 위한 원자력 개발을 고안한 '확대된 포인트 포 계획'에 연간 수십억 달러를 기꺼이 쓸 거라고 그는 확신했다. 만일 UN에 모든 원자 군비에 대한 통제권이 주어지고, 소련이 자국 군비 예산과 비슷한 액수를 평화라는 대의에 쓰겠다고 약속한다면, 미국은 앞으로 나아가 '고통받고 배고픈 자들에게 빵과 약품과 의복과 피난처'를 제공하기 위해 원자력의 건설적 사용에 집중할 준비가 되어 있었다. 일부, 특히 공화당원들이 이 생각을 마셜플랜같이 민주당이 고취한 또 하나의 지구적 '거저 주기' 계획이라고 강력히 비난했으나 맥마흔은 이것이 이미 군비에 사용된 액수의 한낱 작은 부분에 불과하다고 주장했다. 맥마흔은 자신이 부정적 목표라고 칭했던 것처럼 단순히 군비감축과 무기 제거라는 관점에서 생각하기보다 미국이 '무기를 도처의 더 나은 삶으로 대체한다는 긍정적 목표'에 집중하길 희망했다. 그는 '평화를 유지하길' 원했고, '지구를 무장해제할뿐더러 개발하는' 두 마리 토끼를 한번에 잡으려고 했다.

그렇지만 원자력을 개발하기 위한 지구적 마셜플랜의 전망은 그러지 않을 터였다. 총선 승리자는 컬럼비아대학 총장이자 전시 재在유럽 연합군 최고사령관, 육군 참모총장, 북대서양조약기구 최고사령관을 역임한 영웅적 군인인 공화당원 드와이트 아이젠하워였다. 역사가에게 아이젠하워의 대통령 재직 당시 회고록의 제목인『평화 유지Waging Peace』는 그가 맥마흔에게 동의했음을 암시할 수도 있다. 그는 온건한 공화당원이었지만, 국가가 후원하는 개발 계획을 업신여겼고 그것들을 민간 기업이 수행하는 모습을 보길 선호했다. 정부 지출에 대한 그의 접근 방식은 가능한 한 모든 지점에서 지출을 줄이는 것이었다. 더욱이 아이젠하워는 원자를 사용 가능한 무기로 다룰 결심을 했고, 한국전쟁을 종식하기 위해 원자폭탄 사용을 심각하게 고려하기도 했다.[42] 그러나 맥마흔의 비전과 유사성도 있었다. 가장 중요했던 것은 아이젠하워가 무기 생산의 증강이 친미국적 선전으로 상쇄되어야 할 것이라는 점, 원자력의 평화적 활용이 나름의 역할을 해야 한다고 믿게 될 거라는 점이었다. 맥마흔보다는 아이젠하워라는 이름이 평화적 원자에 불가분하게 연계될 것이었다.

처음에 원자력에 관한 아이젠하워의 생각은 군사적 가치에 먼저 집중했다. 대통령 임기를 시작한 지 두 달여 지난 1953년 초, 그는 국가적 적자와 한국에서 미군 병사들이 처한 불확실한 미래에 직면해 미국의 재정적·전략적 어려움에 대한 대답은 원자폭탄일 것이라고 국가안전보장회의에서 말했다. 좌우간 미국인이 자국의 재래식 전력을 늘린다면, 소비에트인은 재래식 공산군 병력을 강화할 것이었다. 머지않아 미국은 제2차 세계대전 당시에 그랬던 것처럼, 국가총동원 상태가 될 터였다. 한편 원자무기는 미국 경제에 극심한 부담을 주거나 미국인에게 해외에 나가서 싸우라고 요구하지 않고도 한국에서 벌어진 충돌을 끝내는 데 결정적일 수 있었다.[43] 대통령은 한국에서 원자폭탄 사용을 고려했고, 우방들에서 나올 부정적 여론의 가능성과 원폭의 군사적 가치를 저울질했다. 1953년 7월 휴전한 이후에도 심지어 아이젠하워의 자문들은 공산주의 중국이 다시 공격하는 상황이 어떠한 의미가 있는지를 고려해야 했다. 오늘날 비밀 해제된 문서들은 중국이 싸움을 재개할 경우, 미국 군사 계획가들이 북한과 중국 양국에 대한 원자 폭격을 요구했을 것임을 분명히 보여준다.[44]

1953년에 이르러 미국 정부 자문들이 평화적 원자에 관해 생각하는 방식을 바꾸는 중대한 변화가 일어났다. 우라늄은 기대했던 것보다 더 풍부한 것으로 드러났다. 1940년대 말 첫발을 뗀 탐광에 대한 막대한 투자가 열매를 맺기 시작했다. 콜로라도고원에 국내 원천들이 존재했을 뿐 아니라 이웃한 캐나다의 엘리엇호수에 있는 또 하나의 해외 원천은 우라늄 공급의 전망을 밝게 했다. 이러한 일은 소련에서는 일어나지 않았을 뿐더러 소련은 같은 기간 유망한 새로운 원천을 찾는 데 실패했다. 미국 원자력위원회가 심지어 우라늄의 새로운 군사적 활용, 특히 원자로 추진 함선과 전투기에 대한 실험을 시작했지만 소련은 해외 원천들에 의지해 자국 무기고를 지탱한다는 사실을 여전히 우려했다.[45]

아이젠하워는 대통령에 취임한 직후 경제적으로 경쟁력을 갖춘 원자력 발전소를 달성한다는 계획의 개요를 서술한 AEC 위원장 고든 딘의 비망록을 받았다. 이에 따르면 AEC를 제외한 독립체들이 원자력 발전소를 소유하고 가동하도록 허락하고, 핵분열 물질의 판매와 이전을 허락하는 등 대규모 법제적 자유화를 요구했다. 더하여 이는 위험을 민간 부문에 최소화하기 위해 연방정부가 제공하는 상당한 규모의 유인 계획을 의미하는 것이기도 했다. 딘이 제안하는, 정부에서 제공하는 유인을 주로 정당화하는 근거는 미국의 위신이 핵기술로 단단히 싸여 있다는 것이었다. 다른 나라가 전력 생산 분야에서 지도적 위치를 차지하게 된다면 "이 나라의 세계적 위치에 주요한 걸림돌이 될 것"이었다.[46] 나중에 나온 이 정책의 다른 판본들은 바로 이 불안감을 가공해 더욱 긍정적인 메시지로 바꾸었고, "우리는 미국이 원자력의 평시 활용을 홍보하는 데 힘쓰는 국가들 가운데 현재의 지도자적 견지를 계속 고수해야 한다고 믿고 있다"라고 말했다.[47] AEC는 새로운 막대한 보조금을 신설하기보다 기존의 군사 개발 계획을 일부 전용할 것을 제안했다. 이들 가운데 가장 주목할 것은 핵추진 항공모함과 대형 선박들과 잠수함들이었다.[48]

고든 아니슨이라는 한 관리가 언급했듯이 상용 원자로 개발 계획을 지지하는 것은 "소련이 원자력을 평화적 목적으로 개발하는 동안 미국은 오직 이 힘의 파괴적 측면에만 흥미가 있다는 소비에트의 되풀이되는 비난을 반박할 유형有形의 근거를 제공할 것"이었다. 트루먼 행정부 당시 원자력 관련 사안에서 일했고 자신의 회고록에서 스스로를 '원자 씨'Mr. Atom로 칭한 아니슨은 원자력 발전이 잠재적으로 가지고 있는 외교적 이득을 볼 수 있도록 국무부를 도왔다. 하나는 부정적이었다. "만일 다른 나라, 특히 소련이 유용한 원자력을 먼저 개발한다면, 이는 미국에 대한 하나의 심리적이고 냉전적인 좌절을 불러올 것입니다." 하지만 다른 하나는 긍정적이었다. 제한을 완화하고 다른 나라들에 접근을 허용하는 일은 그들을 미국에 묶어두는 유용한 방안일 수 있었다. "우리 우방을 우리에게 더욱 가깝게 묶어두고, 심지어 현재 중립적으로 보이는 특정 나라들이 더욱 긍정적으로 협력하도록 영향을 주기 위해 그러한 패를 사용하는 것 또한 가능할 수 있습니다."[49] 이전에 전략광물 확보를 먼저 염려했던 아니슨은 상용 전력을 고배당이 걸린 선전 문제라고 보기에 이르렀다.

트루먼 행정부의 유산이자 딘과 아니슨에게서 기원한 해당 제안을 아이젠하워의 자문들은 의심하는 눈초리로 보았다. 만일 단순히 전력을 생산하는 것이 목표라면, 아무도 상용 원자로에 정부가 투자할 가치가 있다고 느끼지 않았을 것이다. 원자력 발전 개발은 특히 경제적 불확실성으로 가득했다. 그들은 '거저 주는 계획'에 관심을 두지 않았고, 트루먼 시기에도 그것들을 비판했다. 몬산토 대표들은 대통령에게 발전소를 추진하려면 보조금이 필요할 거라고 조언했다.[50] 원자력 관련 대통령 특별

자문인 루이스 스트라우스는 당시 상용 원자로 지지자는 아니었다. 그는 해군을 위해 해상 함선들과 잠수함들의 긴 거리 항행에 연료를 보급하는 방안으로 원자로 개발을 지지했는데, 그러한 활용은 엄밀한 비용편익 계산을 요구하지 않았다. 더욱 중요하게, 스트라우스는 백악관 내에서 자신의 고유한 역할에 '원자 씨'라는 별칭이 붙은 아니슨이 직접 도전하자 그에게 개인적 반감을 키워가고 있었다. 그러나 스트라우스조차 미국이 소련에 대항해 냉전을 수행하면서 세계에서 친구들을 얻는 방안으로 이 제안이 지닌 일정한 가치를 보았다.[51]

1953년 하반기 '평화적' 선전 노력의 필요성이 중요하고도 절박하게 제기되었다. 아이젠하워가 1954년 마셜군도에서 시작될 새로운 일련의 핵실험을 두고 일어날 광범위한 반대를 기대했기 때문이다. 미국은 1952년 트루먼 행정부의 막바지 달들에 핵융합 장치를 실험했다. 1953년 여름, 한국에서 휴전으로 싸움이 종식됨으로써 평화의 전망은 순간적으로 밝아 보였다. 그러나 휴지休止는 짧았다. 휴전한 지 불과 몇 주 후인 1953년 8월 12일, 소련은 자체의 열핵 장치를 실험했는데, 이는 미국 정보 분석관들의 예측을 훨씬 앞지른 것이었다. 미국 정치 지도자들은 소련보다 기술적 우위를 유지하려는 자신들의 욕망 안에서 의견을 통일했다. 이는 아이젠하워 대통령에게 야심 찬 핵무기 실험 계획을 의미할 터였다. 트루먼이 1946년 여름 비키니 실험과 바루크 평화 제안을 묶어 성취했던 것과 동일하게 야심 찬 대항 선전 노력이 요구될 것이었다.

열핵무기 능력 강화에 대한 가장 강력한 지지는 의회에서, 구체적으로는 합동원자력위원회 위원장 스털링 콜에게서 나왔다. 그는 열핵무기 개발 계획이 "더욱더 커다란 활력, 상상력, 대담함으로 규정되어야 한다"라고 충고했고, AEC의 활동이 이미 진행되는 것보다 수소폭탄에 더욱 주안을 두어야 한다고 권고했다. 그러나 동시에 콜은 국제적 군비통제라는 생각에 희망을 잃지 말라고 또는 "평시 원자력의 혜택을 모든 곳의 우수한 이들과" 공유한다는 생각을 포기하지 말라고 대통령에게 충고했다. 그는 브라이언 맥마흔이 아니었으며, 모든 이에 대한 원자력 마셜플랜을 구상하지 않았다. 그 대신 그는 국내적 동력으로 개발 계획을 지지했고 우방들도 그것들을 지을 수 있도록 돕는 방안을 선호했다.[52] 아이젠하워 대통령은 콜에게 자신이 미국의 군사적 준비를 강화하고, 과학기술이라는 측면에서 우위를 유지할 방안을 찾으려고 노력하는 한편, 평화에 대한 믿을 만한 전망을 제공하고 있다고 말했다. 그는 가을에 발표하기로 예정된, 해당 사안과 관련된 자신의 관점을 다룰 '담화'에 공을 들이고 있다고 언급했다.[53]

그 생각의 싹은 결국 냉전기에 크게 주목받은 제안 중 하나로 1953년 12월 UN 총회에서 아이젠하워가 한 '평화를 위한 원자력' 연설이 될 터였고, 전 세계에 원자력을 홍보하는 제도적 장치의 설립으로 이어질 것이었다. 그러나 1953년 여름에 그것은 단지 생각의 싹에 불과했다. 연설 자체는 감축에서 진전을 이루지 못한 행정부에서 시선을 분산하려는 창의적 방안으로 해석될 수 있다. 대통령과 국가안전보장회의는 진지한 감축은 일부 또는 소수 국가 간의 협정으로만 이뤄질 것이며 한국, 독일, 오스트리아의 운명 같은 주요 사안들을 매듭지어야 할 필요가 있다고 이미 합의했다. 아이젠하워는 UN의 감축 문제 논의에서 실질적인 어떠한 것도 하지 않으며 '버티기 작전을 수행'하겠다고 결심했다. 이는 미국의 정책에 커다란 구멍을 남길 뿐 아니라 무엇보다 선전으로 채워질 터였다.[54] 9월이 되었지만 행정부는 새롭게 말할 것이 아무것도 없었으므로 흥미로운 무언가를 만들어 UN 회담에서 제기하려고 버둥댔다. 한때 부통령 리처드 닉슨은 미국의 오래된 주장을 단순히 '바꿔' 흡사 '새로운 이야기'처럼 보이게 하는 것이 가능한지 물었다.[55] 먼저 했던 연설에서 아이젠하워는 '새로운 종류의 전쟁'이라는 생각을 만지작거렸다. 그것은 감축으로 예산을 모아 '빈곤과 욕구라는 잔혹한 힘'에 총력전을 선포하고, 상당한 양을 세계 원조와 재건에 바치는 것이었다. 그러나 그는 곧 이 계획을 포기했는데, 민주당원들이 선호하는 포인트 포, 지구적 마셜플랜과 매우 유사하다고 믿었기 때문이다.[56]

아이젠하워 대통령은 특별보좌관 로버트 커틀러와 대화하면서 선전 가치가 거대하고 소련에 물질적 어려움도 줄 수 있는 한 가지 의견에 끌렸다. "미국인과 소비에트인이 평화적 이용을 위해 각각 핵분열 물질 X 킬로그램을 UN에 넘긴다고 가정해 봅시다. 이때 X라는 양을 우리는 비축분으로 감당할 수 있지만, 소비에트인이 맞추기에는 어려울 정도의 수준으로 고정할 수 있습니다."[57] 이 생각은 전략광물이라는 고려에 주안점을 둔 세계관에서 나왔다. 트루먼 행정부와 아이젠하워 행정부 모두 전략광물을 확보하고 적에게는 이를 제공하기를 거부하는 데 혈안이 되어 있었다. 그리고 소련은 핵무기 개발에서 분명한 진전을 이루고 있다. 만일 미국 대통령이 소비에트인의 비축분에서 얼마간의 연료를 빼내라고 도전장을 던진다면?

이 생각은 처음에 미적지근한 반응에 맞닥뜨렸는데, 핵분열 물질을 따로 떼어 무기로 이용 가능한 양을 줄이는 일은 (예컨대, AEC 위원장 스트라우스에게) 현명하지 않아 보였기 때문이다. 스트라우스는 열핵무기가 출현하면서 이러한 방식으로 소련을 방해하려는 시도는 쓸모없어졌다고 추론했다. 핵분열 물질은 오로지 뇌관으로만 필요할 것이었기 때문이다. 이 제안의 유일한 긍정적 결과는 선전 가치일 것이다. 그렇다면 선전의 이득은 충분히 클 것인가?[58]

대통령의 자문이자 연설문 작성가인 찰스 잭슨이 언급한 것처럼, 수소폭탄에 관한 솔직한 의견을 '동등하게 중요하면서도 희망적인 일종의 대안'으로 균형을 맞추는 것에 관해 행정부에서 논의한 결과가 결국 '평화를 위한 원자력' 제안으로 거듭났다.[59] 그는 대통령에게 이것이 국무장관 존 포스터 덜레스가 윤곽을 그려놓은 세 가지 요구사항을 만족시키는 '포장된 개념'이어야 한다고 말했다. 첫째, '새롭고 신선'해야 했고, 소비에트인들에게 잠재적으로 받아들일 만해야 했다. 둘째, 만일 소비에트들인이 이를 수용할 경우 서구의 입지는 손상받지 않아야 했다. 셋째, 만일 소비에트인들이 이를 거절할 경우 미국은 군비경쟁과 전쟁 가능성에 대한 비난을 온전히 소련에 지우는 도덕적 고지를 점유할 수 있어야 했다. 잭슨은 대통령에게 감축과 열핵무기의 위협에 관한 연설 초고를 이미 수도 없이 썼다고 말했다. 그는 "여기서 빠진 것은 바로 '포장'입니다"라고 썼다. 잭슨은 극적으로 글을 쓰는 재능을 가지고 덧붙였다. "이 연설은 여태껏 전임 미국 대통령들이 했던 어떤 연설보다 중요할 뿐 아니라 인류를 구원할 수도 있습니다. 따라서 이것은 정부 최고 두뇌들의 집중된 주목을 받을 자격이 있습니다."[60]

연설 며칠 전, 아이젠하워는 버뮤다에서 프랑스와 영국의 수상들과 만나 다른 약속을 견고히 하려고 했다. 아이젠하워는 처칠에게 한국에서 공산주의자들이 휴전을 위반할 경우, 미국은 군사적 목표에 원자폭탄 공격을 가하는 식으로 응수할 거라고 은밀히 밝혔다.[61] 그는 프랑스 지도자에게는 인도차이나에서 그들의 식민지 유지에 다시 헌신하라고 충고했다. UN에서 초청된 연사로 연설하기 며칠 전인 이 회의에서 아이젠하워 대통령은 자신이 핵 공유 제안을 할 것(우방들에 그렇게 할 것이라고 주장했던 것처럼)이라고 아직 확실하게 결정하지 않았다며 프랑스인과 영국인에게 얼마간 의견을 듣고자 기본적인 생각을 들려주었다.[62]

아이젠하워는 자신이 공개적으로 했던 것과는 조금 달리 자신의 제안에 프레임을 씌워 가까운 우방들에 제시했다. 그는 세계가 핵폭탄에 관해 약간 '발작적인 상태'에 있다며 UN을 통해 파괴적 힘보다는 건설적 사업을 강조할 계획이었다. 그는 만일 한국에서 분쟁이 재점화되면 미국은 그 보복으로 군사적 목표를 타격할 거라고 공공연히 말했는데, 이것이 평화를 위한 투쟁인 것처럼 보이는 일도 중요했다. 핵분열 물질의 공여는 일종의 감축으로 해석될 수 있었는데, 그렇지 않다면 핵폭탄을 만드는 데 쓰였을 비축량을 전용하는 것이었기 때문이다. 미국은 소비에트인(또는 영국인)보다 더 크게 공여할 계획이지만 심지어 적은 양도 소비에트의 비축량 감소를 강요하고 무기 개발의 진전을 둔화시킬 터였다.

아이젠하워 대통령은 우방들에 이 제안이 냉전에서 각국을 서구 편으로 끌어들이는 수단이라고 구조화했다. 그는 지금까지 세계는 소련·중국을 한편으로, 미국·영국·프랑스를 다른 한편으로 하여 싸움이 벌어지는 것처럼 보인다고 했다. 또 국가들은 편을 정해야 했고, 냉전 결과에 각국이 지분이 있음을 보여야만 했다고 말했다. 서구는 아마도 원자와 함께 절망적인 세계에 희망찬 약속을 할 수 있다며 "사람들은 도처에서 힘을 필요로 했다"라고도 말했다. "만일 우리가 희망을 줄 수 있다면, 국가들에 동서東西 간 투쟁에 참여한다는 강력한 느낌을 줄 것이며, 그러한 느낌이 우리 편이 되게 하고, 상당히 사소한 시작으로도 희망은 태동할 것이다.”[63] 그리고 연설에 따라 전 세계에 각자의 몫을 제공해야 할 것이었다.

영국과 프랑스의 지도자들은 대통령에게 UN 연설을 자신 있게 하는 데 필요한 지지를 보냈다. 라니엘의 프랑스는 이를 전적으로 승인했고, 프랑스는 인도차이나에서 자국 식민지를 유지하기 위해 미국의 군사 원조를 열망하던 바로 그때 지지를 보내지 못해 안달했다. 처음에 회의적이었던 처칠은 상용 원자력 세계와 군사적 세계 사이의 촘촘한 경계선을 감지했다. 왜 다른 나라에 여하한 종류의 원자력 기반시설을 개발하라고 독려하는가? 아이젠하워는 '이를 안전하게 할 기술적 수단'이 있다며 그를 확신시켰다. 원자로를 군사용으로 전환하는 수단이 있었던 것은 사실이나 그는 이를 신경 쓰지 않았다. 장차 핵무기 확산의 위험이라고 불리게 될 것에 대한 그의 태도는 다음과 같이 압축할 수 있었다. 다른 나라들이 무엇을 하든 이미 소련에 존재하는 것에 비한다면 중요하지 않을 것이다.[64]

다른 나라들에서 원자력을 홍보하는 것은 도박이었으나 아이젠하워는 기꺼이 위험을 감수하고자 했다. 그가 딱히 핵무기 확산을 우려하지 않은 이유 가운데 하나는 자신이 원자폭탄을 특별한 범주로 삼을 만하다고 여기지 않았기 때문이다. 그는 만일 몇몇 작은 나라가 핵폭탄을 몇 개 가진다면, 미국의 무기고가 적합한 억제 수단을 보유하게 될 것이라고 믿었다. 국방에 대한 그의 접근법은 비핵무기 이상의 것(훨씬 저렴하고 더욱 파괴적인)에 의지하는 것이었을 뿐 아니라 무기고를 실제적이고 쓸 수 있는 것이라고 확신하는 것이었다. 버뮤다에서 영국의 핵무기 개발 계획을 논의하는 동안 그는 원자폭탄이 괜찮고 쓸모 있는 '재래식 군비의 적절한 부분'으로 간주되고 있다는 믿음을 표명했으며, 처칠은 이에 동의했다. 당시 처칠은 미국 입법부가 1946년 이래 이 새로운 폭탄 관련 정보를 얻기 어렵게 만들었고, 미국의 폭탄을 투하하기 위해 과연 영국 전투기를 요구할지를 두고 불평하고 있었다.[65]

아이젠하워는 UN에서 연설하기 위해 12월 8일 버뮤다를 떠나 뉴욕에 제때 도착했고, 장차 도래할 지구적 핵질서를 수십 년 동안 규정할 연설을 했다. 그는 가장 중요한 우방들의 지지에 힘입어 평화를 위한 건실한 계획처럼 보인 무언가를 만드는 한편, 세계가 직면한 위험에 대해 솜씨 좋고 솔직하게 말할 수 있었다.

아이젠하워의 자문들과 연설문 집필자들은 전 세계에 던지기 알맞은 어조를 찾으면서 연설문에 여러 차례 수정을 가했다. 아이젠하워가 버뮤다에서 우방들에 논평했듯이 그들의 주요한 목표는 다른 나라들이 냉전에서 각자 몫을 발견해 서구 편을 택하도록 독려하는 것이었다. 아이젠하워는 연설에서 미국과 소련 사이 대신 '오늘날 세계의 긴장 상태'라고 언급하면서 공유된 위험과 공유된 희망으로 냉전을 구조화했다. 연설문 초안에서는 다른 국가들의 안주에 과감히 도전했고, 하나의 행성에 대한 소속감을 불러일으켰다. "얼마나 떨어져 있든지 간에 세계 어디라도 우리 행성에서 핵전쟁이 일어날 경우 그 영향을 전혀 받지 않을 거라고 확신할 수 없다."[66] 이 문장은 연설에 앞서 삭제되고 "이 주제는 성격이 국가적이지 않고 지구적이라고 할 수 있다"라는 문장으로 교체되었다. UN 연설에서 아이젠하워는 두 '원자 거상巨像'이 서로 '전율하는 세계를 가로질러' 마주 보고 있다고 말했는데, 이는 암시적인 표현이었다. 미국의 목적은 '이 공포스러운 어두운 방에서 벗어나는' 방안을 찾는 것이고, 평화·행복·복리를 찾을 수 있도록 '모든 곳에서 인간의 정신, 인간의 희망, 인간의 영혼'을 돕는 것이었다. 아이젠하워는 '분할된 세계에서' 구원을 말했다. 그는 의도적으로 원대하고 포괄적인 단어들을 구사했으며, 모든 사람을 끌어들이고 '인류'와 '모든 국가'에 관해 말했다. 그는 '인류'라는 단어를 일곱 번 말했고 '세계'라는 말은 스물네 번이나 강조했다.[67]

아이젠하워는 다음 반세기와 그 이후까지 군사적이든 평화적이든 모두 똑같이 세계의 핵개발 계획에 파장을 줄 길을 미국에 터주었다. 그의 연설은 빈곤·질병·경제 침체에 대한 기술적 해결책을 희망한 다른 국가의 열망을 이용해 호소력을 얻었다. 이 연설은 전반적인 상용 핵기술뿐만 아니라 그것이 세계의 사회적 부상에서 특별한 역할을 한다는 관념에 대해 미국 정부가 보증해 주는 행위를 제도화했다. 이는 기꺼이 공유하려는 의지를 넘었고, 다른 나라에서 원자력의 민간 활용을 홍보하는 책임감도 포용했다. 아이젠하워의 연설은 1957년 IAEA를 창설하는 작업은 물론 세계에 '구원'을 가져오리라는 약속을 상상컨대 실현할 수도 있는 기술을 공유하는 작업에 미국이 전념하도록 했다. 아이젠하워는 농업·의학을 언급했고, "특별한 목적 하나는 바로 세계 전역의 굶주리는 지역에 풍부한 전기 에너지를 제공하는 일이 될 것이다"라고 말하기도 했다.

아이젠하워가 야심 찬 단어들을 언급했지만 이는 오늘날의 현실이 아닌 미래의 가능성을 내다보았을 뿐이다. 1953년과 1954년 미국은 여전히 핵무기 저장고의 부산물에, 다시 말해 주요한 '평화적' 기술로 방사성 동위원소를 해외에 수출하는 데 크게 의지했다. 어떠한 나라도 아직 상용 원자로를 짓지 못했고, 북미나 유럽 바깥의 어떤 나라가 미래에 이를 시도할 위치에 있으리라고는 아무도 기대하지 않았다(소련은 1954년 중반, 전력망에 연결된 5메가와트 소형 원자로로 세계를 놀라게 할 예정이었다).[68] 미국의 계획에는 분명 구체성이 부족했다. 보수적인 프랑스 신문『르피가로Le Figaro』는 "대통령의 계획은 매우 일반적인 말로 표현되었다"라고 조심스럽게 언급했다. 다른 프랑스 신문으로 공산주의 성향인 『뤼마니테L'Humanité』는 더욱 진솔하게 회의감을 드러냈고, 진정한 감축은 계획의 일부가 아니며, 진실하지 못한 선전 술책인 "유명한 바루크 계획의 새로운 판본을 이 웅장한 단어들의 이면에서 인지하기는 꽤 쉽다는 점을 우리는 알 수 있다"라고 언급했다.[69]

연설에서 '전력에 굶주리는 지역'이라고 표현했는데도, 미국은 가까운 미래에 전력 생산용 원자로를 수출할 어떠한 계획도 없었고, 원자로에 대한 다른 나라들의, 특히 유럽과 북미 바깥에 있는 나라들의 수요를 다뤄야 하는 방식도 알지 못할 터였다. 민간적 활용은 대부분 일반 연구의 영역이나 방사성 물질을 이용한 의학 요법 또는 감마 정원이나 변이 식물 육종과 같은 흥미로운 농업적 가능성의 영역에 있었다. 심지어 원동력에 관해 생각했을 때도 대통령 자신은 가난한 나라 대부분이 자신들의 경작지를 갈기 위해 '트랙터들을 가동'하길 원할 것이라고 상상했다. 미국 대통령이 외교정책을 풍요라는 허구에 의지해 상상한 일련의 기술들과 결부시킨 주목할 만한 순간이었다. 그는 감축에 관해 진실한 제안을 하는 대신, 원자력이 제공하는 풍요가 적법한 미래의 전망이라는 데 다른 국가들이 찬성하리라고 도박을 한 것이었다. 이것들이 진짜인지 아닌지는 별로 중요하지 않았으나 관리들은 미국의 약속에 들어맞는 원자력 성공담을 진지하게 찾는 작업을 시작할 터였다.

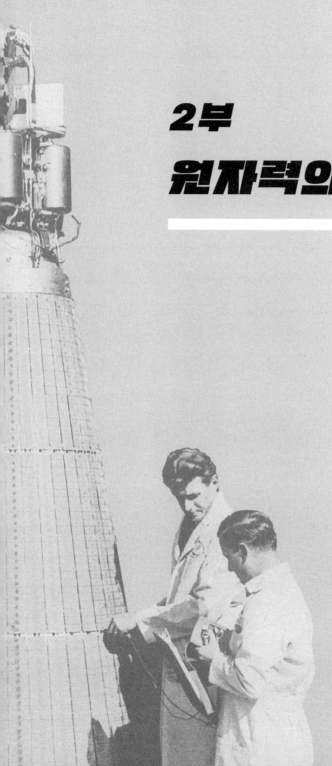

2부
원자력의 선전

3장
과거의 나쁜 꿈 잊기

1955년 존 제이 홉킨스가 '평화를 위한 원자력'의 비공식 사절로 일본을 방문한 일은 모든 관련자에게 비현실적으로 보였을 것이다. 홉킨스는 코네티컷주 그로튼에 근거를 둔 오래된 미국 조선회사 사장이었다. 1920년대 일렉트릭 보트 컴퍼니는 경영난을 겪었고, 1930년대에는 주요 전쟁들의 모든 참여국에 전함을 팔아 '죽음의 상인'이라는 명성을 얻었다. 제2차 세계대전 당시 회사는 연합국의 전쟁 노력에 전념했고, 태평양의 섬들에서 벌어진 미군과 일본군의 전투에서 결정타가 된 어뢰정을 수백 척 생산했다. 일본인은 그것들을 '악마선'이라고 불렀는데, 일본 함선을 괴롭히고 일본의 광대한 태평양제국을 미국 해병들이 점령하도록 도왔기 때문이다. 회사에서는 일본 선원들을 살상한 잠수함 수십 대도 생산했다. 이 중 하나인 잠수함 바브는 단독으로 항공모함 운요雲鷹를 포함해 일본 함정 17척을 침몰시켰다. 심지어 바브는 1945년 일본 본토

의 여러 도시에서 민간인들을 폭격하며 잠수함 발사 로켓의 활용 방안을 개척하기도 했다.[1]

일본 패망 10년 후 그리고 미국 점령군 철수 3년 후 홉킨스는 일본에서 적이 아닌 영웅 대접을 받았다. 그는 명칭을 포함해 자기 회사를 일정하게 개편했다. 회사는 이제 시야에서 감춰진 대다수 자회사 중 일렉트릭 보트를 갖춘 제너럴 다이내믹스로 불렸다. 그는 회화 디자이너 한 명을 고용해 회사 브랜드를 쇄신하려고 했고, '제너럴 다이내믹스' 옆에 여러 언어로 '평화를 위한 원자력'이라는 문구가 적힌 일련의 포스터를 만들었다. 그는 미국 기술이 세계에 전력과 식량을 제공할 것이며, 자기 회사는 원자를 활용한 일종의 지구적 마셜플랜에 언제든 참여할 준비가 되어 있다고 암시하는 연설을 여러 차례 했다. 정말 놀랍게도, 그를 진지하게 받아들인(그리고 아이젠하워 대통령의 '평화를 위한 원자력' 연설이라는 기회를 이용하려고 한) 첫 번째 나라는 유일하게 원자폭탄 공격을 받은 나라 일본이었다. 홉킨스는 부유한 신문 재벌 쇼리키 마쓰타로의 초청을 받자 놀라움을 감추지 못했고, 일본에 도착한 이후에는 점점 놀라워했다. 그는 악명 높은 방위계약업체의 사주라기보다는 국가수반에 더 가깝게 명사이자 고관 대우를 받았다. 그의 방문을 두고 지역 신문들은 일본 역사에서 새로운 시대의 여명이라고 소개했다. 과학 관련 강연과 발표가 줄을 이었고, 한 CIA 문서가 기록했듯이 '심지어 일본 기준으로도 호화로운 규모로' 풍성한 여흥이 베풀어졌다. 이 행사는 그야말로 화려함 자체였는데, 여자들은 게이샤 차림을 했고, 1,000여 명에 달하는 쇼리키 직원들은 그를 향해 '만세!'를 외쳤다.[2]

1950년대 평화로운 원자라는 약속이 성공적인 비전으로 상상되었음에도 실제 '평화를 위한 원자력'은 판도라의 상자를 처음부터 열었으며 이후 수십 년간 핵무기 확산과 환경 문제로 복잡해지기만 할 터였다. 아이젠하워의 연설은 미국의 결연한 선전 전쟁의 일환이었을 뿐 진정한 감축 같은 것은 없었던 바로 그때 일정하게 마술처럼 작동해 미국에 긍정적인 의제를 제공했다. 약속은 진정한 평화 개발 계획 없이 단지 선전 전략의 하나로 냉소적으로 시작되었고, 상당한 언론의 주목을 먹고 자랐다. 여기엔 원자를 '친구'로 바꾼 만화영화 감독 월트 디즈니와 협업하는 일도 포함되었다. 미국 정부는 풍요와 건강을 향한 통로로 원자를 보여 주는 성공담을 간절히 찾았으나, 다가올 미래에 개발도상국들에 진정한 해결책을 제공하는 데는 애를 먹을 터였다.

미국인만 원자의 풍요로운 전망을 포용할 수 있었던 것은 아니다. 자신들의 나라에서 정치적, 심지어 개인적 목표를 달성하려고 한 이들에게 아이젠하워의 계획은 수사적 도구를 제공했다. '평화를 위한 원자력'을 진지하게 받아들이려는 주요한 노력은 먼저 동아시아에서 나타났다. 특히 미군 점령 이후 일본과 한국전쟁에서 새롭게 부상한 대한민국에서 그랬다. 두 경우 모두 미국은 자신이 한 공허한 약속에 부닥치게 되었는데, 양국이 미국인에게 경제적 재기에 필요한 동력용 원자로 건설을 도와달라고 노골적으로 부탁했기 때문이다. 하지만 미국 관리들은 한동안 무반응으로 일관하면서 미국과 유럽 바깥에서 평화적인 원자력 공업을 어떻게(아니면 만일) 진정으로 독려해야 할지 망설였다. 일본은 눈에 띄는 구체적 사례였는데, 평화적 원자력에 대한 태도의 급격한 변화, 즉 1940년대 말 심도 있는 회의에서 1954년 중반 미국 핵실험에 대한 분노를 지나 1950년대 중반 평화적 원자력을 선호하는 쪽으로 돌변했기 때문이다.

이 명백한 반전은 모두를 놀라게 했고, 곧 미국 관리들은 이를 자신들의 선전이 승리한 사례로 여길 터였다. 그러나 이 사건은 미국 정부 관리들이 일본의 원자력에 대한 야망의 속도와 방향을 자신들이 통제할 수 없음을 깨달으면서 평화적 핵기술의 골치 아픈 불확실성도 드러냈다.

*

1953년 말 미국 대통령의 원자력 제안이 심리전 프레임 안에서 개념화되었기 때문에 행정부는 여론의 모양새를 잡으려고 신문사와 긴밀히 협조했는데 그 작업을 미국 국내에서 시작했다. 아이젠하워 대통령은 『뉴욕타임스』의 윌리엄 로렌스 같은 언론계의 정치적 동맹에 의지할 수 있었다. 오랜 기간 한 학자가 표현한 것처럼 로렌스는 '핵폭탄 파는 일'을 돕는 데 익숙했고, 정확히 정부 관리들이 원하는 대로 보도하는 동시에 자신의 통찰과 선명한 문체를 추가해 신문사와 미국 정부 양자로부터 급여를 받았다. 그는 나가사키 폭격 목격담과 원자력의 의미에 관한 이후의 수필들로 1946년 보도 부문 퓰리처상을 받았다. 전후 '원자력 빌'Atomic Bill 로렌스는 원폭 투하와 비키니 핵폭탄에 관한 대중의 태도를 조성하는 데 중요한 역할을 했고, '평화를 위한 원자력'에서도 똑같이 하도록 임무를 받았다. 대언론 공식 보도처럼 로렌스의 필명이 적힌 신문기사들은 정확히 '공식적'이지는 않았다. 하지만 일정한 거리를 둔 보도라는 외양으로 미국 관리들이 대중에게 전달하길 희망했던 바를 반영했다.[3]

로렌스는 장기간 신문사 과학 편집인으로 근무한 발데마르 캠퍼트와 함께 『뉴욕타임스』 지면상에서 원자의 불가사의, 민간 기업의 중요성, 대통령의 평화를 사랑하는 태도에 집중하는 언론 운동을 개시했다. 새해가 된 직후 로렌스는 '공업의 바퀴를 돌리도록 길들여지는 원자력'이라는 글에서 1953년을 돌아보며 작년에 군사적 원자력이 평화적 원자력으로 바뀌었고, 마치 그것만이 의도된 것처럼 썼다. 그는 다가올 10년이 '시대를 만드는 진전'을 가져와 질병을 감지·치료하고 '고고학과 농업처럼 넓고 다양한 천f하고도 한 가지 분야에서' 원자를 쓸 수 있길 기대했다. 그는 여태껏 예고되지 않았던 모든 적용법이 '원자력 강아지를 흔드는 꼬리들'로 드러날 것이라고 예측했다.[4]

로렌스의 예측에는 핵분열 부산물을 연료로 쓰게 하여 인간이 '자연의 인색한 원자 연료 저장분을 140배 또는 대략 14000퍼센트로 증식할 수' 있게 하는 이른바 증식로도 포함되었다. 그는 이것이 모든 재래식 연료를 합해 생산한 양의 23배에 달한다고 열광했다. 이 기사에서는 해군 잠수함 노틸러스USS Nautilus 사진을 ('힘'이라는 제목을 달아) 중앙에 배치하고, 주위에 석유 연구, 새로운 금속, 화학약품 및 의학, 식물과 식량을 대표하는 다른 사진들을 삽입했다. 특히 나중에는 브룩헤이븐의 감마 정원 사진을 넣었다.[5]

로렌스는 세상에 환상적인 가능성이 활짝 열린 것처럼 보이게 만들었고, 원자력의 평화적 이용이 그 자체로 군비통제의 형식이라는 정부 지침을 철두철미하게 준수했다. 그는 군사적 활용에서 평화적 활용으로 '이행'한 일을 마치 세계의 우라늄 공급에 대한 제로섬 게임인 것처럼 말했다. 우라늄이 평화에 더 쓰일수록 전쟁에는 덜 쓰일 것이다. 그는 또한 RCA가 스트론튬-90을 이용해 만든 최초의 '원자력 건전지'에 대해서도 보도했다. 원자력 건전지는 회사 이사장 데이비드 사노프가 전신기를 통해 전신을 보내는 데 처음 쓰였다. "평화를 위한 원자력. 인간은 여전히 이 지구 위에서 가장 큰 기적이자 가장 큰 문제다." 로렌스는 원자력을 전력의 중요한 새로운 원천으로 소개했고, 스트론튬—90이 널리 이용할 수 있을뿐더러 값싸며, "전 세계 인류의 평화를 추구하기 위한 원자력 개발에서 수천 가지 잠재적 활용법의 발견할" 것이라고 믿었다.[6]

주요 출판사들도 정부의 주도적 노력을 홍보했다. 랜덤하우스의 과학총서 '책에 관한 모든 것'All About Books에는 1955년 출간된 원자력에 관한 저작이 포함되었다. 럿거스대학 교수 이라 프리먼이 쓴 『원자에 관한 모든 것All about the Atom』은 대통령의 계획에서 볼 수 있는, 특히 세계의 가장 가난한 나라들에 대한 모든 낙관주의를 담았다. 그는 "미국과 다른 나라들은 아시아·아프리카의 저개발 지역에 핵물질과 원자 공학적 도움을 제공할 수 있다"라고 썼다. "이는 세계에서 도외시된 부분들이 번성하도록 만들 것이다. 불과 몇 년 안에 그들은 여러 세기 전보다 더 많은 진보를 만들어낼 수 있다."[7]

아이젠하워는 자신의 원래 연설에서 '평화를 위한 원자력'이라는 용어를 쓰지 않았다. 하지만 신문들은 이를 즉각 낚아챘다. '평화를 위한 원자력'은 오래된 용어로, 이미 원자력 발전發電을 논의할 때 때때로 구사되곤 했다.[8] 이를 진척하는 일은 아이젠하워의 연설과 계획에 특징적으로 연계될 것이었다. 다른 문구들도 곧 추가될 텐데, '플로셰어'plowshare가 주목할 만하다. 이는 예언자 이사야를 가리키는 말로, 성서에서 그는 병사들에게 칼을 부러뜨려 보습plowshare으로 만들라는, 즉 전쟁 무기를 농기구로 바꾸라는 기억할 만한 말을 남겼다.

대통령의 연설을 즉각 자기 것으로 만든 기업인 가운데 하나가 바로 제너럴 다이내믹스의 이사장 존 제이 홉킨스였다. 회사에서 정부와 맺은 큰 계약 중 하나는 원자로에서 동력을 공급받는 전쟁용 잠수함으로 쥘 베른의 소설『해저 2만리Twenty Thousand Leagues under the Sea』에 나오는 잠수정을 본떠 이름을 지은 노틸러스를 건설하는 일이었다. 잠수함 작업은 트루먼 행정부 기간 시작되었으나 노틸러스 진수는 아이젠하워의 역사적 연설 이후 두 달이 지나지 않은 1954년 1월 21일 거행되었다. 홉킨스는 노틸러스의 진수를 미국 해군의 승리라기보다 인류를 위한 전진의 한 걸음이라고 제시했다. 회사에서 발행한 진수 관련 책자에는 다음과 같이 언급했다. "'노틸러스'는 원자의 파괴적인 힘을 제압하고 이를 긍정적인 방향으로 돌린 인간의 능력에 대한 최초의 증명으로 인간의 연대기에 등재될 것이다." 원자로를 제작한 웨스팅하우스 회장 귈림 프라이스는 노틸러스를 "인간의 제 권리와 존엄을 지키기 위해 행동하는 자유로운 인간의 능력과 결의에 대한 증언"으로 보았다.[9] 해군은 연료 재보급 없이 장기간 잠수할 수 있는 새로운 급의 잠수함을 보유하게 되었으나 세례식에서 사람들은 이를 인류에 긴요한 것이자 원자의 새로운 평화적 방향의 일부로 묘사했다.

홉킨스는 '평화를 위한 원자력'을 이용해 일렉트릭 보트의 종래 전시戰時 영역 너머의 기술 공급업자로 제너럴 다이내믹스를 재브랜딩할 기회를 보았다. 그는 원자력 함선과 비행기를 꿈꿨고, 결국 전 세계에 연구용 원자로를 파는 자회사(제너럴 아토믹스)를 만들려고 했다. 그는 1955년 8월 시선을 한데 고정했는데, 당시 아이젠하워 행정부는 스위스 제네바에서 열린 평화적 원자 관련 주요 국제학술대회의 후원을 계획했다. 계약자들에게는 전시품을 진열할 기회가 있을 텐데, 이들 가운데 제너럴 일렉트릭, 웨스팅하우스, 유니온 카바이드처럼 미국에서는 누구나 아는 이름들이 있었다. 홉킨스는 이름을 새로 바꾼 자기 회사를 현대적이고 진보적이며 미래적으로 보이게 만들 기회를 결연히 붙잡고자 했다. 그의 주요 홍보 장치는 스위스 태생의 회화 디자이너이자 이런 비전에 작업 방식이 맞았던 에릭 니체였다. 니체는 제너럴 다이내믹스를 위해 작업함으로써 장차 자신을 영향력 있는 현대주의적 회화 디자이너로 각인할 터였다. 과학적 사고방식을 연상케 하는 그의 그림은 상상을 명료함·질서 정연함과 섞는 미학적 감수성을 담고 있었다. 간명하지만 우아하고 정확한 모형들과 선들, 추상적인 개념을 이용한 예술적 연출은 상대적으로 알려지지 않은 원자력의 미래에 완벽히 부합했다.

뒷날 한 작가가 썼듯이 "당시 다른 많은 이가 니체의 기교 섞인 미래파적 화풍을 모방했는데, 그는 1950년대 중반과 말에 대두한 이른바 '원자 양식'Atomic Style의 대표 주자로 볼 수 있다." 그는 1955년 학술대회에서 홉킨스를 위해 포스터를 여섯 장 제작했는데, 다양한 언어로 '평화를 위한 원자력'이라는 문구를 넣어 회사 이름을 장식했다. 프랑스어본은 '유체역학'이라는 단어를 전함이 아닌 평화의 전령으로 정의된 노틸러스 관련 시각 자료와 함께 장식했다. '기체역학'이라고 쓰인 독일어본은 당시 개발 중이던 핵추진 비행기를 보여주었다. '핵역학'nucleodynamics을 장식한 일본어본에는 색칠된 일련의 사각형(일부에서는 이를 동위원소를 표현한 것이라고 설명했다)과 내과의사 둘이 있는 사진이 삽입되었는데, 이 또한 고도로 추상적이었다.[10]

그러나 원자의 친구들 가운데 만화영화 제작자 월트 디즈니보다 더 나은 이는 없었다. 그는 텔레비전으로 방영될 새로운 영화에서 평화적 원자력을 홍보하기로 합의했다. 디즈니 제작자들은 이후 FBI에 영화를 준비하고 촬영하는 데 1년 반이 걸렸다고 설명했다. "이러한 종류의 영화는 일반적으로 회사에 수익을 가져다주지 않지만, 디즈니 씨는 때때로 이러한 영화들을 공적 의무로 촬영하고자 하십니다."[11] 디즈니는 1928년 발명한 미키마우스Mickey Mouse와 1937년 대작『백설 공주와 일곱 난쟁이Snow White and the Seven Dwarfs』로 이미 삼척동자도 아는 이름이었다. 1954년 초 '평화를 위한 원자력'에 대한 언론 홍보가 필요했을 때, 디즈니는 『피터 팬Peter Pan』으로 성공을 거두며 캘리포니아주 애너하임에 야심찬 테마공원을 계획하고 있었다. 그는 또한 아메리칸 브로드캐스팅컴퍼니와 협력해 아동용 텔레비전 프로그램을 만들었다. 이 모든 것은 그에게 원자력을 포함해 가지각색의 사안에 대해 젊은 가족의 태도에 영향을 줄 수 있는 중요한 위치를 부여했다. FBI는 디즈니에 대한 1954년 평가에서 그가 믿을 수 있고 협조적이며 "영화 산업에서 매우 유명하다"라고 했다. 그리고 그해에 연방수사국 로스앤젤레스 '특별총괄요원'Special Agent in Charge으로 승인함으로써 디즈니는 연락원이 되었다.[12]

디즈니의 작품『우리의 친구 원자Our Friend the Atom』는 제너럴 다이내믹스의 아이디어를 차용했는데, 영상에서 디즈니는 니체의 포스터들 앞에 서서 약간 소개하는 말을 한다. 그는 쥘 베른의 1870년 작품『해저 2만리』를 손에 들고는 "소설은 종종 사실이 되기도 하지요"라고 말한다. 이어 그는 이야기 속 잠수정을 모델로 한 것과 '실제' 노틸러스, 즉 최초의 원자로 추진 잠수함 노틸러스를 모델로 한 두 잠수함 축적모형으로 이동한다. 그는 이것이 전함이라는 사실은 말하지 않지만 "이것은 우리가 사는 원자력 시대의 기계를 구동할 원자의 유익한 힘을 보여주는 최초의 사례입니다"라고 말하고는 "원자는 우리의 미래입니다"라고 덧붙였다. 이후 그는 디즈니 촬영소에서 텔레비전 프로그램에 더해 서적과 캘리포니아 남부 놀이공원 내 투모로랜드의 일환으로 야심 찬 전시품을 포함해 수많은 원자력 개발 계획을 준비하고 있다고 설명한다.

디즈니에게 이 '공적 의무'는 자신의 새로운 테마공원에 잠재적 입장객을 끌어들이려고 협력하는 일이었다. 그는 자신이 만든 원자 관련 작품에서 이미 유사한 우주 탐사 관련 텔레비전 프로그램을 제작할 때 이용했던 과학자 네트워크에 의지했다. 디즈니는 하인츠 하버를 연사로 선택했다. 신사적인 행동, 외국 말투, 은발이 논의에 일정한 과학적 진지함을 부여했지만 그는 핵물리학자가 아니었다. 지난 10년 동안, 하버는 나치 독일에서 로켓 과학자로 일했지만 동료 로켓 전문가 베르너 폰 브라운을 통해 디즈니 제작자들에게 그럴싸하게 소개되었다. 폰 브라운과 하버는 모두 전쟁이 막바지로 치닫는 가운데 페이퍼클립 작전Operation Paperclip*에서 미국인에게 붙잡혀 미국 육군을 위해 일하게 되었다. 하버는 다른 동료인 윌리 레이와 함께 주간지 『콜리어스Collier's』에 우주 탐사에 관한 수필들을 썼다. 이것이 투모로랜드의 주제를 우주라고 본 디즈니사 경영진의 주의를 사로잡았다. 우주 탐사에 관한 교육용 텔레비전 프로그램을 제작하는 것은 새로운 테마공원을 광고할 좋은 기회처럼 보였다. 디즈니 경영진은 폰 브라운에게 연락했고, 그와 하버는 곧바로 디즈니사 기술 자문이 되었다. 최초의 우주 관련 프로그램은 1955년 3월 9일, ABC에서 방영되었다.[13] 폰 브라운이 우주에 집중하는 한편 하버는

---

* 미국의 비밀 정보 작전으로 1945년부터 1959년까지 1,600명 이상의 독일 과학자·공학자·기술자 등을 미국 정부를 위해 일하도록 데려오는 것을 골자로 했다.

디즈니사가 만든 원자의 얼굴이 되었다.

디즈니는 『우리의 친구 원자』라고 이름 붙인 책과 텔레비전 프로그램으로 미국의 정책을 완벽하게 홍보했다. 1957년 프로그램에서 하버는 이것이 물론 과학 이야기이지만 "거의 동화와도 같습니다. 기이한 우연으로 우리 이야기는 아라비안나이트에 나오는 오래된 우화인 '어부와 지니'Fisherman and the Genie가 되었습니다"라고 말하며 친숙하게 논의를 이끌어갔다. 하버는 기술적 세부를 논하기보다 바다에서 건져 올린 고대의 것으로 보이는 용기 안에 사는 마술적 존재에게 자기 명령을 따르라고 확신시키려는 어부 이야기를 들려주며 시작한다. 만화, 관현악, 성우들이 나오다가 하버가 화면에 다시 나타나 "우리는 마치 어부와 같습니다"라고 말한다. "수세기 동안 우리는 지식을 찾으려고 미지의 망망대해에 그물을 쳤습니다. 그리고 마침내"라고 그가 돌을 쥐면서 "우리는 기구를 하나 찾았습니다. 그리고 우화에 나오는 것처럼 이 안에는 지니가 들어있습니다. 바로 이 금속, 우라늄의 원자 내부에 숨어 있는 지니 말입니다"라고 말한다. 만화 속 지니는 이후 가이거 계수기를 자신에게 갖다 대며 스스로 방사성임을 보이고 핵심을 선사한다. 해방된 지니는 처음에는 죽이겠다고 협박했으나 이후 "우리에게 세 가지 소원을 들어주도록 마침내 길들여졌습니다."

텔레비전 프로그램과 책에 대한 언론 홍보는 엄청났다. 특집 뉴스거리, 특집 잡지, 책자들에 더해, 심지어 기업가들에게 영화 필름을 구입해 학교에 나눠주라고 요청하는 학교 기부 활동도 포함되었다. 기부 활동 책자는 "원자력 시대의 문턱에서 우리가 친구와도 같은 원자가 우리에게 가져다줄 수많은 혜택을 거둬들이는 데 반드시 필요한 훈련된 과학자들과 기술자들이 우리나라에 심각하게 부족함을 느낀다"라고 언급했다. 물론 모든 상호 판촉은 디즈니랜드의 투모로랜드와 결부되었다.[14]

텔레비전 프로그램은 원자를 호전적인 원자폭탄과 병치되는 단순한 '친구'일 뿐만 아니라 세계가 직면한 심각한 문제, 즉 자연이 부과하는 제약에 대한 해결책이라고 했다. 하버는 "우리 행성의 석탄과 석유 자원은 줄어들고 있습니다"라고 말하고 지니에게 동력 제공을 요청한다. 또한 그는 인류가 굶주림·질병에 계속 시달릴 것이라고 지적하며 지니에게 비는 우리의 두 번째 소원은 '식량과 건강'이 되어야 한다고 한다. 마지막 세 번째 소원은 평화이며, 지니가 영원한 친구가 되게 하는 것이다.[15]

기업 세계에서 대통령의 동맹들은 이러한 언론의 주목을 이용하고 미국 회사를 위한 시장을 개척하길 희망했다. 그중 하나로 1944년 아이젠하워의 전시 참모부 구성원이었던 워커 시슬러는 디데이D-Day 상륙작전* 이후 가스·물·전력을 복원하는 임무를 맡았다. 이후 그는 디트로이트 에디슨의 고위직에 올랐다. 1948년, 그는 전쟁 기간에 자신이 맡은 역할을 이용해 마셜플랜의 일환인 유럽의 전력 기반시설에 대한 주요 계획가들 중 하나가 되었다.[16] 그는 디트로이트 에디슨의 대표로서 다우케미컬과 협력해 원자력위원회를 위해서 1951년 상용 원자력 발전의 타당성 연구를 수행했다. 아이젠하워가 대통령이 된 후 시슬러는 미국 내에 원자력 산업을 촉진하고자 1953년 구성된 기업 간의 첫 번째 제휴(원자력산업회의 주식회사)를 이끌었다. 원자력이 민간 부문에 진출하는 모습을 보길 간절히 바란 그가 제2차 세계대전에서 사망한 동문을 기리기 위

---

* 제2차 세계대전 중 연합군의 오버로드 작전의 일환으로 1944년 6월 6일 실시된 노르망디상륙작전을 의미한다.

해 미시간대학에서 원자를 주제로 한 연구 계획에 필요한 모금을 시작했을 때 민간에서는 매우 협조적이었다. 유일무이한 미시간 불사조 기념 프로젝트Michigan Memorial-Phoenix Project는 잿더미에서 날아오르는 신화적 생명체를 형상화했는데, 이는 AEC의 지배가 아니라 대형 기업과 대학 연구실 사이의 동맹으로 특징지어질 미래의 비전을 대변했다.[17] 그러한 동반자들이 시야에 들어오자 시슬러와 다른 이들은 원자력위원회의 직접적인 관할 밖에서 핵개발을 현실화하도록 1946년 원자력법 개정을 앞두고 로비를 벌였다. 이 과정에서 시슬러의 시각은 아이젠하워의 시각(그리고 당시 대다수 공화당원의 시각)과 아주 잘 맞았고, 의회는 1954년에 해당 법을 개정해 민간 산업에 더 많은 기회를 주었다.[18]

민간 부문의 열정에도 불구하고 미국은 자국 국경 너머의 어디에서도 전력 생산용 원자로를 지을 준비가 되지 않았으며, 그렇게 할 계획도 없었다. 미국 내에서 원자력의 미래는 증식로가 될 것이라는 사실이 1954년과 1955년 미국 전기회사들 사이에서 지배적 시각이 되었다. 증식로는 핵분열 반응에서 조사된 연료를 재활용할 텐데, 그러면 원자로의 연료 효율을 높일 것이었다. 우라늄 분열의 부산물 중 하나는 플루토늄 원소인데, 플루토늄은 분열에 쓰일 수 있었다. 즉 원자로가 자체 연료를 증식할 것이었다. 시슬러는 증식로가 우라늄의 해외 원천에 대한 미국의 의존을 줄이고, 항상적인 정부 보조금 없이도 다른 형태의 에너지에 비해 경제적으로 경쟁력을 갖출 것이라고 믿었다.[19] 이 시각은 월터 진(일리노이의 아르곤국립연구소)과 앨빈 와인버그(테네시의 오크리지국립연구소)처럼 주요 국립연구소들을 총괄한 핵물리학자들의 지지를 등에 업었다. 그들은 모두 해군을 위한 가압수형 원자로를 지지했으며 (진의 경우) 설계에

일조했음에도 미국 상용 원자력의 미래는 증식로에 있다고 믿었다.[20]

시슬러와 다른 이들은 평화적인 원자력 개발을 위한 자금FPAD: Fund for Peaceful Atomic Development이라고 불린 새로운 조직을 세웠다. 이 조직은 대체로 포드재단과 다른 너그러운 기증자들의 재정 지원을 받으며 미국 기업체가 해외에서 인지한 기회들과 '평화를 위한 원자력'을 맞췄다. FPAD는 표면적으로 민간 기업을 위해 말하고 사설 재단들의 재정 지원을 받는 한편, 국무부 의제에 스스로 긴밀히 보조를 맞췄다.[21] 이 단체는 그뿐 아니라 미국 정보에 간접적으로 연계되었을 것이다. 포드재단은 CIA가 해외 활동을 감시하고 영향력을 미치는 한편, 자금 출처를 감추기 위해 이용한 수많은 자선단체의 하나였다.[22] 1955년 아이젠하워의 감축 특별보좌관 해럴드 스타센은 우라늄 같은 전략자원들의 생산 또는 전용을 파악할 목적으로 시슬러에게 다른 나라들의 산업 능력을 사찰하는 대책본부를 지휘하도록 요청할 계획이었다. 그는 1950년대 전반에 걸쳐 CIA 부장 앨런 덜레스와 긴밀한 업무 관계를 유지했다.[23]

FPAD는 미국 정부가 여러 나라의 원자력 역량을 감시하는 수단을 제공했다. 한 프랑스 주재원은 자신의 담당국에서 대다수 활동이 연료 자원들에 대한 접근 강화와 국내 원자로 건설에 주안을 둔 핵개발 계획 착수에 맞춰졌다고 보고했다. 프랑스인은 마다가스카르 남부에서 우라늄·토륨의 '광대한 광물지대'를 발견했다. "우리 과학자들은 이것이 여태껏 알려진 아주 거대한 토륨 광상 가운데 하나일 수 있으며, 인도와 브라질이 보유한 그것보다 결코 작지 않다고 추정한다."[24] FPAD는 멕시코전력회사와 멕시코국립자치대학으로부터 서한들을 받아 현지의 원자력 개발 관련 정보를 편성하기도 했다. 다른 이들은 방사성 동위원소와 연구용 원자로에 관심을 두었다. 창립 1년 만에 FPAD는 쿠바, 인도, 터키, 파키스탄, 이집트 주재 동료들과 연락한다고 의회에 보고했다.[25] 시슬러는 원자력산업회의의 후원 아래 원자력 활동, 정치적 이해, 잠재적 원자력 개발 계획의 전반적인 목표들을 조사하기 위해 해외 대사관들에 정보 요청을 발송했다. 그는 1954년 4월에 이르러 거의 40개에 달하는 회신을 받았다.[26]

미국이 원자를 다양한 분야(예컨대 농업·의학·연구)에 적용할 수 있다고 홍보했음에도 1954년 시슬러 조직은 대다수 나라가 전력 생산에 훨씬 더 관심이 많다는 점을 명확하게 확인했다. 전력 생산은 경제발전과 직접 연계된 것처럼 보이는 활용 방안이었다. 예컨대 인도 주재원은 '쉽게 이용 가능하고 풍부한 전력이 모든 산업화의 열쇠'이고, 원자력이 수력 전기보다 경쟁력이 있을지도 모른다고 언급했다. 많은 이가 인도를 모나자이트·녹주석 같은 원료의 원천으로 인식한 반면, 인도의 원자력 개발 계획에서 목표는 분명 전기였다.[27]

아이젠하워가 세계의 상상을 사로잡았으나, 심지어 1950년대 중반에 이를 때까지도 다른 국가들은 원자력 개발의 원천 자리를 두고 미국과 경합했다. 프랑스는 브라질 내의 우라늄 추출과 인도 내의 모나자이트 처리시설을 포함해 자국의 원자력 관련 산업을 발전시키기 위해 인도·브라질 두 나라와 협력했다. 세계와 공유하는 것을 포함해 평화적 적용에서 가장 '앞선' 국가는 단연코 영국이었다. 1954년 11월 영국 대표 피어슨 딕슨은 UN에서 "나는 오늘날 영국이 세계에서 가장 거대한 방사성 동위원소 수출업자라고 믿습니다"[28]라고 말했다. 심지어 아이젠하워가 연설하기에 앞서 윈스턴 처칠 총리는 영국 의회에 원자의 산업 능력은 세계 경제에서 주요한 역할을 담당할 운명이고 "원자력의 이용은 불을 발견한 이래 인간이 자연 정복에서 취한 가장 중요한 발걸음으로 인식되어야 할 수도 있다"라고 말했다. 당시 영국인은 윈드스케일에 위치한 자국 플루토늄 생산 시설의 일부로 원자력 발전소 콜더 홀Calder Hall의 건설을 시작했다. 이는 농축우라늄이 아닌 천연우라늄을 사용하는 가스 냉각 흑연감속 원자로가 될 터였고, 1954년 개소한 겸손한 소비에트 원자로보다 대략 열 배 많은 50메가와트의 동력 용량을 가질 것이었다. 이에 더해 아이젠하워 연설이 있고 몇 달 후 영국은 스코틀랜드 북부 해안 던레이에 증식로를 짓겠다고 발표했다. 두 발전소 가운데 어느 것도 이익을 내진 못하겠지만 1970년대에 이르러 본격적으로 자리 잡게 되는 영국 원자력의 미래 방향을 입증하려는 의도였다.[29]

미국 내에서 선도자로 인식되어야 한다는 압력은 강했다. 증식로에 대한 믿음은 침착함을 요구했으나, 1954년과 1955년에 침착함은 거의 사라졌다. 영국·프랑스가 진전을 이루었을 뿐 아니라 소련은 1954년 6월 오브닌스크에 시험로試驗爐를 지은 뒤 이를 세계 최초의 원자력 발전소라고 주장했다. 이 시험로는 오직 작은 양의 전기(용량 5메가와트)만 생산했으나 '최초'였고, 따라서 이 분야에서 미국의 지도력에 대한 도전을 드러냈다. 막후에서 소비에트 과학자들은 자원을 소형 원자로에 돌리는 데 분개했는데, 그들도 증식로 연구를 선호했기 때문이다. 그러나 평화적 원자력은 중요한 선전도구로 거듭나고 있었고, 소비에트 관리들은 미국인만큼이나 이를 결연히 활용하려고 했다. 사실 1953년 스탈린이 사망한 이후 새로운 정치적 지도자들은 자신들의 신뢰성을 강화하기 위해 그러한 '최초들'에 의지했다. 공산당 서기 니키타 흐루쇼프는 평화적 원자력에 대한 국제적 경쟁을 포용했고, 조만간 소비에트 과학기술의 성과를 광고하기 위해 국제적 회의에 대표단을 파견할 예정이었다.[30]

1955년 의회 합동원자력위원회 앞에서 열린 긴박한 청문회에서 시슬러는 미국 원자력 산업의 속도가 부진한 이유를 옹호했다. 하원의원 칼 더햄은 시슬러를 압박하며 말했다. "대체 이것이 가는 곳이 어디냐 하면 여전히 연구, 연구, 연구입니다. 나는 이를 믿지만 나중에는 일정한 결과를 원합니다." 그가 단지 소련만 염려한 것은 아니었다. 그는 영국인도 미국인보다 먼저 원자로 사업에 도달하고 있음을 감지했다. "만일 우리가 지금부터 또 다른 몇 년 동안 세월아 네월아 한다면 다른 누군가가 우리보다 앞설 수 있습니다." 상원의원 존 패스토어는 시슬러에게 사업을 실현하기 위해 정부가 무언가 더 할 수 있는지 물었다. "나는 언제나 원자력을 이용한 전력 생산이라는 목표를 달성하는 데서 우리가 다른 나라들과 경합 또는 경쟁 중이라고 느낍니다"라고 그는 말했다. 그러나 시슬러는 냉정을 유지하며 더욱 빠른 속도라는 지혜에 의문을 던졌다. "만일 우리가 단기 속성 계획을 시작한다면, 경제적 견지에서 어떠한 정당화가 가능할까요?"라고 그는 물었다. 미국은 이미 충분한 전력을 보유했고, 실제로 세계 전체 전력량의 40퍼센트를 생산했다.[31]

아이젠하워 대통령도 앞서 나가려는 동기를 지녔고, 이미 펜실베이니아주 시핑포트에 시범용으로 상용 원자력 발전소를 한 기 건설하라고 지시한 뒤였다. 이 발전소는 증식로는 아니었지만 노틸러스를 생산한 해군 계획에서 일부를 전용한 것이었다. 조밀한 크기를 본질적 특징으로 하는 가압수형 원자로PWR: pressurized water reactor를 이용했으므로 선상에서 쓰기에 알맞은 것으로 보였다. 상용 원자로는 1954년 9월 착공되어 1957년 완공되었는데, 미국인은 이것이 세계 최초라고 선전했다.[32] 이 원자로는 실제로는 세 번째였고 '최초들'의 진실은 특정한 세부사항으로 줄어들었다. 미국인은 자신들의 원자로가 평화적 이용에 전적으로 헌신하는 최초의 원자로라며 소련(1954년 오브닌스크)과 영국(1956년 콜더 홀) 모두 이미 전력 생산용 원자로를 개발했다는 사실을 외면하려 했다. 설령 그렇다 하더라도 미국의 경우 완벽한 사실은 아니었다. 민수용으로 개조된 해군 원자로였기 때문이다.

미국이 시핑포트 원자로를 건설한다는 결정은 정치적이었으나 그 영향력은 원대했다. 미래 미국의 원자력 산업은 냉각재로 평범한 (또는 '가벼운') 물을, 연료로 농축우라늄을 쓰는 PWR와 비등수형 원자로BWR: boiling water reactor를 기초로 할 터였다. 국립연구소 소장들인 와인버그와 진은 잠수함 내 PWR 이용에 대한 해군의 선호를 지지했으나, 상용 원자로에 대한 이상적인 개념(증식로)이 버려졌다는 사실을 목도하고 실망을 금치 못했다. 이후 와인버그는 가스, 중수, 탄화수소 또는 나트륨 같은 대체 냉각재를 쓰는 주요 설계 가능성 대다수가 평범한 물을 사용하는 것에 비해 민수용으로 우위가 있다고 주장했다. 그러나 웨스팅하우스(노틸러스)와 제너럴 일렉트릭(시울프Seawolf)처럼 새로운 급으로 해군 잠수함용 원자로를 제작한 미국 회사들은 수랭식 원자로에 대한 경험을 많이 했기에 우선순위는 속도였다. 증식로에 대한 관심은 지속되었지만 장차 미국산 원자로는 수랭식에 농축우라늄을 연료로 쓸 터였다. 뒷날 와인버그는 "국립연구소들이 핵심 사안을 지원했지만, 증식로에 대한 몰두에서는 우리를 건너뛰었다고 보았다"라며 탄식했다.[33] 해군용 설계가 선택된 이후 되돌릴 방법은 어디에도 없었다.

일부 미국 기업들은 민수용이나 전력 생산용이 아닌 원자로를 해외에 수출할 단기적 기회를 보았다. 이들 중 하나인 제너럴 다이내믹스는 연구용 원자로를 만들어 판매하기 위해 1955년 제너럴 아토믹스라는 자회사를 만든 바 있다. 이후 몇 년간 이 회사는 용융이 일어날 수 없는 원자로를 설계해 상대적으로 안전하고 잘 팔리게 만들었다.[34] 이 회사는 미국 국내뿐 아니라 해외 고객도 겨냥했다. 약칭 트리가TRIGA(훈련 Training, 연구Research, 동위원소Isotopes, 제너럴 아토믹스General Atomics)로 알려진 원자로는 농축우라늄을 연료로 사용했고, 구매자에게 우라늄 동위원소 분리 시설에 투자한 나라(이상적으로는 미국)와 향후 지속적으로 연료 거래를 하라고 요구했다. 트리가 원자로는 대규모 배전망 기반시설을 요구하지 않고도 현대적인 원자로를 위한 나라들의 욕망을 달래는 데 쓰일 수 있었다.

개발도상국들에서 연구용 원자로는 '평화를 위한 원자력'의 약속 달성을 시도할 수 있는 중요한 수단으로 거듭날 터였다. 아이젠하워의 제안에 대한 최초의 시험 중 하나는 한국에서 있었다. 당시 한국은 아이젠하워 대통령이 연설하기 불과 다섯 달 전에 공산주의 북한과 UN이 지원하는 남한 사이에서 3년간 지속된 전쟁이 끝난 뒤였다. 1953년 7월 체결한 한국정전협정은 항구적 평화를 수립하지 못했다. 남한을 강화하길 추구한 미국인·한국인들은 한국의 공업적 역량이 대부분 북한에 있음을 알았으므로 남한에 기반시설을 짓기 위해 미국의 해외 원조에 의지했다. 한국을 연구하는 학자들이 지적하듯, 그들은 남한에서 본보기 '개발 국가'developmental state를 만들려고 했고, UN 전문기구를 비롯해 미국 국제협력국 같은 국가기관과 협력했다.[35] '평화를 위한 원자력'이라는 수사를 고려할 때, 한국인들은 조국에 원자로를 설치한다는 대규모 행동을 기대했을지도 모른다. 그러나 아이젠하워가 옹호한 평화적 이용은 대부분 농업과 의학이라는 영역이었을 뿐 꼭 전기를 의미하지는 않았다.

한국인들에게 전기는 가장 값진 활용 방안이었다. 제2차 세계대전과 한국전쟁 기간 한국인들은 일제 통치 당시 북한에 건설되어 번성하는 화학공업과 수력 배전망에 접근할 수 없는 고통을 받았다. 농업 중심 사회였던 남한 지역에서는 북한 지역을 화학비료와 전기의 원천으로 의지했으나 이마저도 1948년 단절되었다. 이러한 움직임은 독립과 정치적 정통성에 대한 북한의 주장을 강화했다. 북한이 남한은 하지 못하는 방식으로 모든 한국인을 부양할 수 있었기 때문이다. 북한은 대남對南 우월성을 물질적·상징적인 방식으로 선보였고, 국가 상징에 수풍댐과 전력선이라는 특징적인 그림들을 새겨 넣었다.[36]

원자력은 자연의 제약을 극복하는 한편 북한에서 확실하게 독립함으로써 남한에 자립을 제공하는 것처럼 보였다. 역사가 존 디모이아가 언급한 것처럼, '평화를 위한 원자력'은 남한이 장기적인 개발계획을 수립하려고 시도할 때 찾아왔다. 미국과 다른 UN 우방들과 협조해 개발한 계획을 비롯해 내부 계획들은 모두 전력 생산을 핵심적 기초로 가리켰다. 이는 필요한 기반시설을 제공할 뿐 아니라 일정한 수준의 기술 자립을 달성하는 상징적 움직임도 되었다. 그럼 원자로는 이러한 해답의 일부였을까? 한국 정부는 화학자 박철재*처럼 일본에서 교육받은 한국인 과학자들을 핵기술자로 훈련하려고 미국의 국립연구소들과 영국, 프랑

---

* 박철재(朴哲在, 1905~1970)는 한국의 물리학자로 식민지 조선에서 태어나 일제 강점기에 물리학을 전공했으며 해방 이후 대한민국 원자력 사업의 핵심적 인물 가운데 하나였다.

스, 독일의 다른 훈련 계획들에 이들을 파견했다. 박철재는 조국의 원자력 발전 계획을 수립하겠다는 동기부여를 받고 귀국했다.[37]

박철재는 문교부 관리들과 함께 미국의 대규모 개발원조 꾸러미를 희망했다. 고위급 미국인은 그러한 약속을 하는 것처럼 보였다. 워커 시슬러는 1956년 서울을 방문해 원자력의 혜택에 관한 일련의 강연을 했는데, 자신의 회사 디트로이트 에디슨이 개발 중인 페르미Fermi 증식로에 초점을 맞췄다. 대한민국 대통령 이승만은 이에 큰 흥미를 느꼈다.[38]

미국은 전기 관련 제안에 협조하기를 바라는 한국인들의 어떠한 접근도 회피했다. 미국인은 대학들에 강력히 결속된 연구용 원자로를 추구했고, 온 힘을 다해 전력을 생산하려는 한국인들의 열정을 관례대로 식히려고 노력했다. 기술적 협력은 대부분 미시간대학의 일부인 미시간 불사조 기념 프로젝트의 후원 아래 이뤄졌다. 미시간대학 교수진은 이미 교정 내에 원자로를 건설하기로 결정했고, 불사조 프로젝트는 다른 곳에서도 비슷한 접근법을 홍보한다는 미국의 대외정책에 맞춰 스스로 조정했다. 그들은 자국의 심각한 자연적 부족 문제를 해결하려고 속성 원자력 개발 계획에 착수하려던 남한 정부의 바람을 받아들일 준비가 안 된 상태였다. 결국 남한이 단기적으로 구입한 원자로는 제너럴 아토믹스가 개발한 연구용 원자로, 즉 전력 생산용으로 설계되지 않은 트리가 마크 2호TRIGA Mark II였다. 한국인들은 미국인의 지휘를 따르는 한편, 전력 생산이라는 미래에 대한 희망을 여전히 부여잡았다. 디모이아가 언급했듯, 트리가 원자로의 1959년도 기공식 현수막에서는 전력의 중요성을 강조했고 '평화, 연구, 발전'이라는 단어가 표시되었다.[39]

미국인은 대한민국에서 처음에는 대학에서의 연구용 원자로를 고수하고 전력 생산은 몇 년에서 몇십 년 후 하게 함으로써 개발의 속도와 유형을 지시했는데, 이는 미국이 실시한 무언의 정책이었다. 이르게는 1954년 정보 분석관들은 비판과 분개를 예측하면서 원자력 연구를 역량 훈련(연구, 과학자와 기술자 훈련, 이후 궁극적으로 그것들의 적용)으로 적합하게 제시하는 것이 얼마나 중요한지를 언급했다. "동력로 개발은 적당한 경로를 따를 걸로 기대할 수 있다."[40]

한편 일본 정치인들은 자급자족에 중점을 두었다. 제2차 세계대전 패전으로 자원이 풍부한 만주와 조선을 돌려주었을 뿐 아니라 미국 점령 기간 원양어업을 금지한 규정이 있었기 때문이다. 에너지 수요, 특히 석탄·석유 수요는 1930년대 일본 팽창의 주요한 동인 중 하나였다. 전후 일본은 그런 사안들을 원자력 발전이 평화적으로 해결할 수 있는지 궁금해했다. 따라서 일본이 원자력으로 선회하는 일은 일어나지 않을 듯 보였다. 전쟁에서 패배했고, 군정이 통치하며, 두 차례 원폭 투하의 피해자인 일본은 원자력 발전에 저항할 이유가 충분했다.

1954년 초까지 일본의 원자력 연구에 대한 미국의 전적은 좋지 않았다. 전쟁이 끝나고 몇 달 후 점령 당국은 도쿄의 이화학연구소에서 물리학자 니시나 요시오* 실험실이 운영했던 사이클로트론 두 대를 파괴하라고 명령했다. 니시나는 이를 일본인이 원자폭탄 개발을 시도할 것이라는 미국의 우려가 담긴 신호로 해석했고, 사이클로트론들이 농업·임업·축산업·어업·의학 연구를 도울 수도 있었다며 불만을 토로했다.[41] 점령 당국이 일본의 원자력 연구를 어렵게 만들었음에도 이제 일본인들이 정

---

* 니시나 요시오(仁科芳雄, 1890~1951)는 일본의 물리학자로 제국 일본의 핵폭탄 개발 계획에 참여했으며 '일본 현대 물리학의 아버지'라는 별칭이 있다.

확히 그러한 일을 하길 원한다는 미국 대통령의 선언은 역설적으로 보였다. 수많은 과학자가 원자의 비군사적 이용에 관해 계속 열정을 가졌으나 1954년 시슬러의 조사단이 일본인에게 물었을 때, 방사성 동위원소 이용을 제외하면 아주 적은 수의 원자력 연구만이 보고되었다. 일본의 계획은 그다지 대단하지 않았다. 일본학술회의는 도쿄대학과 제휴해 핵물리학 실험실을 만들기를 희망했는데, 1952년 미국 점령군이 떠난 후 새로운 사이클로트론이 건설되었다. 다른 대학들은 자체적으로 사이클로트론을 제작하여 입자가속 연구를 수행하고, 소규모로 방사성 동위원소를 생산하려고 계획했다.[42]

전쟁이 일본의 자급자족을 독려하기보다는 위협한 뒤 최초의 진지한 '원자력' 사건이 벌어졌다. 1952년까지 일본 산업계, 특히 직물업은 회복세였다. 미국 점령 당국이 무역제한을 철폐하여 한국에서 싸우는 병사들 보급품 공급에 일본이 일조하게 했기 때문이다. 하지만 일본은 여전히 충분한 식량 원천을 찾으려고 노력했다. 일본 정부는 대규모 개혁을 선포하고 부재지주들에게서 토지를 압수했으며, 지역민들을 압박해 비경작지를 매매하게 했다. 일본의 벼농사 지대는 엄청난 비료 덕에 인상적일 정도로 생산을 시작했고, 밀·귀리·고구마의 보충을 받아 식량 생산이 회복되기 시작했다. 그러나 이는 일본인에게 최소한의 열량을 제공하기에도 충분하지 않았다. 1936~1940년에는 1인당 하루 평균 2,280칼로리를 섭취했는데 1952년에는 1,978칼로리에 불과했다. 이것이 바로 원양어업이 일본인과 그들의 정치에 그렇게도 중요했던 이유다. 미국 점령 당국이 일본인 조업 가능 구역을 제한했는데도 일본은 1951년까지 거의 전쟁 전 수준의 어획고를 회복했고, 1952년에 발효된 평화조약으로 모든 제약이 철폐되었다.[43] 그리하여 1954년 초까지 일본은 식량을 자급자족하기 위해 고안된 일본 원양어업의 팽창기에 돌입했다. 바로 그때 미국은 태평양에서 일련의 야심 찬 수소폭탄 실험을 시작했다.

브라보Bravo라는 작전명이 붙은 이 실험들 중 하나는 1954년 3월에 진행되었다. 브라보 실험은 마셜군도의 태평양핵무기실험장에서 실시한 핵폭발 실험 '캐슬'Castle의 일부였다. '평화를 위한 원자력' 노력은 핵융합을 활용하고 핵분열 폭탄을 방아쇠로 쓰는 이 새로운 등급의 무기를 겨냥해 예상된 여론의 부정적 시각을 어느 정도 떨쳐내려고 만들어졌다. 브라보 폭발의 파괴력은 15메가톤으로 추산되었는데, 이는 히로시마를 파괴한 폭탄 규모의 천 배에 해당했다. 실험이 과학자들의 기대를 뛰어넘었다는 데는 이견이 있을 여지가 없었다. 그러나 실험을 논쟁적으로 만든 것은 바로 낙진이었다. 폭발에 따라 공중으로 치솟은 잔해들이 대류에 실려 이동해 마셜군도를 포함한 남태평양의 곳곳에 떨어졌다. 아울러 오염된 재가 일본 어선인 (영어로는 주로 럭키 드래곤Lucky Dragon으로 번역되는) 제5후쿠류마류호에 떨어졌다. 배가 귀항한 뒤 선원 가운데 일부는 병원에 입원하고, 한 명은 사망했으며, 생선은 오염되었다고 널리 알려지기 전에 이미 팔렸다.[44]

제5후쿠류마류 사건이라는 국제적 스캔들은 미·일 간 적대감을 다시 불러오는 한편, '평화를 위한 원자력'이라는 대의도 약화시켰다. 이 사건은 다른 아시아 국가들에 미국을 전쟁도발자로 여기게 했다. 한 공적 성명에서 인도 총리 자와할랄 네루는 분명한 사실, 즉 감축은 확실히 일어나지 않고 있다고 지적했다. 더욱이 "어업이나 다른 적법한 목표를 가지고 항해에 나선 사람들이 폭발이 일으킨 거대하고 알려지지 않은 위험을 감수하는 경우를 제외하고, 공해는 이제 더는 열려 있다고 보이지 않는" 곳으로 비쳤다. 그는 아시아에 원자력의 부담이 막중하게 지워질 것이라고 언급했다. "아시아 사람들은 이러한 사건과 실험, 그것들의 무시무시한 실제적·잠재적 결과들에 언제나 더욱 가까이 있는 듯 보인다."[45] CIA는 일본의 반응을 요약하면서 '해로운 방사능 관련 행위radioaction에 대한 선정적인 보도가 계속 일본 언론을 채움'에 따라 드러난 '반미주의 감정의 파도'를 지적했다.[46] 일본 언론에서 미국(꽤 최근까지 점령국)은 태평양 전체에서 도전받지 않는 기술적·군사적 힘을 휘두르는 식민 열강과 상당히 똑같은 방식으로 이해되었다.

제5후쿠류마루에 대한 격렬한 감정에도 불구하고 일본 정부는 같은 달 최초의 원자력 예산을 배정했다. 일본 정부는 수많은 일본 과학자의 솔직한 시각에 반대하며 예산을 배정했으나, 일본학술회의는 오직 투명성non-secrecy, 민주주의, 독립이라는 세 가지 원칙이 충족될 경우에만 원자력이 지지되어야 한다는 성명을 발표했다. 물리학자 도모나가 신이치로*와 다른 이들이 기초 과학에 대한 주요 투자 없이는 정부가 진행하지 않을 거라고 확신시켰고, 이는 성공한 것으로 보였다. 그러나 그들은 도쿄 외곽의 다나시에 핵연구소를 세우려고 계획하면서 그곳에 광범한 반대 의견이 있음을 알았다. 그곳이 결국 군사적 작업을 위한 부지가 될 것이라는 대체적인 우려 때문이었다.[47]

이러한 반대로 일본 내 민수용 원자력은 불안하게 시작되었고 희망과 협력이 아닌 불신과 분노로 특징지어졌다. 그러나 원자력의 힘을 국

---

* 도모나가 신이치로(朝永振一郎, 1906~1979)는 일본의 물리학자로 양자전기역학의 발전에 큰 공을 세웠으며 노벨물리학상(1965)을 수상했다.

가가 자립하는 수단으로 보는 지지자들은 계속 나타났다. 젊은 보수주의 정치인 나카소네 야스히로는 미국의 장기간 점령을 공공연히 비판하면서 일본인에게 원자력을 전후 재기의 열쇠로 사고하라고 충고했다. 바로 그가 정부에서 원자력 연구 예산을 배정하는 배경에 있었다. 1950년대 일본에서 핵무기를 강하게 반대하는 여론은 지속될 터였으나 민수용 원자력에 대한 저항은 상당히 줄어들었다. 미국의 성공적인 선전과 나카소네 같은 정치인들의 노력이 부분적으로 기여한 것이다.[48] 또한 언론 거물 쇼리키 마쓰타로의 텔레비전과 신문은 평화적 원자에 우호적인 보도를 내보내며 그런 노력을 지원했다. 원자력 개발 계획의 확산에 관한 대다수 영어 서술에서 쇼리키의 역할은 거의 언급되지 않는다. 하지만 이는 미국의 약속이 예측할 수 없고 제어할 수 없는 방향으로 얼마나 쉽게 기울 수 있었는지에 관한 초기의 흥미로운 사례다.[49]

제5후쿠류마루 사건으로 원자력이 일본에서 끝장난 것처럼 보인 그때, 쇼리키는 일본인에게 평화적인 원자를 납득시키기 위해 자신의 신문과 텔레비전 방송을 이용했다. 그는 나중에 "원자력에 증오의 불꽃을 튀겼던 일본인의 핏발선 눈들은 하룻밤 사이에 평화의 여신을 사랑하는 고요한 눈들로 바뀌었다!"라고 자랑했다. 쇼리키는 원자력을 자연적 제약, 닥쳐온 위기, 발전 속도를 빠르게 해야 할 필요성이라는 측면에서 묘사했다. "인구압, 영토 손실, 천연자원 부족으로 고통받는 국가에서 공업기술, 농업, 의학의 신속한 개선이 필요하고, 새로운 산업을 고취하고 확장하는 측면에서 온 나라가 어떠한 망설임도 없이 어떻게든 앞으로 나아가야 할 때가 왔다."[50]

죽을힘을 다해 공산주의와 맞서 싸운 1950년대 미국 정부에 쇼리키는 이상적인 동반자로 보였다. 사회생활을 경찰로 시작한 그는 1920년 대에는 도쿄도 경시청에서 경무부장 직위에 올랐다. 그는 충실한 반공주의자로 노동 단체들에서 공산주의 근절을 책임졌고, 교육기관을 급습하는 행태를 보였다. 한 젊은 사회주의자가 히로히토 황태자 암살을 거의 성공할 뻔하자 그는 부끄러워하며 경찰직에서 물러났다. 그는 요미우리 신문사를 사들인 뒤 공산주의에는 적대적이나 우파 정치학에는 아주 우호적이며 일본의 제국적인 정복을 기뻐하는 권력의 목소리로 변신했다. 전후 그는 미국의 언론 '민주화' 요구에 저항했고, 신문사 전체 논조와 편집상 결정을 독재적으로 통제하기를 포기하지 않았다. 점령 당국이 그를 전시 일본 신문을 이용해 군국주의자들과 협조했다는 이유로 체포했을 때 그의 저항은 끝났다. 당시 미국인은 그가 국무대신 자리를 포함해 강화된 정치적 영향력을 행사할 수 있는 위치에 오르려고 신문을 이용하려 했다고 의심했다.[51] 다른 이들이 신문사를 인수하자 미국 당국은 "국가를 전쟁과 정복으로 이끌도록 선전한 자들은 평화의 전령이나 민주주의의 대변인으로 복무할 자격을 갖추지 못했다"라고 만족스러운 듯이 지적했다.[52]

1947년 8월, 점령 정부 아래 스가모구치소에서 석방된 쇼리키는 재빨리 영향력을 재정립했다. 그는 먼저 자신이 열정을 바친 것 중 하나인 야구(그는 도쿄 자이언츠(현 요미우리 자이언츠) 구단주였다)로 다시 영향력을 얻고 야구연맹 총재에 임명되었지만, 이후 미국인들의 극심한 압박을 받아 사임했다. 미국 점령 정부의 고위급 관리 코트니 휘트니에게 쇼리키가 자신의 전쟁 전 영향력을 회복한 일은 미국의 개혁 노력이 도루묵이 될 징후로 보였다.[53] 쇼리키는 쉽게 억압되지 않았을 뿐 아니라 곧 미국인이 저항할 수 없는 방식으로 자기 이해관계를 미국에 맞추는 방법을 발견했다.

머지않아 미국인은 쇼리키에게서 좋은 선전자로서 가치를 보았다. 그는 구치소에 있는 동안 자신이 신문업계를 지배한 방식과 동일하게 텔레비전 통제권을 손에 쥘 구상을 했다. CIA 분석관들에 따르면, 쇼리키의 계획은 정부 관리 여러 명에게 그들의 부패를 밝히겠다고 협박해 자신을 돕도록 설득하는 것이었다. 달리 말해, 그는 협박을 수단으로 다시 부상할 터였다. 그의 수하 중 하나로 정부 후원 텔레비전 방송국에서 일하던 시바타 히데토시는 미국인의 선전에 협조하는 대가로 쇼리키가 텔레비전 통제라는 목표를 달성하게 도울 수(기술적 지원, 금전, 정치적 영향력 제공)도 있을 거라고 생각했다. 이 생각은 적중해서 쇼리키는 닛폰TV라고 불린 다른 민간 방송사도 함께 관리하게 되었다.[54]

미국 상원의원 칼 먼트가 1950년 6월 미국이 민주주의적 자유세계에 대한 일본의 지향을 강화하려면 일본에서 미국의 소리 텔레비전 방송을 적극 홍보해야 한다고 제안하는 연설을 하면서 미국인과 쇼리키의 관계가 시작되었다. 쇼리키는 미국을 우방으로 얻을 기회를 붙잡았고, 시바타를 먼트의 사무실로 보내 텔레비전 방송 분야에 뛰어든 몇몇 미국인, 뉴욕주 검사attorney 헨리 홀투센, 기술자들인 윌리엄 홀스테드와 월터 두쉰스키를 만나보라고 했다.[55] 이 세 미국인은 1951년 일본으로 가서 쇼리키를 도와 도쿄에 본사를 두고 고국 제도諸島에 여러 중계국이 있는 새로운 전국적인 텔레비전 방송사를 세웠다. 세 미국인은 홀스테드를 사장으로 한 유니텔사를 만들었다. 미국 상원 대외관계위원회 자문으로 일하던 홀투센은 미국의 소리에 적합한 언론 수단을 찾는 노력을 지휘했다.

그는 미국의 것을 표방한 방송 표준을 이용해 친미적 텔레비전 방송을 내보내는 전 세계 방송국을 시야에 두고 브라질·그리스·터키를 포함한 다른 나라들에서도 같은 일을 했다. 일본 내 미국 행정가들은 처음에 국가 통제를 받지 않는 텔레비전 방송국이라는 개념을 두고 머뭇거렸지만, 홀투센은 정부보다는 기업 동반자들과 협업하며 전 세계에서 치러지는 미국의 심리전에서 닛폰TV의 역할을 강조했다.[56] 쇼리키는 1951년 숙청 명단에서 제외되었을 뿐 아니라 1953년 초에는 일본 최초의 상용 텔레비전 방송국을 운영했다.[57]

미국 정보 요원들은 쇼리키를 개인적 야욕에 대한 미국의 지지를 대가로 미국적 생각을 하는 대변인으로서 기꺼이 행동할 의지가 있는 야심 차면서도 영향력 있는 인물로 규정했다. 쇼리키는 미국인과 일할 줄 알았으나 구체적 사안에 관해서는 의도적으로 무관심을 유지했다. 한 CIA 관리는 쇼리키의 동기를 "대상자는 반공주의적이고 아주 성공한 사업가이며 스포츠, 즉 야구, 경주 등의 옹호자다. 대상자는 그러한 자신의 입지 유지에 관심이 있다"라고 평가했다. 그는 일본에 대한 미국의 목표에 부합하는 야심 차고 기민한 기회주의자로 보였다. 쇼리키가 원한 것은 텔레비전 방송국을 지을 돈과 허가 취득에 필요한 정치적 도움이었다.[58]

원자력 분야에서 그와 일을 시작하기 전인 1953년 CIA는 일본·남한·대만·필리핀을 잇는 국제 마이크로파 통신망을 개발하는 KMCASHIER 프로젝트 기금 마련에 쇼리키를 자신이 협력하는지도 알지 못하는 협조자나 '안전장치'cutout로 이용하길 바랐다.[59] 이 계획은 유니텔에 의지해 지구적 중계망을 조성하고 모든 비공산주의 국가들의 주요 도시를 연결해 실시간에 근접한 정보의 전파를 실현하고자 했다.[60] 1954년 쇼리키와 홀스테드를 비롯해 다른 이들은 회사 이익, 미국 정부 선전, 일본 내 쇼리키 명성에 도움이 되도록 적극 협력했다. 닛폰TV는 성장했고, 유니텔과 미국의 소리의 지역적 영향력은 커졌다.

1954년 말 『뉴욕타임스』에 보도된 제너럴 다이내믹스 회장 존 제이 홉킨스의 연설은 '평화를 위한 원자력'에 대한 쇼리키의 관심을 촉발했다. 홉킨스는 연설에서 원자로를 저개발 지역에서 생활수준을 높이는 방안과 동일시하면서 '우리 제품들에 대한 광대하고 새로운 세계 시장'을 만들었다고 말했다. 또한 '원자력 마셜플랜'과 비슷할 것이라고 말하며, 한 세기 내내 민간 기업과 국가 정부들이 협력할 야심 찬 건설 계획을 제시했다. 홉킨스는 전력을 언급했지만 수십 년 또는 그 이상이 걸리는 오랜 개발 과정으로 보았다. 그 과정은 연구용 원자로로 시작하고, 이후 소규모 이동용 동력으로, 다음에는 대규모 고정 원자로, 마침내는 증식로로 옮겨갈 터였다. 홉킨스는 "아시아의 진정한 부유함은 사막 아래에, 산중에, 그리고 식량을, 평등을, '미국식 생활수준'이라는 용어가 의미하는 그 모든 것을 갈망하는 10억 인구에 대부분 잠겨 있다"라고 언급했다.[61]

쇼리키는 홉킨스가 제시한 개발 속도에는 거의 주의를 기울이지 않았으며, 일본에서 전력 생산용 원자로를 짓는다는 생각에 집중했다. 쇼리키는 CIA 요원과 정기적으로 만나던 자신의 부하 시바타를 통해 아이젠하워의 평화적 원자력 의제를 일본에서 홍보하려고 자신이 할 수 있는 모든 것을 하고 싶다고 미국인에게 전달했다. 한편 시바타는 홉킨스를 일본으로 초청하기 위해 홀스테드에게 연락을 취하라고 부탁했다. 홀스테드·시바타 모두 제너럴 다이내믹스 부회장 버논 웰시와 이미 안면을 튼 사이였는데, 그는 홉킨스의 일본행을 확신시키는 데 일조했다. 시바타는 CIA에 미국 정부의 누군가가 홉킨스에게 연락해 그의 여행을 보증하고, 이후 그와 함께 일급 핵물리학자를 일본에 보내게 하라고 충고했다. 또한 그는 아이젠하워가 개인적으로 홉킨스의 여정을 언급해 쇼리키가 신문과 텔레비전에서 언론 노출을 최대화해야 한다고 제안했다.[62]

미국인은 개인적 야심을 갖춘 영향력 있는 인사를 찾으면서 친미적이고 유사한 수사, 즉 원자력이 일본을 자연의 제약에서 벗어나게 해줄 수 있다는 내용을 채택할 특히 중요한 편을 얻은 것처럼 보였다. 일부 CIA 요원들은 쇼리키가 이례적인 자산이 될 수도 있다고 추정했다. 그의 정치적 야심은 실로 막대했다. 1955년 초 그는 일본 국회 내에 자리를 원했는데, 성공하면 그와 그의 믿음직한 동료 시바타는 일본 정부 내 CIA 자산이 될 터였다. CIA 보고서는 믿을 수 있는 정보원인 한 일본 언론인을 두고 다음과 같이 지적했다. "그는 아마 가까운 장래에 일본민주당(자유민주당) 총재가 될 것이다. … 만일 그가 보수정당들을 규합한다면 아마 총리가 될 것이다."[63]

정보 요원들은 열광했지만 쇼리키는 홉킨스, 시슬러나 다른 어떠한 미국인이 지녔던 것과는 다른 일본에 대한 비전이 있었다. 그는 연구용 원자로에 만족하지 않고 전력을 원했다. 그는 보수주의자로 국회 선거에 출마하면서 일본의 민간 부문에 필요한 원자력의 중요성을 보여주길 희망했다. 바로 그것이 정부 관리 한 명보다 홉킨스를 초청하는 것이 그토록 중요한 이유였다. 그와 연계하면 중요한 미국 기업과 유망한 사업 관계라는 모습을 언론에 선사할 수 있었고, 미국 정부에 직접 부역한다거나 더 나쁘게는 미국인이 거저 주는 무언가를 바란다는 비난을 피할 수도 있었다. 일본 중의원 의원 총선거가 1955년 2월 말로 예정되어 있었기 때문에 쇼리키는 홉킨스에게 아무리 늦어도 2월 초까지는 일본에 도착하라고 촉구했다. 한편 시바타는 회사에서 미국인 연락처인 버논 웰시에게 이 방문이 자신이 일본 내 공산주의의 영향을 받은 반핵 선전이라고 한 것을 효과적으로 없애줄 것이라고 썼다. 홉킨스가 선거 전에 방문하지 않았음에도 쇼리키는 1955년 2월 말 무소속으로 당선되었고, 원자력과 일본 자립 사이의 연계를 강조하는 정견을 힘껏 펼쳤다.[64]

쇼리키는 원자력 발전이 일본의 천연자원 부족을 메꿔주고 일본인의 삶을 풍요로 대체할 거라는 비전에 자신의 정치적 운명을 걸었다. 그는 '평화를 위한 원자력'을 수사적으로 치밀하게 따랐으나, 실제로는 미국의 진짜 의도를 훨씬 뛰어넘어 단기간에 전력 발전소 개발을 상상했다. 그는 수중에 있는 상당한 힘(자신의 신문과 텔레비전 방송국)을 이용해 일본에서 원자력을 홍보했다. 그는 국회의원에 당선되었을 때 신문사 대표직을 포기했으나 소유주로서 통제권을 포기하지는 않았다. 그는 하토야마이치로 총리와 다른 일본 정치인들에게 홉킨스 방문을 지지할 것을 확신시켰다.[65] 그의 정치운동상 수사는 원자력을 국력과 국가 위신의 지표로 만드는 한편, 자신을 자연 제약의 해방자라고 묘사했다. 그는 일본을 도와 세계의 기대에 대항하고 자국의 국제적 입지를 복원할 수 있는 후보로 자리매김했다. 그는 비슷한 일이 전에도 있었다고 선언했다. 회의론자들은 일본이 텔레비전 산업에 준비가 안 되어 있다고 말했으나 쇼리키는 그들이 틀렸음을 증명했다. 이제 그는 원자력으로 똑같은 일을 할 터였다.

1955년 5월, 홉킨스는 제너럴 다이내믹스의 동료 버논 웰시와 과학자 어니스트 로렌스, 로렌스 햅스태드가 포함된 수행단을 이끌고 일본에

왔다. 제너럴 일렉트릭사의 필립 리드도 거기에 있었다. 리드의 존재는 널리 알려지지 않았으나, 그는 아이젠하워 대통령의 비공식 자문·특사로 종종 활동했고, 미국 공보처를 포함해 여러 미국 정부 기관에서 자문 역할을 하면서 기업·정부 양자를 위한 이중 역할을 맡았을 것이다. 신설된 일본평화원자력이용회의 조직위원회에서 홉킨스를 맞았다. 공식 단체처럼 보이는 이 단체는 사실 홉킨스 일행이 방문하기 직전에 꾸려졌는데, 이것의 일본어 번역은 '원자력평화이용간담회'였다. 주재자는 자연스럽게 쇼리키였고, 위원회의 다른 위원들에는 공업과 제조 부문의 핵심 지도자들이 포함되었다.

홉킨스는 1955년 5월 13일 도쿄에서 가장 큰 강당인 히비야공회당에서 민수용 원자력에 대한 연설을 했다. 그는 기업 경영인이라기보다는 중요한 명사나 고관 같은 대우를 받았다. 미국 과학자들도 자신들의 역할을 다해 일본 과학계의 원자력에 관한 부정적 시선에 대항하는 연설을 했다. "이 사람들은 반복적으로 일본인 상대자들을 아무것도 아닌 것으로 만들어버렸다는 점에서 지식이 많고 전문성을 지녔다"라고 CIA 관리는 의기양양하여 말했다. "그들은 일본 언론에서 이른바 일본의 핵과학자 대다수가 사기꾼과 별반 다를 바 없다거나 기껏해야 어느 정도 오도되었음을 처음으로 일본 사람들에게 밝혔다."[66]

심지어 전에 원자력에 완강한 적처럼 비쳤던 일본학술회의에서도 이른바 홉킨스 사절단Hopkins Mission은 얼마간 전향자를 얻었다. 그러자 CIA는 '가장 심원하고 오래 지속되는 결과'라고 좋아했는데, 과학적 반대조차 정치적 동기에 따른 것이라고 딱지를 붙이도록 방조했기 때문이다. "일본학술회의는 정치적 트라우마를 스스로 떨쳐내고, 일본의 복지를 위해 많은 것이 과학적 기초 위에서 확실히 수행될 수 있다는 점에서 마침내 미국 과학자들에 동의한 것처럼 보였다."[67]

쇼리키가 텔레비전과 신문을 이용해 선전함으로써 대중의 인식을 상당히 반전시켰다는 것이 정보 분석관들 사이에서 일치된 시각이었다. CIA 총괄 요원은 다음과 같이 지적했다. "홉킨스 씨와 그 일행의 방문이 현실화되었을 때 [쇼리키는] 원자를 최대한 우호적으로 대우하는 일에 자기 제국이 전념하게 했고, 일본에 이 불을 가지고 오는 프로메테우스 Prometheus로서 자신을 특징짓는 일에도 신경 썼다. 이는 흥미로운 일인데, 전쟁 이후 일본의 주요 언론사가 원자에 대해 미심쩍다는 듯이 보는 것 이외에 무언가를 처음으로 한 순간이었기 때문이다."[68]

일본이 원자력의 미래를 받아들이고 확실히 포용하려는 준비가 완벽하게 되었다는 점이 미국 정부 내의 모든 이를 놀라게 했다. 쇼리키는 신문계 거물일 뿐 아니라 총리가 되겠다는 꿈을 가진 일본 국회 내의 영향력 있는 의원으로, 제너럴 다이내믹스 회장의 방문을 휘황찬란한 볼거리로 만들었다. CIA 분석관이 썼듯, 홉킨스 사절단에 대한 "언론의 반응은 최근 일본 역사에서 그 어느 것과도 비할 데 없었다." 제너럴 다이내믹스 지도자는 "수많은 게이샤 소녀와 요미우리신문 직원 수천 명이 만세를 부르는 가운데 간담회가 그에게 무엇을 바랐는지 다소 혼란스러운 상태로 끝났다"[69]라고 했다.

쇼리키가 원한 것은 일본이 가능한 한 빨리 전력 생산용 원자로를 얻는 것이었다. 그는 미국이 '장기 대여 조건으로(독려와 원조의 최초 신호로) 원자로를' 제공할 의향이 있는지 물었다. 조직위원회 위원 열아홉 명이 서명한 이 요청서는 홉킨스에게 보내는 후속 서한이 쇄도하는 속에서 등장했다. 이 서한은 그가 방문한 후 '갑작스럽게 시작된 열광'이 원자력에 대한 여론을 완전히 반전시켰고, 이전에는 허용되지 않았던 기회, 즉 하토야마 내각에 농축우라늄을 받아들일 만한 자신감을 주었다고 보고했다. 하토야마 정부도 미국인과 핵 공유에 관한 쌍무협정을 협상하기 시작했다. 다른 조치들도 강화되었는데, 일본 국회 내에 평화적 원자 이용에 대한 공식적 위원회가 창설되었고, 원자로를 구입하기 위한 새로운 입법안이 마련되기도 했다. "일본이 대규모 원자력 개발 계획의 일원이 됨으로써 아시아 10억 인구를 빈곤과 질병에서 자유롭게 하는 일을 돕고, 친선과 사랑으로 가득 찬 세계의 건설도 돕는 것이 우리의 진심 어린 희망입니다." 이 서한은 "심지어 심각한 냉전이 진행되더라도" 이 경로로 계속 나아가야 하며, "대가가 무엇이든 간에 우리 목표를 달성하기 위한 불굴의 결의를 새롭게 단언해야" 하는 엄숙한 의무에 관해 말했다.[70]

홉킨스에게 발송되었으나 이후 미국 정부 내에서 회람된 이 서한에서는 '불운을 행운으로 바꾸는 것'과 우리 공동의 운명, 모두에게 '과거의 나쁜 꿈을 잊게' 해줄 '두 나라 결속의 상징'으로 원자력 이용을 말했다. 과장법으로 점철된 이 서한은 거의 9,000만에 육박하는 일본인이 "우리 역사의 새로운 장을 여는 데 귀하가 쏟은 노력에 대해" 얼마나 홉킨스 개인에게 감사한지를 말하며 끝마쳤다.[71]

마침내 일본에서 평화적 원자는 핵무기 실험보다 더 많은 주목을 받기 시작했다. CIA 부장 앨런 덜레스는 일본 주재 요원들로부터 원기를 북돋는 전신을 하나 받았다. "홉킨스의 방문과 공적 발언들이 매우 훌륭한 인상을 만들었고, 최초로 공공의 주의를 평화적 원자 이용 분야에서 미국 프로그램으로 효과적으로 집중시켰다. 모든 매체에서 엄청나게 광고하고 있으며, 심지어 최근 캘리포니아에서 있었던 수중 핵폭발도 1면에서 밀려났다."[72] 수중 핵실험은 캘리포니아 해안에서 남서쪽으로 약 800킬로미터 떨어진 지점에서 있었던 수중 폭발 위그웜Wigwam 작전(1955년 5월 14일)을 언급한 것이었다. 미국인은 1954년 브라보 폭발 이후 일어났던 대소동을 고려할 때 비난이 나올 거라고 보았으나 쇼리키의 『요미우리신문』에서는 그것을 거의 찾아볼 수 없었다.

국무부는 1955년 말까지 일본에 원자력 도서관을 제공하는 데 일조했고, 핵과학과 핵공학 분야에서 일본 학생들의 훈련을 촉진했으며, 원자로 제공과 물질의 이전에 관한 쌍무적 합의에 도달했다. 미국 공보처는 원자로, 각종 장치, 의학·공학에서 원자력 활용을 홍보하는 1년 기간의 전시회를 일본 도쿄는 물론 전역에서 열었다. 미국 관리들은 심지어 히로시마에서도 원자력의 거대한 혜택에 관한 전시회를 열었다. 피폭자*(원자폭탄 생존자)들과 원폭·수폭을 반대하는 세계회의의 강한 반대를 예상했음에도 미국인(그리고 쇼리키)은 도시의 지역 관리들을 설득해 전시회의 교육적 효과를 공개적으로 지지하게 했다. 미국 비행기들은 주변 지역에 전단지를 10만 장이나 뿌리면서 일본인에게 관람을 독려했고, 히로시마 전역에서 원자력을 기념하는 미국 영화들이 상영되었다. 쇼리키의 닛폰TV가 방영하는 텔레비전 프로그램과 수많은 특별 학술토론회는 여론을 원자력의 평화적 활용을 지지하는 쪽으로 돌리는 데 바쳐졌다. 다수의 피폭자와 저명한 평화운동가들이 전시회를 찾아 원자력을 공개적으로 칭찬했다. 한 피폭자는 전시회 백만 번째 방문객인 어린 소녀에게 텔

---

* 원문은 일본어로 피폭자被爆者를 의미하는 히바쿠샤hibakusha이다.

레비전 수상기를 기증하기도 했다.[73]

쇼리키는 이런 전시회로 자신의 가치를 증명하는 한편, 자기 신문사인 요미우리신문의 공식 후원을 제공했다. 시바타는 자신의 미국 연락책에게 일본 대중은 명백히 미국 공보처가 후원하는 행사를 받아들이지 않을 것이라고 했고, CIA 비망록은 다음과 같이 지적했다. "그의 기본 계획은 일본 예술가들을 이용하고, CIA가 구비한 자료를 보충하는 인력과 인쇄기를 확보해 (1) 자료의 원래 출처를 경시하거나 감추며, (2) 현재 태도를 일본 대중과 전반적인 일본인의 심리[에] 부합하게 하는 것이다. 강조점은 러시아가 평화를 위한 원자력 계획에 참여하기를 단칼에 거절했다는 사실에 놓일 것이다."[74]

쇼리키는 자신이 미국의 대의를 위해 무엇을 하는지 강조하라고 아이젠하워에게 직접 서한을 보냈다. "우리는 신문과 텔레비전이라는 매체를 이용해 원자력의 참된 진실을 알려 격렬한 논쟁의 폭풍을 잠재우고 좌익주의자들과 우익주의자들의 활동에 맞서 싸우기 위해 최선을 다했습니다."[75] 쇼리키는 자신의 메시지로 일본인의 쓰라린 기억을 잠재우는 데 일조한 '평화를 위한 원자력' 전시회의 성공에서 자기 역할을 강화했다. "이 전시회로 계몽된 사람들의 숫자가 매일 같이 늘어나는 것을 보면서 전시회에서 내가 수행한 부분에 대한 최고 보상이라고 할 깊은 만족감을 느낍니다." 그는 일본인이 "원자력 시대로, 저편에서 부상하는 평화, 번영, 문명의 여명기로 들어가며 자신들이 세례를 받았던 바로 그 불길을 꿰뚫어보았습니다"라고 말했다.[76] 그는 일본 여론의 전환을 과장했는데, 이는 아직도 원자력을(그리고 특히 미국을) 믿을 수 있는지를 두고 분리되어 있었다. 그러나 뒤따른 해에 수행된 여론조사들은 미국의 선전과

일본 언론의 합동 노력이 강력한 효과를 발휘했음을 시사했다.[77]

'평화를 위한 원자력' 시대로 접어든 지 2년도 안 되어 미국은 한 지역적 인사가 개인적·국가적 야망을 이루려고 원자력을 이용하길 희망하는 상황에 직면하게 되었다. 쇼리키는 미국의 수사를 사용했으나 과연 미국인이 진정으로 원했던 목표를 추구했을까? 그는 일본이 기꺼이 과거를 밀쳐두고 원자력으로 동력을 얻는 미래를 향해 미국과 함께 도약할 준비가 되어 있다고 제안하는 것처럼 보였다. 하지만 무엇을 일본에 제공해야 하는지에 관한 질문에는 태평양 전쟁의 기억들이 담겨 있었다. 만일 쇼리키가 총리가 되려는 목표를 달성하지 못하더라도 그와 CIA의 연계는 일본을 단순히 전쟁에서 소생시키는 것이 아니라 강대국의 반열로 올려놓는 일을 도울 수도 있었다. "이 남자가 하는 행동의 잠재력을 누군가가 생각할 때, 정신은 오작동을 일으키기 시작하므로 이 사안은 가볍게 언급할 수 없다"라고 분석관은 결론지었다. "우선 한 가지는 마이크로파 [텔레비전 방송] 계획이 만일 논리적 귀결에 다다를 경우, 자유 아시아 전체에 어느 정도 영향력을 행사할 수 있는 엄청난 선전 기관을 일본인 손에 쥐어주게 될 것이다. 원자력 제안도 만일 논리적 귀결에 다다를 경우 일본이 원자폭탄을 보유하게 될 것이다. 이것들은 확실히 일본을, 물론 골칫덩이로서 일본의 잠재성을 고려할 때의 얘기지만, 또한 강대국의 첫 번째 반열에 올라서게 할 장치들이다." 미국인과 논의하면서 일본인은 물론 원자폭탄을 결코 언급하지 않았다. 그러나 만일 "이 영리한 신사들이 원자의 평화적 이용이 가져온 유용한 부산물의 함의를 고려하지 않았다"면 이는 정말 놀라운 일일 터였다.[78]

1956년 1월, 일본원자력위원회가 창립되자 쇼리키는 초대 위원장이 되었다. 정보원들의 시각을 종합하여 CIA의 수장에게 보내는 전신들은 더욱 경계심을 갖게 했다. 전신은 "쇼리키는 총리가 된다면 일본 정부 구조를 간소화하고 수많은 정부 관리를 감축하려는 결의에 차 있다"라고 언급했다. "그는 또한 헌법의 전력戰力 포기 조항의 개정을 강조할 것이다."[79]

미국인은 원자로 제공을 결코 서두르지 않았고, 쇼리키는 일본에서 아이젠하워의 메시지 증폭과 원자력에 우호적인 정치 분위기 조성에 자신의 모든 힘을 사용했다고 생각했기 때문에 깊은 좌절감을 맛볼 터였다. 하지만 홉킨스는 그의 서한에 답장하지 않았을 뿐 아니라 사업 주선 요청이라기보다는 '감사' 편지로 해석했다. 그리고 CIA의 개입이 있고 나서야 그는 도쿄에 전화를 걸었다.[80] 결과들은 기대에 미치지 못했다. 제너럴 다이내믹스는 연구용 원자로(이른바 트리가 원자로)의 수출 시장 개척에 관심을 두었지만 쇼리키는 전력 생산을 원했다. 이후 6주 일정으로 열린 도쿄 전시회의 마지막 주에 쇼리키는 미국 국무부가 일본이 아닌 필리핀에 아시아 지역 핵 센터를 짓기로 결정했다는 사실을 알고 분노했다. 그는 제너럴 다이내믹스의 버논 웰시에게 두 차례 전화를 시도했고, 그가 어떻게든 이 일에 개입하리라고 희망을 품었으나 헛된 일이었다.[81] 쇼리키는 자신의 정치적 미래를 원자력에 걸었지만 홉킨스에게서 동력로를 취득하는 과정에서 아무런 진전을 이루지 못했다. 미국 정부는 아시아 지역 핵 센터 건립 장소로 일본이 아닌 다른 나라를 고려함으로써 상처에 소금을 뿌린 격이었다. 쇼리키는 평화적 원자력을 환영하기 위해 무엇을 더 할 수 있었을까?

'홉킨스 사절단'에 대대적인 환영 행사를 해주었지만 일본인이 듣고 싶어 했던 말을 해준 이는 다른 손님이었다. 크리스토퍼 힌튼 경은 쇼리키와 다른 이들에게 일본이 걸 수 있는 최선의 원자력 내기는 미국산이 아니라 영국 원자로에 있다는 것을 납득시키기 위해 1956년 4월 말 일본에 왔다. 나중에 힌튼은 일본에서 자신이 한 연설 세 건 중 '일본 내 원자력 핵심층 인사들에 대한 담화'라는 제목의 연설 한 건은 사본을 간직했다. 이 연설에서 그는 1946년 최초의 군사적 목표, 하웰에서 있었던 연구소 건설, 원자로 연료 제조용 공장 건설 등 영국 원자력 개발사의 윤곽을 훑었다. 그는 콜더 홀에 지은 새로운 시설, 즉 군사시설 부속 실험용 동력로를 미래 원형으로 가리켰다.[82] (수랭식이고 농축우라늄에 의지하는) 미국 원자로와 달리, 이는 가스로 냉각되고 천연우라늄을 사용했다. 힌튼은 콜더 홀 원자로를 증기력 시대의 저속 왕복 기관에 비교했다. 그것은 제대로 정립되고 잘 시도되었으며, '안전하고 믿을 수 있었을 뿐 아니라 경제적으로 타당한 동력의 원천'으로 기능할 수 있었다. 이 원자로는 미래에는 대체되겠지만 당분간 유지될 터였다. "이 유형의 원자로들은 30년 또는 40년이 흘러도 여전히 팔릴 뿐 아니라 50년 동안 사용될 거라고 생각합니다."[83]

힌튼은 자원 부족, 특히 예측된 미래의 심각한 석탄 부족이라는 프레임을 씌워 논의를 진행했다. 그는 일본과 영국 사이에 평행선을 그었다. 양국은 현재 연료 요구량을 내부적으로 생산하고 있으나 수요는 석탄 생산보다 훨씬 급속하게 늘고 있었다. 양국은 석유 수출로 보충했으나 경제에 부담이 되었고, "대안적인 동력 형태가 개발되지 않는 한 미래에 해결하기 어려울 정도로 부담이 될 것"이었다.[84] 원자력 발전은 이러한 천연자원의 제약에 해결책을 제공할 터였다. 힌튼은 두 섬나라 사이에 평행선을 그리면서 영국과 일본의 핵 친족관계를 강조했는데, 이는 미국인과는 공유되지 않는 관계였다. 미국은 대규모 우라늄 농축용 확산공장들을 보유했는데, 이를 미국 내의 상대적으로 값싼 전력으로 운영했다. "영국에는 전력이 부족하며, 무엇보다 우리 문제를 악화할 뿐인 대규모 확산공장을 세우길 꺼립니다." 힌튼은 일본인에게도 유사한 문제가 있다고 추측했다. 미국 디자인을 채택하는 것은 미국 시설 건설에 대한 투자나 미국 연료 의존을 의미할 뿐 양자 모두 자립을 달성하길 바라는 나라에 이상적이지 않았다.[85]

힌튼은 무엇을 얘기해야 할지 정확히 알았다. 그는 쇼리키에게 큰 그림을 그리고 천천히 나아가라는 미국의 조언에 저항하라고 독려했다. 만일 일본인이 원자력 발전에 진지하다면, 단순히 연구개발 계획을 시작해서는 안 되었다. 그들에게는 한시라도 빨리 공업용 원자로가 필요했다. 그는 연구가 군사 정찰과 같다고, 즉 군의 본체로부터 지원받지 못하면 쓸모없는 것이라고 말했다. "저는 귀하께서 원자력이 절박하게 필요한데도 늦게 착수했다는 느낌을 받으리라고 생각합니다"라고 힌튼이 말했다. "우리도 영국에서 미국에 너무 뒤처져 우리 산업의 기초를 놓았던 1946년에는 비슷한 느낌을 받았습니다. 그러나 우리는 주의 깊은 계획과 현명한 노력의 집중으로 만족스러운 진전을 이루었고, 우리의 늦은 시작이 장애라기보다는 하나의 도전이라고 여긴 점에서 우리가 옳았음을 보았습니다."

홉킨스가 어정쩡한 자세를 취한 반면, 영국인은 콜더 홀형 원자로를 팔기 위해 열심히 문을 두드렸다. 힌튼은 영국이 스스로 미국에 대항해 일본의 사업을 지원할 경쟁력을 갖췄음을 분명히 했다. 일본은 곧 시찰단을 영국으로 보내 콜더 홀 원자로와 관련된 선택지들을 추가로 탐구하려고 했다. 쇼리키는 힌튼과 논의하면서 우호적이지 않은 상황에서도 성공을 거둔 영국의 핵개발 계획을 칭송했다. 이어 그는 일본 경제가 헝가리나 아르헨티나보다 더 나빠졌다는 사실, 즉 에너지 자원 부족으로 지속될 문제들을 상기시켰다. "소극적인 전력 생산 개발 계획, 다시 말해 단지 부족한 전력을 보충하려고 시도하는 계획을 고집한다면 일본은 강대국 반열에 결코 오를 수 없습니다."[86]

1956년 5월 힌튼이 떠난 뒤 쇼리키는 선택지들을 보유하게 되었고, 미국은 같은 달 핵무기 실험을 재개할 때 이를 어렵사리 알게 되었다. 미국인은 1956년 5월, 레드윙 작전Operation Redwing의 일환으로 비키니와 에니위톡을 다시 찾아 새로운 세대의 열핵무기, 새로운 핵분열 폭파 장치, 전술 핵분열 무기를 시험하고자 실험을 17차례 수행했다. 5월 21일, 체로키 실험Cherokee test에서는 최초로 공중투하 열핵무기를 배치했고, 핵융합 무기가 핵분열 무기와 함께 전략폭격대에 통합될 수 있음을 증명했다. 공식적인 세부 사항이 밝혀지지 않았지만 『뉴욕타임스』는 지름이 약 4.8킬로미터에 달하는 화구火球와 함께 폭발력을 10메가톤 정도로 추정하는 기사를 내보냈다. 일본에서 교도통신사는 1954년 브라보 실험 때와 유사한 기압의 변화를 보고했고, 실험에서 방출된 낙진이 일주일 정도면 도달할 것이라고 경고했다.[87]

미국인은 쇼리키의 신문사가 비우호적일 것이라고 의심할 아무런 이유가 없었으므로 힌튼 방문의 영향을 고려하지 않았다. 하지만 『요미우리신문』 사설은 두 사람을 시각장애인으로 만들었음에도 "자국의 수소폭탄 실험을 매우 자랑스럽게 여기는 것 같다"며 미국을 비난했고, 이를 인적 오류라고 태연자약하게 말한다며 미국인을 비판했다. 사설은 "그들은 핵무기 실험 자체가 인류의 견지에서 봤을 때 용납할 수 없는 '인적 오류'를 구성한다고 생각하지 않는가?"라고 물었다. 나아가 사설은 일본과 체결한 안전보장조약에 대한 미국의 해석, 즉 이 조약이 자신들에게 다음 수세기 동안 오키나와에 대한 통제권을 부여했다고 믿는 미국인을 비판했다. 신문은 머지않아 오키나와가 아시아의 키프로스가 될 거라고 불평했으며, 보호 범위를 넓혀준 미국의 친절함에 일본이 얼마나 감사하는지를 냉소적으로 언급했다. "이 '친절함'이야말로 전 세계에서 미국을 더욱 더 인기 없게 만든다."[88]

CIA에서 쇼리키를 담당한 모든 이는 사설에 오싹했다. 신문에 대한 쇼리키의 긴밀한 감시, 그를 만족시키기 위해 알랑거리려는 수하들의 욕망을 인지할 때, 사설 이면에 그가 없다고 상상하는 것은 불가능해 보였다. CIA 극동과장은 CIA 일본 지부장에게 미국은 "현재 [쇼리키개] 우리에게 원하는 것이 무언가에 따라 본질적으로 카멜레온 같은 '이해의 상호성' 관계에 관심이 없으며, 한 번이라도 더 그러한 장광설을 늘어놓는다면 [CIA]에 어떠한 친구 관계도 없음을 [쇼리키는] 기대해야 할 것"이라는 분명한 메시지를 쇼리키에게 보내야 한다고 썼다.[89]

쇼리키는 자신에게 필요한 것을 미국인에게서 얻지 못하고 있었다. 그는 이미 일본 내에서 발품을 팔았고, 간사이전력회사를 설득해 미국에 10메가와트 시험로를 요청하라고 했으며 정부 승인만 기다리고 있었다. 그러나 정신없이 바쁜 쇼리키의 속도는 미국인에게 맞지 않았다. 브룩헤이븐 과학자 마빈 폭스는 아시아 핵 센터를 통한 아시아 차원의 핵 협력 참여를 논의하려고 일본을 방문했을 때, 원자력 발전이 아닌 감마 정원·의학 기술을 이야기하는 데 관심이 있었다. 그는 쇼리키에게 일본은 미국산 원자로를 적어도 5년 안에는 받을 수 없으며, 심지어 그마저도 낙관적인 전망이라고 말했다. "이 거리낌 없는 말에 [쇼리키]가 상당히 충격을 받은 것은 명백했고, 영국인에게서 원자로를 조달하려는 그의 제의를 촉발했다"라고 CIA 일본 지부장은 지적했다.[90]

일본 외교관이자 미국 계획의 옹호자 중 하나인 마쓰이 사시치로는 1956년 7월, 힌튼의 '판매 교섭'이 이상적인 결과를 가져왔다며 자신의 고충을 미국인 동료에게 전했다. "쇼리키는 기본적으로 행동파이며 어떤 문제든지 더욱 신중한 연구적 접근을 취하려고 노력하는 면에서는 성미가 급하다. 한편, 주의 깊은 접근을 공공연히 촉구한 폭스 박사는 쇼리키에게 오히려 형편없는 인상을 남겼고, 미국이 원자력의 조기 개발 추진을 열망하지 않는다는 점을 그에게 확신해 주었다." 쇼리키는 폭스가 떠나자마자 영국인과 계약을 체결하길 바랐다. "영국 원자로의 경제적 타당성과 안전보장 장치 부재에 관한 힌튼의 이야기는 쇼리키를 전적으로 확신에 차게 만들었다."[91] 명백히 그는 혼자가 아니었다. 원자력 발전에 대한 일본의 관심은 이제 깨어난 셈이었지만, 주의하라는 말과 함께 미국이 요구하는 속도를 따라가려는 이들은 거의 없었다. 일본은 한국이 아니었으며 아주 쉽게 밀쳐지진 않을 터였다. 미국의 태도는 오만할 뿐만 아니라 위선적으로 보였고, 어쨌든 간에 미국은 핵무기를 만드는 데 신중하게 보이지 않았다.[92] 미국인에게 퇴짜 맞고 할 수 없이 기다리던 일본 역시 그들에게 퇴짜를 놓을 준비가 되어 있었다.

미국인이 연구용 원자로를 홍보하는 동안 일본인은 전력을 원했다. 그들은 결국 미국 회사들에서 연구용 원자로를 구입했고, 또한 배전망에 쓰일 원자로에 관해서도 지체하지 않고 나아갔다. 쇼리키와 다른 이들은

1957년 일본원자력발전JAPCO: Japan Atomic Power Company을 내세워 영국인과 거래했다. 전력 생산용 원자력 발전소 건설은 도카이촌에서 1960년에 시작되었으며, JAPCO에서 관리했다. 이곳 원자로는 콜더 홀 디자인을 기반으로 하여 천연우라늄을 이용하는 가스냉각 원자로로 미국식 설계가 아닌 영국식 설계에 따랐다.[93]

한편 일본은 농업·의학뿐 아니라 전력 생산용 원자로로 원자력의 미래를 완전하게 끌어안은 최초의 비서구 국가가 되었으며, 히로시마와 나가사키라는 '나쁜 꿈'과 더 최근의 제5후쿠류마루 사건이라는 쓰라림을 극복했다는 외양을 선사했다. 미국 국무부 관리들은 정치적 풍향의 변화를 선전의 대승리로 보았으나 현실은 훨씬 더 복잡했다. 미국 정치인들의 수사는 논점을 일정하게 구축했고, 그중 자원 부족을 극복할 수 있는 능력과 자립 달성이 가장 주요했다. 그러나 '평화를 위한 원자력' 계획이 일본 내에서 변화를 이끈 원인은 아니었다. 미국의 이니셔티브는 강력한 언론 거물인 쇼리키에게 선택의 수단이 되었다. 정치적 야심을 지닌 그는 자신이 닛폰TV를 만들었을 때 미국의 선전 목표를 자기 이해관계에 맞도록 이용하는 방안을 벌써 발견했다. 일본의 미래에 관한 자신들의 인식을 민수용 원자력이라는 넓은 비전에 결박한 쇼리키와 다른 보수주의 정치인들은 미국의 이니셔티브를 유리하게 이용했다.[94] 미국인이 자신들이 설파하던 것을 흔쾌히 실천하지 않자 일본인은 다른 이들과 협력했다. 그들은 같은 수사를 미국인보다 훨씬 더 전문적으로 구사하고, 영국·일본의 도서島嶼 제국들이 드러낸 유사한 경로와 곤란함을 강조한 영국인이었다.

이 태도 전환은 태평양전쟁이 끝난 후 10년 남짓한 기간에 주요한 핵개발 계획에 전념하는 일본의 재기를 갑자기 상상해야 했던 사실상 모두를, 특히 미국인을 놀라게 했다. 수많은 개발의 비전(자립·식량 생산·의학·전력)을 원자와 엮은 미국이 틀렸을까? 미국은 국내외를 겨냥한 선전에 이례적인 노력을 쏟으며 풍요의 미래를 팔았다. 그러나 실제 대다수 관리는 여전히 남미·아시아·아프리카를 농업적 또는 의학적 활용이 더욱 잘 맞을 뿐 전력 생산은 할 수 없거나 할 준비가 안 된 '후진' 지역으로 상상했다. 일본은 이에 도전했고, 실제로 미국의 통제권이 얼마나 좁은 범위에만 미치는지 보여주었다. 다른 나라들도 머지않아 같은 일을 할 터였다. 다른 정부들(심지어 새롭게 독립한 국가들)이 원자력에서 동력을 공급받는 미래에 대한 야심 찬 계획을 세울 때 미국 정부는 이들 계획에 어떻게 반응해야 할지에 대한 결단을 강요받았다.

4장
유색 원자와 백색 원자

일본과 한국에서 벌어진 상황은 미국 관리들·사업가들이 세계의 이른바 저개발 또는 '후진' 지역에 전력용 원자로를 제공할 준비가 되어 있지 않았음을 명확히 보여주었다. 그들은 의학적 또는 농업적 활용(변이식물 육종, 식품 조사照射, 비료 연구 포함)이나 연구용 원자로를 강조하기를 선호했다. 이들 중 많은 수가 주목을 받은 반면, 모두의 열망이 담긴 전기 없이 진행한다는 전망은 다양한 의미를 지니게 되었다. 전력을 공급받는 산업은 확실히 발전의 기표였으나 독립과 자립의 상징으로도 마찬가지로 중요했다. 원자력을 진지하게 고민했던 나라들 중 일부는 인도처럼 오랜 기간에 걸친 식민통치에서 새롭게 독립했고, 다른 나라들은 일본처럼 최근까지 점령되었으며, 일부는 가나 같은 아프리카 국가들을 포함해 여전히 독립을 외치고 있었다. 이 모든 나라는 정치적·경제적 안정을 보장해 줄 경제적 경로를 앞으로 나아갈 길로 보았다.

'평화를 위한 원자력'에 식민주의적·인종주의적 차원이 있었을까? 이것이 1953년 제안되었을 때, 제국들은 건재하진 않았지만 명맥을 유지했다. 유럽인·미국인은 공식적·비공식적으로 세계인을 통제하기를 주장했을 뿐 아니라 그들의 천연자원을 통제하려고 시도했다. 예컨대, 동남아시아에서 영국은 말라야를 고수하기 위해 병력을 배치한 한편, 프랑스는 인도차이나에서 자국 식민지를 유지하려 전투를 벌였다. 실제로 아이젠하워가 버뮤다에서 조제프 라니엘에게 자기 계획을 꺼냈을 때, 프랑스 지도자는 호찌민이 이끄는 병력과 싸울 때 미국의 군사적 원조를 간청하는 데 더욱 관심이 있었다. 1946년, 미국인은 반세기 동안 통치한 끝에 필리핀인들에게 독립을 부여했으나 여전히 그곳에 군사기지를 수십여 개 보유했고 미국 기업들에 아주 유리한 무역법을 시행하게 했다. 짐 크로Jim Crow법*은 미국 내 많은 영역에서 '유색인'과 '백인'의 분리를 강요했고, 미국 사회를 인종주의적으로 깊게 갈랐다. 여기엔 '동위원소 골목'뿐 아니라 다른 인종 간 결혼을 불법화하고 대중교통과 목욕실에서 인종 분리를 요구한 주 법규의 본고장으로 오크리지국립연구소 부지가 있던 테네시주도 포함되어 있었다.

아이젠하워는 1953년 미국 대통령의 세계관에 잘 맞는 평화적 원자에 관한 비전을 내놓았다. 그것은 유럽·북미에 산업 중심지들이 있고, 나머지 세계는 대부분 식민화했거나 설령 독립했더라도 '후진적'이라고

---

* 짐 크로 법Jim Crow laws은 1870년대 아메리카연합국(또는 남부연맹)에서 시작해 1965년까지 이어지면서 미국에서 인종주의적 분리와 이에 따른 차별을 합법화했던 법안을 통칭한다. 1865년, 수정 헌법 제13조의 채택으로 미국에서 노예제도는 공식적으로 폐지되었지만 흑인이 이룩한 정치적·경제적 성취를 박탈하고 제거하려는 시도는 1964년 민권법Civil Rights Act of 1964과 1965년 선거권법Voting Rights Act of 1965 등 차별 반대를 골자로 하는 법령이 채택된 뒤에도 계속되었다.

무시당했다는 것이었다. 그는 원자력의 일정한 활용 방안, 즉 농업·의학에서 원자력을 이용하는 것이 그러한 후진 지역과 관련이 있을 수 있다고 믿었다. 어쨌든 이들은 질병·인구과잉·식량 불안이라는 실로 오래된 문제를 짊어진 사람들이었다. 타당한 전제로 보였을 이러한 생각은 불편한 문제를 일으켰다. 하나는 전력용 원자력을 개발하는 최초의 나라들은 대체로 미국·유럽의 백인 국가들이어야 하고, 비백인 국가들은 여러 해가 지난 뒤에 따라가야 한다는 추정이었다. 다른 하나는 이른바 후진국들은 산업이 아닌 농업·의학에 방향이 맞춰진 활용 방안에 만족해야 한다는 것이었다. 그러한 관점들은 한편에서 전통적이고 지배적으로 백인이며 식민 열강들에 알맞고, 다른 한편에서 세계의 빈궁하고 피부가 갈색이며 이전에 점령되었거나 식민화되었던 사람들에게 적합한 두 종류 원자력이 존재함을 시사했다.

다음의 10년 동안 미국 대통령들은 아이젠하워를 시작으로 1960년대 중반 미국 정치인들에게 이르기까지 이러한 이미지를 열심히 부인하고 싶어 했다. 원자력은 세계의 역사적 분리를 강화하는 수단이 아닌 해방자여야 했다. 미국은 자국의 전반적인 대외정책과 함께 원자력 공여를 '자유세계'와 공산주의자들 사이에서 벌어지는 지구적 투쟁의 일부로 규정했고, 이러한 분리는 영국·프랑스·벨기에·네덜란드 같은 식민 열강들에 대한 미국의 군건한 군사적 지지를 감춰주었다. 미국은 심지어 인도·가나 같은 국가들이 원자력을 민족 해방, 나아가 인종주의적 해방을 위한 투쟁과 결부해 다른 경로를 수립하려고 시도할 때도 이 프레임을 이어나갔다. 아이젠하워와 그의 후임자들을 괴롭힌 유령은 일차적으로 인종주의적·반식민주의적으로 고려하는 나라들이 연합하는 것이었다. 국내의 인종 분리라는 현실과 식민지들에서 정치적 통제를 유지하기 위한 군사적 원조를 포함해 유럽 식민 열강들과 미국 정부의 긴밀한 동맹을 고려할 때, 그러한 프레임은 미국을 옛 식민지 주인들의 편에 넣었다.[1] 미국 정치인들은 1950년대와 1960년대 인종주의적 혐의가 있는 무수한 시험의 한가운데서 그러한 지각을 약화하려고 원자력의 약속을 활용했다.

*

'평화를 위한 원자력'은 승리를 가져다주는 선전도구로 등장했는데, 미국의 해외 정책에 대한 격렬한 비판자 가운데 일부조차 평화적 원자에는 놀랍도록 무비판적이었기 때문이다. 예컨대, 저명한 멕시코 예술가 디에고 리베라*는 1954년 과테말라에서 일어난 쿠데타의 설계자로 미국을 묘사하고, 시신들과 아이젠하워의 얼굴이 곁에 있는 커다란 폭탄을 보여주는 1954년 '이동 벽화'**에서 미국의 대외정책을 꼬챙이로 찌르듯 비판했을 때처럼, 평소에도 미국에 비판적이었다.[2] 그런 리베라가 원자력을 옹호했다. 그의 후원자 중 하나로 핵물리학자인 나보르 카릴료 플로레스는 1946년 비키니 실험 참관에 초대받았으며, 1953년 멕시코국립자치대학 총장으로 부임한 뒤에는 평화적 핵연구 공동체의 창설을 독려하기도 했다. 리베라의 1953년 벽화「멕시코 의학사The History of Medicine in Mexico」는 방사선 치료를 받는 한 환자를 묘사했는데, 이 치료는 리베라 자신이 1955년부터 소련에서 받을 터였다. 이와 유사하게 모

---

* 디에고 리베라(Diego Rivera, 1886~1957)는 멕시코 화가로 민중화가를 지향했으며, 멕시코 현대 회화의 아버지라고 불린다.
** 그림 제목은「영광스러운 승리La Gloriosa Victoria」다.

두의 이익을 위해 자연을 개조한다는 칠레(그리고 공산주의자) 시인 파블로 네루다의 비전은 미국의 '평화를 위한 원자력' 선전을 연상시켰다. 네루다는 자신의 1954년 저작 『원소에 바치는 시Odas Elementales』 일부로 원자에 범죄자들'los bandidos'이 되지 말고 세계를 풍성하게 만들도록 삶·농업·기계·전력과 협력하라고 애원하는 '원자헌시'Ode to the Atom를 썼다.[3]

1955년 당시 의학과 방사성 동위원소 이상으로 제공할 수 있는 '평화적' 핵기술은 거의 없었다. 이미 일본은 전력용 원자로를 소리 높여 요구했지만 미국 정부는 진심으로 그것들을 제공하고 싶어 하지 않았다. 아이젠하워 정부는 원자로에 관해 완전히 아니라고 하기보다는 당시 제너럴 다이내믹스가 설계 중인 것과 같은 연구용 원자로라는 생각을 제공했다. 연구용 원자로는 과학 연구를 도울 테고 한 국가가 근대적임을 보여주는 모든 요소를 갖출 터였으나 전력이나 폭탄 연료 생산의 중요한 원천으로는 사용될 수 없었다. 국가안전보장회의 문서는 이러한 원자로를 요구하면서 그것들이 국제적 협력이라는 측면에서 심리적으로 유용할 것이라고 언급했다.[4] 1955년 6월, 펜실베이니아주립대학 졸업식에서 원자로를 주제로 연설한 아이젠하워는 그러한 종류로는 최초의 연구용 원자로를 대학 내에 보유하고 있음을 축하했다. 그는 또한 그러한 연구용 원자로들을 '자유 국가의 사람들'에게 제공했으며, 미국이 비용의 절반을 부담했다고 말했다.[5]

미국은 단기적 상용 전력의 중요성을 공공연히 경시하면서 펜실베이니아 시핑포트의 시험로를 완공하려고 열정적으로 작업했다. AEC 위원장 루이스 스트라우스는 1955년 늦은 봄 영국을 방문한 뒤, 영국인이 상용 전력에서 미국을 앞지를 수도 있다고 우려했다. 스트라우스는 이를 막기 위해 핵잠수함의 원형이었던 뉴욕주 웨스트밀턴 소재 원자로의 신속한 개조를 계획했다. 그렇게 하여 그들은 불과 몇 주 만에 전력 생산을 시작하고는 '최초'라고 선포할 수 있었다. 만일 누군가가 이제는 필요하지 않게 된 군용 원자로를 전환(진정으로 민수용으로 지어진 발전소가 아니라)한 것이라고 의문을 제기할 경우, 스트라우스는 군용 개발 계획을 평화적 계획으로 바꾸었다는 선전을 크게 강조할 터였다.[6]

한편 미국 정부는 세계를 아찔하게 만들 국제학술대회를 계획했다. 1955년 8월 제네바에서 열린 대회에서는 대대적인 축하와 언론 보도, 여러 나라 개발 계획을 선보이기 위한 거대한 전시장을 자랑했다. 전시장에는 변이식물 육종과 의학적 이용에 대한 가장 최근의 사례들을 포함할 터였다. 미국인은 연구용 원자로를 선택한 다른 나라들의 발전 경로를 열심히 강조했다. 국무장관 존 포스터 덜레스는 심지어 그마저도 일부 나라들에서는 지나친 야심일 것이라고 지적했는데, "연구용 원자로 같은 복잡한 과학적 도구를 유익하게 쓰기에는 대부분 나라의 과학적 역량의 수준이 너무 낮아 보였기" 때문이다. 외국 학생들에게 미국식 훈련을 하더라도 진전은 느릴 터였다. 오직 일정한 시간이 지난 후에야 원자로들을 정당화할 수 있는 해외의 '숙련된 과학자와 기술자로 이뤄진 간부들이 충분할' 것이었다.[7] 미국인은 연구용 원자로를 어떠한 국가도 추구할 가치가 있는 목표라고 선사했고, 이 대회를 계기로 미화 30만 달러에서 40만 달러 사이의 비용으로 작동하는 원자로 건설을 계획했다.[8]

미국 외교관들은 비동맹nonaligned·비백인 국가들, 특히 지도자들이 미국 핵무기 실험에 비판적인 인도가 제기한 인종주의·식민주의 비난이 자신들의 전시 행사에 오점을 남길 것이라고 우려했다. 인도인은 단순히 미국이 제공하는 부조금 수령자로서가 아니라 완전한 참여자로서, 심지어 지도자로서 국제 원자력 행정에 참여하기를 원하는 것처럼 보였다. 인도의 저명한 과학자들은 1930년대 말 이래 핵물리학을 홍보했고, 히로시마·나가사키 폭격 이전부터 우라늄 분열에 의한 전력 생산을 제안해 왔다고 주장했다. 인도는 궁극적으로는 자국의 어마어마한 모나자이트 모래에 함유된 토륨에 의존하는 핵반응으로 전력을 생산하는 것을 하나의 목표로 보았다. 1950년대 초까지 이 노력을 선도한 과학자는 호미 바바*였다. 그는 부유한 타타재단을 설득해 인도 정부와 협력하여 핵개발 계획을 지원하게 했다. 인도 정부는 바바가 제네바대회에서 의장을 맡아주기를 제안했다.[9] AEC 위원장 스트라우스는 미국 외교관들을 설득해 그의 임명을 차단하도록 시도했는데, 인도인이 '평화를 위한 원자력'을 강탈할 뿐 아니라 제네바 학술대회를 이용해 핵무기 실험을 비판하거나 세계에 히로시마·나가사키의 공포를 상기시키거나 아니면 중립의 정당함을 입증할 것이라고 의심했기 때문이다. 그러나 영국인과 소비에트인은 인도 대표가 정치적으로 합당하다고 동의했고, 미국 국무부 내에서도 반대는 소용없을 거라고 보았다. 그 대신 그들은 막후에서 작업하면서 매사추세츠공과대학MIT 화학자 월터 휘트맨을 사무총장으로 취임시켜 논문을 검토하고, 위원장들을 임명하며, 회의록 모양새에 영향을 줄 여타의 세부사항들을 감독하는 진정한 수문장으로 역할을 하도록 한다는 확언을 대가로 바바 임명을 묵인했다. 그들은 인도에 명망 있는 자리를 주고 결정을 내리는 자리에는 충성스러운 미국인을 앉히면 된다고

---

* 호미 제항기르 바바(Homi Jehangir Bhabha, 1909~1966)는 인도의 핵물리학자로 '인도 핵개발 계획의 아버지'라는 별칭이 있다.

판단했다.[10]

학술대회가 열리는 시간대는 아이젠하워를 긴장하게 만들었는데, 매우 다른 분위기에서 진행되는 또 하나의 국제대회, 즉 인도네시아 반둥에서 1955년 4월 개최하기로 예정된 아프리카·아시아 나라들의 회의가 먼저 열리게 되었기 때문이다. 식민주의, 백인지상주의 정부 관련 사안들과 핵무기의 위험성이 대회의 의제였지만 미국인은 여기에 초대받지 못했다. 아이젠하워는 관심을 분산할 방안을 찾으려 머리를 굴렸고, 핵개발 계획 중 다수가 '미국에 심리적이고 정치적인 이점을 주려고 수행되었음'을 고려해 민수용 원자력에 대해 고위급 미국 관리들이 창의적일 필요가 있다고 국가안전보장회의를 압박했다. 그는 핵잠수함에서 핵추진기관을 꺼내 상선에 탑재하고는 세계 곳곳에 '여행하는 진열장'showcase으로 보내자고 제안했다. 그러한 계획은 이미 진행 중이라고 AEC 위원장 스트라우스가 말했다. 대통령은 기뻐하며 언론에 알리라고 했으나 스트라우스는 만일 그들이 이를 오직 '곡예'stunt로만 한다면 3개월이 걸릴 것이라고 마지못해 덧붙였다. 이를 제대로 수행한다면 2년이 소요될 터였다.[11] 그러면 안타깝게도 반둥에 모인 아프리카인·아시아인들에게 인상적이기에는 무척 늦을 것이었다.

미국인에게는 반둥회의를 우려할 이유가 있었다. 이 회의에서는 아시아·아프리카·중동의 20여 개 정부 대표들이 한자리에 모여 모두에게 공통된 사안을 논의했다. 미국인이 보기에 이 회의는 중립주의·인종주의에 대한 비난을 실어나를 수단으로 거듭난다는 위협을 제기했다. 미국은 해당 지역들에 있는 우방들에 엄청나게 의지하며 세계를 남북 갈등보다는 분명히 동서 갈등으로 지향하는 연설을 했다. 수많은 대표단(예컨대, 파키스탄, 태국, 이라크, 터키)은 반공주의적인 언급을 했다. 그러나 반둥회의에서는 세계의 비백인을 향한 미국의 행동에 맞춰 당장이라도 폭발할 것만 같은 분노의 목소리도 내도록 했다. 중국 총리 저우언라이는 청자들에게 최초의 핵무기 피해자들이 아시아인이었음을 상기시켰다. 다른 이들은 미국이 자주·독립을 지지한다고 주장했으나, 소련에 대항한 싸움에서 군사적 동맹으로서 식민주의적인 유럽인에게 엄청나게 의지했다고 지적했다. 1954년이 되어서야 미국 연방대법원은 공립학교에서 흑인을 분리하는 것이 위헌이라고 판결했고 차별적인 '짐 크로' 법안이 미국 전역에서 시행되고 있음을 고려할 때, 많은 참가자는 인종적 평등에 대한 미국의 약속을 의문시했다. 심지어 원자력 사안에서도 미국은 '평화를 위한 원자력' 아래 매력적인 약속을 했으나 자국의 우라늄 필요 때문에 잔혹하기로 유명한 벨기에령 콩고의 식민 정부, 남아공의 백인지상주의 정부와 여전히 굳건한 유대를 유지했다.[12]

마지막 코뮈니케에서 반둥회의에 모인 29개 국가는 경제개발의 미래에 대한 희망을 개괄하면서 식민주의를 악이라고 맹비난했으며, 미국에 원자력 관련 지식을 공유하겠다는 약속을 이행하라고 요구했다. 그들은 UN 아래 '특별 자금'Special Fund을 신설해 경제개발 목적으로 제공하라고 촉구했다. 반둥회의 참가국들은 원자력의 평화적 이용에 관한 정보를 공유하는 데 '우선적으로 고려하는 강대국들'의 제안을 환영했다. 그들은 약속된 IAEA의 창설을 촉구했고, 아시아·아프리카 국가들이 기구 운영 부서에서 적절한 대표성을 가져야 한다고 주장했다. 그들은 모든 아시아·아프리카 정부가 다른 시설들에서 훈련하고 경험을 쌓을 기회를 최대한 이용하도록 독려했다.[13]

반둥에서 나온 많은 미국 관련 비판에도 불구하고 최종 코뮈니케에서 단순히 이미 아이젠하워가 한 약속을 지키라고 요청하자 미국 지도자들은 안도의 한숨을 쉬었다. 평화적 원자의 외교적 힘은 작동했다. 원자력의 평화적 이용에 관한 제네바 대회가 몇 달 후 열릴 예정이라는 사실을 고려할 때 시간대는 완벽했다. 하지만 아이젠하워는 위험을 감수하지 않았고 언론이 감축에 긍정적으로 반응하도록 확실히 했다. 아이젠하워 대통령은 1955년 7월, 제네바에서 소련·영국·프랑스 지도자들과 정치회담을 하면서 군사 시설에 대한 공중정찰을 환영하는 연설을 했다. 이후 '영공 개방'Open Skies 제안으로 알려진 것은 주의를 분산하는 또 하나의 장치였고, 진정한 감축을 제안하지는 않았지만 그 방향으로 움직이는 것처럼 보였으며, 소비에트인이 그 제안을 받아들이리라고 누구도 기대하지 않았다(그들은 받아들이지 않았다).[14] 미국 야망의 진열장이 된 원자력의 평화적 이용에 관한 대회가 열리는 동안 긍정적인 느낌을 최대화하기 위해 시간대가 완벽히 맞춰진 것이었다. 스트라우스는 뒷날 대회의 성공 자체가 대개 아이젠하워의 놀랄 만한 제안이 불러온 새로운 여론에서 기인했다고 자랑했다.[15] 대통령은 '평화를 유지하는' 데 점차 능숙해졌다.

1955년 8월 열린 원자력의 평화적 이용에 관한 학술대회는 규모가 거대했는데, 스트라우스는 14일 동안 논문이 1,110건 발표되었으며 80여 개국이 대표단을 파견해 여태껏 세계가 목격한 가장 큰 모임이었다고 추측했다. 미국 전시장은 가장 넓었으며 실제 작동하는 연구용 원자로 한 기도 전시되어 있었다. 소비에트인도 전시를 했고, 프랑스인·독일인·벨기에인·캐나다인·스칸디나비아 국가들도 마찬가지였다. 스트라우스는 이 대회가 "우리 국가정책의 근본적 승리라는 형태로 미국에 상당한 배당금을 제공"했을뿐더러 미국이 전쟁도발자라는 적의 선전에 효과적으로 대항했다고 평가했다. 그는 그 반대가 확실히 사실이었음을 보고 참석한 모든 이가 '깜짝 놀랐다'고 말했으며, 참석자들은 여기서 받은 인상을 가지고 자기 나라로 갔다.[16]

소비에트의 참여는 소련이 평화적 핵기술 분야에서 선전상 승리를 두고 경쟁하길 기대한다는 점을 강력하게 상기시켰다. 모스크바에서는 치열하게 준비했다. 소비에트과학원은 심지어 대회 몇 주 전 과학자들에게 일종의 최종 리허설을 하게 했다. 제네바에서 소비에트 과학자들은 최근 가동된 오브닌스크 원자로 관련 보고를 포함해 논문을 102건 발표했다. 나아가 흐루쇼프 당서기는 이후 대표단원 일부를 이끌고 영국 하웰에 있는 영국원자력연구소를 방문하기도 했다. 그곳에서 그는 평화적 원자력에 관해 연설하면서 소련은 이를 최우선순위로 두고 있음을 확실하게 했다.[17]

미국은 아시아인들과 직접 협력하고 일전에 반둥회의에서 표현된 열망에 말을 걸 계획으로 제네바 학술대회의 후속 조치를 했다. 미 국무부는 1955년 10월, 아시아 대표들을 만나보도록 새롭게 창설된 국제협력국장 존 홀리스터를 파견했다. 이른바 콜롬보 계획Colombo Plan이라는 회동이었는데, 초기에는 구성원이 구영국 식민지들이었으나 곧 지역 전체로 확대된 지역경제개발기구였다. 홀리스터는 미국이 그 지역에서 평화적 원자를 현실로 만들기 위해 아시아 핵 센터 창설을 재정적으로 뒷받침할 것이라고 공표했다.

제안된 센터에 관한 대언론 공식 발표에서 미국은 정부가 해당 개발계획에 아시아에서 이전에 한 핵 활동에 관한 어떤 기여도 하찮게 만드는 이례적 액수인 미화 2,000만여 달러를 투입할 것이라고 했다. 대언론 공식 발표는 이것이 전부 '아시아의 경제적·사회적 진전을 위해 원자력이 일하게 하는' 미국 계획의 일부이며, 해당 센터는 아이젠하워 대통령의 '평화를 위한 원자력' 계획의 정신 안에 존재할 것이라고 했다. 미국 관리 윌리엄 러셀은 국제협력국을 대표해 말하면서 이것을 '모든 인류의 필요'에 따른 엄청나게 야심 찬 핵개발 계획이라고 일컬었다.

아시아 핵 센터라는 아이디어는 과학자들이 아니라 정치 활동가들이 만든 것으로 구체성은 전혀 없었다. 첫째, 센터에서 어떤 종류의 작업이 진행될지 불분명했다. 둘째, 더욱 중요한 것으로 홀리스터는 센터를 어디에 둘지 아무런 언급을 하지 않았는데, 이는 센터를 끌어들이려는 국가들의 즉각적 경쟁을 불러왔다. 한 가지 가능성은 파키스탄이었는데, 그들은 이미 미국인과 연구용 원자로를 협상 중이었고, 자체 원자력위원회를 창설하기 직전이었다. 다른 가능성은 실론*으로 수도 콜롬보는 이미 아시아 협력의 중심지로 상징적 위상을 누렸다. 또 다른 가능성은 쇼리키 마쓰타로가 원자력을 위한 정치적 장을 마련하려 최선을 다하던 일본이었다. 물론 강력한 물리학자 집단에 더해 제네바 학술대회 동안 지도력이 검증된 호미 바바가 있는 인도도 가능성이 있었다.

고배당 경쟁이라는 외양에도 불구하고 미국은 어디에 센터를 설치할지 이미 결정을 내렸다. 그곳은 오직 미국인에게만 자명했던 필리핀이었다. 이 나라는 반둥회의 같은 곳에서 제기하는 문제들에서 상대적으로 자유로운 편이었고, 긍정적이고 풍요로운 상상을 홍보하는 활동을 잘 받

---

* 오늘날의 정식 명칭은 스리랑카민주사회주의공화국이지만 독자들의 편의를 돕기 위해 실론으로 통칭한다.

아들일 수 있었으며, 통제하기도 쉬웠다. 이 나라는 1946년 미국에서 독립했으나 미국 군사기지의 보유와 천연자원에 대한 접근 권한의 보증 등 수많은 조건에서 미국에서 자유로울 수 없었다. 미국은 아시아에서 가장 믿을 만한 발판으로 이 나라 전체에 대한 긴밀한 감시와 통제를 유지했다. 예컨대, 반둥회의가 열리기 전 필리핀 장군 카를로스 로물로는 자신의 개회 성명을 덜레스 국무장관에게 회람시킨 뒤 논의했고, 이후 충실하게 복귀해 자신이 중립주의자들에 반대했다고 보고했다.[18] 필리핀은 미국에 시키는 대로 한다고 믿을 수 있는 동맹이었다. 이 나라는 또한 다른 어떤 나라보다 훨씬 더 '뒤처져' 있었고, 관련 활동들은 농업, 의학, 다른 종류의 개발 연구라는 영역에 국한되었다. 제네바 학술대회가 열리기 한 달 전인 1955년 7월, 미국은 필리핀에 연구용 원자로를 제공하는 데 합의했다. UN 주재 필리핀 대사 펠릭스베르토 세라노는 평화적 원자력에 관한 제네바 학술대회에서 자국 대표단 단장을 맡았다. 필리핀의 한 라디오 방송에서 세라노는 세계는 효과적으로 검을 보습으로 바꾸고 있다는 미국의 시각에 공명했고, 미국의 평화적 원자력 계획을 '긴장이 고조되는 세계에서 평화와 신념의 행동'이라고 묘사했다. 그는 '오늘 나와 함께 있는 필리핀 과학자들의 작은 집단'이 원자력의 이용 방안을 확장하는 데 일조할 거라고 희망했다.[19]

필리핀이 '후진적'으로 인식된 정도를 고려할 때, 미국이 마닐라를 선택한 일은 미국인이 아시아의 원자력이 전력 기반 산업이 아니라 농업·의학 연구에 국한되어야 한다고 기대했음을 암시하는 것처럼 보였다. 또한 열망이 높고 과학자 공동체가 크고 튼튼했던 일본·인도 모두에 퇴짜를 놓은 선택이었다. 미국은 이 결정을 정당화하려고 마닐라에 이미 적합한 교육기관들과 영어를 구사하는 과학자들이 있다고 주장했다. 이는 교육기관들에서 영어를 쓸 뿐 아니라 노벨물리학상을 수상한 물리학자 찬드라세카라 라만을 포함해 저명한 과학자들을 보유한 인도인은 전혀 이해할 수 없는 주장이었다. 이와 대조적으로, 필리핀은 과학 연구에서 전혀 알려지지 않았다.[20] 마닐라 주재 한 영국 외교관은 그곳의 교육기관들이 '충격적일 정도로 낮은' 수준이라고 묘사했고, 외국 학생들이 필리핀대학과 실론 또는 파키스탄대학들을 비교하는 질문을 했을 때 그들은 단지 미소만 지었다고 지적했다.[21]

미국인은 여러 나라의 불쾌해진 감정을 누그러뜨리려고 가장 믿을 수 있는 외교의 형태, 즉 돈의 힘을 이용했다. 예컨대, 실론인들은 자국에 센터를 유치하길 희망했으나 미국이 필리핀을 선택했을 때 큰 소동을 피우지 않았다. 그들은 필리핀이 미국의 보호 아래 특별한 자리를 차지했다는 사실을 수용했다. "실제로 실론은 다른 어떠한 시각도 이해하기 힘들어할 터였다"라고 영국의 한 외교관은 추측했다. "동양 사람들은 보상이 친구보다 먼저라고 기대한다." 미국 국제협력국이 실론에 사절단을 파견하는 동시에 지속적인 우정의 몸짓으로 이듬해 미화 500만 달러를 선물로 주자 실론인은 아무도 마음이 상하지 않았다.[22]

미국 과학자들이 '프로젝트 콜롬보'Project Colombo라고 명명한 아시아 핵 센터 건설 계획에는 미국이나 아시아 과학자들의 사전 숙고가 없었다. 콜롬보 계획 국가들은 대부분 호미 바바 같은 선도적인 지역적 과학자들로 구성된 작업단이 최선의 방안을 논의하려 회동할 거라고 상정했다. 그러나 미국은 바바를 초청하거나 그의 조언을 구하는 대신, 원자로 전문가 마빈 폭스가 이끄는 브룩헤이븐국립연구소 소속 미국 과학자 집단이 각국을 방문하도록 했다. 공동으로 작업을 수행하지만 미국인은 단지 '청사진'을 제공할 뿐이었다.[23] 폭스는 워싱턴의 관료들이 센터에 대한 아이디어를 제안했다고 설명하려고 했지만 세부사항은 오리무중이었다. 이어 브룩헤이븐은 이 프로젝트로 25만 달러를 받았고, 여러 정부 기관에 소속된 과학자뿐 아니라 외교관, 정치학자, 사업가들을 기용했다. 브룩헤이븐 과학자들은 아시아인들과 협의한 내용에 기초하여 무엇을 해야 할지 생각해야 했다. 그러나 아무도 필리핀에 센터를 건설하는 것이 좋은 생각이라고 제안하지 않았음을 고려할 때 협의할 일은 거의 없었다.[24] 폭스는 인도 주재 영국 외교관들과 해당 계획을 논의할 때 미안해할 지경이었다. 그는 지역에서 핵개발 계획을 가장 왕성하게 세운 두 나라(인도와 일본)가 모욕을 받았다고 느껴서 그들에게 이 계획이 과연 성공할 거라고 생각하는지 물었다. 영국인은 어깨를 으쓱하면서 미국인이 일을 진행하는 방식은 진정한 지역적 과학협력이 아니라고 말하는 것 외에는 할 말이 없었다. 오히려 이는 공여자·수혜자 관계 같은 접근법이었다. 미국인은 아시아인들이 협의를 기대하기보다는 무엇이든 받는 것을 감사해야 한다고 생각하는 것처럼 보였다.[25]

그러한 미국식 행태는 비외교적으로 보였을 수도 있으나 과학기술적 전문성을 대외정책상 목표와 결합하려는 미국의 오랜 시도 속에서 이례적인 일은 아니었다. 콜롬보 계획과 연계했음에도 미국의 행동은 직접적 원조보다 협조에 중점을 둔 통상적인 영국식 접근법에 위배되었다. 대조적으로, 미국인은 협조보다는 원조에 중점을 둔 여러 계획과 함께 과학기술을 공여해야 할 대상으로 생각하는 경향이 있었다. 한 영국 관리는 "콜롬보 계획 아래 이뤄지는 기술적 협력 체계가 미국식 수단으로 어지럽혀지게 두는 것은 가장 안된 일이다"라고 불평했다.[26] 그러한 수단들은 단순히 더 많은 자금을 쓰고 모든 중요한 결정을 내린다고 상정하는 일을 의미했다. 마닐라 센터에 들어갈 비용은 미화 2,000만 달러에 달할 것으로 예상되었는데 미국인이 그 가격표로 이 계획을 통제하려 했다는 사실은 결코 놀랍지 않다.[27]

미국 과학자들은 아시아인들에게 원자력을 소개한다는 관념에 압도된 것처럼 보였다. 브룩헤이븐 집단은 강력한 문화적 충격을 받았고, 과연 어떠한 종류의 원자력 개발 계획이 가능할지 의문을 품게 되었다. 빈곤, 기반시설 부재에 더해 미국과 아시아 국가들 사이의 광범한 문화적 균열은 집단의 일부를 망연자실하게 했다. 실론에 도착한 뒤 그들 중 한 명은 후진적인 사람들에게 원자력을 설명하는 일은 가망이 없으니 자신들이 모두 다시 돌아가야 한다고 제안했다.[28] 해당 나라들 다수에 주재한 영국 외교관들은 브룩헤이븐 집단을 절망적일 정도로 순진하고 전형적인 미국인이라고 보았는데, 이 집단이 좋은 미국 교관들을 데려다가 모두에게 무엇을 해야 하는지 말해주는 것만이 일을 진행하는 유일한 방안이라고 보았기 때문이다. 한 사람은 브룩헤이븐 집단의 수장 마빈 폭스의 태도를 논평하면서 미국인의 "언급은 이 지역 나라들이 심지어 해당 사안에 관해 유익하게 논의할 수 있을 정도로 충분히 선진적인지에 의구심을 품었음을 암시한 것이나 마찬가지다"라고 했지만, 실력 있는 교사들과 함께 센터는 지역 전체에 엄청난 약속을 한 것이나 다름없었다.[29]

아시아 핵 센터는 지역적 협력을 고취하는 대신 아시아 지역의 농담거리로 전락했고, 아시아의 여러 독자적 핵개발 계획이 서구 국가들과의 쌍무적 관계를 이용하도록 독려했다. 파키스탄·인도·일본 국내의 열망에 찬 핵 공동체들은 무언가 유용한 것을 얻고자 마닐라를 바라본다는 개념을 조롱했다. 특히 미국인이 센터의 주요 목적이 가장 기본적인 훈련일 거라고 생각하는 것처럼 보였기 때문이다. 미국인이 보기에 아시아인들이 기본적인 것만 배운다는 것을 의미했기 때문에 아무도 마닐라에 가장 유망한 전문가를 파견한다는 생각을 진지하게 받아들이지 않았다. 마찬가지로 그들은 쉽게 과학자들을 직접 미국 대학·연구소에, 또는 더 나은 캐나다, 영국 또는 유럽 어딘가에 보낼 수 있었다. 1956년 정부가 자국의 원자력위원회를 설립하기 위해 입법부와 협상했던 파키스탄에서는 핵 공동체가 갈림길에 있었다. 조만간 위원회의 초대 위원장이 될 물리학자 나지르 아메드는 미국인의 일방적 결정이 불러올 결과에 대해 직설적으로 언급했고, 영국 외교관들에게 파키스탄은 과학자들을 마닐라보다 차라리 영국으로 보내 훈련받게 할 것이라고 말했다. 나지르 아메드는 미국인에게 모욕을 당한 인도가 지역 과학자들에게 자국 원자로 훈련 시설들을 개방하지 않을 테지만 그 대신 캐나다인들과의 쌍무적 관계를 키울 것이라고 보았다. 파키스탄은 여전히 미국인과 같이 일하는 데 관심이 있었지만, 마닐라를 통해서는 아니었다.[30]

영국인은 새로 건립된 센터의 이사진 대다수가 아시아인이어야 한다고 권고했으나 이는 성취하기 어려운 일처럼 보였다. 미국인은 기꺼이 필리핀인 몇 명을 센터 직원으로 고용할 준비가 되어 있었으나 통제권을 넘기는 일은 또 다른 사안이었다. 미국 국무부 관리 로버트 샤첼은 홀리스터나 스트라우스 같은 고위급 미국 관리들이 센터 통제권을 아시아 인종에게 넘기지 않을 것이라고 워싱턴 주재 영국 대사관 동료들에게 털어놓았다. 계획 전반에 회의적이었던 스트라우스는 오직 2급 미국 과학자들만 그곳에 배치되길 희망했다. 이는 실로 막대한 대가를 치르는 실패작일 수 있을 뿐 아니라, 미국에서 훌륭한 과학자들을 유출시켜 마닐라에 헛되이 배치하는 것일 수도 있었다.[31] 버마 주재 영국 외교관들에 따르면, 브룩헤이븐 집단은 "지역의 다른 나라들에 비해 필리핀인들이 얼마나 '비아시아적으로' 보이는지 깨달았을" 때 무척 놀랐다.[32]

최악의 경우에는 적대감, 최선의 경우에는 무관심이야말로 미국인이 아닌 수많은 사람이 아시아 핵 센터 건설 시도를 바라본 방식이었다. 심지어 이 계획을 따라갈 뜻이 꽤 있던 영국 외교관 일부도 미국이 "받든가 싫으면 그만두든가 식"으로 제안한 무언가에 적극적으로 지원하기를 주저했다.[33] 공개적으로는 도움이 되려고 했음에도 런던에서 워싱턴에 이르기까지 그리고 관계된 모든 아시아 나라에 주재한 영국 외교관들은 막후에서 미국의 계획이 보편적으로 이롭다기보다는 도리어 해를 끼쳤다고 생각했다. 사전 숙고의 부재라는 점에서 당혹스러운 일이었고, 진정어린 핵 열망을 갖춘 나라들을 소외시킨 일이었다.[34] 버마 주재 한 영국 외교관이 표현했듯, 만일 아시아인들이 서구에 의존해야 했다면, 그들은 교육받을 이들을 '필리핀의 반쪽짜리 가옥이 아닌' 미국 또는 영국으로 보냈어야 했다.[35]

아시아 핵 센터의 경험을 고려할 때, 새로운 지구적 핵 기구인 IAEA에 대한 회의론이 고조되었다는 점은 결코 놀랍지 않다. 신설 기구가 아이젠하워의 '평화를 위한 원자력' 제안의 중심에 자리했기에 미국은 기구 창설에 전념했다. 그러나 아시아인·아프리카인과의 협의 부재는 지속되었다. 미국인 모어헤드 패터슨이 이끈 집단이 만든 첫 번째 조직구조 초안은 대체로 영어권(미국·영국·캐나다·호주·남아공)과 프랑스어권(프랑스·벨기에) 나라들에 있는 백인 그리고/또는 식민 열강, 포르투갈 사이의 공동협력이었다. 미국인은 우라늄의 전략적 공급자들인 남아공·벨기에(콩고)·포르투갈을 포함시키기를 간절히 원했다. 그렇게 정리된 문서는 논평을 얻기 위해 1955년 소련으로 보내졌다. 이러한 협의들은 알려진 대로라면 개발도상의 세계에 대한 혜택에서 득을 볼 어떠한 나라들도 포함하지 않았다.[36]

미국인이 오직 백인 세계와 협의한 반면, 인도인은 아프리카·아시아 나라들로 구성된 성장하는 집단 내에서 지도력을 주장하는 한편, 미국인이나 유럽인을 협의에 초대하지 않았다. 제네바 학술대회를 주재한 호미 바바는 연구용 입자가속기 제작에 집중하기를 포기하면서 인도 핵개발 계획의 방향을 바꾸어 원자로 건설을 강조했다. 학술대회가 끝나고 1년 후 인도 최초의 연구용 원자로가 가동되었다.[37] 1956년 여름에 콜롬보 계획 구성국 중 일부가 그들의 원자력 협력을 논의하기 위해 봄베이(뭄바이)에 모였다. 거기엔 인도인들·버마인들·실론인들·인도네시아인들·이집트인들이 포함되었지만 미국인이나 영국인은 초대되지 않았다. 미국 외교관들은 인도인이 아시아 핵 센터의 대실패 때문에 미국인에 반대하는 세력을 결집하려 했다고 추측했다. 미 국무부 관리 로버트 샤첼은 이러한 염려를 영국인 동료에게 표명했지만 그 대답으로 그에게서 외교에 관한 분노 섞인 강연만을 들었다. 그 영국 외교관은 미국인이 "진정으로 협의에 참여한다는 느낌을 그들에게 주려고 해야" 할지도 모른다고 말했다.[38]

인도가 미국을 반대하려 준비하고 IAEA 창설과 관련해 뚜렷한 대안적 목소리를 구축한 것은 사실이다. 콜롬보 계획 대표들이 1956년 여름 봄베이를 찾았을 때, 미국의 일방적 태도에 대한 분노는 IAEA 이사회 구성 제안을 비판하는 것으로 표출되었다. 인도 대표단은 미국인이 또다시 '원자력 노하우'를 갖춘 나라들과 기술적 원조 제공국이 우선순위라고 고집하며 미국인에게 불균형적으로 거대한 대표성을 부여하려 IAEA를 설계한다고 지적했다. 회동에 참석한 영국 참관인들은 마치 "회동의 목표가 원자력 관련 사안에서 인도의 주도권을 따를 집단이 출현하기 위한 기반을 다지는 것"처럼 보였을 정도로 호미 바바 같은 인도인이 회담 대부분을 주도한 반면 다른 이들은 이를 듣고만 있었다고 지적했다.[39]

인도가 움직임에 따라 미국인은 맞받아치려고 시도했다. 바로 이 갈등이 궁극적으로 IAEA 창설 분위기를 형성했다. 미국 공식 대표 모어헤드 패터슨은 IAEA 이사회가 기구 전반의 운영상 통제권을 가질 텐데, 이사회의 규모는 기구의 광범한 회원국에 비해 범위가 훨씬 더 좁을 것이며, 실제적인 권력을 보유할 것이므로 인도가 상임이사국 자리를 확보할 가능성을 두려워했다. 기구 구성국 중 일부는 회원국들이 선출하고 일부는 상임이사국이 될 터였다.[40] UN 주재 미국 대표 헨리 캐벗 로지는 UN에서 인도 대표들이 처한 곤란함에 대한 이야기들을 들려줘 패터슨의 기운을 북돋웠으며, 그들은 모두 인도가 이사회에 들어가는 일을 피하고 싶어 했다. 그러나 두 남자는 이사회의 "상임이사국들 가운데 유색국가와 저개발국가를 포함시키는 것은 정치적으로 바람직하고 거의 필요할 것"이라는 데 동의했다. 하지만 어떤 나라 말인가? 인도보다 덜 독립적인 '유색'국가가 있는가? 로지와 패터슨은 순응적 우방들인 필리핀 또는 파키스탄, 아니면 일본을 해당 국가로 상정해 보고자 노력했지

만 분명한 선택지인 인도에서 벗어나기는 어려웠다.[41]

　미국 외교관들은 IAEA 내부에서 '유색'의 영향력이 가져올 결과, 특히 이것이 인종주의·식민주의적 사안들의 도입을 의미하지는 않을지 두려워했다. 반둥회의 이후 인도에서 담화를 동서 관련에서 남북 관련으로 바꾸는 일이 우선순위가 높다는 점은 분명했다. 그러한 세계관을 신설된 IAEA 내부에 들이려는 인도의 노력을 약화할 방안이 있었을까? 로지는 기구를 UN 본부에서 멀찌감치 두는 것이 인도 대표들(그리고 다른 이들)이 자신들의 상대국들과 보조를 맞춰 행동하는 것을 막는 데 필수적이라고 제안했다. 그리고 IAEA 대표들이 정치인들이 아닌 과학자들이어야 함을 분명하게 해야 했다. 로지와 패터슨은 인도의 영향을 상쇄하기 위해 '유색' 상임이사국 지위를 확대하는 한편, 라틴아메리카로 확대할지를 골똘히 고민했다. 그들에게 질문은 다음과 같았다. 유색국가 중 누가 인종주의를 제기하지 않을 거라고 믿을 수 있을까? 로지는 브라질이 미국 입장을 믿음직하게 지지할 것이라고 믿었다.[42]

　뒤따른 협상에서 인도의 목표는 예기치 못한 방식으로 미국의 목표에 순응하게 되었다. 인도는 상임이사국 자리를 얻었으나 브라질 같은 다른 나라도 상임이사국이 되어 '유색' 세계를 전적으로 대표하는 인도의 역량을 줄였다. 인도가 제안하고 IAEA의 공식 역사가가 '복잡하지만 기발하다'고 묘사한 이 공식은 세계를 북미·라틴아메리카·서유럽·동유럽·아프리카와 중동·남아시아·동남아시아와 태평양·극동의 구역들로 분할했다. 이로써 (원료물질의 생산을 포함해) 핵기술이 가장 기술적으로 진보되었다고 여겨지는 다섯 나라에 '준상임이사국' 지위가 부여되었다. 해당 나라들 국명은 즉각 밝혀지지 않았으나 미국·소련·영국·프랑스·캐나다였다. 이어 이 공식은 만일 해당 지역에서 아직 상임이사국을 배출하지 않은 경우, 지역의 가장 진보된 국가들에 각각 똑같은 준상임이사국 지위를 부여했다. 이로써 미국이 남아시아 대표 인도보다 훨씬 다루기 수월할 것이라고 믿은 두 국가인 브라질과 일본이 각각 라틴아메리카와 극동을 대표하게 되었다. 이후 복잡성이 더해져 다른 여러 나라(예컨대 벨기에·체코슬로바키아·스칸디나비아 국가들)가 교대 형식으로 준상임이사국이 되었는데, 이는 원료물질을 생산하거나 기술적 원조를 제공하는 해당국의 역할 때문이었다.[43]

아프리카·아시아 국가들의 IAEA 이사회 상임이사국 지위 확보는 반둥회의에 모인 열망의 승리로 간주할 수 있겠으나 회의론이 이는 확연한 이유도 있었다. 우라늄 채굴·제련이라는 역할 때문에 아프리카·중동을 대표하는 상임이사국은 세계 백인지상주의의 보루이자 정부 정책이 반둥 원칙에 가장 상반되는 남아프리카연방이었다. 실제로 반둥에서 열린 마지막 코뮈니케에서는 1940년대 말과 1950년대 초 자국의 아파르트헤이트 정책을 공식화한 남아공을 명백히 비난했다. 동남아시아와 태평양의 대표인 호주는 사실상 정부 구성원이 모두 백인인 영연방 국가 중 네 번째 상임이사국이었다. 기구 운영을 통제하는 자리에 있는 이들은 여전히 핵무기 제작자들과 우라늄 공급자들이었다. 정기 기고가 홈스 알렉산더는 뒷날 몇몇 미국 외교관이 기구의 지도권을 '삽바 국가들* 중 하나에' 거의 줄 뻔했으나 '아직은 상식이 지배했다'며 비웃었다.[44]

IAEA의 새 구조 내에서 인종적으로 분리된 남아공이 원자력 관련 행

---

* 원시적인 나라들을 폄하하는 말이다.

정에서 모든 아프리카인을 대표하는 것처럼 보였다. 다른 유일한 경쟁자는 콩고에 식민지를 보유한 벨기에였다. 두 지역 모두 미국·영국에 우라늄을 공급한다는 측면에서 중요했고, 양국 모두 비공산주의 서구에 충성심이 대단했기 때문에 백인이 지배하고 인종적으로 분리된 체제들은 아이젠하워 시기에 변함없이 미국의 지지를 누렸다. 원자력 관련 행정은 백인 일색이었고, 아프리카 자체도 필연적인 식민지이자 우라늄 추출 현장으로, 식민화된 사람들에게 적합하게 보인 최소한의 평화적 활용도만 지닌 곳으로 보였다. 이 대륙의 나라들은 산업보다 농업에 그리고 어느 정도까지는 보건에 초점을 두었다. 남아공·벨기에령 콩고 두 나라는 주로 우라늄 공급이라는 측면에서는 '선진적'이었고, 이사회 내에서 그들의 지도적 역할은 아프리카가 원자력을 통한 산업 발전의 장소라기보다는 전략물자의 원천으로 계속 인지되리라는 점을 암묵적으로 시인하는 것으로 보였다.

아프리카 내에서 식민 관리들은 인종주의적 긴장을 완화하기 위해 원자력을 이용하려고 시도했다. 벨기에인들은 레오폴드빌 외곽에 로바늄대학으로 불린 새로운 대학을 건설하면서 콩고에 평화적 원자를 가져올 야심 찬 계획을 세웠다. 1954년 세워진 이 대학은 그 자체로 이상적인 전망을 제공했는데, 교육을 바탕으로 식민주의가 만드는 긴장을 완화했다. 대학의 한 홍보 영상에 따르면, 이 기관은 다른 두 문명이 서로를 발견하는 나라에서 '완벽한 시민'을 양성하는 인종을 초월한 대학이 되고, "흑인들과 백인들이 생산적이고 우호적으로 협조하기 위해 필요한 분위기"를 만들었다. 이 영상은 두 인종의 남녀가 함께 먹고, 도서관에서 연구하고, 체스·테이블 축구·탁구·당구 같은 놀이를 즐기는 모습을 보여준다.[45] 또한 이 대학은 미국·벨기에 협정으로 트리가 마크 1호 연구용 원자로 한 기를 보유했는데, 1959년 6월 이를 가동했다.[46] 로바늄은 인종주의와 식민주의의 분리를 시도했으며, 초현대적 원자로는 다인종 간 과학협력의 상징으로 보였다.

콩고 바깥에서 백인 논평자들은 겉보기에 원시적인 사람들이 원자력으로 무엇을 할지 이해하고자 애를 먹었다. 오직 발전이라는 프레임으로 제시되었을 때만 이해 가능한 것처럼 보였기 때문이다. 미국 기자 클라이드 판스워스는 트리가 원자로를 방사성 동위원소를 제공하는 '새로운 마법'이라고 칭했다. 이 원자로는 아프리카인에게 원자력 발전이 아닌 수원水源·해충·기생충·식품 보존·질병 치료에 대한 이해를 제공할 것이었다.[47] 마법이라는 형상화는 아프리카인이 부족적이고 전근대적이라는 비전을 대변했다. 아프리카인에게는 공업 규모의 전력이 필요하지 않을 테지만 그 대신 식량이나 보건에서 그들의 기초적 욕구 또는 농업과 원료 추출에 기반을 둔 경제를 만족시킬 필요가 있었다.

1950년대 말 원자력 관련 사안에서 사하라사막 이남 아프리카의 존재는 거의 우라늄광산에서 일하는 흑인 노동자들과 전원이 백인들인 대표자들로 구성되었다. 유럽의 식민통치나 남아프리카연방의 아파르트헤이트 정책 때문이었다. 1958년, 원자력의 평화적 이용에 관한 제2차 국제학술대회에서 변화가 시작될 수도 있다는 낌새는 별로 없었다. 북아프리카 여러 국가(모로코, 튀니지, 이집트의 아랍연합공화국United Arab Republic) 대표들이 참석했음에도 사하라사막 이남 아프리카에서는 남아프리카연방과 가나 대표만이 참석했다. 서아프리카의 가나는 1957년 독립을 선포하고 영연방에 가입하기 전까지 황금해안Gold Coast을 가지고 있는 영국 식민지였다. 가나 총리 콰메 은크루마*는 황금해안과 아프리카 도처에서 반식민 독립운동의 간판으로 거듭났다. 그의 정부는 원자력의 역할을 주장했고, 1958년 대회에 대표들을 파견했다. 은크루마는 중요한 직책에 아프리카 흑인을 앉히는 일의 중요성을 무척 신중하게 여겼으나, 1958년에도 원자력 분야에서 그렇게 하기는 어려웠다. 대표단이 (대사관 관리인 리처드 콰시에 같은) 아프리카 흑인들을 포함했는데도 가나 바깥에서 과학적 명성을 지닌 이는 백인인 영국 물리학자 앨런 워드뿐이었다.

가나가 주요한 지역 내에서 목소리를 내기 시작한 것은 미국에 수많은 아프리카 신생 독립국들의 희망과 마찬가지로 상황을 복잡하게 만드는 문제였다. 그러한 상황 전개는 만일 적절히 다뤄지지 않을 경우 향후 UN과 원자력 관련 행정에서 중립국들의 연합을 약속하는 것이었다. 은크루마는 아프리카의 단결과 중립주의를 옹호했고, 사회주의 사상에도 공공연히 우호적이었다. 그가 범아랍주의를 선호한 이집트 지도자 가말 나세르**와 유사한 태도를 취하자 아이젠하워 행정부는 그를 주의 깊게 다뤘다. 은크루마는 원자력 관련 사안들과 씨름한 유일한 아프리카 흑인 지도자였다.[48]

아프리카의 많은 국가가 식민 지배자에게서 독립함에 따라 변화가 일어날 것처럼 보였다. 일련의 정치적 상황은 변화가 놀라운 속도로 일어나게끔 했다. 독립을 원하는 이들에게 독립의 불가피성을 인정한 영국 총리 해럴드 맥밀런의 1960년 2월 3일자 이른바 변화의 바람Wind of

---

* 콰메 은크루마(Kwame Nkrumah, 1909~1972)는 가나의 혁명가이자 정치인으로, 초대 총리(1957~1960)와 대통령(1960~1966)을 역임했다.
** 가말 압델 나세르(Gamal Abdel Nasser, 1918~1970)는 이집트의 혁명가이자 정치인으로 이집트혁명(1952)으로 군주제를 폐지했으며 대통령을 역임(1956~1970)했다.

Change 연설에 고무된 소말리공화국과 나이지리아는 모두 1960년 영국에서 독립했다. 또한 같은 해 가나는 영연방 국가로 나라의 지위를 바꾸며 공화국을 선포했고 은크루마는 총리직을 포기하고 대통령직을 채택했다. 아프리카계 미국인 지식인이자 노벨상 수상자이며 당시 UN 사무차장으로 있던 랄프 번치는 그해 초 1960년이 '아프리카의 해'Year of Africa가 될 거라고 예측하면서 언어와 전통이 다양한데도 아프리카인 사이에는 '독립, 인권, 존엄에 대한 열망이라는 점에서' 놀라운 단결력이 있다고 지적했다.[49] 그해 폭포처럼 쏟아진 독립 선포는 그가 옳았음을 증명하는 것처럼 보였다. 1958년, 알제리에서 벌어진 전투는 프랑스에 거대한 정치적 위기를 촉발했으며, 제4공화국의 몰락뿐 아니라 제국에서 자발적 연방으로의 변화라는 주요한 구조 변동을 가져왔다. 사하라사막 이남 식민지 13개국은 1960년 프랑스에서 독립을 선포했다.

이러한 '변화의 바람' 속에서 더 커다란 독립을 선포한 이들 중 남아공도 있었다. 하지만 이 나라는 미래에 대한 완전히 다른 비전을 제시했다. 남아공인들은 1950년대 말과 1960년대에 걸쳐 차별적 법안을 강화했다. 1960년, 백인 투표자들은 국민투표로 영국 군주제의 신하라는 기존의 지위에서 벗어났고, 연방국 지위를 포기하는 대신 1961년 공화국이 되기를 선택했다. 전환기 총리였던 헨드릭 페르부르트*는 인종 간 분리를 믿는 독실한 신앙인이었다. 페르부르트는 "이 공화국이야말로 아프리카에서 서구 국가들에 유일하게 확실하고 안정적인 친구다. 우리는 머무르고자 이곳에 있고, 다른 모든 이가 무엇이든 필요해서 우리에게 얼

---

* 헨드릭 프렌스 페르부르트(Hendrik Frensch Verwoerd, 1901~1966)는 남아공의 정치인으로 아파르트헤이트의 주요 계획가로 알려져 있다.

을 수 있는 것들을 얻도록 돕기 위해 이곳에 있다"라고 말했다. 텔레비전 카메라 앞에서 한 연설에서 그는 잘 정리되고 편안해 보이는 집무실에 앉아 침착하게 남아공이 안정과 질서를 대표한다고 설명했다. 그는 인종 관계를 논하면서 다음과 같이 지적했다. "우리는 우리 집단들 각각의 점진적 발전을 특정한 방향에서 추구한다. 이곳에서 해결책은 다른 어떤 곳에서든 산업 발전과 심지어 탁월한 행정을 가능케 하는 숨겨진 보증서인 백인이 인도하는 손을 공공연히 보유하는 데서 구해진다."[50] 페르부르트는 국내에 흑인 대사들을 허용하길 거부한 것처럼 인종차별을 다른 영역까지 확장했다. 또한 남아공을 서구의 친구로 묘사하면서 '공산주의 적으로 조절된 사람들'과 반인종차별주의 선동자들 사이를 민첩하게 연계했다.[51]

페르부르트는 독립한 이후 아프리카의 선도적 핵개발 국가로 조국의 입지를 굳히려고 움직였다. 특히 UN 같은 다른 기구들에서 독립한 신생 아프리카 국가들의 갑작스러운 등장을 고려할 때, IAEA는 국제적 사안에 간여하려는 남아공의 중요한 수단이 될 터였다. 남아공은 원자력청을 창설하고 미국과 다른 곳에서 나온 의견을 모두 수용하면서 평화적인 활용을 연구하기 시작했다. 이 나라는 원자력 발전을 채택한다는 계획을 즉각적으로 주장하지는 않았지만 연구 방향을 그쪽으로 맞췄다. 그렇게 하지 않는다면 산업 발전에서 백인의 역할이라는 관념이 손상될 수도 있었다. 더하여 남아공이 공화국으로 보낸 원년인 1961년의 후반부에 원자력청장 아브라함 룩스는 남아공이 원자폭탄을 생산할 수 있는 지식과 공업적 잠재력을 갖췄다는 독특한 성명을 내면서 남아공에서 그것들을 결코 만들 필요가 없길 희망한다고 덧붙였다.[52]

1960년 전개된 다른 두 개의 피비린내 나는 인종주의적 싸움은 원자력 사안과 아프리카의 관계를 복잡하게 했다. 이 중 하나는 콩고가 벨기에에서 독립한 일로, 콩고는 1960년 6월 독립운동 지도자 파트리스 루뭄바를 초대 총리로 하여 국가를 수립했다. 독립을 달성하기 불과 몇 달 전 벨기에인들은 신콜로브웨의 우라늄광산을 폐장한 뒤 콘크리트로 봉인했다. 콩고가 벨기에 수중에서 벗어남에 따라 이곳에 남은 우라늄과 다른 귀중한 광물의 운명은 의문에 부쳐졌고, 이 사실을 즉각적으로 인지한 미국 지도자들은 미국을 콩고에서 비밀 행동을 하는 복잡한 길로 이끌었다. 다른 하나는 1960년 2월 프랑스가 처음으로 원자폭탄 실험을 한 일이었다. 또 다른 식민 열강인 프랑스가 핵무기 보유국 대열에 합류했을 뿐 아니라 프랑스군과 민족해방전선National Liberation Front 사이에 오래 벌인 전쟁의 한가운데에서 자국이 지배하는 북아프리카 영토인 알제리를 실험장으로 썼다. 두 사건은 범아프리카주의적 연대를 수립하고 싶어 하는 이들을 집결하게 했다. 예컨대, 프랑스가 핵실험을 한 이후 가나 외무장관 에베네제르 아코 아제이는 일종의 아프리카 국가 연합체를 시야에 넣고 아프리카 흑인들의 정상회담을 요청했다.[53]

권력을 잡은 은크루마는 아프리카 전체의 해방 없이 가나의 독립은 무의미하다고 언급했다. 그는 아프리카의 주요 목표는 아프리카인이 전적으로 아프리카를 통제하는 것이라고 반복해서 말했다. 그것은 프랑스인들 없는 알제리, 벨기에인들 없는 콩고, 포르투갈인들 없는 앙골라처럼 식민지적 관계의 종언을 의미했다. 이는 또한 남아공에서처럼 백인 소수자의 통치를 강화하려는 법의 종언을 뜻했다. 상대적으로 부유했던 아프리카 국가의 지도자 은크루마는 자신을 범아프리카주의 운동의 선두주자로 보았고, 그의 대중 연설은 가나만큼이나 아프리카의 미래도 숙고한 것이었다. 그는 영토 분할은 물론 아프리카인 사이의 정치적 내분을 식민지 시기 이후에도 대륙 전체의 사람들로부터 힘을 빼앗으려고 했던 유럽인의 손아귀에서 놀아나는 것으로 보았다. 프랑스가 알제리에서 원자폭탄을 터뜨리자 은크루마는 프랑스가 "인류의 양심을 저버리고 오늘 아침 아프리카 땅에서 핵폭발 장치를 폭발시켰다"라고 언급했다. 그는 아프리카 땅에서 수행된 프랑스 실험을 반대하는 데 모든 아프리카·아시아 나라가 뭉치자는 아랍연맹의 호소에 공감했다. 은크루마는 이 사건을 외세의 지배, 인위적 영토 분할, '분할 점령'이라는 유럽식 실천의 의미를 드러낸 한 사례로 보았다. 그는 프랑스의 '핵 제국주의'와 남아공의 아파르트헤이트 정책을 '우리 대륙 위에 매달린 위협적인 다모클레스Damocles의 칼* 두 자루라고 비유했다.[54]

당시 알제리는 폭력과 고문의 현장 자체였다. 프랑스 정부가 이 나라를 붙잡으려고 시도하면서 알제리를 식민지가 아닌 프랑스 본국의 '필수적인' 부분으로 간주했기 때문이다. 1962년 알제리는 독립을 쟁취했다. 작가이자 정치이론가 프란츠 파농을 비롯해 알제리전쟁의 많은 관찰자에게는 심지어 독립의 물결도 오래도록 지속된 착취의 양상을 바꾸지는 못한 것으로 보였다. 파농은 자신과 다른 이들이 신식민주의라고 부른 새로운 유형의 비공식 식민주의를 경고했다. 널리 읽힌 책『대지의 저주받은 사람들Les damnes de la terre』에서 파농은 "독립은 방향 전환을 가져

---

* 다모클레스Damokles는 기원전 4세기 시칠리아 시라쿠사의 참주 디오니시오스 2세의 측근이었다. 어느 날 디오니시오스는 다모클레스를 연회에 초대하여 말총 한 올에 매달린 칼 아래에 앉힘으로써 권좌가 '언제 떨어져 내릴지 모르는 칼 밑에 있는 것처럼 항상 위기와 불안 속에 유지되고 있다'는 것을 가르쳐주었다. 위기 일발의 상황을 강조할 때 쓰는 속담이다.

오지 않는다"라고 썼다. "똑같이 오래된 땅콩 수확, 코코아 수확, 올리브 수확. … 이 나라에는 어떠한 산업도 세워지지 않는다." 파농의 관점에서 볼 때 비백인들은 착취되고 수확해야 하는 풍경의 일부로 취급되었고, 그런 대우를 계속 받을 것이었다. 그는 한 관리가 자신에게 들려준 말을 전했다. "자연은 반드시 길들여져야지 이성으로 설득될 수는 없다."[55]

은크루마는 아프리카를 확장된 유럽의 영토로 취급하는 유럽인의 주장에 강하게 반대했다. 프랑스가 자국의 핵실험 장소로 알제리를 선택하고, 알제리(그리고 심지어 아프리카의 다른 부분들) 식민지민들에게 실험이 초래하는 인명 피해를 강요한 이 사실은 그에게 고전적인 식민주의적 결정이라는 느낌을 강하게 주었다. 그는 "유독한 낙진은 우리가 사랑하는 대륙에 걸쳐 식민주의가 만들어낸 임의적·인위적 분할을 가리지 않고 영향을 주며, 앞으로도 그럴 거라는 사실을 기억해야 합니다"라고 말했다. 그는 유럽인이 얼마나 진실하지 못한지를 보여주는 공개 행사로 핵실험을 들었다. 그는 가나 여성을 대상으로 한 연설에서 아프리카인은 "우리 대륙에 핵 기지를 세우려는 핵무기 보유국들에 어떠한 양보도 반드시 그리고 단호히 거절해야 합니다"라고 말했다. "군사기지가 독립 부여의 조건이어서는 안 됩니다. 그러한 조건을 수락하는 일은 독립을 허위이자 비현실적인 것으로 만듭니다." 그는 1960년 7월 식민 열강은 허위로 독립을 준다고 말했다. "혼돈이 뒤따르면 이전 식민지 주인들은 법과 질서를 유지한다는 명목으로 이 땅에 다시 들어옵니다. 그들의 생각은 한 손으로는 독립을 부여하고 다른 한 손으로는 되가져간다는 것입니다. 가짜 독립을 부여하는 교묘한 속임수는 반드시 멈춰져야 합니다. 우리는 진정한 독립을 요구합니다. 우리는 식민 열강이 떠날 때 그들이 가지고 왔던 모든 것과 함께 진정으로 떠나기를, 우리 스스로 노력하며 가라앉든지 아니면 헤엄치든지 우리를 놔둘 것을 요구합니다."[56]

1960년, 미국과 우방들은 콩고의 봉인된 신콜로브웨 우라늄광산이 아프리카 흑인 독립국 관할 아래 떨어질 가능성에 직면했다. 이 나라는 소련으로 선회할 수도 있었다. 1960년, 콩고가 파트리스 루뭄바의 지도 아래 독립한 뒤, 카탕가 지역이 콩고에서 떨어져 나가 독립국을 수립하려고 하자 위기가 뒤따랐다. 카탕가는 벨기에뿐 아니라 미국에도 중요했고, 새 정부는 채광산업에서 자신들의 소비자들에게 충성한다고 널리 인식되었다. 벨기에인들은 카탕가의 다른 독립 정부를 공식적으로 승인했는데, 이 정부의 지도자는 대외적으로 알려진 아프리카인 반공주의자로 기꺼이 자신을 채광회사의 요구에 복종시킬 준비가 된 것처럼 보이면서 벨기에와 강한 연계를 지속적으로 추구한 모이스 촘베였다. 은크루마는 이를 교과서적인 신식민주의라고 보았다. 그는 "식민 열강이 독립이 달성된 지 한참 후에도 똑같이 오래된 식민지적 형태의 경제조직이 지속되도록 보장하기 위해 작은 개별 단체들에 명목적으로 정치적 독립을 부과할 것이라는 진정한 위험이 도사리고 있습니다"라고 말했다.[57]

미국 정보 분석관들은 공개적으로는 아니었으나 같은 맥락에서 카탕가를 보았다. 콩고에서 가장 부유한 주인 이 지역에서 국가 전체 수입의 약 절반이 나왔다. "벨기에인들이 여전히 광업권을 쥐고 있을 뿐 아니라 촘베가 벨기에의 기술적·군사적 조언에 크게 의지하기 때문에 그의 정부는 전반적으로 아프리카인과 아시아인들에게서 식민지적 괴뢰라는 날카로운 비판을 받고 있다." 미국인은 핵심을 인정해야만 했다. 1961년 초 특별국가정보판단National Intelligence Estimate은 "촘베가 오늘날 카탕가 대부분에서 주인 행세를 하지만 벨기에 도움 없이 그가 생존할 수 없을 거라는 점은 거의 확실하다"라고 설명했다.[58]

아이젠하워 행정부는 아프리카에서 일어나는 변화를 주의 깊게 살피면서 아프리카의 독립국들을 종종 믿을 수 없고 불성실하다고 보았다. 콩고 위기는 아이젠하워가 집무실을 떠나기 전 씨름해야 했던 마지막 사건 중 하나였는데, 그는 루뭄바와 그의 사회주의적 경향성을 싫어했다.[59] 그는 이집트(이전에 아랍연합공화국으로 알려진)와 가나처럼 좌익에 치우친 자칭 중립국들의 영향력도 싫어했다. 임기의 마지막 나날인 1961년 1월 12일, 국가안전보장회의 회의에서 아이젠하워는 UN이 미국의 통제에서 벗어나고 있다고 탄식했다. "UN이 독립을 주장하는 아무 국가에나 회원권을 부여하는 중대한 오류를 저질렀다고 느꼈다. 궁극적으로, UN[본부]은 미국 땅을 떠나야 할 것이다."[60] 이는 아프리카 독립에 대한 숙명론적 시각으로, 세계의 유색인들이 UN 내에서 힘을 결집함에 따라 생길 혼란스러운 미래를 두려움을 가지고 본 것이다. 며칠 후 카탕가 정부는 루뭄바와 그의 수하 두 명을 살해했는데, 학자들은 미국이 관여했다는 증거를 아직도 찾고 있다.[61]

우라늄 채굴에 따른 벨기에 · 남아공과 보조 맞추기는 해외의 탈식민기와 국내 민권운동이 겹친 1960년대 미국 정부에 대민 홍보상 곤란함을 안겨주었다. 아이젠하워의 후임자 존 케네디는 아프리카 흑인들을 지지한다는 인상을 주길 원했지만, 남아공 정부와 협력해야 한다는 미래는 불가피한 것으로 보였다. 케네디는 취임 후 얼마 지나지 않아 향후 군사적 필요를 논의하기 위해 국가안전보장회의를 소집했는데, 논의 일부는 우라늄에 집중되었다. 해외 우라늄 구입 계획에 따라 우라늄은 대부분 캐나다와 남아프리카연방에서 들여올 것이었다.[62] 케네디가 미국이 올바른 이들, 즉 이른바 아프리카·아시아 나라들을 지지한다는 인상을 줄 필요가 있다고 믿었으므로 그의 행정부는 UN을 강화하고 아프리카 나라들의 소외를 회피하는 정책을 개발했다. "아프리카는 유럽과 아시아보다 더욱더 감정적이고 세련되지 못했으므로 그곳에서 벌이는 시합은 다른 방식으로 치러져야만 한다"라고 미국 정책문서는 언급했다.[63] 1962년 케네디 대통령과 맥밀런 총리 회담에서 국무차관 조지 볼은 콩고의 유니온 미니에레가 여전히 '카탕가의 백인 소굴에 대한 희망'을 품고 있으므로 이것이 단순히 가능하지 않다고 미국과 영국 모두 분명히 할 필요가 있다고 언급했다.[64]

그러한 백인 소굴을 유지하려는 의도로 (UN 내에서 점차 비판받게 된) 남아공은 국제적 사안에 영향력을 행사하고자 신설된 IAEA에 상당히 의존했다. 이 기구는 스스로를 보호했을 뿐 아니라 미국인·유럽인은 이 기구가 과학기술적 조직이며 추정컨대 정치학은 전무하다고 설명하는 방식으로 이를 보호했다. 기구의 과학자문위원회는 회원국들을 실제로 대표하지 않으며, 단지 해당 국가의 선도적 과학자들을 참여시키기 위해 고안되었다. 그러한 과학자들은 기술적 사안을 진솔하게 논의하도록 자유로워야 했다. IAEA는 또한 정치자문들이 그러한 과학자문들을 '보조할' 수 있도록 허락했기 때문에 과학자문들을 들이는 일은 영리한 선택이었다. IAEA의 남아공 이사 도널드 솔이 1959년 지적했듯, "정치자문들이 사무총장과 이사회에 올리는 자문위 권고의 불편부당함에 의심을 제기할 수도 있다는 점을 두려워해야 했다." 과학기구는 '정치적 성격을 결코' 가져서는 안 되며 '외부의 모든 영향력에서 자유로워야' 했다.[65] 역사가 가브리엘 헥트가 지적했듯이 남아공은 인종주의적으로 분리된 자국 체제에 대한 반대가 급증했음에도 IAEA 내부에서 자국의 존재를 보장할 '핵성核性, nuclerity*에 대한 탈정치적·기술적 비전을 제시하는' 데 전념했다.[66]

IAEA는 아프리카에서 평화적 원자력을 확장하는 방안을 탐구하면서 남아공과 가장 광범하게 연계를 맺었다. IAEA 관리들은 심지어 농업 분야에서도 남아공을 우선 찾았고, 남아공 과학자들이 보조금을 신청하고 기구 내 직위들을 차지하기를 희망했다. 당시 IAEA 농업 분야 사업의 수장은 노스캐롤라이나주립대학에서 휴가 나온 미국 토양화학자 너새니얼 콜먼이었다. 원자력 관련 농업 분야 사업에서 지구적 네트워크 조성을 맡은 콜먼은 남아공에 의존했다. 1960년 말, 남아공 과학자 피터 마라이스에게 쓴 편지에서 콜먼은 "우리는 아프리카 대륙의 어느 나라와도 농업 연구 계약을 맺지 않았으며, 만일 귀하나 귀하의 동료들 중 일부가 기구에 제안서를 제출하는 데 관심이 있다면, 우리는 그것들을 기쁘게 고려할 것입니다"라고 언급했다.[67]

남아공인들은 여태껏 어떠한 것에도 전념하지 않았음에도 분야 내에서 지도적 역할을 맡을 기회를 재빠르게 붙잡았다. 남아공원자력청은 IAEA가 제공한 훈련 과정에 자국인들을 파견하고, 나라 전역의 주요 농

---

* 핵성은 역사가 가브리엘 헥트가 제시한 개념인 nuclearity의 번역어로, 핵과 관련된 '과학기술적 사물이 처한 정치적·문화적 조성들에서, 그리고 지식이 생산되는 사회관계들에서 출현하는 기술정치적technopolitical 현상'을 일컫는다. 예컨대, 측정 장치를 가지고 어디에서든 '보편적으로' 또는 '비정치적으로' 감지할 수 있는 방사선과 달리, 핵성은 이를 규정하는 행위자와 그가 처한 시공간에 따라 다르게 정의된다. 헥트는 남아프리카(마다가스카르, 나미비아 등)의 우라늄광산에서 일했던 아프리카 노동자들에 대한 연구에서 핵성이 지닌 논쟁적 성격과 아프리카 광산 노동자들이 받은 피해를 역사인류학적으로 드러냈다. Gabrielle Hecht, *Being Nuclear: Africans and the Global Uranium Trade*(Cambridge, MA: MIT Press, 2012), 14-15.

업연구소들에서 방사성 동위원소 연구를 확장하는 데 동의했다. 당시 남아공 내에서 방사성 동위원소를 연구할 수 있는 장비를 갖춘 유일한 농업연구소는 스텔렌보스의 웨스턴주과일연구소였으나 마라이스는 남아공이 조만간 전국에 걸쳐 그러한 연구소들을 보유할 것이라고 썼다. 그의 직원 중 한 명은 과학자 모리스 프라이드가 방사성 동위원소를 이용해 토양 영양물질을 연구하는 미국 농무부에서 경험을 쌓고자 조만간 미국으로 이동할 터였다.[68] 사실 프라이드는 머지않아 IAEA에서 콜먼을 대체하게 된다.[69] 한편 남아공은 IAEA가 가진 것으로 보인 어떠한 기대에도 보조를 맞췄다. 1961년 여름, 남아공은 농업 연구를 '대규모로' 수행할 수 있는 역량을 갖췄다고 보고했고, 식물 변이와 곤충학 연구 양자를 위해 다양한 방사성 동위원소 여러 개를 사용하는 연구를 수행할 야심 찬 고용 계획을 발표했다.[70]

남아공은 단순히 우라늄의 제공을 넘어 자국의 핵 전문성을 증대하려는 강한 조짐을 보였다. 이 나라는 프리토리아 근교에 연구용 원자로라고 불렸던 것을 건설하기 시작했다. 콩고에 지어진 50킬로와트 용량과 같은 트리가 연구용 원자로와 달리 이 원자로는 20메가와트 용량으로 '재료시험'용으로 설계되었다. 비교의 기준으로 소련은 자국의 1954년 5메가와트 원자로가 최초의 전력 생산 원자로라고 주장했고, 영국·미국의 1세대 발전용 원자로들의 용량 범위는 50~60메가와트였다. 미국은 남아공 원자로에 농축우라늄을 연료로 제공하는 데 합의했다. 1962년, 케이프타운대학과 스텔렌보스대학은 남부대학원자력연구소를 조성하고 값비싼 5.5볼트 밴더그래프Van de Graaf 가속기를 연구소의 중점으로 삼고자 자원을 합치는 데 합의했다. 같은 해, 포체프스트롬대학과 비트바테르스란트대학은 연구와 핵물리학자 훈련을 위해 콕크로프트월턴 Cockcroft-Walton 가속기 시설을 가동하기 시작했다.[71] 이 모든 것은 남아공이 아프리카에서 다른 나라와 경쟁이 되지 않는 가장 선진적인 핵개발 국가로 거듭나는 방식으로 IAEA 이사회에서 자국의 지위를 유지하려고 결심했음을 시사했다.

한편 가나는 아프리카 흑인들을 대표하려고 노력했다. IAEA의 모리스 프라이드는 영국 태생의 농업과학자 앨런 워드를 포함해 가나에서 근무하던 동료들에게도 연락했다. 1961년 말, 워드는 인燐−32를 이용한 토양의 미세조직 연구와 다른 동위원소들을 이용한 동물들의 왜소증 연구 등 유망한 방사성 동위원소 작업으로 보였던 것을 보고했다. 가나의 언론 보도는 고무적이어서 범아프리카주의라는 프레임을 씌웠다. "농업 연구 분야에서 가나의 연구 계획은 아프리카 농업 전체의 발전에 유익하도록 국제 자금의 도움을 받아 확대되어야 한다."[72]

가나와 남아공 모두 아프리카 대륙에서 정치적 역할을 주장하거나 유지하려는 경로로 평화적 원자의 약속을 포용했다. 이 연구 계획들에 대한 경제적·과학적 주장은 정치적 주장보다 설득력이 떨어졌다. IAEA의 '원자력' 농업 분야 건설이 모리스 프라이드에게 맡겨지자 미국 농무부USDA 소속인 그의 전임 동료들 중 대다수가 비웃었다. 해충을 박멸하려고 곡물에 조사照射한다는 관념에 대해 USDA 과학자 제퍼슨은 1961년, 진정한 경제개발보다는 아무래도 '위신 쌓기'가 요점이었다고 썼다. 비원자 수단들이 더 효과적이었고 "그리고 이것들이야말로 내가 생각하기에 매력적인 원자와 직접적·간접적으로 결부되지 않기 때문에 그것들이 장차 받을 수준보다 더욱더 크게 고려할 가치가 있다."[73] 유사하게,

영국 생물학자 스콧 러셀은 "[방사성] 추적자의 화려함"을 과장했다는 이유로 1964년 프라이드를 책망했다.[74]

범아프리카주의 운동을 주도하려고 했던 가나, 자국의 뻔뻔한 인종주의적 법에 대한 항의에 직면해 외교적 지지를 강화하길 희망했던 남아공 각각에 걸린 판돈은 무척 컸다. UN은 1962년 '사형을 선고하는 임의적 법규 아래 정치범들'에 대한 투옥·처형을 포함한 남아공 정부의 정책을 비난하는 결의안을 통과시켰다.[75] 심지어 UN 안전보장이사회는 1963년 남아공에 대한 자발적인 군비 금수조치를 요청하는 결의안을 통과시켰다.[76] 그러나 남아공은 자국이 여전히 아프리카를 대표하면서 정치 논의는 피할 수 있는 IAEA에서 피난처를 찾았다.

미국 내 원자력 부문의 많은 이가 남아공과 현상 유지를 지지했음에도 두 나라 간 거래는 정치적으로 곤란해졌다. 오크리지국립연구소의 과학자 폴 애버솔드는 1963년 남아공을 방문해 여러 대학에서 진행되는 사업 범위에 깊은 감명을 받았다. 남아공은 기존에 미국과 쌍무적으로 합의한 조건에 따라 1964년 앨리스차머스Allis-Chalmers 실험용 원자로를 수입했다. 미국 공급자들은 원자로를 연료와 함께 제공하도록 벌써 허가를 받은 상태였다. 케네디가 암살된 이후 린든 존슨 대통령이 진짜 선거에 출마해야 하는 상황에 직면했을 때, 그의 자문들은 이러한 핵 계약들이 민권 지지자로서 그의 이미지를 손상할 수도 있다고 우려스러워했다. "이러한 사건들은 남아공 언론에 회자될 테고, 의문의 여지없이 다른 곳에서 미국과 남아공의 핵 협력에 큰 파장을 미칠 선전 폭풍을 불러 일으킬 것이다." 존슨 행정부는 대선이 해결될 즈음인 1964년 12월까지 연료 수송이나 언론에 노출될 다른 요인이 없도록 확실히 했다.[77]

남아공의 정치적 방향과 정확히 반대되는 법(백인들과 동등한 지위에서 민권과 투표권 보장)을 개정하고 미국 내 인종 문제 해결에 헌신한 존슨에게 남아공의 민수용 원자력 수용은 지극히 복잡한 것으로 드러났다. 존슨은 빈곤과 인종적 불의를 제거하기 위해 새로운 법과 사회 계획을 가지고 미국 내에서 '위대한 사회'Great Society 건설을 말했는데, 이 의제와 남아공의 환심 사기는 서로 모순되었다. 남아공은 단순히 우라늄 공급자로서가 아니라 핵개발 계획 아래 원자를 수용하는 중이었다. 미국은 이 나라가 그렇게 하도록 힘을 부여했다.[78] 남아공 백인 전문가 수십여 명은 해외에서 훈련받았고, 대다수는 미국 기관과 연구소들에서 훈련했다. 펠린다바(프레토리아 근처)에서 원자로가 가동됨에 따라 미국인은 자문위원으로 남아공에 갔다. 미국 회사 앨리스차머스는 주요한 건설 계약자였다. 오크리지 소장 앨빈 와인버그 같은 핵심 핵과학자들이 개막식에 참석하려고 이 나라를 방문했다.[79]

　　히로시마 폭격 스무 번째 기념일에 미국 대통령은 선거권법에 서명했다. 같은 날 『뉴욕타임스』는 남아공 정부가 미국에서 취득한 원자로를 가동했다고 보도했다. "오늘날 자기 나라를 원자력 시대로 이끈 헨드릭 페르부르트 총리는 북부의 아프리카 흑인 국가들과 함께 가는 데 환영받을 것이라고 말했다"라고 신문은 언급했다. 페르부르트는 남아공 원자로가 '우리가 제공해야 하는 것을 취할 준비가 되었을 때 아프리카 나머지 부분'의 진보를 위한 것이라고 지적했는데, 일부에서는 이를 그의 이중적 수사로 인식했다. 남아공은 이웃들과 어떠한 공식적 수교도 맺지 않았고 프레토리아에 흑인 외교관이 상주하는 것을 거부했다. 그러나 페르부르트는 아이젠하워와 똑같은 방식으로 더욱 중요한 사안에서 진척

이 부족한데도 민수용 원자력을 긴장을 완화하는 수단으로 보았다. 그는 남아공 내 원자로들을 결국 다른 나라들도 쓸 수 있을 거라고 상상했다. 『뉴욕타임스』가 보도한 것처럼 "이 제안은 정부가 아프리카 나머지와 영속적인 적대 속에서 살기를 원하지 않음을 보여주려고 노력한 한 부분이다. 정부는 만일 흑인 국가들이 자국의 인종 분리 정책을 감수하는 법을 배운다면 훌륭한 보상을 받으리라고 말하는 것처럼 보인다."[80]

가나에서 은크루마 정부도 평화적 원자를 받아들였으나 미국의 안정된 정치 동반자로는 거의 보이지 않았다. 가나대학은 1961년 교수진에 잘 알려진 물리학자인 영국인 알란 넌 메이를 영입했는데 그가 그때까지 유명했던 이유는 전시 맨해튼 프로젝트 기간에 소련 첩자로 활약했기 때문이었다. 그는 1952년 영국 교도소에서 석방되어 마침내 한 대학에서 자리 잡았다.[81] 미국의 한 논설위원은 그를 '파충류성에 관한 한 매혹적인 연구자'로 묘사했다. 넌 메이가 가나에서 경력을 이을 직장을 찾아야 한다는 사실이 당혹스러운 일처럼 여겨졌다. 그래서 논평자는 다음과 같이 표현했다. "그리고 이제 우리의 원자 비밀을 소비에트인에게 넘긴 자기 역할을 거리낌 없이 시인했던 그 남자는 가나에서 다시 그들을 위해, 은크루마라는 이름의 확실한 좌익 독재자를 위해 일터로 돌아갔고, 나는 최근 가나 정부에 건넨 수백만 달러에 달하는 미국의 기부금이 러시아인이 넌 메이에게 가지고 놀라고 사려 깊게 제공한 원자로를 재정적으로 지원할 공동 기금에 포함될 거라는 데 기꺼이 돈을 걸 용의가 있다."[82]

넌 메이가 가장 이상한 인물이었음에도 가나는 서구 정부들에 비판적인 수많은 저명인사를 끌어들였다. 방문객들 가운데는 듀보이스, 베이어드 러스틴, 맬컴 엑스, 유리 코치야마, 폴 로브슨이 있었다. 이들 대다수는 아프리카의 반식민주의적 투쟁과 아프리카계 미국인의 권리 신장을 위한 투쟁 사이에 평행선을 그었다. 영향력 있는 민권 활동가 러스틴이 방문했을 때, 그는 이러한 문제들을 핵 군축·평화와 결합했고 그것들이 모두 연관된 사안이라는 감각을 키우려고 시도했다. 가나에서 그는 항의 시위를 조직했는데, 이 과정에서 그와 다른 이들은 사하라사막으로 여러 차례 차를 몰고 들어가 프랑스 당국에 체포되기도 했다.[83] 이 시기 가나를 찾은 방문객들 중 가장 저명했던 이는 듀보이스다. 그는 1903년 작품 『흑인 가족의 영혼들The Souls of Black Folk』에서 20세기의 문제는 '유색차별color line, 즉 아시아와 아프리카에서, 미국과 대양의 제도諸島에서 밝은 인종과 검은 이들의 관계'가 제기하는 것이라고 선포한 바 있다.[84] 미국 민권 활동가 중 한 세대를 고무한 그의 관점은 점차 마르크스주의적으로 되어갔다. 그는 해외에 있는 동안 연설을 했는데 FBI는 이를 그의 미국 재입국 금지 정당화에 이용했다.[85]

　FBI는 미국 내 민권 옹호자들과 범아프리카주의의 반식민주의적 수사 사이의 공통된 주제를 우려스러워했다. 1964년 5월 가나를 방문한 맬컴 엑스는 가나대학에서 "아프리카는 미국의 인종주의적 화약고에 불을 지필 것인가?"라는 제목의 연설을 포함해 여러 차례 연설했다. FBI 보고서는 그의 연설 주제 중 하나가 미국은 '제국주의의 주인'이었다고 지적했다. 그는 남아공의 공공연한 인종주의와 미국의 위선 사이에 평행선을 그었다. 그는 "만일 미국이 국내 인권에 관심이 없다면, 어떻게 아프리카 내 인권에 관심을 가질 수 있을까"라고 말했다. 한 사람이 맬컴 엑스에게 은크루마를 포함해 아프리카의 다양한 지도자와 그의 개인적 회동을 언급하면서 미국 내 흑인들의 사고에 혁명적인 아프리카가 얼마

만큼 영향력을 가졌는지 묻자 그는 '세상의 모든 영향력'이라고 답했다. "당신은 아프리카 대륙에 드러난 호전성과 바로 여기 미국 흑인들 가운데 드러난 호전성을 분리할 수 없다."[86]

가나는 은크루마의 지도 아래 식민주의와 아파르트헤이트를 공공연히 반대하는 범아프리카주의의 문화적 메카가 되었을 뿐 아니라 핵과학 공동체를 건설하려고 시도했다. 하지만 은크루마는 조국이 산업화될 필요가 있다고 믿었기에 미국 돈도 얻으려고 했다. 그때까지 가나와 세계 경제의 관련성은 코코아와 알루미늄의 원천인 보크사이트 광물을 풍부하게 공급하는 데 있었다. 경금속이지만 성질이 강한 보크사이트는 군사적 생산과 광범위한 제조품에서 핵심적이었다. 은크루마는 볼타강에 댐과 알루미늄 제련소 건설을 돕도록 미국 회사 카이저 알루미늄을 끌어들였다. 그리고 그 대가로 보크사이트 광산과 댐에서 생산되는 수력 전기에 대한 접근을 약속했다. 다른 개발도상국들의 지도자들처럼 은크루마는 조국을 자원 추출 너머로 움직이게 하는 과정에서 전력을 동력으로 공급받는 산업 발전을 열쇠로 보았다. 1961년 2월 21일, 가나 국회에서 그가 설명했듯이 "유럽의, 미국의, 캐나다의 또는 러시아와 다른 나라들의 산업화는 여태껏 꿈꿀 수 없던 규모의 동력원이 개발된 결과로 나타났습니다. … 전력은 산업화의 기초입니다."[87]

은크루마는 볼타댐 건설 계획에서 혜택을 보는 것에 더해 빠르게 진보하는 도구로 과학의 다른 기적에 기대를 걸었다. "가나는 반드시 우리 과학의 성장 속도를 가속해야 하고 가나인들에게 과학적 사고방식을 갖추도록 해야 합니다"라고 그는 언급했다. "우리는 반드시 가나인 과학자·기술자들을 배출해 가나의 신속한 발전을 돕게 해야 합니다." 그는 자신을 콰메은크루마과학기술대학 총장으로 임명했다. 취임식에서 그는 자신의 저돌적이고 급속한 개발이라는 주제를 되풀이했다. 그는 "어떤 의미에서 우리는 반드시 석기시대에서 원자시대로 재빠르게 움직여야 합니다. 다른 국민과 국가가 몇 세기 걸려 달성한 것을 우리는 10년 안이나 한 세대 안에 수행해야 합니다"라고 말했다. 과학은 삶은 물론 국가 진보에 필수불가결했다. "대학이 가진 상아탑이라는 개념은 죽어 평화롭게 잠들 것입니다!"라고 그는 말했다. 과학은 새로운 종류의 곡물을 도입하고, 농업을 기계화하고, 해충·동식물을 통제하고, 불모의 땅이 풍부한 수확을 산출하는 데 활용될 것이었다. 그는 "아프리카의 미래 과학자들은 반드시 우리의 사막을 꽃피워야 합니다"라고 말했다. "이전에 풀잎이 한 가닥 자랐다면, 그들은 반드시 두 가닥이 자라도록 만들어야 합니다."[88]

은크루마의 미래 비전에서 원자력은 중요한 위치를 차지했다. 화석연료는 아프리카가 외부인들에게 종속되도록 강화하기 때문에 쓰임이 제한된다고 그는 말했다. "세계에서 가장 중요한 다른 동력원은 원자로에서 나오고, 가나인들은 머지않아 현대적 원자로들을 사용하는 작업과 책임감을 공유할 것입니다."[89] 태양에너지도 하나의 가능성을 보였다. 원자력과 태양에너지는 종속의 끈을 단절할 것처럼 보였으므로 호소력이 매우 컸다. 조만간 가나는 수력 전기를 생산할 자체 댐을 가질 터였고, 만일 원자로와 태양열 발전(석유·석탄 같은 화석연료를 수입할 필요 없이)을 아프리카 내부에서 생성할 수 있다면, 이 기술들은 아프리카 해방 이야기의 일부가 될 수 있었다. 은크루마는 발전發電에서 통신기술, 교통기반시설에 이르기까지 아프리카인이 유럽에 대한 기대를 멈추고 대륙

내부를 바라보아야 한다고 믿었다.

가나는 IAEA 안에서 재빠르게 목소리를 내기 시작했고, 가나 대표단은 범아프리카주의라는 횃불을 들었다. 은크루마는 가나원자력위원회를 창설한 뒤 위원장으로 대학 부총장 로버트 바푸어를 임명했다. 1962년 9월, IAEA 총회에서 의장을 맡은 바푸어는 "회원국들에 원자력의 도입과 관련해 지원이 계속되어야 할 것이고, … 전력, 특히 전력의 경제성 관련 사안들에 대해 더욱 긴밀히 협력해야 할" 것을 요청했다.[90] 남아공처럼 가나는 IAEA 권고를 긴밀히 따랐고 가나대학에 '보건물리학 및 방사성 동위원소 부서'를 설치했다. 가나는 1962년, IAEA에 방사성 동위원소의 농업적 사용과 관련한 기술 자문을 요청했다. IAEA 자문은 콰다소에 위치한 서아프리카코코아연구소와 중앙농사시험장 같은 가나 기관들에서 토양 비옥도와 식물 생리학 연구를 지원할 터였다.[91] 콰다소에서 가나는 방사성 동위원소 연구실을 건설하기 시작했다. 이 연구소는 토양 내 인의 움직임을 연구하고 탄소−14의 도움으로 유기물을 검사했다.[92]

가나와 남아공 모두 원자력의 약속을 활용하여 아프리카를 위한 두 가지 다른 비전을 표상했으나, 미국은 궁극적으로 인종적으로 분리된 남아공 정부를 지원했다. 부분적으로는 남아공 내 우라늄은 물론 은크루마의 식민주의·인종주의 강조 때문이었으나, 또한 가나에서 소련이 명백한 영향력을 행사했기 때문이기도 했다. 은크루마는 자국의 최초 연구용 원자로를 소련에서 얻고자 계획했으며, 가나의 유망한 학생 여러 명이 모스크바로 유학 갔다. 1965년까지 서구와 연계하길 희망했던 물리학자 앨런 워드가 자신이 주변부로 밀려났음을 느꼈듯, 프로젝트 내에서 책임자가 전에 소비에트 첩자였던 넌 메이로 교체되었다.[93] 심지어 IAEA의 원자력 농업 관련 수석 기술 자문은 소비에트 과학자 블라디미르 알렉세예비치 골리코프가 맡았다. 33세인 이 과학자는 소련 농업성 산하 채소재배연구소 소속 방사성 동위원소 실험실의 실장을 지냈다.[94] 그의 선임과 관련된 구체적인 사실은 잘 알려지지 않았지만, 적어도 한 가지 측면에서 골리코프를 선택한 것은 재앙이나 다름없었다. 구인 공고에서 영어 요건을 명시했음에도 골리코프는 아크라에서 언어 수업을 듣는 데 상당한 시간을 소비했다. 그의 새로운 동료 중 하나가 썼듯이 "몹시 걱정되는 일인데, 확실히 IAEA가 이러한 종류의 일들을 검사하는 것일까? 그와 함께 일할 농업 전문가들에게 심지어 골리코프 씨를 소개하는 것마저도 불가능하다."[95] 한두 해 만에 영어 실력이 향상된 골리코프는 농업에서 방사성 동위원소 연구용 실험실 건설에 조언을 건넸으며 가나인들에게 해외로 나가서 공부하라고 독려했다. 그는 속도를 대단히 강조했다. "아주 가까운 미래에 가나공화국이 자체 원자로를 가질 것이라는 점을 고려할 필요가 있습니다." 이를 쓸 수 있는 위치에 있는 사람들 가운데 가나인들도 있어야만 했다.[96]

골리코프는 당시 가나에 있던 유일한 소비에트 전문가는 아니었다. 1960년대 초, 소비에트 전문가 수십 명이 연구용 원자로 건설을 조언하려 도착했고, 전력 생산용 원자로를 약속하기 시작했다. IAEA의 (방사선 치료와 직업적 피폭 같은 의학물리학 분야) 전문가 영국인 해럴드 밀러는 자신의 작업과 원자로 관련 작업 사이에 기이한 구분이 있다고 적었다. 그는 대학들에서 일했으나 원자로는 신설된 원자력연구소 관할 아래 있는 것처럼 보였고, 소비에트 전문가들이 원자로 현장을 개발하고 있었다. "이 개발 계획에 관해 상당한 비밀주의와 보안상 장벽이 존재했으며, 상황

전개에 대해 나는 전혀 알지 못한다"라고 밀러는 언급했다. 가나의 제한된 자원과 추정컨대 이 개발 계획의 평화적 성격을 고려할 때, 당연히 더 많은 협력이 타당할 터였다. 예컨대, 그는 원자로 현장에서 일하는 것으로 추정되는 선량 측정 및 피폭 전문가들의 덕을 보려고 했으나, 자신이 접근하는 것이 환영받지 못한다는 사실을 알게 되었다. "이 사안에 대한 보안상 장벽을 제거할 수 있다면 가치 있을 것이다"라고 그는 자기 태도가 과연 적합한지 의아해하면서 빈에 있는 IAEA 동료들에게 이렇게 썼다. "아니면 내가 이곳 상황과 꽤 동떨어져 있다는 것인가?"[97]

가나의 원자로 개발 계획에서 소비에트의 역할은 미국인에게 불안감을 주었다. 미국인은 은크루마의 범아프리카주의 정치학과 미국이 식민주의·제국주의라는 생각을 결부하는 일에서 그를 이미 불신했기 때문이다. 존슨 대통령의 자문들은 점점 더 날카로워지는 은크루마의 반미주의 수사에 대응하는 방식을 두고 고뇌했다. 그들은 카이저 알루미늄이 재정적으로 후원 중인 볼타댐 개발 계획에서 완전히 철수하고 싶어 하지 않았다. 야심 찬 아스완댐 건설에 대한 이집트의 노력을 되풀이하는 결과를 인지했기 때문이다. 당시 소비에트인은 아스완에 무리 없이 개입해 공사를 마무리 지으면서 아프리카에서 선전상 승리를 거두었다. 나아가 댐을 돌보지 않는 것은 미국이 가나 내에서 영향력을 미칠 수 있는 주요한 장치를 포기하는 것과 마찬가지일 터였다.[98]

미국인은 주로 댐을 통해 은크루마를 예의주시했다. 카이저 알루미늄 회장 에드거 카이저 시니어는 은크루마뿐 아니라 존슨과 CIA 국장 존 맥콘 모두와 긴밀한 업무관계를 유지했다. 비밀 해제된 문건들은 극심한 불신 기간에 중요한 비공식 특사로서 카이저 모습을 보여준다. 은크루마는 존슨에게 직접 서한을 보내 자신의 비동맹 정책을 되풀이하며 소비에트의 영향력에 대한 미국인의 신경을 누그러뜨리려고 시도했다. 그러나 그는 같은 서한에서 가나 내 CIA 활동에 대한 염려를 감추지 않았다. "우리가 처한 세계에서 미국을 대표하는 상충하는 기관이 둘 있는 것으로 보입니다"라고 그는 썼다. "미국 대사관은 외교적 기관으로서 우리와 공식적 외교 업무를 수행합니다. CIA 조직도 존재하는데, 그들은 추정컨대 인지된 기관 내외를 넘나들며 기능합니다. 후자의 조직, 즉 CIA는 자신의 모든 주의를 기울여 우리 국민들 사이에서 악의, 오해, 심지어 은밀하고 전복적인 활동을 조성하고, 우리 두 정부 사이에 존재하는 우호 관계를 손상하는 것처럼 보입니다." AEC 위원장으로 원자력의 전임 얼굴이었던 맥콘은 공포를 자아내는 CIA의 얼굴이 되었다. 은크루마는 서한에서 사회주의 사상으로서 계획경제에 전념하는 것에 대해 썼으나, 그러한 경제 내에서 해외 투자의 중요한 역할도 지적했다. "가나는 동반자적 정신으로 해외 투자자들을 환영합니다. 그들이 이곳에서 소수의 탐욕스러운 야심에 반대해 우리 국민 대다수의 복지와 행복을 촉진하는 데 합의된 몫을 우리에게 준다면, 그들은 이곳에서 이윤을 얻을 수 있습니다."[99]

은크루마가 이들을 안심시키려고 했지만 소용이 없었고, 미국·영국·프랑스 모두 그를 권력에서 축출하고자 전념했다. 1965년 5월 27일, 국가안보보좌관 맥조지 번디는 자신의 참모 로버트 코머에게 친서구적 쿠데타 가능성이 임박했다고 들었다. "음모자들이 우리에게 계속 보고하고 있고, 국무[부]는 영국인보다 우리가 더 내부에 있다고 생각합니다. 우리가 직접 연루되지 않는 동안(내가 듣기로), 우리와 다른 서구 나라들(프랑스를 포함해)은 경제 원조를 해달라는 은크루마의 호소를 무시하는 방식으로 상황 조성에 일조하고 있습니다. … 대체로 좋아 보입니다."[100]

1965년 10월, 은크루마는 『신식민주의, 제국주의의 마지막 단계Neo-Colonialism—the Last Stage of Imperialism』라는 저서를 간행했다. 그는 책에서 "신식민주의의 본질은 국가가 이론상으로는 독립되어 있고 국제적 주권에서 외관상 모든 과시적 요소를 가진다는 점이다. 현실에서는 국가의 경제체계에 따라 이것의 정치적 정책은 외부로부터 지배받는다"라고 썼다. 그는 CIA뿐 아니라 평화봉사단Peace Corps과 미국 공보처를 겨냥했다. 이 기관들은 모두 신생 아프리카 독립국들을 조종하고 약화하고자 뇌물·직접 금융·무기 조달 등으로 음모를 꾸몄다. 은크루마는 미국·유럽 열강들의 분할 점령 전술에 대항해 아프리카의 단결을 호소했다. 책 출간 시점은 1965년 10월 가나의 수도 아크라에서 열린 아프리카통일기구의 연례회의 시간과 일치하도록 시간대를 맞췄다.[101] 미국과 가나의 관계는 급속도로 악화되었고, 미국 외교관들은 우호적이라고 추정된 나라에서 유례없이 '엄청나게 충격적이고 불쾌한' 비난을 받았다는 실망감을 표현했다.[102]

1966년 2월 24일, 은크루마가 북베트남과 중국을 방문했을 때 오래도록 기다린 쿠데타가 가나에서 벌어졌다. 민족해방위원회 위원장 조지프 아서 안크라 장군이 재빠르게 권력을 굳혔다. 미국 대사는 쿠데타 일주일 후 워싱턴으로 전신을 보냈다. "안크라 장군은 존슨 대통령에게 가나가 다시는 동구*를 바라보지 않을 것이라고 통보해달라고 내게 요청했

---

* 사회주의권Socialist Bloc은 동구권Eastern Bloc 또는 공산권Communist Bloc으로도 불리며, 냉전기 소련의 영향력 아래 있던 사회주의 국가들을 통칭하는 말이다.

다."[103] 백악관의 내부자 로버트 코머는 대통령에게 새 정부를 '애절할 정도로 친서구적'이라고 설명했다.[104] 또 다른 보좌관은 안크라가 심지어 베트남에서 벌어진 미국의 전쟁도 지지한다고 지적했다. "베트남에 대한 우리의 정책과 관련해 장군의 유일한 문제는 미국의 정책이 그를 만족시키기에는 너무 부드럽다는 점입니다. 그가 왜 우리는 핵무기를 쓰지 않느냐고 물어도 무리는 아닐 것입니다."[105]

가나에서 사회주의·범아프리카주의는 모두 강력한 타격을 받았다. 백인이 통치하지 않는 아프리카 독립국의 야심 찬 평화적 핵개발 계획의 전망도 마찬가지였다. 미국은 이를 분쇄하는 데 일조했다. 은크루마가 축출된 뒤 원자로는 보류되었으며 소련은 자국 자문들을 소환했고, 그들은 설계도를 가지고 돌아갔다. 발전용 원자로는 없을 터였고, 실제로 가나에는 수십 년간 어떠한 종류의 원자로도 없었다. 가나에서 원자력은 무기력한 속도로 전통적·농업적 목표를 견지한 채 진행되었다. 일례로 1972년 코코아 작물을 연구하기 위해 방사성 코발트 선원을 획득한 일을 들 수 있다.[106] 공공연히 인종적으로 분리된 사회와 백인 소수자 통치에도 불구하고, 원자력 관련 행정에서 아프리카 대표로서 남아공의 외교적 입지는 당분간 도전을 받지 않고 지속되었다. 이 나라의 인권 유린·핵무기 개발 계획 의혹으로 다른 IAEA 회원국들이 가나가 아니라 소비에트가 지원한 연구용 원자로를 갖춘 이집트를 아프리카의 새 대표로 뽑아야 한다고 납득한 1976년까지 말이다.[107]

1946년, 미국 지식인 듀보이스는 만일 유색인이 핵폭탄을 개발한다면 "잃을 것이라고는 사슬밖에 없는 숲속의 그리고 초원의 간절한 사람들 앞에서 더욱 쉽게 고통받을 이들은 빽빽한 도시들과 마천루들과 공장들을 갖췄고 축적된 물질적 재부를 가진 사람들일 것"이라고 예견한 바 있다.[108] 듀보이스는 미국 재입국이 거절되자 은크루마 초청으로 가나에 체류하면서 권위인 『아프리카 전서Encyclopedia Africana』를 집필했다. 그는 1963년 그곳에서 95세로 사망했고, 하루 뒤 미국의 수십만 민권 활동가는 역사적인 '워싱턴 행진'March on Washington 속에서 묵념으로 그를 추모했다.[109] 듀보이스는 유색인이 이른바 핵무기 보유국 집단에 가입한 구체적인 성취를 결코 목격하지 못했다. 그가 사망한 이듬해에 핵폭탄의 백색 독점을 깬 이들은 아프리카인이 아니라 아시아인들이었다. 중국은 1964년 10월 17일 핵 장치를 폭발시키더니 즉각 군비감축을 요구했다. 중국 핵실험의 중요성을 경시한 존슨 대통령은 그렇게 빈곤한 나라가 그러한 방향으로 자원을 전용하는 것은 부끄러운 일이라고 했다. 그러나 막후에서 미국 정부는 핵의 정치학에서 새로운 시대를 예상했고, 이는 계속 인종주의적 배음倍音으로 특징지어질 터였다. 미국 정보 분석관이 핵폭탄 폭발 직전에 썼듯, 중국인은 비백인 세계의 지도권을 추구했는데, 이는 "인종적 반감을 악화하고, 모든 억압받는 이들에 대한 영적 지도자의 의견을 채택하며, 기존 질서를 무력으로 뒤엎길 희망하는 혁명가들에게 중국이야말로 유일하게 호전적이고 믿을 수 있는 원조의 원천임을 예증하는 방식으로 수행될" 터였다.[110]

유색인들은 중국의 핵실험을 승리로 인식했을까? 은크루마의 반응은 미적지근했다. 그는 핵폭탄을 추구하는 중국의 관점을 이해하지만 실험한 일은 유감이라고 언급했다.[111] 민권 활동가 맬컴 엑스는 중국의 핵폭탄을 칭찬했다. "중국의 위대한 인민이, 중국은 모두에 비해 너무나 뒤처져 있고 정말 가난하다고 미국이 계속 말하는 것만큼 후진적인 나라가 원자폭탄을 생산할 수 있다는 점에서, 그들의 과학적 진보와 진전된 과학 지식을 선보였다는 소식을 듣게 되어 매우 행복합니다. 왜 나는 경탄해야 했을까요? 가난한 이들도 부유한 이들만큼 할 수 있음을 깨달았기 때문입니다."[112] 그는 거의 모두가 예상하지 않은 방식으로 핵폭탄이 이른바 유색 차별을 뛰어넘었다고 칭찬했다. "1964년 한 해 동안 세상 각지의 억압받는 사람들이 이 모든 작은 진전을 이룩했습니다"라고 맬컴 엑스는 언급했다. "이것들은 유형有形의 소득이고, 이 소득을 얻을 수 있었던 이유는 바로 그들이 힘이야말로 마법의 단어임을, 힘에는 힘으로 대항해야 한다는 사실을 깨달았기 때문입니다." 그는 존슨 대통령의 위대한 사회를 현상유지를 강화할 술책들로 채워진 사기라고 조소했다. 위대한 사회는 다른 나라의 억압받는 사람들이 만든 거대한 진전에 대항하려고 만든 '배신'이었다. 그는 "힘은 오직 힘만을 인지하며, 이를 깨달은 모든 이는 소득을 얻었습니다"라고 말했다. 그는 워싱턴 행진과 민권법안이 문제를 해결하기 위해 고안되지 않은 방출 밸브들과 같다고 지적했다. 민권법안은 "폭발을 줄이려고 고안되었는데, 상식을 갖춘 이라면 누구나 폭발이 일어났어야 함을 알기 때문입니다"라고 말했다. 그는 서구 나라들이 실제로 그들의 권력을 포기하거나 공유하지 않고 유색인의 야망을 달래려 다른 어떠한 행동을 할지 궁금해했다. "1965년 그들은 우리에게 무엇을 주겠습니까?"[113]

5장
영역 다툼과 녹색혁명

"슈토이벤카운티의 자수 대회 우승자"는 『뉴욕타임스』가 IAEA 초대 사무총장을 지낸 스털링 '땅딸보'Stubby 콜을 언급하는 방식이었다. 그는 슈토이벤카운티 전람회에서 열린 공개 자수 교실에서 우승을 차지했는데, 재치 있는 기자들은 콜의 취미를 은유로 사용해 그가 "원자력 시대의 가장 복잡하고 부담이 되는 설계, 즉 원자의 힘을 평화적 목적으로 돌리려는 국제기구를 꿰맬 시도를 하려고 할 참이다"라고 기사를 시작했다. 『뉴욕타임스』는 1954년 원자력법의 '주요 설계자'가 콜이고 '평화를 위한 원자력'으로 거듭난 생각을 아이젠하워 대통령에게 맨 처음 제안한 이도 바로 그였다고 지적했다.[1]

국제기구를 이끈다는 측면에서 콜은 이해되지 않는 선택지였다. 그는 외국어를 할 줄 몰랐고, 외교 경험도 없었으며, 거대한 국제기구에서 근무한 배경도 없었다. 그는 법조 분야에서 짧게 경력을 쌓은 뒤 스물아홉 살 때인 1934년 하원의원에 처음 당선되어 의회에 계속 있었다. 심지어 그가 기구의 장을 맡으려고 빈으로 가기 전 동료들은 그를 "내성적이고 수심에 잠긴 까다로운 성미로 기우는 경향이 있다. 간혹 그의 성미는 불 같으며 얼굴은 홍조를 띤다"라고 묘사했다. 동료들은 그가 자신들의 생일을 언제나 기억하는 부류의 사람이라고 회상했다.[2] 그러나 그의 가장 중요한 성격은 미국의 목표에 맞게 IAEA를 믿음직하게 인도하리라는 것이었다. 아이젠하워 대통령은 충실하고 반공주의적인 공화당 정치인이 이 기구를 운영하도록 확실히 했다. 그에게 아프리카·아시아 국가들이 식민주의 정치학을 들여오는 것을 막고, 풍요의 미래라는 약속과 심지어 세상에서 가장 가난한 나라도 자연의 제약을 돌파할 수 있다는 대통령의 원자 비전을 유지하도록 맡길 수 있었다. 콜이 IAEA를 떠난 후에도 그 전통은 지속되었다. 그의 후임인 스웨덴인 시그바르드 에클룬드 역시 IAEA가 원자력으로 인류 전체의 복지에 기여한다는 임무를 지닌 비정치적·기술적 기구라는 관념을 이어나갔다.

IAEA의 비정치적 신분이라는 허구의 이면에는 엄청난 규모의 정치적 책략이 있었다. 이 기구는 미국을 비롯해 왕성한 핵무기 개발 계획을 갖춘 다른 정부들로부터 상당한 재정적 약속을 지원받아 개발도상의 세계에서 수많은 프로그램에 착수했다. 이 기구는 평화적 핵기술에 대한 긍정적 수사를 지구적 규모로 시행하는 하나의 수단이었다. 비정치적·기술적이라는 명백한 지위는 기구의 선전 역할을 모호하게 한 반면, 광범한 회원국들의 존재는 지구적 규준·합의라는 환상을 제공했다. 이 기구는 원자의 풍요로운 비전에 대한 권위 있는 국제적 목소리를 냈다. 이 목소리는 원자력 문제 해결이라는 측면을 과장했고 보건, 농업, 다른 영역들에서 성공담을 찾으려고 늘 시도했다. UN 총회나 UN 전문기구 같은 다른 국제기구들이 핵무기 실험 비평가들의 침투에 취약하다고 보였을 당시에도 이 기구는 긍정적 대항 서사를 제공했다.

1960년대 초 IAEA는 이러한 기구 중 두 곳인 WHO와 FAO에 대항해 영역 다툼을 벌였다. 이는 관료주의적 실랑이 이상이었다. IAEA는 원자력의 환경적·공중보건적 측면에서 권위 있는 목소리를 내는 WHO를 점차 밀어내려고 했다. 유사하게, IAEA 관리들은 자기네 식량·곡물 조사照射·해충 구제·변이식물 육종 관련 프로젝트들의 정당성을 의심하는 FAO 비평가들의 허를 찌르고자 노력했다. 이 이해하기 힘든 연구 프로젝트들은 강력한 대민 홍보 조직체를 두고 있었다. 이 조직체는 그 프로젝트들을 당시의 과학적 합의를 훨씬 넘어 식량 위기, 인구 성장, 심지어 화학 살충제 이용 완화에 대한 정당하고 실현 가능한 해결책들로 떠받쳤다. 다른 조직체들의 수많은 전문가는 IAEA가 타당한 해결책을 제공한다고 보지 않았다. 어떠한 문제가 일어났든 간에 IAEA의 해결책은 언제나 '원자력'이었다. WHO와 FAO 모두 IAEA와 격렬하게 충돌했다. 단지 UN 기구들의 가족 내에서 자신들의 영역을 IAEA가 침범했기 때문만이 아니라 원자력의 혜택을 항상 과대평가하는 한편 위험성을 과소평가하고, 이견을 진압하며, 대안적 해결책을 무시하는 IAEA의 접근법이 편향적으로 보였기 때문이기도 했다.

*

IAEA는 1953년 아이젠하워가 제안한 '핵분열 물질의 은행'이 된 적이 결코 없었다. 미국이 우라늄-235를 대략 5,000킬로그램 양도하겠다고 선포했고, 소련은 최대 50킬로그램까지 약속했으며, 영국은 20킬로 그램을 제안했고, 다른 여러 나라가 물질을 제공했음에도 이 기부는 결코 실현되지 않았다. 주요 강대국들은 이 기구를 지원하는 데 합의했다. 영국은 자국과 미국 간 핵 협력을 다시금 얻는 기회로, 소련은 전 세계적 영향력을 지속하는 기회로 보았기 때문이다.[3] IAEA 공식 역사가 데이비드 피셔는 뒷날 "약간의 사소한 예외를 제외하고, 빈에 핵물질이 물리적으로 이전되지 않음에 따라 IAEA는 핵물질 분류 시설들을 조달할 필요성을 느끼지 못했고, 어떠한 경비병도 채용하지 않았다"라고 썼다. 그 대신 IAEA는 정부들 사이에서 거간꾼 역할을 했으며 간혹 어떤 다른 나라가 물질과 기술을 제공하는지 한 정부가 밝히길 원하지 않을 때 '법적 의제擬制'를 제공했다.[4]

우라늄 은행이 존재하지 않는 상태에서 튼튼한 재정 지원을 받는 이 신규 기구가 무엇을 해야 하는지 또는 회원국들이 어떻게 협력해야 하는지는 불분명했다. 뒷날 피셔는 "최초의 몇 년간 장황하고 이념적인 기미가 보이는 주장으로 싸움을 걸지 않고는 어떠한 사안도 거의 논의할 수 없었다"라고 썼다. 이사회 회의 논의에서는 분위기가 정말 험악해져 미국을 포함한 여러 서구 대표의 제안에 따라 회의가 비공개로 열렸고 기록들은 비밀의 장막 뒤에 감춰졌다. 자신들의 참여로 비밀회의 촉발에 일조한 소련·인도 양국은 비밀회의에 반대했으나 헛수고였다. IAEA가 군사조직이 아니며 원자력의 평화적 활용 홍보가 기구의 임무였음에도 이사회 회의록은 비밀에 부쳐졌다.[5]

초강대국들 간의 냉전적 긴장에도 불구하고 미국과 소련은 원자의 풍요로운 약속에 전념한다는 측면에서는 동맹이었다. 여기서 소비에트인은 미국인을 앞질러 기술적 '최초들'을 달성하고자 경합했다. 그들은 이미 1954년 전력 생산용 원자로를 건설해서 미국인을 이겼고, 소비에트 주석* 흐루쇼프는 1958년 소련이 최초로 감자 조사照射를 승인했다고 자랑했다. 1960년대 초까지 소련 과학 잡지들은 과일·채소·육류·생선 보존이나 곡식에 들끓는 해충 박멸에 조사가 주는 혜택에 관한 연구를 일상적으로 보고했다. 거의 모든 소비에트공화국에서 보건 관리들은 코발트-60 같은 값싼 감마선 선원을 이용한 식량 조사를 홍보했다. 소련은 농부들이 쓸 수 있도록 세슘-137을 이용한 휴대용 곡물 조사기 제조를 후원했다. 소비에트 정부는 미국 정부처럼 IAEA에 깊숙이 연루되었고, 그러한 노력이 원자력 시대의 혜택이었다는 생각을 보증했다.[6]

 IAEA를 둘러싼 신랄한 분규 중 일부는 지정학적 경쟁자들 사이가 아니라 IAEA와 다른 국제기구들 사이에서 벌어졌다. WHO는 이르게는 1955년 3월, 기구 자체의 원자력 관련 역할을 개척하기 시작했는데, 사무부총장 피에르 도로렐은 방사선 방호의 공중보건상 측면들에 대한 전문가 학술대회를 조직했다. 핵 현장용 기준을 일반 대중용 기준과 구분해야 한다고 확실히 하고 싶어 한 자문 집단의 조언에 따른 것이다.[7] 실제로 WHO는 일찍이 자기네 영역(공중보건)에서 원자력 사안들을 간여해야 한다는 점을 밝혔다. 구체적으로 WHO는 광범한 환경적 영향을 평가하는 위치에 스스로를 자리매김했다. WHO의 영역은 "대기, 토양,

---

* 주석premier은 소련 행정부 최고 직위를 의미했다. 이때 흐루쇼프가 지녔던 주석직의 정식 명칭은 소련 각료 평의회 의장이었다. 소련에서 당과 행정부의 수반을 겸한 사람은 스탈린과 흐루쇼프 두 명뿐이었다. 한편 영어권에서 이 직위는 대개 주석 또는 총리Prime Minister라고 표현된다.

수질 오염 문제, 공중보건상 관점에서 본 폐기물 문제, 결과적으로 핵시설의 위치와 관련된 문제들을 포함한다."[8]

WHO의 원자력 행정 진입은 두 가지 원자력 관련 환경 서사 사이의 이른 충돌을 강조했다. 서사 중 하나는 방사선과 방사성 잔해를 오염물질이자 오염원으로 보았다. 이 서사는 미국·소비에트·영국의 대기 핵무기 실험에 관한 전 세계적 논란과 그것들이 사람의 건강과 유전학에 미치는 장기적 영향에 관한 광범한 우려를 인정했다. 공중보건상 영향을 강조한 WHO는 원자력을 천연자원 부족을 해결해 줄 방책으로 묘사한 서사와 날카롭게 대립하면서 원자력 열광자들과는 어울리지 않았다. 이 상황을 가장 잘 묘사한 이는 초크리버 소재 캐나다원자력공사에서 일했던 캐나다 과학자 안드레 치프리아니다. 그는 WHO 관리들에게 원자력 공동체와 공중보건 공동체는 서로 대립하는 태도를 보이지 않는 것이 매우 중요하다고 썼다. "양자는 공중보건을 원자력의 목덜미를 겨냥한 돌이라고 인식할 것이 아니라 서로서로 협력해야 할 것이다."[9]

원자력 과학자들과 공중보건 과학자들 사이의 협조는 시작부터 상호불신으로 특징지어졌다. 어떤 이들은 오염이나 오염물질의 사례들을 강조했고, 다른 이들은 핵기술 개발을 방해하지 못하게 막을 필요성을 강조하는 식이었다. 프랑스 빌쥐프대학의 저명한 의학물리학 교수 마우리스 투비아나는 치프리아니와 다른 이들이 보건 문제를 경시한다고 비판했다. 그는 "방사성 원소들에 의한 장기적 오염은 반전될 수 없는 축적 과정이다"라고 썼다. "우리 세대의 경솔한 행동은 우리 스스로뿐 아니라 대기와 토양에서 독을 없앨 아무런 수단을 가지지 못할 미래 세대도 위험에 빠지게 할 것이다. 따라서 인류의 미래를 위태롭게 할 그런 위험이 존재한다면 너무 적은 신중함보다 아주 많은 신중함이 옹호되어야 한다."[10] 투비아나는 광범한 공중보건상 위협을 지적했다. "한 나라 또는 한 실험실의 무분별한 행동은 이에 관계된 나라 또는 실험실뿐 아니라 이웃한 수많은 주민에 대한, 만일 방사성 폐기물이 바다로 배출될 경우 지구상의 대다수 거주자에 대한 위험을 의미한다." 그는 모든 나라에 규정 준수를 보장할 충분한 규제력을 갖춘 국제방호기구의 설치를 주장했다.[11]

원자력 풍요의 서사는 1957년 IAEA 창설로 UN 관련 국제기구 가족 안에 제도적 고향을 두게 되었다. IAEA는 즉각 WHO의 영향력에 대항했다. 기구 이사회는 콜 사무총장에게 잃어버린 시간의 보충 방식과 공중보건 사안에 친핵 목소리를 주장하는 방식에 관해 조언하는 위원회를 창설했다. WHO가 1958년 1월 자체 집행위원회가 제안한 프로그램의 목록을 제출하자 IAEA 관리들은 조만간 방사성 폐기물 처리·방사화학 분석·방사선 방호 기준에 관한 여러 회의가 열릴 것에 주목했다.[12] 그런데 그런 회의들은 IAEA 영역에 있어야 했을까? 콜은 그렇다고 생각했다. 그러나 WHO 사무총장 마르콜리노 칸다우는 그렇지 않다고 믿었다. 이것들은 핵기술을 홍보하는 것이 아니라 그 영향에서 사람들을 지키는 것과 관련되었다.[13]

두 기구 관리들은 대단히 편파적이어서 서로 불신하게 되었다. 원자력의 평화적 이용에 대한 1958년 UN 회담을 준비하는 과정에서 칸다우는 자신에게 요구되는 어떠한 공중보건 데이터도 기꺼이 제공(IAEA가 요청하지 않았으나)하고 자신 "또한 원자력 분야에서 국제적 보건 활동과 관련해 귀하의 문건에 귀하가 첨가하길 바랄 수도 있는 어떠한 문구도 우리 허락을 구할 것을 친절하게 요구할 터"라고 콜에게 썼다.[14] 콜은 자신이 경쟁 기구의 승인을 받아야 한다는 제안에 발끈했다. "원자력 분야 국제적 보건 활동과 관련해 우리가 만드는 어느 문구라도 귀하의 '허락'을 구해야 한다는 요청에 대하여, 귀하는 우리가 귀하의 논평과 편집을 얻기 위해, 아니면 단순히 논평을 듣기 위해 우리 성명을 제출해야 한다고 생각한 것입니까? 현 단계에서 우리 성명에 대해 '허락을 구한다'는 표현이 무엇을 의미하는지 분명히 하는 게 제게는 유익할 것으로 보입니다."[15]

두 기구 수장 간의 서한은 예의를 갖췄으나 그들은 각자 인지된 영토를 분명하게 수호했다. WHO 관리들은 핵무기 보유국들이 IAEA를 이용해 자국의 핵무기 개발 계획이 건강에 미치는 영향을 저평가할 것이라고 우려스러워했다. 피에르 도로렐은 IAEA가 평화적 활용에 집중해야 했지만, 실제로는 미국·소비에트·영국 핵실험의 영향을 저평가하고 있다고 지적했다. IAEA는 세계적 견본 채취·감시·방사선 영향 관련 문제들에 끼어들려고 했다. 이 신규 기구는 핵무기 보유국의 대민 홍보 부문으로 거듭날 준비를 마쳤다.[16] 비슷한 생각을 한 관리이자 WHO 방사선·동위원소 분야 선임 의무관 로리 돕슨은 스스로 낙진에서 방출된 방사선의 영향을 탐구하기 위한 국제적 장소를 보호한다고 보았다. 돕슨은 스웨덴 과학자 보 린델과 WHO의 방사선 영향 관련 연구를 공저했고, 1961년에는 『전리 방사선과 보건Ionizing Radiation and Health』이라는 책을 펴냈다. 둘은 WHO가 "방사선 방호를 포함해 방사선 보건이라는 광범한 분야에 분명한 책임이 있다"라고 힘주어 말했다. 그들은 핵실험 관련 스웨덴의 연구들이 지상에 낙진으로 돌아오기 전의 방사성 물질이 과거의 믿음보다 더 짧은 시간만 성층권에 떠 있을 수 있다는 점을 보여주었다고 지적했다. 또한 방사선 유발 백혈병의 발병 가능성 및 유전적 효과가 유발되는 문턱 수준이 아직 알려지지 않았다고 했다.[17]

IAEA가 불편부당함에 대한 아무런 진정 어린 헌신을 보이지 않았음을 고려할 때, 돕슨은 원자력의 환경적 영향에 관해 권위적 목소리를 내는 기구로 자리매김하려는 IAEA의 방식에 격분했다. 예컨대, 1959년 IAEA는 생물권 내 방사능 흔적을 수집·측정하는 최선의 수단에 관한 전문가 합의체를 소집하고 있다고 공표(다른 기구들과 협의 없이)했다. "그러한 체계적 측정은 건강과 재산에 대한 어떠한 위험이라도 미연에 방지하려는 통제의 기초로 쓰일 수 있다"라고 공식 언론 보도로 알렸다. 이 회의의 목표는 회원국 정부들을 위한 권고의 초안을 잡는 것이었다.[18] 돕슨은 "우리가 인간 행동에 관해 무언가를 아는 것처럼, 물론 그 동기는 이해한다. 하지만 우리는 이 행동을 간과하기 어렵다"라고 분노했다.[19] 그리하여 WHO는 IAEA와 협의 없이 전리 방사선의 공중보건적 측면에 관한 1962년 학술대회라는 똑같은 행동으로 맞대응했다. 이 계획에 관해 IAEA로부터 도전을 받자 돕슨은 사안이 보건 관련이지 원자력의 평화적 이용에 관한 것이 아님을 강조하는 답신을 보냈다. 그는 한 문단에서 '공중보건'이라는 단어를 무려 아홉 번이나 썼다.[20]

1960년대 초까지 IAEA는 핵무기 프로그램의 잠재적 보건 위험을 포함해 모든 핵 관련 사안에서 권위적인 목소리를 갖춘 과학기구로 신뢰성을 강화하고 있었다. 미국이 콜을 기구 수장으로 앉힌 것은 자국의 세계관이 지배적임을 보장했으나, 다른 회원국들에 미국의 IAEA 조작을 명약관화한 것으로 만들었다. 1961년 9월과 10월에 열린 IAEA 제5차 연례총회에서 소비에트 대표 바실리 에멜랴노프[*]는 미국이 다수 지분을 갖춘 기업으로서 IAEA를 대우해서는 안 된다고 불평했다.[21] IAEA 역사가 데이비드 피셔는 뒷날 소비에트인과 다른 이들이 "IAEA가 미국 정책의 장치가 될 것이라고 우려"했다고 썼다.[22] 1961년 콜의 사무총장 임기가 끝났을 때, 미국 관리들은 수장에 다시 미국인을 앉히기는 부담스러울 뿐 아니라 세계에 미국의 시각을 투사한다며 기구가 비판을 받는다고 감지했다. 케네디 대통령의 미국은 스웨덴 과학자 시그바르드 에클룬드를 정치적으로 지지했고, 과학기술적 기구로서 IAEA의 신뢰성을 상당히 강화했다.

이 기구는 에클룬드 아래서 공중보건, 환경오염, 식량·농업 관련 사안들에 계속해서 자기주장을 펼쳤다. 에클룬드는 IAEA 규약이 회원국 정부에 권고할 수 있는 특수한 역할을 부여했다고 느꼈다. 그는 WHO 같은 다른 조직들이 IAEA의 의견을 따라야 한다고 믿었다. 에클룬드의 전략은 대개 미국이 지원하는 인상 깊은 규모의 예산을 이용해 해당 사안들에 IAEA가 접근할 수 있는 통로를 개척하는 것이었다. 1963년 2월 WHO 사무총장 마르콜리노 칸다우와 논의할 때 쓰도록 IAEA 사무총장에게 제출된 한 초안 보고는 IAEA 규약이 기구를 규제 기관으로 만들었다는 믿음을 보여준다. "IAEA가 건강과 안전 관련 사안에서 감시인으로 복무하지 말아야 할 어떠한 이유도 없다"라고 보고 비망록에서는 언급했다.[23] 구체적으로는 WHO의 책임 영역에서 방사선 방호·방사선 의학을 빼앗아오기를 희망했다. IAEA는 자기네가 훨씬 더 많은 자원을 쏟았고

---

[*] 바실리 시묘노비치 에멜랴노프(Vasily Emelyanov, 1901~1988)는 소련의 금속공학자 및 원자력 행정가로 IAEA 사무총장 과학자문위원회 위원을 지냈다(1958~1965).

기구 인력에 WHO보다 더 많은 전문가를 기용했다고 주장했다. "실제로 WHO가 다른 시급한 일이 많았기에 두 분야를 우리에게 맡기는 것이 가장 효율적인 해결책이라고 주장할 수 있다."[24]

IAEA는 주로 핵무기 보유국들이 지원하는 엄청난 예산 때문에 WHO를 노련하게 압도했다. WHO 관리들은 낙진이 미치는 공중보건상의 영향, 폐기물 처리, 다른 핵 관련 사안들을 자신들 책임이라고 계속 믿으면서도 IAEA가 개시한 여러 프로그램의 집합과 도무지 경쟁할 수 없었다. IAEA는 자신들의 신뢰성을 뒷받침하기 위해 세계 도처에서, 특히 이른바 개발도상국들에서 엄청난 숫자의 행사와 프로젝트를 시행했다. 이 중 일부는 1960년 멕시코를 순회한 이동식 방사성 동위원소 실험실처럼 훈련에 집중되었다. 널리 쓰인 사진 한 장에서는 1960년 2월, 과나후아토대학 외곽에 주차된 훈련실험실(커다란 버스 안에 세운)과 지방에 사는 멕시코인들, 그들의 당나귀들이 걸어가는 모습을 보여주었다. 이 사진은 개발도상의 세계 속 믿기 힘든 장소들에 현대적 기술을 들여오는 IAEA의 역할을 강조하려고(그리고 아마도 다른 사진 두 장을 병치해) 촬영되었다.[25] IAEA는 1958년에 학생 아홉 명을 대상으로 한 보조금이라는 보통 지원에서 1963년에는 130개 보조금, 여러 훈련 과정, 교수 교환, 실험실, 연구 계약, 학술대회는 물론 오스트리아 본부 근처에 새롭게 지어진 시베르스도르프연구소의 학술 연구를 지원하게 되었다.[26]

IAEA 프로젝트 가운데 대다수는 농업 생산성 향상과 주요 질병과의 싸움에 맞춰져 있었다. 따라서 IAEA는 FAO와 충돌했다. IAEA는 쌀·밀 변이 연구, 질병 매개 해충 불임화, 식량·곡물 조사照射를 편성했다. 식량 조사 관련 활동에 대한 1963년 요약에서 IAEA의 미국인 과학자 모리스 프라이드는 그것들이 "만족스러운 위생 상태를 유지하기 어려운 기술적 저개발국들"에 특히 중요했다고 강조했다. 축산물을 더 오래 보존할 수 있다면 그런 나라들의 경제적 잠재성은 확대될 수 있었다. 그는 살모넬라에 의한 심각한 감염을 극복할 수 있다면 유럽·미국에서 시장을 발견할 수도 있는 다양한 축산물을 보유한 나라의 사례로 태국을 들었다. 유사하게, 말리·우간다·동파키스탄(이후 방글라데시)에서 살충 조사는 건어물이 수송될 동안 벌레에게 먹히는 일을 막을 수 있었다. 프라이드에 따르면, 당시 어획고의 절반 이상이 시장으로 운송되는 도중에 그러한 일을 겪었다.[27]

IAEA 기술들 중 광범한 지지를 누리는 것은 정말 적었다. 질병 근절용 곤충 수컷 불임화 기술은 하나의 사례였다. 이론적으로, 수컷 파리가 조사되어 불임이 되면, 그러한 파리 수백만 마리는 특정 지역에 살포되어 암컷과 짝짓기 할 때 조사되지 않은 수컷 파리들을 능가할 것이다. 그러면 자손은 독자적으로 생육 가능하지 않을 테고, 따라서 질병의 주요한 매개체는 제거될 수 있었다. 이 기술에서는 미국 곤충학자 에드워드 니플링이 선구였고, 섬 환경(베네수엘라에서 떨어진 퀴라소)에서 나선구더기를 성공적으로 제거하는 데 쓰였다. 위험한 화학 살충제를 대체할 수도 있는 일종의 생물학적 구충으로 널리 선전되기도 했다. 그러나 회의론도 고조되었다. 1959년, 미국 농무부 일원 아서 린퀴스트는 IAEA 동료에게 "안타깝게도 사람들 가운데 다수는 원자 방사선이 해충을 통제하기 위해 거의 모든 상황에서 쓰일 수 있는 일종의 새로운 마법적 도구라고 생각한다"라고 썼다. "이는 사실이 아니며 우리는 역량 있는 과학자들이 수컷 불임화 기술에 무수한 한계가 있다는 점을 이해할 것으로 희망한다."

그는 이 기술이 "다시 창궐하지 않을 정도로 완전히 고립되었거나 충분히 고립된" 좁은 지역에서만 유용할 것이라고 상상했다.[28]

　비슷하게, 원자력 시대의 새로운 창조물(방사선 피폭이 낳은 돌연변이)이 일부 과학자들을 고무했음에도 변이식물 육종은 결코 새로운 곡물 품종을 찾는 가장 유망한 방안으로 인식되지 않았다. 브룩헤이븐국립연구소에는 아널드 스패로와 랄프 싱글턴처럼 방사선 유발 변이의 미래를 계속 낙관하는 진정한 신앙인들도 존재했다. 역사가 헬렌 앤 커리가 지적했듯이 "그들의 것과 같은 작업에 대한 정치적 수요는 상당했고, 그 수요는 1950년대 중반 제기된 비판에도 불구하고 브룩헤이븐의 연구 프로그램을 연명하게 했다."[29] 이런 비판은 1960년대까지 이어졌다. 캘리포니아대학 토양학 교수 페리 스타우트는 1960년대 초 IAEA에 식물 육종이 아닌 비료 연구에 집중하라고 말한 여러 사람 중 하나였다.[30] "아주 우호적인 사례들을 제외하고 더욱 큰 숫자의 쓸모없는 개체에서 가치 있는 돌연변이 선별에 수반되는 노동은 가공할 만한 과업이다"라고 영국 방사생물학자 스콧 러셀도 비슷하게 언급했다.[31] 케임브리지의 식물 육종가 조지 벨은 IAEA 동료들에게 "나는 인위적인 변이 유발에 대한 어떠한 수단의 적용도 성질상 경제적 감각이라는 측면에서 직접적으로 이로운, 즉 향상된 품종을 생산하는 것이라기보다 흥미로운 과학실험에 더욱 속한다고 느낀다"라고 했다. 벨은 전통적인 수단, 다시 말해 기존 품종들 중 최상품을 선별해 그것들을 교배하는 데 더 큰 자신감을 보였다. 벨은 IAEA의 작업에 관해 긍정적이고자 노력했으나, 변이식물 육종이 경제적으로 합당하다고 암시하는 어떠한 긍정적 증거도 없다고 단호히 썼다.[32] 심지어 브룩헤이븐국립연구소 과학자들도 경제적으로 중요한 농업 연구에서 감마 정원의 유용성을 무시했고, 어떤 이는 "나는 심각한 의문을 가지고 있다"라고 언급하기도 했다.[33]

이렇듯 회의론이 만연했지만 IAEA 관리들은 기꺼이 원자에서 기회를 볼 용의가 있는 과학자들을 지원하는 전략을 개발했다. 그들은 정부의 후원을 받는 국립방사선육종장을 만들던 일본 과학자 카와라 키요시의 음모에서 영감을 얻었다. 1957년, 미국원자력위원회는 감마 육종장(감마 정원)을 만들기 위해 200퀴리 코발트 선원을 일본에 무료로 제공하겠다고 제안했다. 미국의 제안은 그러한 육종장이 중요하다는 이미지를 주었고, 카와라와 다른 이들이 일본 정부에서 더욱 많은 자금을 확보하는 데 일조했다. 카와라는 일본의 원자력 야심에서 엄청난 혜택을 입었기에 미국의 제안을 거절하고 다른 원천을 확보할 수 있었다. 그는 일본인이 생각할 수 있는 거의 모든 식물에 감마선을 쪼였고 장미, 카네이션을 비롯해 다른 꽃들에서 이미 유망한 새로운 변이들이 존재한다고 선언했다.[34]

IAEA 과학자들은 카와라의 경험에서 앞으로 나아가는 흥미로운 경로를 보았다. 만일 IAEA가 위신 있는 국제기구에서 단순히 국가 정부들의 작업을 지지한다는 것을 보여주려고 세계 도처의 변이식물 육종가들과 연구 계약을 한다면? '계약들'은 재정적 지원의 외양을 띨 뿐 아니라 실제로 자금을 마련하지 않아도 될 터였다. 이것이 아이슬란드 식물학자 비요른 시구르비요른슨이 IAEA에서 한 자리를 맡았을 때 추구한 전략이다. 그는 '국제돌연변이그룹'International Mutation Group을 만들어 식물 육종에서 유발된 변이를 생산·사용하는 수단을 쓰는 이라면 누구라도 포함시켰다. IAEA는 연례 학술대회를 조직해 정보 전단지를 발행했으며,

보조금으로 보이는 것을 제공했다.[35] 가까이서 들여다봤을 때, IAEA 쪽에서는 어떠한 비용도 수반되지 않는 '무상' 계약들이었다. IAEA가 지원한다는 외양을 갖추려고 IAEA 연구 프로그램 일부에 대한 재정적 지원을 공개적으로 약속한 국가 정부들에서 자금 획득 경로를 얻으려고 고안된 것이었다. 시구르비요른슨은 실제로는 아무것도 지불하지 않으면서 IAEA 보증이라는 간접적 혜택을 제공했다.

시구르비요른슨은 미국인 동료에게 보내는 서한에서 '무상' 계약들의 이면에 있는 전략을 밝히며 독일 육종가 호르스트 가울을 언급했다. 그는 "이것은 AEC가 자금 지원을 멈춘 뒤 호르스트가 자기 연구를 계속할 수 있게 자금을 얻도록 돕는 하나의 방안으로 시작했네"라고 썼다. "이 기구가 그에게 '무상' 계약을 수여하고 적합한 장소에 적합한 암시를 줌으로써 정신적 원조를 주려는 생각이었다네." 이어 시구르비요른슨은 이를 고국에서 주변부로 밀려난 연구자들의 생명줄로 여기기로 마음먹었다.[36]

공허한 보조금 체계가 변이식물 육종을 뒷받침함에 따라 IAEA 행정가들은 개발도상의 세계에서 고급 성공담이 나오기를 열망했다. 그들은 포드재단·록펠러재단의 재정 지원을 받는 필리핀 내 조직인 국제쌀연구소IRRI: International Rice Research Institute와 협업을 시도했다. 일본·인도의 변이 육종가로 모두 시구르비요른슨 사단에 소속된 카와이 타케시와 만콤부 스와미나탄은 IRRI를 방문해 IAEA의 작업에 대한 열정을 끌어모으고자 했다. 그러나 그들이 방문한 1966년 당시 IRRI 과학자들은 원자를 조소했다. 카와이가 시구르비요른슨에게 말했던 것처럼, IRRI 과학자들은 "그들이 가진 훌륭한 벼 품종 집단 안에 거대한 유전자원"을 이미 보유했고, "연중 삼모작은 그들로 하여금 3년이나 4년 안에 새로운 '극적인' 품종을 육종할 수 있게끔 해주었다." 그들에게는 에너지와 자원을 변이 육종으로 전용할 어떠한 이유도 없었다.[37] 이는 당시 IRRI의 이종의 효율화 방식, 곡물 휴면기 중단 방식, 이상적인 다수확 작물의 미래 모습을 상상하는 방식을 이해하는 벼 육종에서 흥미로운 시간이었다. 그들은 이미 이상적인 것과 유사한 이종을 확인한 적이 있었다. 이는 '아이알8'IR8로 불린 다수확 품종으로 머지않아 아시아에서 커다란 성공담으로 거듭날 터였다.[38]

1960년대, IAEA 관리들은 방사선 유발 곡식 품종의 품질에 관해 대담한 주장을 펼치기 시작했다. 이 중 하나는 주로 파스타, 쿠스쿠스couscous, 타불레tabbouleh처럼 중동 음식인 불가bulgur를 만드는 데 쓰이는 듀럼durum(또는 '경질')밀이었다. 이탈리아의 표준 품종은 카펠리Cappelli라고 불리는 오래된 품종이었으나 이는 농부들이 점차 사용량을 늘린 화학 비료에 잘 반응하지 않았다. 카사치아 소재 이탈리아 핵연구소 과학자들이 카펠리 씨앗을 중성자로 포격했을 때, 몇 가지 유망한 변종인 카스텔푸사노Castelfusano와 카스텔포르치아노Castelporziano가 생성되었다. 시구르비요른슨은 "그것들의 맥질은 한 이종에 관해서는 카펠리의 그것과 같은 정도로 유지되었고, 다른 이종은 낮지만 여전히 받아들일 수 있는 맥질을 가졌다"라고 썼다.[39] 결코 격정적으로 검토한 것은 아니었지만, 시구르비요른슨은 이를 성공으로 간주했다. IAEA는 FAO와 함께 이 듀럼밀 이종들을 중동의 여러 나라에 심는 연구 프로젝트를 후원했다.

이 나라들에서 듀럼밀 실험은 예기치 못한 이유로 혼합된 결과를 산출했다. IAEA가 이종들을 성공적이라고 보았음에도 지역민들의 이해관계나 농업적 실천에 항상 부합하지는 않았다. 예컨대, 이집트에서 식물 육종가들은 듀럼밀이 아닌 빵밀을 개선할 방안을 모색했다. 밀·보리가 가장 중요한 곡식인 이란에서 농부들은 신품종이 값비싼 비료에 전적으로 의존하는 것을 싫어했는데, 이는 이탈리아에서는 문제가 아니었으나 이란에서는 확실한 문제였다. 이스라엘·터키 같은 다른 지역에서 듀럼밀 변종들은 토종들과 비교했을 때 잘 자랐다. 시구르비요른슨은 이들 나라의 과학자들에게 IAEA에 지원을 요청하라고 독려했다. 이 이종들 중 어느 것이라도 생육 가능성을 보이면 IAEA에는 무척 긴요한 것이 되고 과학의 신뢰성을 강화할 터였다.[40]

시구르비요른슨의 열렬한 지지는 그의 동료들, 특히 FAO 동료들 사이에서 약간의 저항에 직면했다. 예컨대, 식물학자 로널드 실로는 듀럼밀 실험 관련 IAEA 공식 보고서가 북아프리카·중동의 아홉 개 나라에서 시험 재배된 변이들이 지역 토종과 다른 일반적 품종 모두의 수확량을 뛰어넘었다고 부정확하게 언급했음을 지적했다. 실로는 시구르비요른슨에게 다음과 같이 썼다. "보고는 그러한 실험들에서 … 얻을 수 있는 과학적 증거에 틀림없이 반하므로 삭제되어야 합니다. 그 보고 때문에 회원국 정부들은 방사선 유발 변이가 이미 넓은 지역에서 농부들이 재배할 수 있는 다른 품종들에 비해 나은 소맥 품종을 제공했다는 잘못된 결론으로 인도되고 있습니다."[41]

실로의 비판은 IAEA와 FAO 사이에 있었던 격렬한 불화에서 초기에 기괴한 우여곡절을 겪은 일제사격에 불과했다. 두 기구는 영역 싸움을 막기 위해 1964년 FAO/IAEA 공동원자력농업부서를 설립했고, 실로는 이에 합류했다. 그러나 두 기구는 절충을 나타내고 기구 간 경쟁을 줄이려고 의도된 이상한 인적 교체를 단행했다. IAEA는 최고 농업과학자 자리에 FAO 직원 모리스 프라이드를 임명했고, FAO도 마찬가지로 실로를 IAEA로 보냈다. 프라이드는 실로를 차장으로 한 공동부서의 부장이 되었다. 이는 FAO가 주도권을 행사한다는 외양을 띠었으며 프라이드가 실제 책임자였다. 부서 전체는 빈의 IAEA 본부에 자리했다. 실로와 그의 FAO 동료들이 빈에 도착했을 때, 프라이드는 오스트리아 와인과 빈노래가 있는 연회를 열어 그들을 환영했다. 시구르비요른슨은 "우리 동료들은 이를 두고 우리가 저들에게서 거둔 승리의 축하연으로 해석한다. 아마도 이는 진실에서 그다지 멀지 않을 것이다. 우리는 빈에 머물렀고, 우리의 경애하는 부장 맥 프라이드는 계속 우리 대장이었다"라고 의기양양하게 말했다.[42] FAO/IAEA 공동부서는 수십 년간 협력 활동이라는 외양을 띠었으나 빈에서 IAEA를 위해 일하는 원자력 열광자들이 지배할 것이기도 했다.

WHO와 그랬던 것처럼, IAEA 관리들은 FAO가 제기하는 어떠한 원자력 관련 회의론도 회피하면서 원자력이 풍부한 기술의 산물이라는 서사를 고수했다. 빈의 IAEA 본부로 이동한 실로는 IAEA가 거의 홍보기구나 다름없다고 보았다. 1966년 초, 그는 IAEA 사무총장과 공동부서 내 자신의 상관인 프라이드에게 보고서를 보내면서 사본을 FAO 전임 동료들에게 발송했다. 그는 FAO와 회원국들이 '심각하게 오도되는' 중이고, IAEA가 1962년에서 1966년 사이 이미 재정적으로 쪼들리는 개발도상국 국고에서 가져온 미화 50만 달러가 포함된 150만 달러를 오용했다고 주장했다.[43] 그는 산업화된 나라들에서 타당하다고 증명되기 전까지 가난한 나라들이 그러한 원자력 기술들의 채택을 독려하지 말도록

FAO에 요청했음을 알아챘다. 그러나 공동부서는 정반대로 수행했고, 개발도상 세계를 하나의 실험구역으로 이용했다. 실로는 원자력 옹호자들이 개발도상의 세계에서 원자를 '현대적'이고 '진보된' 것으로 홍보하면서 실제로는 그 기술들이 얼마나 주변적인지 감췄다는 혐의를 제기했다.[44]

IAEA 지도부는 실로를 침묵시키려고 시도했다. 사무총장 에클룬드는 비망록을 읽은 뒤 그를 다른 직무에 재임명하면서 식량·농업 분야 핵 기술 역사 집필에 집중하라고 말했다.[45] IAEA 내부에서 고립된 실로는 FAO에 도움을 요청하려고 사무총장 비나이 란잔 센에게 서한을 보냈다. 수기로 작성된 스물여섯 쪽에 달하는 편지에서 그는 자신의 IAEA 동료들이 FAO 작업 수행에서 자기 역할을 폄훼하는 개인적 논평을 하고, 과학적 사안들을 논평할 수 있는 자기 능력에 의문을 제기했다고 불평했다.[46] 센은 실로를 돕는 대신 (실로가 비밀이라고 표기한) 장황한 서한을 수하들에게 읽으라고 넘겨주었다. 실로의 개인적 청원들도 그렇게 되었다. 해당 서한들이 그가 올린 정책상 반대안들과 섞여 그의 적인 프라이드와 시구르비요른슨을 포함해 FAO 중간급 실무진에게 전해졌기 때문이다.

1967년 3월, 실로는 두 기구의 사무총장들에게 산업화된 나라들에서 성공이 증명되기 전까지 개발도상국들에 기술을 독려해서는 안 된다고 반복하는 49쪽의 비망록을 작성해 보냈다. 그는 분명한 정책상 차이 때문에 자신을 향한 IAEA의 태도가 '보복적'이자 '적대적'이 되었다고 지적했다. FAO 대표로서 책임 수행은 "IAEA 직원으로 이전된 이래 지난 2년 반 동안 평범한 전문가적 삶에 대한 사실상의 종말로 나를 인도했다"라고 그는 말했다. 그는 유관 학술대회 참석이 허락되지 않았고, 정책 논의에서 제외되었으며, 조롱의 대상이 되었다. "나는 UN 가족 내외에 있는 전문가적 연계들에서 그리고 지난 35년간 쌓아온 농업적 전문성으로부터 거의 완벽하게 고립되었다."[47]

실로가 점차 주변부로 밀려남에 따라 그가 제기한 혐의도 수적으로 증가했다. 예컨대, 그는 방사성 폐기물에서 동위원소를 추출하는 미국 회사 이소켐을 언급하며 IAEA가 상업적이며 정부 요구에 양보했다고 주장했다. 1967년 이소켐은 생산이 수요를 앞지르기 시작했으며, 새로운 동위원소 판매 시장을 서구 세계에서 얻기 어렵다고 공공연히 우려스러워했다. 그러한 동위원소 생산은 실패가 예정된 '애물단지'로 전락했다. 따라서 그들은 해외 시장, 특히 개발도상의 세계를 바라보았다. 실로가 보기에 그러한 '판매 압력'은 국제기구들 내에서 개발도상국들에 방사성 동위원소 구입을 납득시키려는 '계획 압력'으로 바뀌었다.[48] 나아가 그는 미국 내에서 조사照射 식품의 유일한 주요 구매자는 국방부였고 미국 농무부는 국내에서 관련 연구에 미화 20만 달러 이상이 들어갔음에도 조사 식품에 대한 승인을 주저하고 있음을 관측했다.[49] 그러나 IAEA의 조언 때문에 탄자니아 정부는 최근 국내 소비용 살균 소고기를 생산하기 위한 400만 달러 상당의 자체 조사 공장 건설에 미국 회사와 협력하는 데 동의했고, 캐나다원자력공사가 동위원소를 제공할 터였다. 시설은 심지어 미국 최초의 시설보다 앞선 1969년 생산 개시가 계획되었다. 실로는 이에 반대했다. "기술적·경제적 개발의 아주 이른 단계에 있는 나라들에 지극히 복잡한 기술 이전을 고려하기 전에 해당 과정에 대한 기술적·경제적 평가를 수행할 수 있는 거의 무제한적 자원을 갖춘 미국 같은 나라에서 그렇게 급진적으로 새로운 과정에 대한 최소 3년간의 상업적 생산과 소비자 경험이 있어야 한다."[50]

실로와 다른 이들은 과학자들이 IAEA를 자신들의 주변부적 생각에 대한 안전가옥으로뿐 아니라 연구 프로젝트를 되살리는 수단으로도 이용한다고 인식했다. 일례로 그는 영국의 완티지방사선연구소에서 온 헨리 셀리그만을 지적했다. 영국 정부가 완티지에서 실시한 농업 프로그램을 이전 규모의 3분의 1 수준으로 줄이고 여러 연구 프로젝트를 제거한 후 셀리그만은 IAEA 사무부총장으로 이직해 IAEA 시베르스도르프연구소를 출범시켰다. 실로는 "곡물 조사 계획은 … 이곳에서 사실상 동일하게 국제적 수준으로 즉각 재구성되었다"라고 언급했다.[51] 수십 년 후 IAEA의 공식 역사가 데이비드 피셔는 실로의 평가를 반복했다. 한 각주에서 그는 셀리그만과 이탈리아 물리학자 카를로 살베티가 "그들이 속했던 시설의 방향성에 만족하지 않았고 IAEA 내에서 과학적 피난처를 찾았다"라고 언급했다.[52]

1967년 4월, 실로는 자기 생각을 공개하려고 시도하면서 IAEA 총회에서 보고서를 발표하길 원했다.[53] 보고서에서 실로의 전략은 미국 내 전문가들, 특히 대통령과학자문위원회PSAC: President's Science Advisory Committee가 내린 조사照射 식품에 대한 반대를 개괄하는 것이었다. 자문위는 '세계의 식량 문제'라는 제목으로 1967년 보고서를 냈고, 조사가 식품에 독성을 부여했는지에 대해 얼마간 불확실성을 시사했다. PSAC는 "이들과 다른 문제들은 예측 가능한 미래에 방사선이 식품 보존에 중요하게 적용될 가능성이 없음을 보여준다"라고 언급했다.[54] 그는 조사 식품을 먹고 자란 유기체 내의 독성 효과를 보여주는 실험들을 언급했다. 세포 성장과 세포 분열의 감소, 증가된 돌연변이율, 염색체 절단이 증상

에 포함되었다. 이러한 결과들은 초파리·쥐·생쥐·인체 조직의 배양에
서 관측되었다. 실로는 식품 조사를 부유하고 산업화된 나라들에서 승인
하지 않고 가난한 나라들에서 홍보하는 것은 이것이 "명백하게 완전히
미숙하고 현명하지 못하다"라는 증거라고 했다.[55]

　WHO와도 그렇게 했듯이, IAEA 과학자들은 방사선을 오염물질로
묘사할 수 있는 어떠한 서사에도 대항하려고 했고, 식량 공급의 개선으
로 묘사하는 서사를 선호했다. 역설적으로 IAEA는 이 사안에 대해 민
간·군사 전문가들 사이에서 선택해야 하자 군사 전문가들을 선택했다.
PSAC는 미국 내 그런 자문위로는 가장 고위였고, 대통령에게 직접 보고
하는 민간 기구였다. 빈의 IAEA/FAO 공동부서 사람들은 실로가 제안
한 보고서에 관해 내부적으로 논평할 때 PSAC 보고서를 준비한 인물을
과소평가하면서 그를 그저 캠벨수프 직원으로 불렀다. 그 인물은 수프
회사 부대표로 회사 내 농업연구를 담당한 스튜어트 윤킨을 지칭했는데,
그는 식품 조사를 언급했던 PSAC 보고서의 해당 장(章)을 집필한 저자 일
곱 명의 합의체를 총괄했다. 같은 장의 공저자들로는 퀘이커 오츠 연구
과장 리처드 그레이엄 주니어와 하버드대학 농업·경영 교수 헨리 아서
를 비롯해 미국 농무부 행정가 네 명이 포함되었다. 그러나 IAEA 전문
가들은 그들의 우려를 일축했고, 식품 조사가 건전하다고 선언한 미국
육군의 더욱 낙관적인 성명을 선호했다. 그들은 (동물들에 대한) 대규모 사
육 실험이 어떠한 위해 증거도 보여주지 않았다고 PSAC에 서한을 보낸
노벨상 수상 화학자(그리고 미국원자력위원회 위원장)인 동료 원자력 지지
자 글렌 시보그를 인용하기도 했다. 의회의 합동원자력위원회 위원들도
PSAC에 도전했다. 전형적인 원자력 지지자들 모두가 해당 보고서를 반

대하려 줄을 섰고, IAEA는 단순히 이들의 선례를 따랐다. 실로에 대한 IAEA 내부 비평가들의 말에 따르면, PSAC 보고서는 "미국 내 식품 조사 분야 권위자들과 협의하지 않고 출간되었다."[56] 그러한 '권위자들'은 객관적 당사자들이 아니었다. 군과 핵무기 기관들 모두 원자력의 이 특정한 활용이 건전하고 무해하며 세상에 유익했음을 보여주는 데 이해관계가 있었다.[57]

　　IAEA 직원들은 내부 비평에서 실로의 비판을 반박하는 대략 25쪽의 메모를 쓰는 데 전념했고, 과거 연구가 비관론보다 낙관론을 정당화하려는 것이었다고 말했다. 그들은 미국 내의 연구적 성공을 지적하면서 이미 소비용 조사 식품을 승인했으며, '식품 조사의 공업적 활용에서 진보된 나라들 중 하나'로 여겨진 소련 내의 상업적 성공을 보고했다. IAEA 저자들은 게다가 "정부들은 기술적 원조를 요청했고 … IAEA는 회원국들의 종복이며 그들에게 어떠한 원조가 최선인지를 지시하는 처지에 있지 않다"라고 지적했다. 만일 회원국들이 원자력을 원한다면, 그들은 이를 얻을 터였다.[58]

　　결국 실로의 문서는 IAEA·FAO 양자에 제압되었고 결코 세상의 빛을 볼 수 없었다. IAEA 사무총장 에클룬드는 FAO 사무총장 센에게 "보고서들에 있는 문구들이 비판적인 검사를 견디지 못할 것임은 분명하며, 나는 이 문건들 가운데 어떠한 것이라도, 예컨대 우리의 총회 문서로 널리 배포하는 일이 적합하다고 여기지 않습니다"라고 간단하게 썼다.[59] 에클룬드는 예전에 실로를 배제하려고 시도했다. 하지만 미국 대통령과 학자문위원회의 주장을 단순 반복한 문건을 두고 그렇게 하는 것은 반론을 침묵시키는 더욱 결정적인 조치였다.

IAEA 내 적들에게는 다행스럽게도 1968년 3월 실로는 정년퇴임했다. 그의 차장 직위는 IAEA 내부자이자 단호한 친핵주의자 시구르비요른손이 인수했다. 이전 협의에 따라 실로는 정년이 약간 더 높은 FAO로 복귀했다. 그러나 당시 FAO는 더는 우호적인 낯빛을 보이지 않았다. 1968년 FAO는 네덜란드인 에데케 헨드릭 보어마를 새로운 부장으로 임명했다. 그는 신기술에 열광하는 원자력 옹호자들의 성향을 보충하는 세계관을 지녔다.[60] 프라이드는 농업 담당 사무총장보 오토 피슈니히를 포함해 FAO에서 동맹들을 키운 적이 있었다. 프라이드처럼 보어마와 피슈니히는 실로를 UN을 도우려고 하지 않을 뿐 아니라 오히려 그가 공동부서의 연구 프로그램을 파괴하는 데 개인적으로 투자했다고 보았다.[61]

1968년 봄까지 IAEA는 자기네 농업 사업으로 매체들의 헤드라인을 장식하려고 했는데, 이는 이른바 녹색혁명Green Revolution 안에서 역할을 주장하기 위해서였다. 녹색혁명은 미국 국제개발청AID: Agency for International Development 수장 윌리엄 가우드가 '현대적 농업'이 가능케 한 농업적 실천에서 급격한 변화를 묘사하기 위해 쓴 용어로, 그에게는 화학비료·살충제·관개·개선된 씨앗의 집중적 사용을 의미했다. 『뉴욕타임스』는 아시아 전역에 걸쳐, 특히 인도의 기록적 대풍작을 보도하면서 새로운 종류의 밀과 쌀에 그 공을 돌렸다. '19세기 초의 산업혁명만큼 인류에게 중요하다고 드러날지도 모르는 농업혁명'이 예측되었다.[62] 하지만 일부는 회의적이었다. 녹색혁명은 정부 보조금, 값비싼 화학약품, 기반시설 투자에 대한 엄청난 의존도 의미하는 한편, '단작'(특정한 한 종류 곡물에 의지)은 궁극적으로 더 많은 식량안보보다 더 적은 식량안보로 이어질 수 있었다. 그러나 첨단기술을 활용해 세계의 굶주림을 끝장내고, 인구압을 물리치며, 개발도상 세계의 문제들을 해결한다는 들뜬 예측이 뒤따랐다.[63]

　IAEA 관리들은 변이식물 육종에서 성공담을 다시 찾는 방식으로 원자력과 녹색혁명을 결부하려고 했다. 무척 유망한 연구 계획 중 하나는 인도의 만콤부 스와미나탄이 지휘했다. 그는 FAO의 '공동'부서와 함께 IAEA의 위신을 이용해 인도 내에서 영향력을 높이고, 그곳에서 변이식물 육종에 대한 재정적·정치적 지원을 모두 얻으려고 했다. 시간대는 이상적이었다. 1964년 장기 집권하던 자와할랄 네루 총리가 사망한 후 랄바하두르 샤스트리의 새로운(그러나 짧은) 정부는 자국의 식량 필요를 해결하려고 더욱 공격적인 프로그램을 원했다. 그가 취한 경로는 수확 최대화 기술을 이용한 곡물 극대화였다. 샤스트리의 식량농업부 장관 치담바람 수브라마니암은 자신의 동포이자 FAO 사무총장인 센에게 인도가 '인간 복지를 향상하기 위해 원자력을 최대한 활용하는 데 관심이 많으며' 수브라마니암이 '과학적 작물 재배'라고 부른 계획으로 기존 토지의 생산성을 늘리는 데 FAO의 도움을 원한다고 썼다. 원자력은 특히 식물 육종과 방사성 추적자 연구에서 아주 유망해 보였는데, 식량농업부에서는 자국의 제4차 5개년계획에서 주요한 연구상 확대를 포함하기로 결정했다. 수브라마니암은 FAO의 자금 원조를 획득하길 희망하면서 센에게 인도가 '전통적인 농업에서 진보적인 농업으로 가는 전환기에 놓여' 있고, 그러한 현대적 연구 도구들을 활용할 수 있는 국가기관이 적어도 하나는 필요하다고 상기시켰다.[64] 그 기관은 스와미나탄이 1961년부터 소장직을 맡았던 인도농업연구소였다. 인구압, 기근의 위협, 전쟁(1965년 인도는 파키스탄과 전쟁을 치렀다)의 시기에 인도의 미래 국가안보 비전에서 역동적·공격적인 유전학 연구 노선을 통한 식량안보는 중심적인 과제로 거듭났다.[65]

인도 정부는 스와미나탄의 연구소에서 나오는 결과를 고려할 때 낙관적일 수밖에 없었다. 스와미나탄의 감독 아래 과학자들은 멕시코 소재 국제옥수수밀개량연구소CIMMYT가 개발한 가장 유망하고 새로운 소맥 품종인 '소노라-64'Sonora-64를 들여온 뒤 감마선으로 조사照射했다. 인도인이 통상적으로 소비하는 것과 비슷해 보이는 호박색 품종이 하나의 결과물이었다. 스와미나탄은 이를 '샤르바티 소노라'Sharbati Sonora밀로 개명했다. 이 밀은 식물성 단백질보다 동물성 단백질이 많은 필수 아미노산인 리신lysine을 많이 함유한 것처럼 보였다. 1967년 스와미나탄은 그 수준이 유즙 단백질에 함유된 리신과 거의 비교될 수 있다고 주장했다. 그는 그러한 단백질이 아동의 뇌 발달에 중요하기 때문에 샤르바티 소노라 밀이 '지적 왜소증의 위협을 감소시키는' 저렴하고 실질적인 방안을 제시했다고 썼다.[66]

마침내 IAEA는 원자의 풍요로운 약속을 실현하는 것처럼 보였다. 샤르바티 소노라의 단백질 함량을 강조함으로써 IAEA는 자기네 사업이 엄청난 인구압에 놓인 지역인 아시아에서 자연이 부과하는 제약을 바꾸는 데 일조했다고 말할 수 있었다. 그럼에도 회의론자 가운데 일부는 단백질 함량이 너무나 자주 부적합한 건강의 척도로 대우받았다고 주장했다. 연구자 로버트 화이트는 "아시아의 문제들에 대한 해답으로 곡물의 단백질 함량을 강조하는 것은 마찬가지로 중요한 비타민, 무기질, 지방의 역할뿐 아니라 아시아 식생활에서 식물성·동물성 단백질의 상대적 장점이라는 문제에 대해서도 적절한 설명을 제공하지 않는다는 점에 신경이 쓰인다"라고 썼다. 또한 화이트는 인도가 늘어난 리신 함량을 강조하지만 이것이 곡물 내 다른 필수 아미노산의 균형을 어지럽힐 수도 있다고 지적했다.[67] IAEA는 이 비평에 대해 비타민·무기질·지방이 식이보충제로 추가될 수 있다고 답변했다. 캘리포니아대학에서 훈련받은 화학자이자 IAEA 과학자인 로버트 루즈는 스와미나탄이 그랬던 것처럼 인구가 이미 소비하던 식품을 바꾸는 것이 최선의 경로라고 믿었다.[68] 루즈는 동물성 단백질에 거의 접근할 수 없거나 돈이 없어 굶주림의 기로에 있는 사람이 수백만 명 있다고 주장했다. 곡물 내 단백질량을 늘리는 연구(이종을 찾든, 기존의 품종들을 교배하든, 방사선으로 새로운 이종을 유발하든 간에)는 세상의 가장 가난한 사람들을 돕는 경로로 보였다.[69]

굶주림이라는 아시아의 영속적 문제를 해결하기 위해 원자력이 중요한 영양소를 공급했다고 주장한 것은 놀라운 일이었다. 심지어 샤르바티 소노라는 녹색혁명의 서사에서 한 자리를 원자력에 주었다. 이 발표는 강성 회의론자마저 설득시킨 것으로 보였다. 1969년 IAEA/FAO 공동부서의 프라이드는 미국원자력위원회의 로버트 랩슨으로부터 회한에 찬 편지를 한 통 받았다. 미 위원회의 전문가들은 여태껏 변이식물 육종을 술책 이상으로 생각하지 않았다. 그는 위원회의 미국 계약자들이 방사선으로 수확을 촉진하는 방안을 찾는 데 관심이 있다는 사실에 놀랐다고 말했다. "하여 귀하는 시간이 지나면서 우리가 이 문제에 조금 더 끌려 들어가는 것을 보고 있습니다."[70]

그러나 샤르바티 소노라는 그렇게 보인 것만큼 정말로 기적의 곡식이었을까? 놀랍지 않게도 실로(FAO에서 근무)는 아주 회의적이었다. 먼저 그는 원자력의 역할이 곡식의 색상을 변경하는 것이었다고 지적했다. 그에게는 증가된 단백질 함량에 대한 증거나 방사선으로 인한 어떠한 증가도 미심쩍어 보였다. 그러나 실로의 후임자 시구르비요른슨은 샤르바티 소노라를 변이식물 육종에서 거둔 거대한 승리라고 자랑스럽게 알렸다. 인도에서 수행된 조사照射는 3년 반 만에 멕시코 소맥 품종인 소노라-64의 씨앗 색깔을 변화시켰다. 그는 "다른 어떠한 육종 기술을 써도 이에 필적하기는 몹시 어렵다"라고 말했다. "나는 개발도상국들이 증명된 효율적 식물개량의 한 가지 수단을 쓰지 말아야 한다는 어떤 이유도 찾을 수 없다." 그는 개발도상의 세계에서 식물성 단백질 증진 계획으로 전환하는 일이 전적으로 정당화되었다고 믿었다.[71]

단백질 관련 주장들은 뒤이은 기간에 상당한 논란거리로 거듭났다. 퍼듀대학 과학자들인 에드윈 메르츠와 올리버 넬슨은 수년간 옥수수의 리신 함량을 늘리는 작업을 수행했다. 그들은 성공적이었으나 옥수수의 다른 측면들은 작물을 농부들이 재배할 수 없는 무생육성으로 만들었다.[72] 스와미나탄의 발견을 복제하려는 그들의 노력은 헛수고로 돌아갔다. 그들은 소노라-64 소맥과 신종 샤르바티 소노라 사이에서 리신의 대수롭지 않은 차이만 보았다. 네브래스카대학의 다른 과학자들은 나아가 샤르바티 소노라밀이 모체인 소노라-64보다 리신이 적게 들어 있다고 말했다. 스와미나탄은 1년 만에 자신의 새로운 밀을 우호적으로 유즙 단백질과 비교하는 데서 새로운 밀이 단백질 함량이 약간 더 많다고 말하는 것으로 움직였다. 별다른 차이가 없다고 말하는 이들에는 소노라-64 품종을 처음 만든 멕시코 국제옥수수밀개량연구소 소속 유전학자들도 포함되었다. 그러나 스와미나탄은 계속 [관련 연구 결과를] 출간하면서 밀의 단백질 함량을 늘렸다고 주장한 연구로 수많은 찬사를 들었다. 1972년, 그를 위해 일한 인도인 과학자 비노드 샤가 스스로 목숨을 끊었다. 그는 스와미나탄에게 남긴 쪽지에서 "당신이 생각하는 바에 맞추려고 수많은 비과학적 데이터가 수집되어 당신에게 전해졌다"라고 고백했다.[73]

스와미나탄의 단백질 증가 관련 주장들에 대해 인도인 과학자들이 어조를 누그러뜨리자 실로는 스와미나탄이 엉터리였음을 확신하게 되었다. 나아가 그는 녹색혁명과 원자력의 미약한 연계를 고수하도록 IAEA가 스와미나탄을 보호한다고 믿었다.[74] FAO에서 실로는 조사照射 프로그램용 자금 지원에 계속 반대했고, 이란 같은 곳의 기관들을 공동부서가 지탱하고 있다고 불평했다. 이란은 중앙조약기구CENTO 같은 이전의 열성적 지지자들이 환멸을 느끼고 지원을 철회한 곳이었다. 그는 FAO 동료들을 IAEA와 그저 잘 지낸다며 꾸짖었다. "식품 조사의 세계사는 식품 조사의 경제적 가치에 대한 지나친 주장과 반복된 재정적 실패·도산에 관한 하나의 긴 이야기로 단 한 차례도 상업적으로 성공하지 못했으며, 오늘날 식품 조사 지지자들이 조사 식품의 안전성을 증명하려고 제출한 데이터에 대한 공중보건 당국의 신뢰 부재와 결합되었다."[75]

실로는 비판을 고수함으로써 새로운 친구들과 다수의 적을 만들었다. 그는 공동부서 내 동료들 사이에서 벌어진 부패와 기만에 대한 고발에 의지했다. 그는 학위를 위조하고 한 대학과 제휴한다고 거짓말했다며 한 사람을(그 남자 이름을 말하지 않고) 고발했지만 프라이드와 시구르비요른슨이 이를 덮었다고 고발했다. 또 그들이 과학적 데이터로 정당화될 수 없는 공공연한 주장을 했다고 비난하기도 했다. 그들은 늘어난 단백질 함량에 관한 스와미나탄의 주장을 믿고 싶어 했으며 이를 증명하는 수고를 기울이지 않았다고 실로는 혐의를 제기했다. 한편 다른 유전학자들은 인도의 주장이 지독히 과장되었음을 보여주었다.[76]

FAO/IAEA 지도부는 다양한 방식으로 실로를 침묵시켰다. 프라이드는 실로를 비난하는 글을 길게 썼는데, "이것은 나의 통상적 답변 형식보다 훨씬 더 강력하나 모두 진실이고 어떻게든 중단해야 한다"라는 내용을 담은 수기 비망록을 자기 수하에게 보냈다.[77] 프라이드는 기술적으로 FAO에서 스와미나탄이 실제로 단백질 함량을 늘렸다고 분명히 언급하지 않았다고 말했다. 프라이드는 심지어 이러한 주장이 제기되었다고 실로가 언급한 내용을 녹음했고, (프라이드가 말하길) 자신은 해당 사안이 오직 한 번만 제기되었고 실로의 주장이 적절한 절차에 따라 여전히 입증되지 않았다는 증거를 보유했다고 했다. 따라서 프라이드는 FAO 내의 실로 상관에게 실로의 기초적 고발은 허위이며 그가 "귀하에게 의도적으로 거짓말을 했음이 드러나게 되었다"라고 썼다. 프라이드의 서술은 분노에 차서 실로의 '공동부서에 대한 십자군'을 언급했으며 실로를 '자칭 경찰관'이라고 불렀다. 프라이드는 "나 자신, 내 직원, 공동부서 활동에 대한 실로 박사의 날조되고 허위이며 악의에 차고 중상적인 고발들에 반복적으로 대답할 것을 요청받아" 분노했다. 프라이드는 FAO가 실로에게 약간의 징계 조치를 하기를 원했다. "지금 나는 이 몰상식한 일이 중단되어야 한다고 정중하게 요청하는 바입니다."[78] 한 관리는 '그가 건물은 물론 걱정하는 대표들에게 접근하지 못하도록' 실로에게 몇 달간 유급 휴직을 줄 것을 제안했다.[79]

프라이드는 실로를 처벌하기를 원했지만 FAO 지도부는 실로가 정년퇴임할 때까지 기다리기로 하는 한편, 그에게 더 많은 비난거리를 제공할 수도 있는 어떠한 활동도 그에게서 감췄다. 한 가지 사례는 어떤 이가 농업에 대한 원자력 사용을 비판했을 때 벌어졌다. 노르웨이농업대학 농업경제학 교수인 오드바 아레스빅은 포드재단 아래에서 파키스탄과 레바논에서 작업한 뒤 자기 경험을 책으로 썼다. 초고를 완성한 그는 논평을 듣기 위해 조국의 FAO 국가위원회의에 사본을 한 부 발송했다. 사본은 그곳에서 FAO 사무총장 에데케 보어마의 관심을 끌었다. 원고는 곡물 조사에 대단히 비판적이었고, 기본 내용은 실로의 의견과 동일했다.[80] 아레스빅은 그러한 연구에 대한 공동부서의 독려가 개발도상국의 비용절감형 정치인들에게 우선순위라는 측면에서 미심쩍은 선택을 하게 만들었다고 느꼈다. 그러한 선택은 방사선 연구에 대한 엄청난 지원으로 이어졌고, 최고의 과학자들은 돈을 따랐기 때문에 기존의 거대한 유전물질 저장분에 대해서는 연구하지 않았다. 국가적 자부심은 정치인들을 독려해 최신 연구에 집중하게 했는데, "그들이 발전되었다고 인식되려면 원자로와 조사 유전학 기관을 보유해야 한다는 인상을 받았기" 때문이다. 아레스빅은 "나는 달에 쏘아 올리는 로켓 및 유사한 연구 프로젝트를 실험하고 방사선유전학에 어마어마한 액수를 희생시키는 부유한 나라들에는 아무런 반대도 하지 않는다"라고 썼다. 그는 국제기구들이 더 잘 알아야 하며, 개발도상국들에 값비싼 '애물단지들'을 짓도록 독려해서는 안 된다고 언급했다.[81]

FAO 지도자들은 아레스빅에 대한 최선의 응답을 정하는 한편, 그들의 '짜증 나는' 직원인 실로에게는 논의 자체를 감췄다. 프라이드는 트집을 잡았고, 공동부서가 새로운 건물을 지원하지 전체 기관을 지원하지는 않는다고 말했다. 그는 조사에 지급되는 불균형적인 정부 자금에 관한 아레스빅의 주장에도 의문을 제기했다. 예컨대, 프라이드는 조사 연구자들이 급여를 더 받았다고 믿지 않았다. 나아가 그는 오직 부유한 나라들만 그러한 연구에 노력을 기울여야 한다는 주장이 불공평하다며, 이를 '곡물 품종들을 숟가락으로 떠먹여주기'라고 불렀다.[82]

누군가가 무심코 또는 남몰래 아레스빅의 초고에 대한 프라이드의 논평을 입수해 복사본을 실로에게 보냈다. 실로는 자기 책상 위에 있는 복사본의 내용을 검토했으며, 이후 한동안 사무실을 떠나 있었다. 그는 사무실로 돌아왔을 때 자신의 허락 없이 해당 문건을 회수하려고 온 상관의 비서와 자기 비서가 언쟁을 벌이는 모습을 보았다. 고위급 비서는 손으로 문건을 집어갔다. 분노한 실로는 FAO 내 '과학적 사안에서 비밀주의의 증가 추세'를 성토했고, 이것이 프로그램과 관련해 무언가 잘못되었다는 확실한 신호라고 말했다.[83] 아레스빅 자신은 프라이드의 적대적 비평으로 겸손해진 듯 보였지만 사안에 관해 결코 알지 못했다. 개발도상국들의 농업에 관한 후속 저서들에서 그는 원자력을 특별히 비난하지는 않았다.[84]

논란은 끝났다. 1972년 정년퇴임한 실로는 FAO의 농업 관련 회의에 참석하려고 했으나 제지당했다.[85] 1973년, 그는 절박한 심정이 되어 FAO에서 가짜과학을 계속 연구하려는 '사기적 음모' 이야기로 영국 BBC 특파원에게 연락을 취했다.[86] 그는 비노드 샤가 자살했고 인도 정부가 스와미나탄의 작업에 대한 수사를 개시했다는 뉴스가 나간 뒤 같은 이야기를 전하려고 『뉴사이언티스트New Scientist』 기자와도 작업했다.[87] 그러나 스와미나탄의 명성은 그대로였고, 그는 더 많은 명성과 영향력을 바탕으로 나아갔다. 그는 국제쌀연구소 소장이 되었는데, 이 연구소는 처음에 방사선 유발 변이 육종의 중요성을 일축했던 곳이었다. 이후 그는 인도 정계에 진출했고, 2009년 『사이언스』와 한 회고적 면담에서 스스로 '녹색혁명의 구루'라고 칭했다.[88]

1970년대 초에 이르러 IAEA는 성공담을 찾는 공동체가 되었고 기구 지도자들은 부정적인 원자력 관련 정보를 억제하려고 무슨 행동이라도 기꺼이 할 준비가 되어 있었다. 피셔가 쓴 공식 역사의 자매판이라고 할 수 있는 『개인적 성찰들Personal Reflections』에서 시구르비요른슨은 실로를 거명하지 않은 채 해당 논란에 대해 말하며 IAEA가 1960년대 말 연구 프로그램의 생존을 위해 싸운 방식을 설명했다. 그는 또한 실로가 참석한 주요 학술대회에 앞서 IAEA 직원들이 마치 전투에 대비하듯 준비했던 방식을 지적했다.

> 우리는 모두 같은 호텔에서 묵었다. 맥 프라이드는 전략 회의를 열었으며 우리끼리 대표들을 나누고 연락을 취했다. … 확실히 아주 윤리적이지는 않았으나 우리의 적수가 대표들에게 배포한 수백 쪽짜리 비망록에 직면해 우리의 선택은 싸우거나 아니면 포기하는 것이었고, 후자는 확실히 공동부서의 종언을 의미했을 터였다.[89]

시구르비요른슨은 공동부서가 결속하고 단결한 것은 아마도 부분적으로 이 무명의 '적수'에게서 스스로 항상 방어해야 했던 덕분이었다고 언급했다.

1970년대 초에 이르러 IAEA는 인구압과 식량 공급에 관한 맬서스주의적 수사와 FAO 및 다른 기구들의 개발주의적 기풍을 혼합하는 데 익숙해졌다. IAEA 지도자들은 이 긍정적 인상을 신중하게 관리했다. 녹색혁명은 지구적 위기들에 대한 한 가지 기술적 해결책을 홍보하는 이상적인 수단이었다. 오직 원자가 연계될 경우에 해당했지만 말이다. 1970년 노벨평화상 연설에서 식물 육종가 노먼 볼로그(그의 사단은 소노라-64를 생산했다)는 인류를 파괴하는 핵무기보다 인구 위기를 해결하기 위해 변이 식물 육종을 포함한 농업 연구에 많은 투자를 해달라고 정부들·과학자들에게 애원했다.[90] IAEA 과학자들은 샤르바티 소노라를 포함해 지중해 지역에서의 듀럼밀 실험과 레이메이黎明*라고 불린 다수확 일본 쌀 같은 '성공들'을 지적했다.[91] 세계 도처에서 수많은 곡물 품종이 방사선 처리로 바뀌었기 때문에 IAEA는 성공을 주장하려고 했다. 이 중 대부분은 이탈리아 듀럼밀 같은 특징을 지녔다. 줄기의 강도를 늘리거나 줄기를 짧게 하여 작물이 스스로의 무게 때문에 고꾸라짐 없이** 막대한 양의 비료 투입을 유지할 수 있게 되었다. 조숙성이나 내병성이 특성에 포함되었다. 이것들 가운데 영양 특질상의 개선은 드물었다. 성공담 대다수는 장식화의 미학처럼 주관적이었다. 그리고 그것들은 대부분 엑스선 처리를 받았을 뿐 방사성 물질이 요구되는 감마 선원에 쬐인 것은 아니었다. IAEA는 방사선이 박하를 멸종에서 구했다고 주장했다. 미국 연구자들이 방사선을 이용해 내병성 품종을 만들려고 했기 때문이다.[92] 1971년 시구르비요른슨은 IAEA의 작업이 '자연의 맥박을 빠르게 하는' 중이라고 썼다. 방사선은 자연변이율을 가속해 연구자들에게 작업할 수 있는

---

* 일본 최초의 실용 방사선 품종으로 1966년 육종의 '여명'을 상징하는 이름이 부여되었다.
** 이러한 현상을 도복倒伏, lodging이라고 한다.

    2부 원자력의 선전

수많은 식물을 제공할 것을 약속했다.[93]

그러한 주장을 한 것은 세상에 긍정적 변화를 가져오는 기술적 요인으로서 평화적 원자라는 이미지를 지키기 위해 IAEA가 수행한 작업의 일환이었다. IAEA가 다른 기구들과 벌인 갈등은 서사들 간 다툼으로 읽을 수 있다. 여기서 IAEA는 원자력이 세상의 질병·기근·인구과잉이라는 문제를 해결할 준비가 되어 있음을 다양한 방식으로 보인 한 서사를 적극적으로 홍보했다. 1963년 대기 핵무기 실험 금지 이전에 IAEA의 주적은 WHO인 것처럼 보였는데, WHO 과학자들이 방사성 낙진의 위험에 관해 결코 말을 아끼지 않았기 때문이다. 1960년대 중반, IAEA는 FAO에서 여러 문제를 일으켰으나 성공적으로 상대방의 허를 찔렀고, 녹색혁명의 핵심 부분으로 원자를 자리매김했다.

그러나 1960년대 말과 1970년대 초, 국제 환경은 IAEA에 영구적 존재 이유를 제공하는 방식으로 변하는 중이었고, 핵무기 보유국들에 이 기구의 작업을 지지할 다른 유인을 제공했다. 미국인·소비에트인·영국인은 물론 다른 이들은 핵무기 확산을 제한할 조약을 추구했고, 치안 유지·감시 역할을 하는 IAEA를 상상했다. 그들에게는 그 어느 때보다 IAEA가 필요했고, 이 기구의 민간적 차원을 강화해야 한다는 시급성을 고조시켰다. 그것은 물·에너지 안보와 함께 천연자원의 부족, 기근, 질병을 강조한 수사에 지속적으로 의존하는 것을 의미할 터였다. IAEA가 더욱 핵 안보 사안으로 끌려 들어감에 따라 이 긍정적 수사에 대한 이 기구의 필요성은 커지기만 했다.

1953년 12월 8일 UN 총회에서 아이젠하워 대통령이 IAEA 창설을 제안하고 있다. 제공: 국제연합

'평화를 위한 원자력'을 주제로 에릭 니체가 제너럴 다이내믹스를 위해 고안한 포스터 여러 장 중 하나. 프랑스어 판본은 '유체역학'을 묘사하고 USS 노틸러스의 삽화를 삽입했다. 제공: 제너럴 다이내믹스

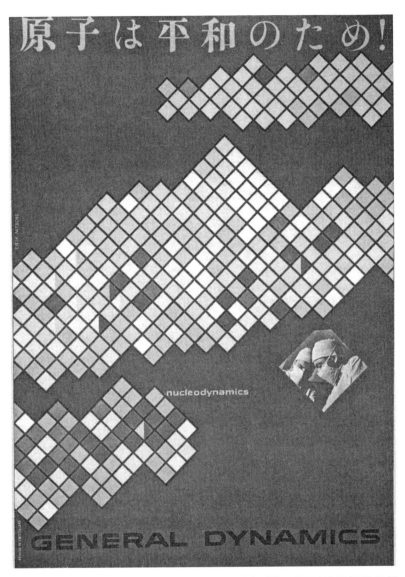

'평화를 위한 원자력'을 주제로 에릭 니체가 제너럴 다이내믹스를 위해 고안한 또 다른 포스터. 일본어 판본은 '핵역학'을 묘사하고 수술용 마스크를 쓴 내과의사들을 표현했다. 제공: 제너럴 다이내믹스

스위스 제네바에서 열린 원자력의 평화적 이용을 위한 1955년 국제 학술대회의 개막식. UN 사무총장 다그 함마르셸드(가운데)와 다른 이들이 미국 전시의 일부인 실험용 비등수형 원자로 모형을 보고 있다. 미국 과학자 월터 휘트먼(가장 왼쪽)은 학술대회 사무총장이었다. 그의 오른쪽은 UN 주재 파키스탄 상임대표 아메드 보카리이다. 제공: 국제연합

스위스 제네바에서 열린 원자력의 평화적 이용을 위한 1955년 국제 학술대회 동안 의장을 맡았던 인도 물리학자 호미 바바(오른쪽). 폐막 회의에서 UN 사무차장들인 랄프 번치(가운데)와 일리야 체르니셰프를 찍은 사진이다. 제공: 국제연합

가나 대통령 은크루마(왼쪽)가 1961년 뉴욕의 UN 본부 방문 중 UN 사무차장 랄프 번치와 이야기를 나누고 있다. 제공: 국제연합

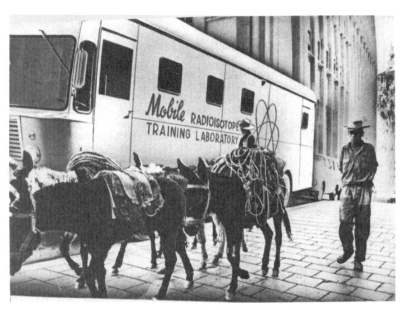

널리 사용된 이 IAEA의 사진은 1960년 멕시코 과나후아토대학 바깥의 이동식 방사성 동위원소 실험실 모습을 담았다. 제공: 국제연합

'감마 정원'('감마 육종장')은 생장기 전체에 걸쳐 다양한 거리에서 변이를 유발하거나 식물에 대한 방사선의 효과를 연구하기 위해 쓰였다. 이 사진은 1967년 일본의 국립방사선육종장에 있는 방사선탑을 보여준다. 사진: 골드버거. 제공: 국제원자력기구

1960년대 방사선 피폭으로 생성된 듀럼밀 이종들은 북아프리카·중동의 열두 개 나라에서 실험적으로 재배되었다. 이 날짜를 알 수 없는 사진은 시리아에 있는 한 현장을 보여주며, 왼쪽의 과학자는 이탈리아의 식물 유전학자 지안 스카라치아로 확인된다. 제공: 국제원자력기구

1964년 식물학자 로널드 실로. 실로는 FAO/IAEA 공동원자력농업부서의 초대 차장이었다. 그는 IAEA의 개발도 상국들 대상 농업 기술 관련 사업을 비판했고 그것들이 과학적 결론을 덮는다고 고발했다. 제공: 존인스재단의 존 인스 문서보관소

1960년대 일본인 변이식물 육종가 카와이 타케시가 자신이 만든 레이메이 쌀과 함께 서 있다. 제공: 국제원자력기구

1961년 WHO와 IAEA가 멕시코에서 공동으로 주최한 학술대회에서 모리스 프라이드(가운데). 브라질에서 온 리베이로 피에로니(오른쪽)와 소련에서 온 쿠드랴프체프(왼쪽) 모습도 담겼다. 쿠드랴프체프는 축산업과 수의학에서 방사성 동위원소의 사용에 관해 강연했다. 사진: 조셉. 제공: 국제원자력기구

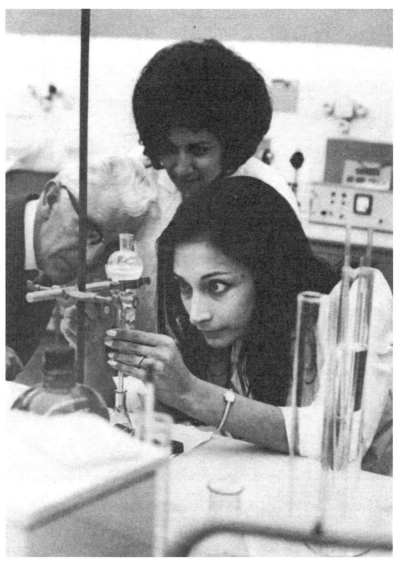

테헤란대학의 연구용 원자로는 1967년 가동되기 시작했고, IAEA는 전문가들을 파견해 훈련을 지원했다. 이 사진은 1970년 IAEA의 방사성 동위원소 생산 전문가인 토머스 헤이스(영국)가 이란인 과학자들 쥘라 할할리(맨 위), 조레 아베딘-자데와 일하는 모습을 담았다. 사진: 멀둔 주니어. 제공: 국제연합

1967년 5월, 워싱턴D.C.에서 열린 평화를 위한 물 좌담회의 전시품들을 둘러보는 린든 존슨 대통령(오른쪽). 그를 비롯해(오른쪽에서 왼쪽으로) 내무부장관 스튜어트 우달, 필리핀 외교관 카를로스 로물로, 그리스 건축가이자 도시계획가 콘스탄토스 독시아디아스가 있다. 제공: 미국 국립문서기록관리청의 린든존슨대통령도서관

미국 건축가 에드워드 듀렐 스톤은 근대성과 무굴의 역사를 혼합해 파키스탄원자력과학기술연구원을 설계했다. 1961년 파키스탄을 방문했을 때 스톤(왼쪽)은 파키스탄 대통령 무함마드 아유브 칸(스톤 옆)과 연구원의 개념을 논의했다. 사진에서 칸 대통령 옆은 파키스탄원자력위원회 위원장 이슈라트 후사인 우스마니이다. 제공: 아칸소대학 도서관, 에드워드 듀렐 스톤 문서들

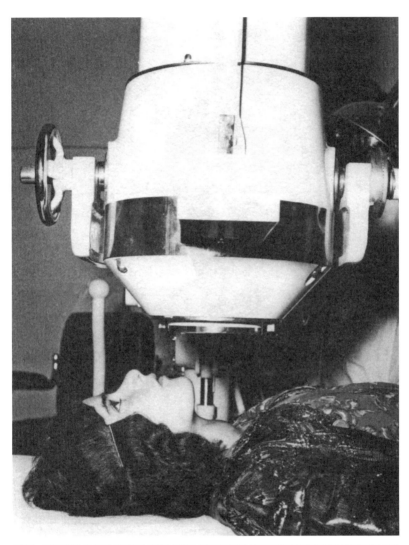

IAEA는 개발도상의 세계에서 원자력의 의학적 적용을 보여주기 위해 1967년 테헤란의 라지병원에서 촬영된 사진을 썼다. 이 사진은 확대된 갑상샘에 방사아이오딘 치료를 받는 이란 환자를 담았다. 그녀는 아이오딘의 분포 양상을 확정하기 위해 감마선 카메라 아래 자리했다. 사진: 길레스피, 제공: 국제원자력기구

1966년 인도 총리가 된 인디라 간디는 비확산조약에 그녀를 참여시키려는 미국의 노력에도 불구하고 그 전임자가 그랬던 것만큼 핵개발 계획에 전념했다. 이 사진은 1968년 뉴욕 UN 본부를 방문했을 때 촬영되었다. 인도는 간디의 지도 아래 1974년 최초의 핵폭발 장치를 터뜨리면서 평화적 핵폭발PNE이라고 불렀다. 제공: 국제연합

1975년 대통령 집무실에서 이란의 경제재무성 장관 후상 안사리와 회동하는 제럴드 포드 대통령과 헨리 키신저 국무장관. 제공: 미국 국립문서기록관리청 제럴드포드대통령도서관

1981년 이라크의 핵시설을 대상으로 한 이스라엘의 평시 공습은 미국을 포함해 세계 여러 나라로 하여금 자국의 민수용 핵개발 계획에 대한 헌신을 재고하도록 했다. 여기서는 UN 안전보장이사회가 이스라엘에 대한 조치들에 관해 논의하고 있다. 사진 속 발언자는 팔레스타인해방기구를 대표하는 제디 라비브 테르지이다. 그의 옆은 소련의 올렉 트로야노프스키이다. 제공: 국제연합

한스 블릭스(왼쪽)는 1981년부터 1997년까지 IAEA가 점차 핵무기 사찰·비확산과 더욱 연계되는 속에서 기구를 이끌었다. 사진에서 그는 1991년 이라크의 핵능력을 평가한 후 IAEA 수석 사찰관 데이비드 케이와 같이 있다. 제공: 국제연합

3부
원자력의 금지

6장
물, 피 그리고 핵무기 보유국 집단

1964년 중화인민공화국의 성취는 핵 관련 사안에 심원한 충격을 가져다주었고, 지배적 핵질서를 심각하게 어지럽혔으며, 평화적인 원자력을 새로운 경로에 확고히 올려놓았는데, 그 위에서 평화적인 원자력은 확산 관련 우려와 짝지어지게 됐다. 중국의 핵폭탄은 유색 핵폭탄이자 인민의 핵폭탄이었다. 그것은 듀보이스의 '유색 차별'을 넘은 첫 번째 원자폭탄이었고, 기존의 어떠한 정치적 범주에도 편하게 들어맞지 않았다. 중국은 미국의 적으로 미국이 지원한 중국 국민당에 맞서 싸운 공산주의 정부를 세웠다. 그러나 중국은 소련에서도 멀어졌는데, 그 이유들에는 핵무기를 공유하지 않겠다는 소련의 제안도 포함되었다. 게다가 중국은 식민주의라는 쓰라린 역사를 경험했고, 영국령 홍콩은 이를 항상 상기시키는 존재였다. 더욱이 일본제국과 벌인 전쟁은 거의 20년 전에 종결되었지만, 일본은 친구로 간주될 수 없었다. 중국이 제2차 세계대전 중 인명 피해를 많이 본 나라들 중 하나였기 때문이다. 그리고 가장 최근인 1962년 인도와 국경 분쟁을 벌인 것처럼 중국은 중립주의자들에 대한 열정적 지지자는 아니었다. 중국은 UN 같은 국제기구들의 영역 바깥에서 활동했다. (미국을 포함한) 많은 나라가 여전히 대만에 망명 중인 정부를 유일하게 합법적인 '중국'으로 인정했기 때문이다. 만일 1960년대의 논자들이 1990년대의 논자들처럼 말했다면, 그들은 중국을 '불량' 핵무기 보유국이라고 불렀을 터였다. 중국 같은 나라가 대체 핵폭탄으로 무엇을 할 것인가?[1]

중국의 핵폭탄은 일련의 사건들을 움직이게 했고, 그 결과 1960년대 말 비확산조약이 체결되었다. 이 조약은 세기말에 이르러 200여 개 참여국을 한데 묶을 합의였다. 다른 나라들을 비확산·세이프가드에 관한 합의로 끌어들이려는 열의 속에 (미국이 이끄는) 핵무기 보유국들은 평화적 원자가 제공하는 풍족함이라는 약속에 다시 전념했다. 그들은 새로운 식물 변이, 새로운 식품 보존 방법, 새로운 의학적 활용, 연구용 방사성 동위원소 이용을 이미 꿈꿨다. 그들은 지구에 급진적인 변환을 가져오고, 전체 사회경제 체제를 재조성하며, 사막을 꽃피운다는 더욱 과감한 약속을 하게 되었다. 미국인은 10년 이상 전력용 원자로 건설에 주의를 기울일 것을 촉구했다. 그러나 이제 미국과 여러 유럽 국가는 그러한 주의를 과감히 버렸다. 그 대신 그들은 강력한 핵개발 계획에서 협력하는 것을 영향력을 행사하는 수단으로 상상하게 되었다. 마치 재래식 무기를 팔려고 노력한 것처럼 말이다.

지구상에서 정치적으로 불안정한 지역 중 두 곳인 인도 아대륙과 중동은 1960년대와 그 이후 유혈이 낭자한 갈등을 겪었고, 동시에 정치인들은 그곳에서 평화적 원자의 깃발 아래 핵개발 계획들을 고취했다. 인도·이스라엘 양국은 핵무기로 무장go nuclear할 수도 있는 다음 나라로 널리 인식되었다. 그들이 핵무기 개발 계획을 포기하도록 설득할 수 있을까? 만일 그렇다면, 이를 실현하기 위해 아마도 풍요로운 미래를 약속하는 방식으로 '평화적' 원자력을 이용하는 방안은 있었을까? 핵개발 계획뿐만 아니라 핵 협력도 성장했다. 미국은 이스라엘에 원자로를 건설해 담수 공장에 전력을 공급하게 하겠다는 야심 찬 계획을 수립했다. 다른 나라들, 주목할 만하게 캐나다는 인도가 핵폭발 장치를 터뜨리겠다는 계획을 세웠는데도 이 나라의 핵개발 계획을 도왔다. 이는 민수용 원자력에 대한 정부의 홍보를 판돈이 더 많이 걸린 놀이가 되게 했다. 만일 비핵 국가들이 원자의 민간적 활용에 대한 접근과 핵개발 계획의 포기를 맞바꾸는 데 동의한다면, 그러한 활용법은 심지어 신기루에 기반을 둔 것인데도 가치 있다고 인식될 필요가 있었다.

*

1945년 이래 미국은 명목상 핵무기 확산에 반대했다. 하지만 미국은 원자무기를 제거하기 위한 1946년 바루크 계획이 불발된 이후 그런 시각을 법제화하려는 어떠한 진지한 시도도 하지 않았다. IAEA를 창설하자는 아이젠하워 대통령의 1953년 제안과 1957년 IAEA 공식적 출범 사이에 과학자·외교관들은 핵폭탄 개발 계획에 실제로 기여하지 않으면서도 민수용 핵기술의 확산을 어떻게 독려할지에 집중했다. 1950년대 이래로 모든 나라는 원자폭탄을 만들 수 있는 어떤 구체적 지식이나 기반 시설을 가지지 않고도 핵의 세계로 진입하기 위한 전문성·훈련·물질·

기술을 차근차근 축적했다.

핵기술 이전에 관한 진중한 논의 중 일부는 IAEA 세이프가드 관련 협상에서 있었다. '세이프가드'는 핵기술상의 안전보다는 핵물질과 장비가 핵폭탄 개발 계획으로 전용되지 않도록 보장하는 법리적·물류적 절차들을 묘사하는 용어였다. 1950년대 그러한 세이프가드를 경유해 사고하는 일은 무척 새로운 것이었고, 답변되지 않은 수많은 질문을 제기했다. 협상은 두 국가의 재량에 달린 쌍무적 협상이어야 하는가? IAEA가 규범을 제정해야 하는가? 나라들이 이러한 규범들을 고수하도록 어떻게 유인할 것인가? 그것들은 누가 강제할 것인가? 1953년, 과학자들은 개발도상국들에서 예컨대 비료 연구나 변이식물 육종에서 방사성 동위원소처럼 불안을 덜 조성하는 다양한 활용법을 생각했다. 하지만 IAEA 창설 이후 많은 나라가 원자력을 개발하길 원했고 이를 달성하는 수단으로 국제적으로 조성된 기술과 물질의 새로운 가능성을 이용하길 희망했음이 분명했다. 그러한 희망은 거대한 원자로 건립을 수반할 터였기 때문에 수많은 장비의 조달은 핵폭탄 개발 계획의 장비 조달과 구분되지 않을 것이었다.

처음에는 정부가 그러한 세이프가드를 부과했는데 이는 수입국·수출국 사이의 양자무역 거래 안에 포함되었다. 예컨대, 미국은 최근까지 적이었던 일본과의 핵 거래에서 세이프가드 규정들을 충분히 포함시켜야 한다고 주장했다. 1950년대 말 미국, 일본은 물론 다른 국가들은 세이프가드를 감독하는 과업을 IAEA가 맡길 희망했다. 1961년에 이르러 IAEA는 연구 시설들과 작은(100메가와트 또는 미만) 원자로에 적용되는 세이프가드 체계의 원칙을 수립했다. IAEA는 더욱 커다란 원자로 체계들로 세이프가드를 확장하려고 시도하면서 대규모 원자로용 세이프가드 관련 협정을 타결하기 위해 1963년 논의를 재개했다. 1963년 9월, 미국인·일본인은 쌍무적 합의를 맺었고 IAEA가 세이프가드를 관리하는 책임을 맡는다는 데 서명했다. 일본은 호주·남아공·영국과 자국의 양자 거래에 대한 세이프가드를 IAEA가 집행하도록 계획하기도 했다.

IAEA는 편리해서 매력적이었지만 미국인(그리고 다른 이들)에게는 다른 종류의 첩보 수집을 보충하는 용도로 핵개발 계획의 전개를 감지할 수 있는 수단이었다. 1964년, 미국 중앙정보부는 '현지에' 눈들을 거의 두지 않고 공중정찰에 상당히 의존했다. 이를 가장 잘 보여준 사례가 바로 1964년 중국의 핵실험이었다. 미국 분석관들은 로프노르羅布泊 실험장과 바오터우包頭에 위치한 원자로의 핵분열 물질 생산에 대한 유투U-2 정찰기와 위성사진 촬영에 근거해 핵실험이 1965년 이전에는 진행되지 않을 것이라고 추측했다. 이 평가는 10월 15일 '언제든지'로 수정되었는데, 이중 철조망으로 둘러싸인 103미터에 달하는 폭발 탑과 주변으로 다양한 거리에 위치한 장치들의 집합, 다른 작은 탑들, 엄폐호들을 갖춘 실험장이 완성된 것으로 보였기 때문이다. CIA 분석관들은 다시 원자로 부지를 보면서 중국인의 핵폭탄 연료 제작 시점에 관해 자신들이 틀렸다고 판단했다.[2] 다음 날인 1964년 10월 16일, 핵폭탄이 폭발했다.

이 핵실험 이후 미국 정부는 수년 후 핵무기비확산조약NPT으로 거듭나게 될 방향으로 중대한 조치들을 취했다. 국민당 중국의 즉각적 공황("우리가 목표란 말이오!"라고 창카이섹은 타이페이 주재 미국 관리들에게 말했다)에도 불구하고[3] 미국인 핵심 자문들은 대부분 억지抑止라는 관점에서 생각했다. 핵폭탄을 개발하라고 일본이나 인도를 독려해야 할까? 사건 며칠 후 미국 국방장관 로버트 맥나마라는 의회 의원들에게 비슷하게 핵폭탄을 만들 수 있는 나라가 여럿 있고, 그 비용은 미화로 대략 1억 2,000만 달러로 해당국 정부들이 충분히 지출 가능하다는 사실을 상기시켰다.[4] 합동참모본부의 군사 자문들은 국방장관에게 증가하는 중국의 압력을 고려할 때, 아시아 우방들 사이에서 핵을 공유하는 일이 필요해질 수도 있다고 조언하기 시작했다.[5] 1950년대 인도가 식민주의 역사와 인종에 집중했기 때문에 미국은 인도를 핵 영역에서 핵심적인 '유색' 적대국으로 인식했다. 그런데 이제 와서 미국인은 중국에 대한 반격으로 인도에 무장을 독려한다는 전망을 고려했다. 예컨대, 국무장관 딘 러스크는 동료들에게 단도직입적으로 질문했다. 미국이 항상 중국을 억지해야만 하는가? 억지하는 역할을 인도나 일본이 하는 것이 더 낫지 않을까? 러스크와 다른 이들이 이 선택지를 고려했다는 사실은 맥나마라 국방장관의 요구에 따라 기밀로 유지되었다.[6] 린든 존슨 대통령과 소비에트 외무상 안드레이 그로미코 사이의 회의에서 소비에트인은 중국의 상황으로 미국인이 서독을 핵으로 무장하게 하고, 이것이 서독 자체의 독자적 핵 억지 수단 개발로 이어지지는 않을지 궁금해하는 것이 명확해 보였다. 소비에트인은 갑작스럽게 미국인과 협력해 지구적 핵무기 현상 유지를 고수하는 데 큰 관심을 가지게 되었다.[7]

중국이 핵실험을 하고 2주 뒤, 전략이 필요해진 존슨 대통령은 전임 국방차관 로즈웰 길패트릭을 본부장으로 하는 특별협의체인 핵확산대책본부 창설을 공표했다. 대책본부 구성원들은 자신들이 두 세계 중 하나를 선택해야 한다고 구조화했다. 맥나마라가 '모형Model A'라고 부른 것은 미국이 더는 핵무기 보유국이 없는 세상을 추구하는 것이었다. '모형

B'는 미국이 제한된 숫자의 추가 핵무기 보유국을 수용하는 것이었다. 대책본부의 여러 참가자는 모형 B(핵무기 보유국을 소수 갖는 게 미국의 이해임을 받아들이는 것)로 시작했으나 끝에 가서는 미국의 정책이 모형 A를 따라야 한다는 새로운 신념으로 돌아섰다. 코넬대학 총장 제임스 퍼킨스는 모형 A의 현실화를 보장하려면 국제적 협정보다 먼저 그리고 아마도 그러한 협정 없이도 "우리가 IAEA를 보강해 이 기구가 세계의 사찰체계를 만들도록 해야 한다"라고 주장했다.[8] IAEA는 치안 유지 기구 또는 '감시 단체'가 되도록 고안되지 않았다. 하지만 대책본부는 점차 이 방향에서 IAEA를 보게 되었다. '평화를 위한 원자력' 기구는 미국·소련·영국·프랑스 그리고 이제 중국을 제외한 모든 국가의 수중에 핵무기가 들어가지 않게 막는 도구로 변신해야 할 터였다.

자문들은 자기들 권고의 역설을 인정했다. 여러 나라가 핵무기를 포기하도록 동의를 끌어내는 데는 평화적 원자를 홍보하고 풍요로운 미래를 약속하는 것이 중요했다. 그러나 원자력에 대한 홍보는 핵폭탄 개발 계획의 가능성을 더욱 높였다. 중국에서 무슨 일이 일어났는지 지켜보면서(그리고 핵폭탄 개발이 세계무대에서 중국의 입지를 강화했다는 믿음과 함께) 대책본부 위원들은 세계의 나머지 부분에서 핵무기로 가는 경로들을 새롭게 바라보게 했다. 그들은 평화적 원자력 발전 홍보가 문제의 일부였다고 솔직하게 인지했다. 위원회는 "세계는 핵무기 확산의 통제라는 측면에서 돌이킬 수 없는 지점으로 빠르게 접근하고 있다"라고 언급했다. "원자력 발전 개발 계획들은 핵무기 제조에 필요한 지식, 장비, 물질 대부분을 수많은 국가의 손아귀에 쥐어주고 있다." 그들은 오직 우호적인 나라들의 원자력 개발만 도울 것을 권고했다.[9]

미국 정부가 비확산에 전념한 것은 대책본부가 권고를 만든 이후였다. 다른 핵무기 보유국들도 미국을 뒤따랐다. 가장 중요한 우방 미국에 지원을 확신시키기 위해 영국인은 그 보고서를 손에 넣었다(일부는 유출되었다고 말했다). 1964년, 해럴드 윌슨 총리가 독일연방공화국과 다른 나라 모두를 겨냥해 핵 방아쇠에 걸린 새로운 손가락이 더는 있어서는 안 될 것이라고 힘주어 말했을 정도로 영국에는 확신이 거의 필요하지 않았다. 장차 프랑스인·독일인은 비확산이라는 목표에서 내키지 않는 우방이 될 터였다. 그러나 소련과의 조약 협상은 신속하게 진행되었고, 두 초강대국 경쟁자들은(영국과 함께) 1968년 최초 서명국이 되었다.[10]

미국 비확산 전략의 핵심으로서 IAEA는 중요했으나 과연 이 기구가 진정으로 전 세계를 감시할 수 있었을까? IAEA 회의에서 대표들은 공식적인 협정 안에 세운 일종의 기술적 장벽의 효과에 일상적으로 의문을 품었다. 아르헨티나 국가원자력위원회 위원장 오스카 퀴힐랄트가 관측했듯이 핵 거래 당사자들은 규칙을 우회할 방안을 찾았다. 그는 속임수를 쓰기 쉬웠다고 지적했다. 그는 각국이 세이프가드 체계를 고수하려면 단순히 법리적 의무감이 아닌 도덕적 의무감이 필요할 거라고 주장했다. 사찰관들을 속이는 것은 시간이 지남에 따라 새로운 기술의 개발로 간단해졌다고 그는 언급했다.[11]

퀴힐랄트는 세이프가드가 얼마나 무력할 수 있는지 알고 있었다. 1964년, 미국 외교관들은 그에게 아르헨티나가 이스라엘에 산화우라늄 8톤을 몰래 판매한 것을 두고 따졌다. 그것은 IAEA의 규제가 허락하는 최대 판매량의 8배에 해당했다. 1963년 초, 아르헨티나는 핵물질이 군사적 목적으로 이용되지 않을 거라는 이스라엘 정부의 확언 이외에 아무 구체적인 것 없이 이스라엘과 매매 계약을 체결했다. 미국인은 '심각한 우려를 표명'했다. 자신들이 일종의 세이프가드 없이 우라늄을 팔지 않겠다는 공통의 태도를 아르헨티나인들이 지지했다고 믿었기 때문이다. 그러나 아르헨티나가 공식적이든 비공식적이든 공통 협정의 당사자가 아니었고, 따라서 자국이 판매를 멈출 어떠한 요인도 없었다는 것이 퀴힐랄트의 태도였다. 그는 좌우간 남아공 같은 주요 우라늄 공급자들은 항상 이렇게 했다고 지적했다. 대체 어떠한 나라가 자처해서 상업적으로 불이익을 보려고 할까?[12]

비확산조약의 전망은 신식민주의의 문제를 새롭게 제기했다. 이 조약은 세계를 노골적으로 가진 자들과 가지지 못한 자들로 나누었을 뿐만 아니라, 개발도상국의 원자로 취득을 간섭한다는 위협도 제기했다. 1965년, 인도의 원자력 수장 호미 바바가 IAEA 이사진에게 표현했듯이 그러한 협정들은 '이성과 상식이라는 정신으로 시행'되어야 했다.[13] 그는 세이프가드가 전력용 원자력 개발을 불공정하게 방해하는 한편, 군사적 활용의 방지에는 무용하다고 불평했다. 바바는 기술적 관점에서 볼 때, 원자력을 경제적 목적보다 군사적 목적으로 사용하는 편이 훨씬 쉽다고 지적했다.[14] 유사하게, 아랍연합공화국(이집트)의 하산 토하미는 세이프가드 관련 규칙이 "과학적·경제적 분야들에서 해외 강대국들의 불필요한 지배"로 이어질 수도 있다고 주장했다.[15]

바바의 신식민주의 관련 우려는 충분히 실제적이었다. 하지만 인도는 국경 바로 너머에 있는 이유들 때문에 핵개발 계획상 전환점에 서 있었다. 인도가 1962년 중국과 국경 분쟁으로 전쟁을 치렀지만 패배한 뒤 중국의 원자폭탄은 인도 정계를 관통하는 불화의 물결을 퍼뜨렸다. 자와

할랄 네루 총리 재임 당시 인도의 우선적 핵 목표는 산업화였다. 1964년 중국 핵폭탄의 폭발과 함께 인도도 핵폭탄을 개발해야 하는지에 관한 질문으로 정치적 논쟁이 급격히 움직였다. 네루는 1964년 중국 핵실험 직전에 심장마비로 사망했다. 그의 후임 랄 바하두르 샤스트리는 인도가 평화적 핵개발 계획에 전념한다고 되풀이했으나 질문 자체는 여전히 남아 있었다. 인도인을 대상으로 수행된 한 주요 조사는 응답자의 대략 70퍼센트가 핵개발 계획으로 이동하는 것을 지지했음을 시사했다. 국경 분쟁은 중국이 아니더라도 파키스탄과 지속되었다. 인도는 언제나 핵 공갈을 당하기만 할 것인가? 샤스트리는 1964년 말 인도가 장차 자국의 태도를 바꿔야 할 수도 있음을 암시하는 연설을 했고, 인도의 평화적 핵개발 계획이 민수용 토공土工 계획상의 폭발을 포함할 것이라고 언급하기도 했다.[16]

인도는 폭발을 언급함으로써 선택지들을 열어놓았음을 분명히 했고, 따라서 인도의 행보는 예측할 수 없다는 인상을 주었다. 특히 인도가 플루토늄 생산 시설 건설에 박차를 가했기 때문에 바바의 국외 동료들은 바바가 즉시 핵폭탄을 만들 수 있는 조국의 능력을 확신하고 있다고 이해했다. 샤스트리는 파키스탄과 전쟁을 치르면서도 핵개발 계획을 계속 지원했다.[17] 인도·파키스탄 전쟁을 끝낸 최종적 평화조약은 1966년 1월 10일, 소련 타슈켄트에서 샤스트리와 파키스탄인 상대자 무함마드 아유브 칸 사이에 체결되었다. 샤스트리는 명백히 밤사이 일어난 심장마비로 아침이 밝기 전에 죽었다. 바바는 2주 뒤인 1월 24일, 알프스산맥을 넘다가 상용 비행기 추락 사고로 사망했다. 두 남자의 죽음은 인도의 핵폭탄을 막으려는 다른 나라들의 잠재적 시도에 관한 수많은 음모론을 불러

일으켰다.[18]

'평화적 핵폭발'PNE을 개발한다는 인도의 주장은 이후에도 인도 바깥에서 조소와 경악을 불러일으켰다. 하지만 이 생각은 미국에서 직접 가져온 것이었다. 미국인은 칼을 깨서 보습으로 만든다는 성서 구절을 따서 자신들의 원자력 토공 계획을 '보습' 계획이라고 칭했다. 이 중 최초는 일련의 핵폭발로 알래스카에서 항구를 건설할 계획이었으나 케네디 정부는 이를 취소했다. 1960년대 내내 미국원자력위원회는 풍경을 변화시키는 데 원자 폭발을 이용할 수 있으며, 강줄기를 돌리고 거대한 항구들을 만들 뿐 아니라 다른 토공 계획들에 착수함으로써 원자력이 자연의 제약에서 인간을 해방시킨다는 관념을 고수했다.[19]

미국은 파나마운하 건설과 관련해서 PNE의 약속이 지정학적 권력을 휘두르는 데 얼마나 유용할 수 있는지를 이미 선보였다. 1964년, 반미주의 시위자들과 미국 병사들 간의 폭력적 충돌이 벌어진 후 파나마 정부는 미국과 외교관계를 단절하는 대신 1903년 조약을 대체할 새로운 조약의 체결을 주장했다. 존슨 행정부는 다른 지역에(아마도 파나마 바깥에) 원자 폭발을 이용해 완전히 새로운 운하를 짓자는 의견을 제시했다. 미국은 PNE와 함께 재래식 토공 작업보다 훨씬 더 짧은 시간에 새 운하를 건설할 수 있다고 했다. 비평가들은 그것이 허세라고 했지만 존슨은 파나마·콜롬비아·니카라과의 구체적인 현장들에 대한 주요한 과학적 타당성 조사를 개시함으로써 이 계획에 신빙성을 부여하려고 시도했다. 새로운 운하는 심지어 덜 제국주의적인 모습을 띠었다. 복잡한 잠금 체계 없는 더 깊고 커다란 운하가 외국 직원·병사들의 항구적 공동체를 요구하지 않을 것이기 때문이었다. 물론 미국인은 PNE를 지정학적 지렛대라고 광고하지 않았다. 그 대신 그것들의 성격을 진지한 개발 계획들로 규정했으며 심지어 다른 나라들에 'PNE 서비스' 제공을 옹호했다. 이 운하의 경우, 존슨은 대중 담화의 일부로 평화적 원자가 파나마의 협상 위치를 약화시키길 희망했다.[20]

미국인은 평화적 원자력과 핵무기 개발 계획의 연계에 관해 매우 선택적으로 우려스러워했다. 인도는 진정한 확산 가능성이 있는 나라로 미국이 베트남에서 치르던 전쟁을 비난했으며 소련과는 지나치게 우호적인 것처럼 보였다. 존슨 대통령은 인도가 핵무기를 전면 부인하고 비확산조약의 체결에 전념하기를 희망했다. 그는 자기 뜻을 관철하기 위해 식량 원조 유보를 고려했고, 인도에 자신의 힘을 내비치기 위해 인도 타라푸르 현장에서 건설 중이던 미국제 원자로 몇 기에 대한 부품 배송을 지연시켰다. 이 전술은 네루의 딸인 인디라 간디가 인도의 새 총리로 취임한 후인 1966년에 들어서도 지속되었다. 미국의 전술은 역효과를 낳았고 어떠한 외세에, 특히 미국에 종속되기를 피하려는 간디의 결의를 강화하기만 했다. 간디 총리는 샤스트리가 그랬던 것처럼 자국의 핵개발 계획에 더욱 전념한 것으로 드러났다.[21]

존슨 행정부는 인도에 대한 태도와 대조적으로 이스라엘의 야망을 받아들이려고 안간힘을 썼다. 이스라엘이 확산 위협을 제기했는데도 말이다. 이스라엘의 핵무기 개발 계획은 오랫동안 논란의 대상이었고, 역사가들은 이스라엘이 핵무장을 언제 했는지, 협력국으로서 다른 국가들의 역할은 무엇이고, 미국과는 어떻게 결탁했는지에 관해 논쟁을 이어갔다. 1960년대 널리 알려진 바는 간단했다. 즉 이스라엘이 아르헨티나의 우라늄 연료를 공급받았고, 프랑스로부터 대형 원자로 한 기를 장만했다는 것이다. 프랑스·이스라엘 정부는 1950년대 말부터 핵기술에 관해 긴밀하게 협력했다. 두 국가는 모두 1956년 수에즈 위기* 동안 굴욕을 당했다. 그들은 가말 나세르의 범아랍주의 정부가 운하 지역을 점령했을 때 같은 지역을 침공했으나, 국제적 압력에 굴복해 철수해야만 했다. 당시에는 비밀에 부쳐졌으나 1950년대 말 프랑스는 이스라엘의 안보에 다시 전념했고, 고급 재래식 무기를 거래했을 뿐 아니라 이스라엘의 원자폭탄 제조를 열심히 도왔다. 이스라엘은 1958년, 네게브사막의 디모나라고 하는 한 작은 도시에서 프랑스제 원자로 한 기의 건설에 착공했다. 원자로는 1960년대 초에 완공되어 핵무기 저장고를 위한 플루토늄을 생산했다.[22]

미국이 어느 정도 알고 있었는지가 논쟁적 사안으로 남았음에도 미국은 이스라엘의 핵무기 개발 계획을 계속 통제하려고 여러 노력을 기울였다.[23] 이스라엘은 미국인에게 약간의 현장 사찰을 허락했다. 미국원자력위원회 과학자들의 1961년과 1963년 디모나 원자로 방문 보고서들은 군사적 측면에 관한 분명한 증거를 하나도 제공하지 않았다. 딘 러스크 국무장관은 해당 지역의 외교 공관들에 이것이 24메가와트 용량의 연구용 원자로였다고 조언했다. 그는 이 원자로가 완전 가동 시 플루토늄을 약간 생산할 것이나 "우리 전문가들은 이스라엘인[이] 핵무기를 준비한다는 어떠한 증거도 발견하지 못했다"라고 말했다.[24] 그러나 1980년대에 이스라엘의 핵심 정보원이자 디모나 기술자인 모르데하이 바누누는 재처리시설이 지하 깊숙이 묻혀 있고, 매번 예정된 방문에 앞서 접근지점

---

* 1956년 10월 29일부터 11월 초까지 벌어졌던 제2차 중동전쟁을 일컫는다.

들에 벽돌이 쌓이고 벽이 만들어졌다고 주장했다.[25]

1960년대 초, 미국 사찰관들·정보 분석가들은 이스라엘이 핵폭탄 개발을 시도하고 이를 위해 민수용 원자력이라는 전제를 이용할 수도 있다고 인정했다. 프랑스인은 평화적이라는 이유로 자신들의 원자로 판매를 정당화했다. 1950년대 중반, 캐나다인들은 인도가 원자로를 건설하도록 도와주기로 합의했을 때 똑같이 했다. 1963년, CIA 분석가들은 이스라엘이 핵폭탄 설계도를 손에 넣으려고 '국제 과학 공동체 내에서 핵 기술에 대한 접근'을 원하는 만큼 시도했다고 추측했다. 미국인에게 이스라엘과 '프랑스인의 특수한 관계'는 핵폭탄으로 향하는 뚜렷한 징조라는 느낌을 주었다.[26] 미국 정부 내 관리들은 원자력의 평화적 이용의 순수 효과가 현실적인 핵무기 개발 계획을 조성할 수 있는 역량을 제공하는 한편, 비군사적 개발 계획이라는 외양을 부여한다고 보았다. 미국 외교관들은 심지어 이스라엘의 원자로 시설들이 핵무장의 기반을 닦는 것일 수도 있다고 이집트의 가말 나세르에게 알리기도 했다.[27]

이스라엘 정치인들은 인도 정치인들만큼이나 원자폭탄 개발 계획을 부인하는 데 아무런 흥미도 보이지 않았다. 그들도 적대적 이웃들에 둘러싸여 있었다. 당시 이스라엘 외무장관 골다 메이어는 지도자 가말 나세르 치하의 이집트가 무엇을 의도하는지 복잡하게 생각하지 않았다. 메이어는 1963년 9월 UN 총회에 참석하려고 뉴욕을 방문해서 딘 러스크 국무장관을 만났을 때 한 남자[나세르]가 범아랍주의의 깃발 아래 사회주의와 소비에트의 영향력을 퍼뜨린다는 식으로 상황을 절망적으로 묘사했다. 예멘 내전에서 이집트인들은 공화파에 대한 값비싼 지원에 휘말렸다. 메이어는 이집트 병사들이 꼭 알맞은 훈련을 받고 있다고 감지했다. 그는 나세르 병력이 예멘의 왕정체제 지지자들에게 겨자가스를 포함한 화학무기를 사용하기 시작했다고 언급했다. 미국인이 반신반의하며 나세르가 농축 최루가스를 사용하는 거라고 했지만 메이어는 확고했고,[28] 곧 그가 옳았음이 드러났다. 1963년 6월 이래 수차례에 걸쳐 나세르 군인들은 예멘에서 벌이는 전쟁을 제1차 세계대전 이래 화학무기가 가장 집중적으로 사용된 중심지로 만들었다. 1963년, 메이어는 나세르가 단순히 화학무기뿐 아니라 방사성 잔해를 이용하는 방사능무기와 심지어 핵무기 개발을 시도하고 있다고 믿었다.[29] 디모나에 위치한 이스라엘의 자체 시설은 같은 방향으로 움직였다. 디모나 원자로는 1963년 말 가동되었는데, 이는 이스라엘인이 만일 자신들이 그렇게 할 욕망이 있다면 핵폭탄이나 방사능전에 필요한 플루토늄을 머지않아 생산할 수 있음을 의미했다.

존슨 대통령 시기 미국은 원자의 풍부한 잠재성을 이용해 미국인과 이스라엘인을 더욱 긴밀히 협력하게 하려고 시도했다. 1964년, 뉴욕에서 열린 이스라엘 바이츠만과학연구소를 위한 만찬에서 존슨은 목마른 대지에서 물을 만들어내는 일을 돕는 것에서 미국의 역할을 유창하게 말했다. "물은 배고픔을 잊게 할 수 있고 사막을 회복시키며 역사의 진로를 바꿀 수 있습니다." 바로 그날 존슨은 쿠바 정부가 관타나모 미 해군기지에 대한 용수를 차단했으나 미국인은 위기를 이겨내는 데 충분한 양을 이미 비축해 두었다고 말했다. 마찬가지로 이스라엘 같은 취약한 국가에 물 안보는 중요할 것이었다. "물이 결코 전쟁의 원인이 되어서는 안 됩니다"라고 그는 말했다. "물은 언제나 평화에 힘이 되어야 합니다." 존슨은 해수를 담수로 바꿔 이스라엘의 물 안보를 강화하기 위해 대규모 담수

(또는 탈염) 시설에 공급하고자 원자력을 이용해 전력을 생산한다는 협력 계획을 미국과 이스라엘이 이미 실천하고 있다고 공표했다.[30] 그해 말, 존슨은 이스라엘 지도자 레비 에슈콜과 함께한 백악관 만찬 축배 도중에 이 약속을 반복했다. 존슨은 "총리 각하, 귀하는 오늘 아침 이스라엘에는 물이 피라고 했습니다"라고 말했다. "하여 우리는 고도로 유망한 탈염 기술을 이용해 이스라엘의 물 부족에 함께 대응하겠습니다. 실로, 이 기술이 목마른 중동의 모든 사람에게 혜택을 주리라고 우리 모두 희망합시다."[31]

'평화를 위한 원자력'이 연상되었지만 존슨은 이 계획으로 자신의 존재를 각인시켰다. 처음에 그는 이 계획이 편파적이라고 본 이스라엘의 이웃들로부터 얼마간 맹비난을 받았다. 한 레바논 신문은 그를 '유대인 존슨'으로 부르기도 했다.[32] 그러나 존슨은 신경 쓰지 않았다. 이 계획은 '평화를 위한 물'Water for Peace이 되었으나 원자력이 여전히 이 계획의 심장부에 있었다. 존슨은 환경위기를 무장 충돌과 관련 지으면서 항구적 평화로 가는 길은 기술적 해결책이라고 대대적으로 선전했다. 다양한 목표가 뒤섞인 완벽한 폭풍perfect storm이었다. 미국은 이 계획으로 다른 나라는 할 수 없는 무언가를 제공할 수 있었다. 자국 시설들에 대한 사찰을 허가하도록 다른 나라를 설득하는 '당근'이 될 수도 있었다. 이 계획은 대통령의 위대한 사회라는 정치 강령에서 사회적 부상이라는 광범한 목표와도 잘 맞아떨어졌다. 또한 적어도 수사적으로는 사람의 필요에 맞게 자연을 대규모로 개조할 수 있는 수단을 제공했다. 나아가 이 계획은 지표 위 핵폭발을 금지한 1963년 부분적 핵실험 금지 조약Limited Test Ban Treaty으로 유망한 활용 방안 중 하나인 평화적 핵폭발PNE이 심각한 타격을 받았을 때 핵기술의 평화적 활용에 인상적인 사례가 되었다.

전력·탈염이라는 양용兩用 원자력 발전소에 대한 열정은 처음에 몇 사람에게서 나왔는데, 그들은 대개 테네시의 오크리지국립연구소를 중심으로 활동했다. 연구소 소장 앨빈 와인버그는 탈염이 원자력 발전의 주요한 장점이 되어 정부들에 더욱 매력적으로 다가갈 것이라는 결론에 도달했다. 한 동료는 뒷날 와인버그를 원자력을 '맬서스주의적 저주에서 인류를 해방하는 방안'으로 본 '원자력 시대의 예언자'라고 묘사했다.[33] 그는 이전 행정부의 과학자문 제롬 와이즈너를 설득해 타당성 조사를 수행할 부처 간 작업단을 꾸리게 했다. 1963년 1월 사업을 시작한 이 작업단의 단장은 내무부장관 과학자문으로 근무하던 해양학자 로저 레벨이 맡았다. 존슨은 타당성 조사가 완료되기도 전에 이 계획에 미국의 약속을 공표했다.

원자력 탈염은 환경적 우려와 핵 관련 사안의 역사에서 알맞은 순간에 등장했다. 당시 내무부를 지휘한 사람은 전임 애리조나 하원의원 스튜어트 우달로, 그는 환경 문제를 깊이 염려했다. 우달은 레이첼 카슨의 1962년 저서 『침묵의 봄Silent Spring』에서 영감을 받아 1963년 환경보전 선언인 『조용한 위기The Quiet Crisis』를 썼다. 이 선언은 살충제 사용에 대한 레이첼 카슨의 의구심에 공명했고, 엄격한 경제적 긴축에서 벗어나 깨끗한 공기·물과 같은 삶의 질과 관련된 사안을 택하는 쪽으로 선회하기를 옹호했다.[34] 우달은 존슨 연간 황야법Wilderness Act과 절멸 위기종 보호법Endangered Species Act을 포함해 핵심 입법안들에 대한 지지를 모으는 데 중요한 역할을 했고, 존슨의 '위대한 사회' 의제에 환경적 우려가 들어가게 하는 데 일조했다. 자신의 시대를 살았던 다른 많은 이와 마찬가지로 우달은 핵기술이 수많은 인간의 불행을 해결한다고 확고하게 믿었을 뿐 아니라 무제한적 자원 추출의 대안이라고 구체적으로 특징지었다. 하지만 우달은 삶의 후반부에 자신이 원자력 발전을 위해 열정을 쏟은 일을 후회했다. 자신이 태어난 미국 남서부에 사는 많은 사람이 방사선에 피폭되었기 때문이다. 그러나 1960년대 초만 해도 그는 완전히 믿을 수 있는 핵기술 지지자 중 하나였다. 우달의 수석 보좌관 샤론 프랜시스는 뒷날 『조용한 위기』에 담긴 그의 논의를 '원자력 발전에 대한 찬가'라고 평했다.[35]

우달은 환경 운동가는 아니었으나 원자력의 평화적 이용이라는 무대에서 '승리'를 갈구한 원자력위원회 위원장 글렌 시보그에게는 이상적인 동맹이었다. 하지만 AEC는 점차 환경 문제에서 잘못된 편에 서 있는 것으로 인식되고 있었다. AEC는 핵실험에서 나온 방사성 낙진으로 대기를 오염시켰고, 핵시설들이 배출한 폐수로 강과 개천을 더럽혔으며, 방사성 폐기물을 바다에 투기했다. 예컨대, 레이첼 카슨은 자신의 저서『우리를 둘러싼 바다The Sea around Us』 증보판에서 AEC의 해양 투기를 비판했다. 해안 도시들의 근해와 멕시코만에 방사성 폐기물을 투기한 데 따른 분노는 AEC를 엄청나게 괴롭혔고, AEC는 1963년에 이르러 해양 투기를 단계적으로 중단하기로 결정했다.[36] 더 나쁜 것은 자원 부족을 해결하겠다는 AEC의 기술적 접근법에 외교관들이 엄청난 타격을 가했다는 점이다. 1963년, 부분적 핵실험 금지 조약은 지표 위 핵실험을 금지했는데 이는 핵폭발을 대규모 건설 계획용으로 이용하려는 AEC의 야심 찬 노력인 플로셰어 계획Project Plowshare을 약화시켰다.[37] 이러한 차질이 있었지만 원자력이 '조용한 위기'의 해결책이라는 우달의 신념은 환경 문제를 다루는 동맹으로서 원자의 입지를 새롭게 하는 기회를 조성했다. 시보그·우달은 함께 원자력 탈염을 우호적으로 역설했다. 그들의 열정은 존슨 대통령까지 물들였다. 존슨이 이미 미국 내의 빈곤·민권에 맞춰진 자신의 '위대한 사회' 의제와 함께 잘 작동할 잠재적 대외정책상의 지렛대로 원자력 탈염을 보았기 때문이다.

사막에 원자로를 설치하는 과제에 워낙 열정적이었던 존슨은 과학자·공학자들이 내놓을 수 있는 것 이상을 약속하기 시작했다. 수석 과학자문이자 대통령과학자문위원회PSAC 위원장 도널드 호닉은 약속의 논조를 부드럽게 하려고 했으나 성공하지 못했다. 호닉은 와인버그를 잘 알았을 뿐 아니라 실효성 있고 창조적인 원자력 활용방안을 찾으려는 AEC의 열정과도 친숙했으며, 우달 내무부장관이 원자력 발전에 큰 희망을 품고 있다는 사실도 알았다. 그러나 호닉은 해당 기술이 아직 공상과학에 불과하다는 것도 알았다. 미국은 심지어 국내에서도 해수에서 소금을 제거하는 대규모 시설을 지어본 적이 없었다. 이스라엘에 수출되도록 준비된 기존의 건설 계획도 없었다. 그때까지 미국인이 지은 가장 거대한 담수 공장은 하루 100만 갤런을 약간 웃도는 양의 담수를 공급할 수 있었다. 그게 많다고 보일 수도 있겠으나 그러한 낙관적 시각으로 이끈 원자력 탈염에 대한 타당성 조사에서는 하루 5억 갤런을 생산할 수 있는 시설을 요구했다.

돌이켜보면 존슨을 과도한 약속을 한 어리석은 인물로 생각하는 일은 매혹적일 수 있다. 그러나 전임 대통령 또한 막대한 기술적 장애가 있음에도 '이번 10년이 다 가기 전에' 달에 사람을 올려놓는다는 도전을 수용했다. 실제로, 케네디는 원자력 발전·탈염이라는 양용 시설을 짓겠다는 사실상 동일한(그러나 훨씬 덜 기억되는) 도전에 나섰다.[38] 존슨에게도 황량한 대지 위의 기적과 같은 기술에 대한 유사한 접근은 적합한 것으로 여겨졌고, 대외정책상의 잠재적 배당금은 그 기술에 들어가는 비용을 정당화하는 것처럼 보였다. 존슨은 호닉에게 정확히 백지수표를 주지는 않았으나 거의 백지수표나 다름없는 것을 주었다. 내무부 산하 염수국에 배정된 기존 연간 예산이 대략 1,000만 달러인 것을 안 대통령은 경악했다. 그는 호닉에게 5,000만 달러 또는 1억 달러가 불가능한 액수는 아니며, 기록을 위해 호닉이 남긴 쪽지에서 해당 계획은 '우주만큼이나 중요하다'고 말했다. 존슨은 이미 연설을 했고, 기대를 만들었으며, 그에 부합하는 과감하고 창의적인 개발 계획을 세울 필요가 있었다.[39]

이론상 이 계획은 중동에서 전쟁의 잠재적 요인, 즉 이스라엘 주변의 담수 원천들에 접근하는 문제를 해결할 잠재력이 있었다. 가장 중요한 원천은 (갈릴리바다로도 알려진) 티베리아스호수를 거쳐 흐르는 요단강이었다. 이 강은 이스라엘·시리아·요르단의 수원이었다. 1950년대, 미국은 아랍 국가들과 이스라엘 사이에서 각각이 해당 수원에서 가져갈 수 있는 담수의 양에 관한 거래를 중개하려고 시도했으나, 공식적 협정은 체결되지 않았다.[40] 1960년대 초, 이스라엘은 티베리아스호수에서 더 많은 담수를 확보하기 위해 기반시설을 늘리기 시작했다. 이스라엘은 자국이 이전보다 물을 훨씬 많이 가져갈 계획이라고 언급하지 않았다. 하지만 새롭게 지어진 이스라엘 국가수로체계는 연간 기준으로 더 많은 물을 끌어들일 역량을 갖췄고, 다른 국가로 가는 비공식적 할당량을 확실히 감소시켰다. 1963년 말 미국 정책 분석관들은 오랫동안 중동전쟁을 촉발할 확률이 가장 높은 사안이라고 예견된 요르단 하천들에서 충돌이

격화될 테고 '가장 좋은 상황에도 압박은 클 것'이라고 국무장관에게 조언했다.[41] 강물은 시리아 영토 안의 헤르몬산에서 발원했는데, 요르단과 시리아는 1964년 자국의 기반시설을 재설계하기 시작했으며, 여기엔 이스라엘이 쓸 기회를 잡기 전에 물길을 돌리는 일도 포함되었다.[42]

1965년 7월, 미국인과 이스라엘인은 필라델피아에 있는 캐털리틱 건설회사의 사무실에 모여 요단강 문제에 대한 기술적 해결책의 세부사항을 논의했다. 미국 측 인사들은 정부 기관들에서 나왔고, 이스라엘인 중에는 이스라엘원자력위원회 위원장이자 핵과학자인 시몬 이프타, 이스라엘 전력회사의 최고위자 카임 카츠, 국립용수회사 메코로트의 총지배인 즈비 주르가 있었다. 이프타는 이스라엘의 평화적 의도를 관찰자들에게 재확신시키려고 디모나에 있는 이스라엘 원자로 부지가 플루토늄 분리시설 없이 완공될 것이라고 수년간 공공연히 주장해 왔다.[43] 최근까지 이스라엘 군대 참모총장이었던 주르는 재래식 무기·물 안보·원자로의 결합을 유일무이하게 인식하고 있었다.[44] 자국의 핵무기 선택지를 유지할 왕성한 핵개발 계획을 희망한 관리들에게 가시적인 경제적(군사적이기보다는) 목적과 연계된 원자로 건설은 의심할 여지없이 호소력이 있었다. 이스라엘이 플루토늄 생산용 화학분리공장을 짓고, 그리하여 어떠한 신규 원자로도 잠재적 폭탄 연료 기부자로 만들 비밀 개발 계획을 추진한 일은 오늘날 잘 알려져 있다.[45]

물 안보에 관한 진정한 염려가 있었지만 관련자들은 모두 물을 탈염시키는 최선의 수단을 찾기보다 핵기술을 성공적으로 시행하는 데 더욱 큰 관심을 보였다. 이스라엘인은 비핵 연료를 사용하는 쪽으로 탈염을 진행할 수 있다는 어떠한 제안도 일관되게 거절했다. 경수로를 이용해

하루 1억 갤런에 해당하는 물의 탈염에 전력을 공급하는 유망한 미래에 관한 논의가 진행되는 동안 주르, 이프타 그리고 회의에 참석한 다른 이스라엘인은 핵을 제외한 어떠한 다른 종류의 연료도 고려에서 제외해야 한다고 주장했다. 미국인은 해당 계획이 원자력 개발 계획으로 진행되는 모습을 보고 똑같이 기뻐하며 그 주장에 동의했다. 원래 계획의 두 번째 단계에는 "선호되는 대안적 원자력 발전소의 경제성과 화석연료에서 동력을 공급받고 비슷한 용량을 갖춘 양용 발전소의 경제성 비교"가 포함될 터였다. 그러나 1965년 6월, 미국인이 이스라엘인과 회의한 뒤 이 계획에서 해당 부분은 삭제되었다. 목표는 분명 물을 생산하는 것이었으나 이는 핵개발 계획이었다.[46]

이스라엘인은 미국인이 상상한 것보다 훨씬 더 빠르게 타당성 조사 이후 단계로 신속하게 움직이길 원했다. 그들은 심지어 예비 보고서도 대출 확보에 필요한 세계은행과 미국 수출입은행의 요구사항에 맞출 수 있게 충분히 구체적으로 작성해야 한다고 주장했다. 그들은 설계에 관해 옥신각신하거나 경제적으로 자립적인 건설을 염려하지 않았다. 공사 계획에서 그들에게 유일하고 주요한 걸림돌은 사보타주·전시戰時 취약성과 관련된 것이었다. 예컨대, 그들은 증기 억제vapor suppression에 기반을 둔 특정한 설계를 선호했는데, 무엇보다 이 원자로를 물리적으로 작게 콘크리트로 지을 경우 외부 폭발에서 가장 훌륭하게 방호될 것이기 때문이다.[47] 그들은 규모의 경제(미국인이 집중한)가 적들의 폭격에 거대한 목표를 주는 일을 의미할 것이라고 우려스러워했다.

회의론에 관한 넘치는 의견들에도 불구하고 물 안보라는 기치 아래 이스라엘에 원자로를 세운다는 계획은 존슨 정부의 주요 계획 중 하나가 되었다. 케네디·존슨 대통령에게 이스라엘과 관련해 수많은 사안을 조언한 고위급 변호사 마이어 펠드맨은 대통령의 위대한 사회 계획에 탈염을 포함시키고, 이를 이집트·멕시코 같은 다른 나라에도 제공할 수 있는 무언가로 프레임하라고 조언했다.[48] 얼마 지나지 않아 이 사안에 대한 일관된 의견이 필요해지자 국무부·원자력위원회·다른 부처에서 참석한 부처 간 위원회가 실질적인 계획을 수립하려고 주기적으로 만났다. 미국은 원자력의 평화적 측면을 강조하기 위해 소련과 기술 보고서들을 교환했고, 최초의 탈염 관련 국제 좌담회를 1965년 10월 워싱턴D.C.에서 열자고 제안했다. 그곳에서 사람들은 머지않아 발생할 실제적인 물 위기의 심각성을 펼쳐놓고 이 문제에 대한 핵기술의 해결 방식을 보일 수 있었다.

탈염이 힘을 얻었으나 그것의 현실화 여부는 아직 불명확했다. 대통령 자문 찰스 존슨은 "탈염은 스스로 하나의 신비가 된 것처럼 보인다"라면서 황량한 대지에 원자력으로 동력을 공급받는 담수 공장을 현실로 만드는 해외 원조상 '극적인 볼거리'를 공표하라는 압력의 증폭을 지적했다.[49] 담수 공장은 어디에 지어지든 상당한 보조를 받아야 했다. 과학자문 돈 호닉은 탈염 프로젝트가 크고 다루기 어려우며 이윤을 내지 못할 애물단지로 전락할 수도 있다고 믿었다. 더 나쁘게, 원자로(그리고 이스라엘에 편파적이라는 인식)는 평화에 기여하기보다 아랍·이스라엘 간 긴장을 격화할 수도 있었다.[50]

AEC 위원장 글렌 시보그와 내무부장관 스튜어트 우달의 열정에 감복한 존슨은 1965년도 좌담회에서 주요한 이니셔티브를 공표했다. 65개 국가와 6개 국제기구에서 2,500명 이상이 등록한 이 행사는 그가 놓칠 수 없는 기회였다. 존슨은 1965년 10월 7일, 공식 대표단들을 백악관의 이스트룸으로 초대해 자신이 인류의 물 문제에 대한 해결책을 찾으려고 어떤 새로운 계획을 세웠는지 공개했다. 바로 그때 이 계획은 '평화를 위한 물'이라는 이름을 얻었다. 그는 원형原型 발전소들의 건설을 승인하도록 의회에 요청하겠다고 약속했다. 그는 도움에 필요한 특별한 국제 자금의 편성을 공표했고, 과학자들의 해외 파견과 과학 연구에 금전적 자원의 증가를 포함해 여러 국제적 사업을 약속했다. 그는 백악관을 찾은 손님들에게 "미래 세대가 우리를 인류의 가장 오래되고 두려운 적인 가뭄과 기근에서 인류를 영원히 해방시킨 이들로 기억하게 합시다"라고 말했다.[51]

원자력 탈염에는 달에 사람을 보내려고 계획한 것과 마찬가지로 '속성' 프로그램이 필요했다. 야심 찬 계획 가운데 일부는 대규모 지구적 변화에 근거해서 나왔다. 대략 3만 2,180킬로미터에 이르는 해안 사막이 손쉬운 해상 수송을 제공했기에 염수를 담수로 바꿀 수만 있다면 막대한 잠재성을 지닌 것으로 보였다. 홍해, 페르시아만, 캘리포니아만 해안 위의 사막, 거대하게 뻗친 호주의 뜨거운 사막은 사하라의 지중해 부분과 남미 서안에 있는 온건하고 시원한 사막들과 함께 약간의 신념과 상상을 더해 모두 풍성한 수확물을 산출하고 수백만 명의 집이 될 수 있었다. 이 열정에 휩쓸려 미국 지리학자 페베릴 메익스는 사막 일부를 떼어 국립공원이나 야생동물 보호구역을 만들자고 제안하는 데까지 나아갔는데, 그렇게 하는 것이 대지는 메말랐지만 저렴했기 때문이다.[52]

원자력 지지자들은 대통령의 수사를 무척 좋아했다. 원자력을 거대한 사회적 도전에 대한 궁극적인 기술적 해결책으로 자리매김했기 때문이다. 실제로 '기술적 해결책'이라는 용어는 통상 오크리지국립연구소 소장 앨빈 와인버그와 결부되었다. 그는 1966년 『핵과학자 회보』 독자들에게 기술적 문제로 환원해 복잡한 사회적 문제를 회피할 수 있는지 고려하도록 문제를 제기했다.[53] 그는 사회적 변화가 성취하기 어렵다고 인정했다. "사람들이 아기를 적게 낳게 하거나, 더욱 조심해서 운전하게 하거나 아니면 흑인들을 싫어하지 않도록 하려면 반드시 많은 이를 설득해야 한다." 유사하게, 공평한 물 이용은 개인에게나 국가에 책임감을 갖고 행동하라고 요청하는 방식으로 해결하기는 너무나 어려웠다. 그는 사람들에게 행동을 바꾸라고 요청하기보다 문제를 없애는 기술을 이용하라고 권고했다. 와인버그는 구체적으로 원자력 탈염을 선도적 사례로 들었다. "나는 다음 10년에서 20년 안에 우리가 세계의 수많은 메마른 해안에서 거대한 양용 탈염 공장들이 우후죽순처럼 생겨나는 모습을 보리라는 점에 아무런 의문도 없다." 그러한 문제들을 해결하거나 적어도 '격렬한 사회적 혁명을 수용 가능한 사회적 진화로 바꾸는 귀중한 상품'인 시간을 벌기 위해 필요한 것은 예지를 갖춘 기술자 한 명이었다.[54]

이스라엘은 그러한 폭넓은 약속과 함께 미국을 자국에 원자로나 재정적 원조를 제공할 자국 핵 프로그램 개발의 핵심 동반자로 보았다. 1965년 말, 이스라엘 원자력기술사 조시프 아다르는 원자로 설계를 논의하려고 오크리지를 방문했다. 그가 정말로 관심을 둔 사안은 미국 원자로가 폭격을 버틸 수 있느냐였다. 오크리지 전문가들은 해당 방면에서 그를 확신시킬 수 없었다. 미국인은 근해에 인공 섬을 만들거나 심지어 "공장 전체와 부유浮游 발전소를 적재한 심해 잠수함"처럼 인구 밀집지역에서 벗어난 곳에 공장을 세우는 여러 창의적인 생각을 했다. 하지만 그러한 생각은 단순히 프로젝트를 더욱 공상과학의 영역으로 이끌 뿐이었다. 아다르는 미국인에게 이것이 가설상 문제가 아님을 상기시켰다. 이스라엘의 이웃들이 품은 적대감을 고려할 때, 원자로는 폭격을 당하고도 남을 것이었다. 아랍인은 그곳에서 이스라엘인이 핵무기나 연료를 제조한다고 생각할 수도 있었다.[55]

이스라엘의 핵폭탄에 관해 아랍 국가들만 우려한 것은 아니다. 미국인도 이를 우려했으나 그들은 평화를 위한 물을 어떤 비확산협정과 묶어야 하는지를 두고 갈피를 잡지 못했다. 펠드맨은 이 계획을 위대한 사회의 가장 중요한 부분으로 보았으나 현장 사찰에 동의하게 만드는 당근으로는 생각하지 않았다. 이와 비슷하게, 전임 대통령과학자문 제롬 와이즈너는 대통령에게 바다에서 담수를 무한정 퍼내는 일은 "과학적 기적이라는 기운으로 바로 귀하 손에서 정치적 기적을 불러올 수 있습니다"라고 썼다. 와이즈너는 미국·이스라엘의 공동 계획에 대한 일전의 공표가 요르단 하천들을 둘러싼 위기 완화에 막대한 역할을 했다고 확신했다. 그러나 그는 이를 지렛대로 이용할 경우 생길 약간의 이익도 관측했다. 핵무기 개발에 착수하지 않겠다고 약속하는 대가로 이집트·이스라엘 모두에 원자력 탈염을 약속하지 못할 이유가 어디 있겠는가?[56] 대통령자문 로버트 코머를 포함한 다른 이들은 회의적이었고, 이러한 생각을 원자력 탈염을 군비축소의 '감미료'로 쓰려는 '영광스러운 계획'이라고 매도했다. 코머는 이것을 '승산 없는 모험'long shot이라고 했다. 그는 이스라엘이 IAEA 사찰관을 결코 받지 않을 것이라고 말했다. "이스라엘인은 어쨌든 우리에게 디모나를 은밀히 감시하도록 허락했다." 게다가 이스라엘만 단독으로 선택하는 일은 현명하지 않은 것처럼 보였다. 코머에게는 아무런 핵 능력을 보유하지 않은 가말 나세르에게 핵무기를 개발하지 않는 대가로 이집트에 원자로를 공급하겠다는 것이 터무니없다는 느낌이 들었다.[57]

평화를 위한 물과 핵무기 세이프가드의 공식적 연계는 해당 프로그램을 멈추게 했다. 1966년 사막을 꽃피우겠다고 되풀이해서 약속하던 존슨에게 그것은 받아들일 수 없는 일처럼 보였다. 1965년 중순, 대통령은 레비 에슈콜 이스라엘 총리에게 IAEA 세이프가드에 동의하라고 요청했으나 에슈콜은 답하지 않았다. 이스라엘이 자국의 원자력 선택지를 포기하는 것은 불가능해 보였다. 호닉과 대통령특별보좌관 월트 로스토를 포함한 여러 자문은 이스라엘에 그리고 가능하다면 이집트에 원자로를 제공하는 일이 미국을 곤란하게 할 거라고 지적했다. "만일 그들이 이를 가지고 달아난다면 우리는 상쇄 가능한 통제 계획을 수립하지 않고 각국에 핵무기를 만들 잠재성을 높여주는 것입니다"라고 로스토는 대통령에게 썼다. "핵확산 방지라는 관점에서, 중동에 새 원자로가 들어서지 않고, 특히 원자력 탈염이 아무런 명백한 경제적 이득을 보여주지 않는다면 비핵 연료 이용 탈염을 긴밀히 주시하는 편이 더 나을 수도 있습니다."[58] 와이즈너와 러스크 국무장관 같은 일부 사람이 해당 지역에서 군비축소라는 '당근'으로 탈염 이용이 유익할 수 있다고 생각했음에도 그러한 일은 진지하게 시도되지 않았다. 존슨의 자문 일부는 이 논쟁의 성격을 탈염자들desalters 대 감축자들disarmers의 대결이라고 규정했다. AEC·내무부는 열성적인 '탈염자들'로, 시보그와 우달 모두 에너지 사용에서 식량 생산·물 안보에 이르는 사안들의 해결에 원자력 발전의 잠재성을 적극 옹호했다. 다른 이들, 특히 국무부는 미국의 주요 목표에 원자력을 분명히 결부하지 않는 사안 진행을 회피하려고 했다. 이스라엘인에게 핵무기를 포기하고 IAEA 사찰관에 동의하게 하는 것이 그런 목표였다.[59]

실제로 존슨 대통령은 확산과 관련해 아무런 진전도 이루지 못했고, '평화를 위한 물'이 적대적 이웃들에 맞서 이스라엘의 물 안보에서 핵심 부분이라고 매우 칭찬함과 동시에 재래식 무기 협정에 대한 협상을 지속했다. 그는 이스라엘 총리에게 IAEA 세이프가드를 수용하라고 요청하는 개인적 비망록을 썼지만 허사였다. 이어 그는 탈염이 가져올 평화의 시대를 언급하는 한편, 더글러스 에어크래프트가 생산한 미국 전투기 A-4 스카이호크 판매에 동의했다. 1966년 중반, 이스라엘 대사와의 논의는 원자력 탈염에 대한 이스라엘의 욕망과 네이팜탄·대전차집적폭탄·사이드와인더Sidewinder 미사일에 대한 이스라엘의 요구 사이에서 오락가락했다. 소비에트가 공급하는 미그 제트전투기를 보유한 적대적 이웃들에 둘러싸인 이스라엘은 호크 지대공미사일체계를 포함해 자국이 얻을 수 있는 최고 군사 장비를 취득하려고 미국에 로비했다. 미국은 전쟁 지대라는 모양새를 갖추던 지역에 원자력 기반시설을 지으려고 시도했다.[60]

1967년의 국경 분쟁은 이 인식을 강화했고, 그해 미국은 이스라엘이 핵무기 개발 선택지를 유지하려는 의도가 있느냐에 관한 환상에서 깨어났다. 디모나 현장 방문에서 핵무기 개발 계획과 관련된 아무런 증거가 나오지 않았지만 다른 표지들은 이야기를 달리했다. 그중 하나는 이스라엘이 화학분리 공장을 취득했고, 따라서 원자로의 사용후 핵연료spent fuel에서 플루토늄을 추출하는 능력을 갖추게 되었다는 정보 보고서였다. 또 하나의 더욱 문제적인 붉은 깃발은 바로 이스라엘인이 몇 년 전 아르헨티나에서 구입한, 세이프가드의 적용을 받지 않는 80톤에서 100톤 사이의 우라늄에 무슨 일이 일어났는지 미국인에게 설명하길 꺼렸다는 사실이었다.[61]

1967년, 그러한 불확실성의 한복판에서 '평화를 위한 물'은 사방에서 이 계획의 원자력 요소에 기대를 집중한 옹호자들과 함께 앞으로 나아가는 동력을 유지했다. 대통령은 미주기구 대사 엘스워스 벙커를 특사로 임명했다.[62] 미 국무부는 그에게 이스라엘이 탈염용 원자로를 취득하는 대가로 디모나를 포함한 모든 원자로를 대상으로 IAEA 세이프가드를 수용하는 거래의 타결 방식에 관해 지도했다.[63] 다른 이들, 특히 AEC·내무부는 이스라엘이 미국산 설계를 선택하고 대규모 시설에 전념하여 단순히 물 보존과 평화적 원자를 다루는 모습을 보려는 열망에 차 있었다. 그들은 경제성이라는 측면에서 이 모든 거래가 말이 되지 않음을 알았지만 이와 관련해 우주 계획 또는 위대한 사회의 어떠한 프로그램에서도 경제성은 고려되지 않았다. 로스토는 원자력에서 동력을 공급받는 탈염에서 대두할 '애물단지'를 예견한 이들에게 낙관이 담긴 비망록으로 응수했다. 그는 대통령에게 "우리가 종래의 비용편익을 기준으로 해서 대륙횡단철로를 깔지는 않았을 것임을 계속 기억하고 있습니다"라고 말했다.[64]

평화를 위한 물에 대한 낙관주의는 1967년 5월 한 국제학술대회에서 절정에 이르렀다. 존슨은 세계의 모든 나라와 '기술의 성과를 공유'한다는 바람을 말했다. 발표자 필립 해먼드는 불과 인당 하루 3센트라는 비용으로 물을 가지고 식량을 재배할 수 있다고 과감하게 예측했다. 자연 개조에 더해 사회 전반을 재고해야 할 터였다. 개발도상국 국민들은 원자로에서 동력을 공급받아 농업이 농장이 아니라 공장식 운영으로 전환

되어 더욱 효율적이고 경제적인 '농산 복합체들'에서 식량을 생산할 수 있었다. 큰 흥미를 느낀 와인버그는 즉각 직원들을 시켜 이 제안을 평가하게 했다. 이 제안은 기술적 해결책이라는 그의 비전에 부합했다. 그는 "저개발국들에서 농장이 아닌 '식품 공장들'에서 식량을 생산한다는 관념은 내게 아주 매력적으로 보입니다"라고 록펠러재단 임원 조지 하라에게 썼다. "농업이 몇몇 전문가가 주요한 결정을 내리는 공업적 운영으로 전환되고 노동자들이 구체화된 과업들을 신중하게 수행한다면, 셀 수 없이 많은 농부에게 그들의 개별적 농법을 바꾸도록 설득하는 문제를 원칙적으로 피할 수 있습니다."[65]

기술적 해결책에 관한 그러한 낙관주의의 한가운데서 이스라엘과 이웃들 사이에 전쟁이 일어났다. 학술대회가 막을 내림에 따라 요르단·이집트는 방위조약을 체결했고, 양국은 병력을 증강하기 시작했다. 이러한 준비를 인지한 이스라엘은 6월 5일, 시나이반도에 있는 이집트 공군 기지들에 기습을 개시했고, 머지않아 전쟁은 확대되어 요르단·시리아도 참전하게 되었다. 불과 며칠 만에 이스라엘 지상군은 시나이반도와 가자지구(이전 이집트 영토), 예루살렘 동부를 포함한 요단강 서안지구(이전 요르단 영토), 골란고원(이전 시리아 영토)을 점령했고 지역의 지도를 극적으로 바꿨다. 6일 전쟁으로 알려진 이 충돌은 지역에서 극도의 폭력이 발발할 잠재성을 강화했을 뿐 아니라 이스라엘인과 이웃 사이에, 이스라엘 정부와 점령된 영토에 거주하는 팔레스타인인 사이에 불만이 더욱 깊어지기만 할 무대를 조성했다.

6일 전쟁과 물 안보의 연계는 무시할 수 없었다. 이스라엘 국립용수회사 메코로트의 총지배인은 전임 이스라엘 방위군 참모총장 즈비 주르였다. 주르는 원자력 탈염에 관해 미국인과 벌인 협상에서도 중요한 인물이었다. 존슨 대통령의 평화를 위한 물 회담이 다가오던 1967년 5월, 주르는 신임 이스라엘 국방장관 모셰 다얀의 요청으로 메코로트를 떠나 천연자원·과학적 발전·무기 생산 관련 자문이 되었다.[66] 몇 주 안에 이스라엘은 전쟁에 돌입했다. 이스라엘이 점령을 목표로 한 주요 지역들에는 식수 원천이 있었다. 해당 영토들은 일단 점령한 뒤에는 포기하기 어려운 곳이었다. 요르단 병력이 티베리아스호수 남쪽으로, 요단강 동쪽 연안으로 후퇴하면서 요단강 서안지구로 알려진 지역 전체를 이스라엘에 넘겨주게 되었다. 요르단의 후퇴는 이스라엘 국경을 강으로 확장하는 것에 더해 요단강 서안지구의 광범한 담수 대수층을 이스라엘에 안겨주는 일이었다. 티베리아스호수 동부와 강을 따라 북쪽으로 이어지는 지역은 이전 시리아 영토였던 골란고원으로, 헤르몬산의 구릉지와 강의 발원지까지 뻗었다. 이스라엘 영토는 요단강 서안지구·골란고원을 점령해 강의 더 많은 부분을 확보함으로써 수원에 더 가깝게 되었고, 티베리아스호수 전체가 이스라엘 국경 훨씬 안쪽에 놓이게 되었다.

6일 전쟁의 여파 속에서 이스라엘 내 원자로의 미래는 불확실해 보였다. 이스라엘의 핵폭탄 프로그램에 대한 광범한 의심을 고려할 때, 이 전쟁은 지구적 비확산협정과 관련해 진행 중인 협상의 긴박성을 고조시켰고, 협정은 불과 1년 후인 1968년 여름 열려 서명국들을 기다리게 되었다. 협정 조약의 전문은 평화적 활용 관련 논의에서 자유로운 편이었고, 각국이 평화적 목적으로 원자력을 연구하고 생산할 수 있는 '불가분의 권리'를 가졌다고 확실하게 언급했다. 조약은 심지어 기존의 핵무기 보유국들에 "세계 개발도상 지역들의 필요에 대한 적절한 고려와 함께"

그러한 개발에 기여할 것을 요청하기도 했다.[67] 그러나 이스라엘은 서명을 거부했다. 이스라엘은 20세기 전반에 걸쳐 그리고 그 너머까지 비확산 체제 바깥에 머물렀다. 초창기 조약에 서명하지 않은 다른 국가에는 프랑스와 아르헨티나(양국은 장비, 훈련 또는 연료로 이스라엘의 핵개발 계획을 돕고 있었다), 남아공, 인도와 파키스탄이 포함되었다.

놀랍게도 6일 전쟁은 '평화를 위한 물'의 깃발 아래 이스라엘의 핵개발 계획 증강 관련 논의를 잠재우진 않았다. AEC 위원장 글렌 시보그는 이스라엘의 전방위적 폭력에도 개의치 않았다. 그는 이스라엘이 원자로에 대한 대가로 자국의 핵개발 계획 전체를 세이프가드 아래 기꺼이 둘 수도 있다고 느꼈다. 그는 국무장관에게 "제게는 최근 사건들이 이 지역에서 수자원 할당이라는 문제를 완화했다기보다 강화한 것으로 보입니다"라고 썼다.[68]

6일 전쟁 한두 주 후, 드와이트 아이젠하워 전 대통령은 존슨을 만난 자리에서 다른 두드러진 사안들을 다루기 전에 중동의 물 문제를 해결해야 한다고 강조했다. 아이젠하워에게는 전임 AEC 위원장 루이스 스트라우스라는 원자력 응원단장이 있었고, 스트라우스는 아이젠하워에게 평화를 위한 물이 제공한 것만큼이나 야심 찬 생각을 되먹였다. 스트라우스도 외교적 지렛대를 염두에 두었고, 미국이 주식을 51퍼센트 갖는 원자로를 소유한 회사를 설립하고 싶어 했다. 잠재적 투자자 에드먼드 로스차일드는 토지와 땅을 갈구하는 수십만 난민의 살림살이를 지원한다는 표면적 목적 아래 이스라엘·요르단을 위한 원자력 탈염 시설들을 짓는데, 한 기는 가자지구에 건설하자고 제안했다.[69] 이 새로운 프로젝트는 원자로를 짓는 어떠한 나라에 대해서도 유례없는 정도의 정치적 통제를 약속했다.

존슨의 계획은 너무나 야심 차서 기술적 타당도를 훨씬 초과했다. 아이젠하워는 최근 중동전쟁으로 가장 경쟁이 치열해진 구역들에 10배 큰 시설들을 놓자고 제안했다. 스트라우스와 아이젠하워가 펼친 생각은 필립 해먼드와 앨빈 와인버그가 내놓은 생각과 유사했다. 그들은 집중적이고 고도로 관리되는 농법을 갖춘 농업 공장들을 만든다는 생각을 포용했다. 그들은 미래를 예측하려고 시도하며 그러한 집중적 관리가 물 사용을 최적화할 것이고 필요한 용수량을 극적으로 줄여줄 거라고 믿었다. 예컨대 하루 한 사람을 부양하는 물 4,000갤런이라는 미국 평균치 대신 "사람들은 하루에 200갤런으로 지낼 수 있을 것이다."[70]

'평화를 위한 원자력'의 이전 지지자인 스트라우스는 이 지역의 근본적 문제, 즉 물과 집을 잃은 사람들에 대한 기술적 해결책으로 원자력을 상상하는 데 전혀 애를 먹지 않았다. "간단하고 과감하며 창의적인 조치로 두 문제 모두 우리 힘으로 해결할 수 있습니다"라고 그는 아이젠하워에게 보내는 비망록에서 자신 있게 선포했다. 새롭고 실로 거대한 세 시설은 산업·담수를 유인할 값싼 전력을 생산할 수 있었고, "여태껏 인간 생명을 결코 지지하지 않은 수백 제곱킬로미터의 정착지를 열어주면서" 요단강 하천을 둘러싼 논란을 고려할 가치가 없게 만들었다. 스트라우스는 난민 수천 명을 고용해 공장을 짓고, 관로를 놓으며, 배전망을 깔고, 용수로·저수지들을 팔 거대한 건설 계획을 머릿속에 그렸다. 완공되었을 때 노동자들은 "관개된 지역들에서 그들이 여태껏 경험한 삶보다 훨씬 우월한 조건에서 정착할 수 있을 것"이다. 스트라우스는 이 모든 것이 '달에 사람을 보내는 계획의 1년 치 비용보다 본질적으로 더 적은 액수로' 성취될 것이라고 관측했다. 그는 아이젠하워의 유명한 원자력 연설이 그랬던 것만큼이나 존슨 대통령이 "그러한 제안으로 세계를 열광"시킬 수 있도록 아이젠하워더러 그에게 계획을 전달하라고 촉구했다. 스트라우스는 수백만 명이 이에 찬사를 보내고 "가장 오래된 문명이 있는 대지에서 새로운 삶이 시작된다고 해도 지나친 말이 아닐 것"이라고 예측했다.[71]

중동에서 전쟁이 끝난 뒤, 미국의 원자력 지지자들은 누구의 비전이 더 영감을 받았고, 더 야심 차며, 더 극적인지를 두고 벌어진 전투에 휘말렸다. 『뉴욕타임스』의 논객 사이러스 슐츠버거는 1967년 7월, 스트라우스의 계획에 관해 세 번에 걸쳐 글을 써서 다양한 지점에서 이를 대담하고 창의적이며 예지를 갖춘 것으로 평가했다. 또 이 의견이 '우리의 최고Number One 경세가이자 어른'인 아이젠하워가 후원하고 고려해 보라고 행정부에 건네기도 했던 아주 새로운 것임을 항상 암시했다. 그는 "그 자신[아이젠하워]이 지금 지지하는 계획을 논의할 때 장군의 얼굴이 밝아졌다"라고 썼다.[72] 슐츠버거는 평화를 위한 물에 관해 아무런 언급도 하지 않았으나 아이젠하워의 이 제안이 이전의 생각들을 하찮게 만들었다고 말했다. 『뉴욕타임스』 독자들은 원자력 탈염이 위대한 사회 계획의 일부가 아니며, 다만 공화당의 새로운 기술적 해결책이라는 인상을 받았을 수도 있었다. 뒤따른 보도는 이를 '중동을 위한 공화당의 평화 구축 노력'으로 불렀고, 존슨 대통령이 오직 '미적지근한 지지'만 보였다고 언급했다. 이렇게 명맥히 늦어지자 공화당 상원의원 하워드 베이커 주니어는 해당 지역에서 경제적 이유에서뿐 아니라 평화에 다다르는 길로 원자력에서 동력을 공급받는 탈염 공장들에 대한 조속한 설계와 건설을 요구

하는 결의안을 후원하게 되었다. 1967년 12월, 이는 만장일치로 통과되었다.[73]

표면적으로는 중동의 탈염에 대한 상대적인 정도의 정치적 단합이 존재하는 것처럼 보였다. 아이젠하워는 존슨에게 자신의 지지는 사심이 없고 비당파적이라고 썼고, 존슨도 비슷한 태도로 관개 비용의 효율이 높은 탈염을 달성하는 일이 '인간 역사에서 거대한 건설적 전환점'이자 중동에서 항구적 평화의 기초로 거듭날지도 모른다는 점을 "우리가 오래도록 뼛속 깊이 느꼈음을 저는 알고 있습니다"라고 답신을 썼다. 하지만 그러한 진부한 표현 이면에서 존슨과 그의 자문들은 자신들이 주도권을 상실했으며, 더 나쁘게는 선거 연도로 향하는 도중에 그렇게 되었음을 감지했다. 중동의 위기는 원자력으로 동력을 공급받는 탈염과 결합해 백악관 내 민주당원들의 자리를 빼앗으려는 공화당원들에게 정치적 기회로 거듭났다. 내무부장관 우달은 "현 상황에서 공화당원들은 (스트라우스·아이젠하워의 노력으로) 중동의 물 관련 문제들에 대해 '우리 옷가지를 훔쳤습니다'"라고 존슨에게 불평했다. 집권한 8년 동안 아이젠하워가 가졌던 것보다 더 많은 액수를 존슨 행정부가 1년간 탈염에 쓰려고 계획했음에도 스트라우스의 계획이 과감하고 창의적으로 보였다.[74]

그러한 정치적 힘과 함께 오크리지 과학자·기술자들은 특히 베이커 결의안이 통과된 뒤 자신들에게 기회가 왔다고 생각했다. 미국 주재 신임 이스라엘 대사 그리고 미래의 총리인 이츠하크 라빈은 실로 수많은 과학자가 그런 프로젝트가 평화에 기여할 수도 있다는 점을 진정으로 믿었다는 사실에 놀라움을 감추지 못했다. 라빈은 6일 전쟁에서 이스라엘 방위군의 참모총장으로 자신의 존재감을 드러냈고, 위신 있는 대사직

중 하나를 얻었다. 그가 맡은 과업은 어떻게 평화를 만들지 자신에게 말해줄 진취성을 갖춘 기술해결사techno-fixer 와인버그와 이야기하는 것이었다. 여러 해가 지난 뒤에도 와인버그는 그 만남을 생생하게 회상했다. "나는 라빈과 전체 아이디어에 관해 이야기한 것을 아주 분명히 기억한다. 라빈은 고개를 저으며 이스라엘에서 8,000킬로미터 떨어진 테네시 구릉지에 있는 작은 도시에서 어떻게 당신들은 중동 문제를 해결할 계획을 꾸며낼 수 있느냐고 물었다. 그래서 나는 이게 빈의 카페에 헤르츨이 앉아 있는 것보다 더 미친 짓이냐고 물었다."[75] 그는 이스라엘 국가의 영적 아버지로 알려진 19세기 오스트리아의 시온주의자 테오도어 헤르츨을 언급한 것이다.

앨빈 와인버그는 정치적 힘이 자기편에 있다고 믿었다는 점에서 틀렸다. 원자력 탈염에 대한 대통령 자신의 열정은 워싱턴 내부자들이 이를 아이젠하워·스트라우스 계획이라고 부르기 시작했을 때 증발했다. 아무도 이를 위대한 사회와 결부하지 않는 것처럼 보였다. 그러한 계획이 와인버그 같은 과학자들의 열정에 근거를 두었기에 행정부는 그것들을 점차 정치적 관점으로 인식했다. 로스토가 와인버그의 생각을 대통령에게 설명했듯, "우리는 이것의 전망과 희망에 대해서는 아무 이의가 없으나 이는 두 가지 점에서 순진하다." 즉 해당 지역에 대한 물 공급에 원자력 탈염이 가장 실용적·경제적 방안은 아니라는 점, 그리고 담수 자체가 중동에 항구적 평화를 가져올 수 없다는 점이었다. 로스토는 스스로 생각의 전환을 맞았고, 원자력위원회의 원자력 지지자들에게 회의를 품었다. 평화를 위한 물을 대륙횡단철로와 비교했던 바로 그 사람인 로스토는 "AEC는 자신들의 생각만으로 미쳐 날뛰며 원자력 탈염을 경제적

관점에서 벗어나게 하려고 한다"라고 식식거렸다.[76]

평화를 위한 물 계획의 핵심 인사는 언제나 대통령 자신이었지만 존슨은 계획에서 소외되었다. 이 계획의 상징적 가치에 대한 주장은 특히 그가 베트남전쟁이 악화되는 상황에서 1968년 3월 31일 대통령 재선에 나서지 않겠다고 선언한 후 더는 힘을 가지지 못했다. 원자력 탈염이라는 생각은 사라지지 않았으나 백악관은 이에 관해 더는 아무런 긴급성도 가지지 못했다. 존슨 대통령은 전임 세계은행 총재 조지 우즈에게 이스라엘과 벌인 협상에서 엘스워스 벙커 역할을 인계받으라고 했다. 이 계획을 위대한 사회의 일부로 만들라는 대통령의 분명한 출동 명령 없이 우즈는 경제적으로 정당화될 수 있는 양용 목적의 계획은 거의 확실히 불가능하다면서 문제를 재빠르게 해치웠다. 그는 이스라엘 계획이 소규모로 지속되어야 한다고 생각했지만 탈염 건설 계획이 좋은 사업 기회라는 개념은 일축했다. 그는 이스라엘과 훨씬 규모가 작은 사업(물을 하루 1억에서 1억 5,000이 아닌 4,000만 갤런)을 제안했고, 탈염을 원자로와 짝지을 필요 없이 진행하길 원했다.[77]

원자력 옹호자들에게 원자로를 선택지로 하라는 이 권고는 최악의 결과를 가져왔다. 전체 계획의 추진력에서 상당 부분이 원자력 옹호자들에게서 나왔음을 고려할 때, AEC 위원장 시보그는 프로그램 전체가 원자로 없이 결정될 거라고 예측했다. 원자로에 대한 요구 없이 진행하는 일은 속담처럼 목욕물과 함께 아기를 버리는 것처럼 보였다. 좌우지간 이 계획의 미덕은 미국의 기술적 노하우로 위신을 얻으면서 탈염을 이용해 이스라엘을 납득시켜 그들의 원자로를 IAEA 세이프가드 아래 두는 원자력 계획이라는 데 있었기 때문이다. 핵에너지의 약속은 미국의 안보적 목표, 대통령의 정치적 위신과 불가분하게 묶여 있었다. 식수 공급은 결코 우선 목표가 아니었다. 존슨은 대통령직을 떠나면서 이 계획에 대해 자신이 가졌던 모든 열정을 잃었다.[78]

존슨은 탈염 프로젝트를 원자력 프로젝트에서 분리하는 문을 열어 놓음으로써 다음 대통령 리처드 닉슨에게 중요한 정부 지지자가 하나도 없는 기괴한 계획을 남겼다. 애초에 프로젝트 전체를 살아나게 한 것은 바로 창의적인 접근, 즉 원자로를 이용해 사막을 꽃피우게 한다는 점에서 시보그는 옳았다. 닉슨 자신은 선거 기간에 스트라우스·아이젠하워의 생각을 강력히 지지했으나 집권하자마자 해당 계획을 재빠르게 묻어버렸다. 다양한 기구의 핵심 인사들이 회동했으나 연구에 엄청난 노력이 들어갔음에도 진정한 결실이 무엇이 될지 이해하지 못했다. 닉슨의 국가안보보좌관 헨리 키신저는 이스라엘인이 갑자기 최우선순위로 둘 만큼 이 프로젝트를 간절하게 원하는 것처럼 보이지 않는 이상, 미국인은 단순히 아무것도 하지 않을 것임을 시사했다.[79] 닉슨에게는 만들어야 할 위대한 사회 계획이 없었고, 키신저는 그런 프로그램이 미국의 이해관계에 어떤 이익을 가져다줄지 볼 수 없었다.

그러나 변화는 일어나고 있었다. 다른 나라들에 전력 생산용 원자로를 독려하지 않는다는 이른 시기의 금기에서 미국이 분명히 벗어나고 있었기 때문이다. 1970년대 초에 이르러 미국은 전력 생산용 원자로 건설을 적극 독려했고, 일부 정치자문은 이런 행위가 다른 나라를 납득시켜 비확산협정에 서명하게 할 것이라고 희망하기도 했다. 인도·이스라엘 모두 왕성한 전력 목표를 지녔고 동시에 핵폭탄이라는 선택지도 열어두고 있었다. 미국 정치인들은 그들의 핵폭탄 프로그램에 고삐를 쥐기 위해 민수용 원자력을 이용하려고 했으나 부질없었다. 미국인은 이스라엘과 함께 평화적 원자력, 핵무기, 재래식 무기 거래, 실제적 유혈 충돌을 모두 뒤섞은 흙탕물 속으로 깊숙이 걸어 들어갔다. 그 전례는 장차 다른 나라에서 되풀이될 터였다. 핵기술은 환경위기에 대한 해결책이자 심지어 전쟁 방지 수단으로 권해졌다. 린든 존슨의 임기와 함께 '평화를 위한 물'에 대한 열정은 사라졌지만, 원자로를 둘러싼 풍요의 수사는 다가올 수십 년간 외교적으로 유용한 것으로 드러날 터였다.

7장
원자력 모스크와 기념비

1974년 여름은 분개한 캐나다인들의 계절이었고, 그해 7월 오타와 외교 순방에서 인도 외무장관 케왈 싱은 그 분노를 온전히 느꼈다. 현지 신문들은 캐나다인들이 신뢰에 대한 배반이자 세계평화에 대한 위협으로 본 것을 두고 싱을 비난했고 캐나다 관리들은 그를 질책했다. 대화는 한 영연방 국가에서 다른 영연방 국가로 이어지는 형제간 경쟁의 분위기를 띠었다. 수년간 캐나다와 다른 나라들은 인도에 식량 원조·기술적 지원을 제공했다. 특히 캐나다는 전력 생산용 원자로를 지원했다. 지난 5년간, IAEA는 인도의 변이식물 육종 계획과 함께 개발도상의 세계에서 원자력의 상징으로 인도를 인정했다. 하지만 인도는 원자폭탄을 터뜨리면서 도무지 생각할 수 없는 일이자 일부에게는 도무지 용서할 수 없는 일을 벌였다. 싱과 다른 인도 관리들은 자국의 핵실험이 미국원자력위원회가 홍보한 것과 같은 평화적 폭발이었다고 주장했다. 실험명은 미소 짓는 부처Smiling Buddha로 불렸으나 캐나다인은 웃을 수 없었다. 싱에게 캐나다 순방은 진 빠지는 일이었다. 그는 순방 내내 적대적 비판과 원조 중단이라는 위협을 받았고, 인도의 세계적 책임에 관한 격분이 담긴 강연을 들었다.[1]

싱과 외교 수행원들은 순방을 마친 뒤 워싱턴을 찾았고 미국 국무부와 얼마간 진솔한 논의를 했다. 싱은 그곳에서 리처드 닉슨 대통령이 워터게이트 사건*의 불법적 행동에 관한 논란에 휩쓸리면서 여름을 좋지 않게 보내던 헨리 키신저와 만났다. 지난 한 주 내내 미국 하원은 닉슨 탄핵과 관련된 세 조항을 채택했고, 워싱턴 내에 극심한 압박과 혼란의 분위기를 조성했다(뼛속까지 외교관인 키신저는 이를 두고 싱에게 단순히 '진정되지 않은 상황'이라고 말했고, 한 주 뒤 대통령은 사임했다). 이러한 상황 자체가 외교적 대화를 난관으로 만들기에 충분하지 않았다 하더라도 키신저는 얼마 전 의사에게 살로 파고든 고통스러운 발톱을 수술받아 앓고 있었다. 8월 2일, 싱과 만난 키신저는 책상 위에 한 발을 올려놓고 앉았다. 캐나다인이 오타와에서 건방진 의붓자식으로 대우한 싱은 인도의 새로운 국제적 위치에 관해 키신저와 논의하는 동안 그의 발을 쳐다봐야만 했다.

한 공식 대화록에 따르면 키신저는 싱에게 "나는 과거 사건들에 대한 비난을 믿지 않습니다"라고 말했다. "하지만 나는 다음 사안이 궁금했습

---

* 워터게이트 사건Watergate scandal은 1972~1974년 미국에서 닉슨 행정부가 민주당을 저지하려는 과정에서 일어난 불법 침입·도청과 이를 부정·은폐하려는 행정부의 조직적 움직임 등 권력 남용으로 말미암은 정치 스캔들이다. 당시 민주당 선거운동 지휘 본부가 있던 워싱턴D.C.의 워터게이트호텔에서 사건의 이름이 유래한다. 이로써 탄핵안 가결이 확실시되자 1974년 8월 9일 닉슨은 대통령직을 사퇴하면서 미 역사상 최초이자 유일하게 임기 중 사퇴한 대통령이 되었다.

니다. 개발도상국은 지적知的으로 평화적 핵폭발에 관해 선진국과는 다른 의미와 중요성이 있습니다." 이보다 더 인도의 위치에 관한 키신저의 시각을 보여주는 진솔한 문구나 키신저가 염두에 둔 핵기술 관련 이중 잣대를 보여주는 더욱 노골적인 인정을 상상하기는 어렵다. 싱의 모호한 대답은 단순히 "예?"로 기록되었다. 그러고 나서 키신저는 말투를 누그러뜨리면서 자신이 단지 선진국들은 정확성을 가지고 폭발을 통제할 수 있는 반면 개발도상국들은 그렇게 할 수 없음을 의미했다고 말했다.[2] 그가 더 강력한 비난을 할 수는 없었다.

미소 짓는 부처 핵실험은 통상 핵 관련 사안에서 분수령으로 비친다. 당시 세계는 가난한 나라들에서 경제적 부상과 핵개발 계획 사이의 연계에 더욱 회의적으로 바뀌는 중이었다. 인도가 핵실험을 하고 하루 뒤 『뉴욕타임스』는 "불청객 인도 핵무기 보유국 집단에 가담하다"로 기사를 내보냈고, "나는 이 실험으로 어떻게 더 많은 쌀을 재배할지 알 수 없다"라고 불평한 미국 정부 관리의 말을 인용했다.[3] 북미인·유럽인은 중동·남아시아 나라들의 왕성한 핵개발 계획을 도왔다. 1970년대 중반에 이르러 미국과 우방들의 기술 선택을 지시하는 능력은 분명 약해졌다. 1968년 핵무기비확산조약NPT에 무수한 나라가 서명했으나 인도는 이 조약에 신식민주의적 성격이 있다고 보고 서명을 노골적으로 거부했다. 적어도 몇몇 나라는 명백히 전체 핵연료주기에 대한 통제와 모든 기술을 권력·정당성·주권의 표지로 보았다. 파키스탄과 이란처럼 서구인의 도움을 받은 나라들도 이 조약을 포용했을 때(이란의 경우) 유사한 시각을 유지했다.[4]

어쩌면 놀랍게도, 미소 짓는 부처는 핵개발을 둘러싼 풍요로운 수사에 종언 신호를 보내지 않았다. 1973년, 다른 사건이 일어나 세계의 천연자원을 둘러싼 매우 실제적인 갈등 속으로 핵에너지를 더욱 깊숙이 끌어들였다. 6일 전쟁 6년 뒤 터진 이스라엘과 그 이웃들인 이집트·시리아 사이의 주요 충돌인 제4차 중동전쟁은 지구적 경제 교착상태로 이어졌다. 미국은 이스라엘에 군사 원조를 확대해 해당 지역 OPEC 회원국들의 보복을 촉발했다. 이 나라들은 먼저 석유 가격을 올린 뒤 급격한 생산 절감을 선언해 전 세계적으로 석유의 이용 가능성을 제약했다. 이후 아랍 회원국들은 미국·영국·캐나다·일본·네덜란드를 포함한 특정 소비국에 금수조치를 걸었다.[*] 미국은 한동안 석유 자원이라는 측면에서 상대적으로 빈곤했고 유럽 국가들은 한때 자신들이 즐겼던 식민주의적 목조르기를 더는 할 수 없었다. 정반대로 그들은 자신들이 여전히 '후진적'이라고 간주한 나라들의 자비를 바라는 처지가 되었다.

어떻게 북미인·유럽인은 그렇게 후진적으로 일컬어진 사람들에게 영향력을 다시 확실하게 행사할 수 있었을까? 북미인·유럽인이 아직까지 가지고 있던 직접적 영향력은 권력·힘·독립을 표상한 바로 그 기술 안에 있는 것처럼 보였다. 기술적 원조 계획이라는 모호한 약속이 아닌 전투기·탱크·미사일 같은 선진적 장비들의 직접적 원조 말이다. 1973년, 이란 주재 미국 대사관 관리가 지적했듯이 "가장 첨단의 초음속 제트 전투기와 가장 진보된 군사기술은 과거 페르시아 왕조의 모스크와 기념비처럼 기능한다. 그것들은 팔레비 왕통의 권세와 위신으로 이란의 이웃

---

[*] 1973년 석유 파동은 1973년 10월 6일(유대교 속죄일인 욤키푸르)부터 25일까지 벌어진 1973년 중동전쟁에서 OPEC의 아랍 회원국들이 주도하여 미국·캐나다·영국·일본 등 이스라엘을 지지하는 나라들에 제재를 가하고자 단행한 석유 가격 인상과 이로 인한 세계 경제상의 충격을 말한다.

들을 아찔하게 만들도록 의도된 경이 그 자체였다."[5] 원자로 또한 인도·파키스탄에서, 그리고 몇몇 나라, 특히 이란에서 위신을 쌓는 대업으로 드러날 터였다. 원자로는 에너지 위기의 한가운데서 OPEC이 붙잡은 천연자원상의 혜택을 뒤집을 지렛대로 사용될 것이었다.

*

1950년대와 1960년대 대부분에 걸쳐 미국인과 영국인은 핵 협력을 구체적 결과가 생계에, 특히 식량·농업에 맞춰진 일종의 식민주의적 과학으로 다뤘다. 그들은 오래된 식민주의 시대의 연계망을 통해 작업하기도 했다. 아시아 핵 센터처럼 미국은 콜롬보 계획 국가들(모두 옛 영국 식민지)을 통해 작동했으나 센터 자체는 정작 미국에서 최근 독립을 부여받은 필리핀에 두었다. 영국인은 풍부한 석유로 인해 거대한 전략적 이해관계가 걸린 지역인 중동에서 영향력을 넓혔다. 미국의 '평화를 위한 원자력' 계획과 달리 영국인은 명확히 바그다드조약기구라고도 알려진 중앙조약기구CENTO라는 안보체계 내에서 작동했다. 1955년, 소련의 남서부에 있는 국가들을 결속해 설립한 이 기구는 영국을 이라크·이란·파키스탄·터키와 동맹 관계로 만들었다. CENTO는 1956년을 시작으로 지역적 핵 센터 내 협력의 현장으로 거듭났다. 하웰 소재 영국원자력연구소는 과학자들을 이 센터로 보내 직원으로 일하게 하면서 원래 대추야자 열매dates 연구용으로 설계된 건물 한 채를 차지했다. 하웰의 소장 존 콕크로프트 경은 『네이처Nature』에 이 센터의 주안은 의학·농업·물 보존·석유 추출에 대한 방사성 동위원소의 사용에 놓일 것이라고 썼다.[6]

미국인과 필리핀의 관계처럼 영국인은 우방(이라크)을 선택하면서 자신들이 이라크를 쉽사리 조종할 수 있다고 믿었다. 그러나 센터를 개소한 지 얼마 지나지 않아 영국은 상황을 재검토해야 했다. 제2차 세계대전 기간 영국은 이라크를 점령했고, 이 나라의 어린 왕 파이살 2세는 고분고분하다고 인식되었다. 실제로 파이살은 1956년, 이집트 지도자 가말 나세르에게 등을 돌려 영국의 수에즈운하 점령을 지지했는데, 이 결정은 운명적인 것으로 드러났다. 나세르는 단지 이집트의 통치자일 뿐만 아니라 제국주의 열강에 맞서 아랍인의 단결을 주장하는 범아랍주의 운동의 간판이었기 때문이다. 나세르의 생각은 은크루마의 범아프리카주의와 태도 면에서 매우 유사했고, 범아프리카주의에 영감을 불어넣기도 했다. 이라크 왕의 영국 지지 그리고 바그다드조약기구 참여는 1958년 왕정을 뒤엎은 폭력적인 군사 쿠데타에 정당성을 제공했다. 1957년 3월, 파이살은 핵 센터를 공식적으로 열었으나 1년 후 쿠데타로 살해되었다.[7]

1959년 영국 정부는 CENTO 센터를 이웃한 이란의 테헤란대학을 근거지로 한 핵과학연구소로 재개장했다. 존 콕크로프트 경은 지역 발전을 돕는 핵과학의 역할을 다시 연설했다. 이번에는 이란의 샤shah 모하마드 팔레비가 잔류한 CENTO 나라들의 외교관·고관들이 참석한 가운데 개소식을 주재했다.[8]

테헤란연구소는 식민주의 기지와 아주 흡사하게 작동했다. 그리하여 한 과학자는 이 연구소가 '하웰의 전초기지'라는 인상을 떨치기 어렵다고 썼다.[9] 하웰에서 소장들이 파견되었을 뿐 아니라 참가국 직원은 모두 방사성 동위원소 사용에 관한 6개월간의 훈련과정을 밟기 위해 영국에 가야만 했다. 하웰의 소장 콕크로프트는 테헤란연구소 자문위원회 위원장을 겸임했다.[10] 영국인은 좌담회는 물론 유명한 과학자들과 추리소설 작

가 애거사 크리스티의 일회성 방문을 포함해 다른 명사들의 방문을 조직
했다. 콕크로프트와 다른 이들은 지역 과학자들에게 핵 관련 사업을 넘
겼다고 그럴듯하게 말했으나 현실에서 그들은 이란인이 고삐를 부여잡
을 준비가 되어 있지 않다고 믿으면서 주저했다.[11]

테헤란연구소는 핵심적인 과학적 질문이나 주요한 연구 프로젝트를
자체적으로 보유하지 않았고, 1961년에 이르러서는 방사성 동위원소 사
용법에 관해 설명하는 영국 전문가들에 기반을 둔 '공동체'를 갖춘 연구
로 뒤범벅이 되었다.[12] 영국인은 협력이라는 겉치레를 포기했고 자신들
의 노력을 더욱 익숙한 관계로 재조정했으며, 다양한 국가적 경제개발
프로젝트에 영국 관리들이 조언하는 허브hub로 연구소를 이용했다. 제
안된 한 사례에서 연구소 과학자들은 파키스탄 임산연구소의 동료들에
게 목재 내에 침투시킨 방부제를 추적하는 동위원소 사용에 관해 조언했
다. 다른 사례에서는 WHO가 이란의 이스파한에서 운용하던 기존의 구
충 연구 계획에서 동위원소를 이용해 말벌들을 표시하는 것에 관해 조언
했다.[13]

하웰 과학자들은 가부장적 태도를 보였는데, 이는 연구소 작업 대부
분을 천연자원·농업·보건에 집중하는 전통적 식민주의 프로젝트에 국
한되게 했다. 하웰 과학자들은 이 나라들 대부분이 핵에너지를 꿈꿨음을
깨달았지만, 그 가능성은 경멸감을 가지고 보았다. 혹자는 "실제로 이 지
역 나라들은 그들의 필요나 심지어 그들이 무엇을 원하는지에 관해 분명
한 생각을 거의 표현할 수 없다"라고 지적했다. 연구소의 영국 관리자들
은 자신들의 태도가 조금은 오만방자했음을 인정하면서도 파키스탄·이
란·터키가 "자신들에게 최선인 이해관계 속에서 상당히 긍정적인 지도

를 요구했다"라고 믿었다.[14]

영국 관찰자들은 테헤란센터의 인종주의적 측면에 관해 약간 역설을 담아 썼다. 자신들을 필리핀인과 같이 훈련받게 하려는 미국의 계획을 아시아인이 조소했던 것처럼, 여기서도 마찬가지로 터키인·파키스탄인은 이란인이 운영하는 연구소에서 무언가를 배우는 데 아무런 관심이 없었다. 터키원자력공사의 주요 인물인 메멧 바투르와 논의한 한 영국 과학자는 "총검을 들이대는 경우가 아니라면 어떠한 터키인도 테헤란에 가도록 납득될 수 없다"라는 인상을 받았다. 교육받은 터키인은 동양이 아닌 서양처럼 보이길 원했다.[15] 영국 외교관 앵거스 레이는 이러한 상황을 비백인을 묘사하는 인종주의로 중상하면서 관계에서 누가 '유색인'wog인가에 관한 측면으로 설명했다. 터키인은 자신들이 유색인이라고 생각하지 않았다. 레이는 터키인에게 "유색인은 캅카스 지역에서 시작한다"라고 했다.[16]

파키스탄의 과학자·정치인도 자국에서 싹트기 시작한 핵개발 계획에 대해 더욱 활발히 노력하기를 원했고 농업·의학의 방사성 동위원소 너머로 나아가길 바랐다. 그들은 1950년대 '평화를 위한 원자력'이라는 구호 아래 미국과의 협력을 수용했고, 연구용 원자로를 얻었으며, 원자력 발전이라는 미래를 시야에 두고 주요 훈련 프로그램을 개시했다.[17] 파키스탄은 전약電弱 이론 연구로 이후 노벨물리학상을 수상하며 케임브리지에서 훈련받은 이론물리학자 압두스 살람을 포함해 탁월한 과학자를 다수 보유했다. 독립 이후까지 지속된 식민주의적 태도에 민감했던 살람은 유엔교육과학문화기구UNESCO가 후원하는 국제이론물리학센터를 지지했고 미국·영국의 직접 통제에서 벗어나야 한다고 역설했다.[18]

다른 과학자는 미국에서 훈련받고 IAEA 원자로 부서에 합류한 물리학자 무니르 아마드 칸[*]이었다. 칸은 개발도상의 세계에서 원자력의 역할에 관한 IAEA 보고서와 성명에 영향을 줄 수 있는 자리에 있었다. 런던의 임페리얼 칼리지에서 노벨상 수상자 패트릭 블래킷의 지도 아래 박사학위를 마친 이슈라트 후사인 우스마니는 미국 오크리지국립연구소에서 수년간 일한 뒤 CENTO 연구소 과학자문위원회에서 콕크로프트를 보좌했다. 1960년, 우스마니는 파키스탄원자력위원회 위원장이 되자 인력채용을 계획했으며, 아주 유망한 대학생 약 50명을 선발해 파키스탄에서 핵 훈련과정을 받고 이후 해외로 파견되어 박사학위나 박사 후 훈련을 받도록 했다.[19]

이웃이자 경쟁자인 인도처럼 파키스탄도 원자력 과학기술을 신생 독립국이라는 자아상과 분주히 결부시켰다. 파키스탄이 그렇게 하려는 이유는 복잡했는데, 이를 단순히 원자폭탄 보유 욕망이라는 기능주의적 설명으로 환원해서는 안 될 것이다. 하지만 궁극적으로 두 국가는 그러한 경로를 추구했다. 핵기술은 장관壯觀으로 보였고, 핵기술을 과시한 정부들에 정당성을 부여했다. '원자의'atomic 그리고 '핵의'nuclear라는 단어는 사용 가능한 가장 현대적 기술로 보였기 때문만이 아니라 이전 식민지 주인 영국을 포함해 세계 주요국만이 보유한 기술로 상징적 가치도 있어 호소력이 컸다. 더욱이 원자로 개발이 위압적으로 비칠 수 있었지만, 대규모로 반복되는 빈곤·인구 관련 문제를 푸는 것보다는 덜 벅찬 일로 보였다.[20]

---

[*] 무니르 아마드 칸(Munir Ahmad Khan, 1926~1999)은 파키스탄의 핵물리학자로 파키스탄 핵폭탄 개발 계획의 아버지라는 별칭이 있다.

1960년대 초에 이르러 남아시아에서는 일종의 핵 민족주의가 진행되었다. 신생 국가들에 '원자국가'로 거듭난다는 것은 여러 의미를 가졌고 독립 이후 인도·파키스탄 국가 형성에서 핵심의 하나였다. 1954년 창설 당시 인도원자력위원회 위원장 호미 바바는 트롬베이 부지에 설치된 연구실·원자로·시설의 복합체를 상상했다. 트롬베이 복합체는 조국의 목표를 성취하도록 도울 것이며 '과학 세계의 베르사유'로 그 자체가 구경거리도 되었다. 인도는 심지어 시러스CIRUS(캐나다인도원자로활용사업) 부지에서 일하는 가난한 노동자들과 부지의 연구용 원자로를 사진에 담아 복합체가 얼마나 수작업으로 만들어졌는지를 보여 자국 핵개발 계획의 간디 같은 장인匠人적 측면을 강조하려고 했다. 파키스탄은 식민지 이전 과거 이슬람의 장엄함에 기초하는 방침을 택했고, 무굴제국에 귀 기울이는 건축적 요소를 갖춘 핵연구소를 지었다. 역사가 스튜어트 레슬리가 주장한 대로 이 연구소들은 "필요해서 서구에서 빌려왔으나 서구의 기대에 저항해 종속의 순환을 단절하기로 굳게 마음먹은 탈식민 과학의 역설을 구현했다."[21]

파키스탄에서 핵 야망은 라호르나 카라치라는 도시 중심에서 떨어져 건설될 새로운 국가 수도 건설 계획에서 두드러지게 드러났다. 정부는 이슬라마바드를 전통적인 것과 현대적인 것의 교차로로 상상하기 위해 세계의 선도적 건축가 일부를 고용했다. 파키스탄원자력과학기술연구원PINSTECH은 도시의 초기 건물 중 하나였다. 우스마니는 연구원 본부를 지으려고 워싱턴D.C.의 존 F. 케네디 센터와 전미지리박물관을 설계한 현대건축의 지지자이자 미국 건축가인 에드워드 듀렐 스톤을 고용했다. 스톤은 뉴델리의 미국 대사관을 설계하면서 타지마할에서 영감을 얻어 뚜렷한 남아시아의 감성을 건물에 담았다. PINSTECH 본부에는 똑같은 무굴의 솜씨가 담겼다. 한 파키스탄 과학자는 "우리는 모두 거대한 예술적 주제 앞에 경외감을 느꼈을 뿐 아니라 압도되었다"라고 회상하면서 우스마니에 관해 "그는 조국에 대한 자신의 비전, 어떻게 과학기술이 경이를 만들어낼 수 있는지는 물론 핵에너지의 무한한 잠재성을 묘사하는 데 더욱 열정적으로 되었다"라고 말했다.[22]

1960년대 초에 이르러 우스마니와 파키스탄 내 다른 이들은 자신들의 원자로 개발 야심을 경제발전이라는 수사와 결부할 수 있었다. 우스마니의 박사학위 지도교수는 남아시아 나라들에서 원자력 발전의 영구적 이용이라는 가능성을 강조한 1949년 저작 『공포, 전쟁 그리고 폭탄』을 쓴 패트릭 블래킷이었다. IAEA를 위해 일하는 무니르 칸은 파키스탄에 필요한 정당성, 즉 원자로 건설이 파키스탄에 최선의 이익이라는 권위적인 성명을 우스마니에게 제공하는 데 일조했다. 1962년, IAEA는 파키스탄의 전망에 관한 보고서를 발행하면서 근처의 재생 불가능한 천연가스 대신 카라치의 에너지 요구가 원자력 발전으로 충족되어야 할 것이라고 언급했다. 우스마니는 이 보고서를 이용해 원자력 발전소가 장차 수십 년간 파키스탄의 에너지 필요를 충족하는 한편 공업적 성장을 지지할 것이라고 주장했다.[23] 무굴에서 영감을 받은 연구소는 이듬해 착공되었고, 파키스탄 최초의 연구용 원자로는 1965년 가동되었다.

파키스탄은 자국 서쪽의 다른 지역적 강국들과 같은 매장 석유를 보유하지 않았지만, 우스마니와 다른 이들은 또 다른 천연자원인 우라늄에 큰 희망을 품었다. 1960년대 말, IAEA는 경제개발이라는 이름 아래 수많은 나라에 우라늄 탐광 착수를 독려했고, 숙련된 영국·미국 전문가들을 파견해 도왔는데, 이 중 한 명이 영국 지리학자 제임스 카메론이다. 그는 IAEA의 선임을 받아 터키부터 필리핀, 우루과이, 이집트에 이르는 나라들에서 탐광을 진행했다.[24] 1969년, 그는 최근 우라늄이 감지된 데 라가지칸 구역 시왈리크 사암砂巖을 자세히 살피기 위해 파키스탄으로 갔다. 이후 그는 파키스탄이 UN 개발계획의 지원을 요청하도록 도왔다. 이 요청에서는 국가가 우라늄을 국내적으로 쓰든지 해외에 팔든지 간에 채굴·탐광은 일자리를 제공하고, 광업 전반을 자극하며 '후진적인 지역들에 고용, 훈련, 혜택'을 가져다줄 것이라고 주장했다.[25]

파키스탄은 평화적 이용이라는 구호 아래 자국 핵개발 계획의 확장을 정당화하기 위해 IAEA를 이용했다. 서구 나라들도 비공식적 감시를 수행하길 바라며 IAEA를 이용했다. 다음 수년간, IAEA는 서구 전문가들을 활용해 파키스탄의 우라늄 탐광을 감독했다. IAEA는 굴착 작업·공중 방사측량 조사·지상 지구화학 분석을 재정적으로 지원했고, 새로운 운송 기반시설을 지었다.[26] 제임스 카메론은 UN에 보낸 파키스탄의 재정적 제안서를 작성했고 프로젝트 리더는 캐나다 지질학자 존 호들리였다. 전시 오클라호마에서 우라늄 탐색 사업에 참여했고 1950년대 미국 원자력위원회를 위해 일한 미국인 제럴드 체이스는 주요한 발견 중 하나인 바갈추르분지의 원시 하도河道를 찾아냈다. 다른 참여자 보맨은 미국 회사들과 AEC를 위해 오랫동안 일한 경제지질학자였다. 체이스·보맨 모두 IAEA의 후원을 받아 파키스탄을 위한 우라늄 지도 제작 사업을 하고 있었다. 이 사람들이 자국 정부에 직접 보고하지 않는데도 파키스탄의 자원 개발에 관한 모든 것은 적어도 미국과 영국에 알려졌다. IAEA가 광물을 분석하기 위해 미국원자력위원회와 영국지질과학원에 의존했

기 때문이다.[27]

파키스탄은 단순히 우라늄 판매자로 남을 생각이 결코 없었다. 채굴 프로그램은 비밀리에 핵폭탄 프로젝트도 포함할 야심 찬 핵개발 계획을 시작하는 데 핵심적인 정당성을 제공했다. 당시 파키스탄은 경제개발에서 원자력 발전의 역할을 강조했고, 특히 자국의 자연 제약 극복에서 원자력 발전의 잠재성에 주안을 두었다. 파키스탄은 요구를 맞추기에는 석탄이나 석유를 많이 가지지 못했고 천연가스도 거의 없었다. 수력 전기 댐은 너무 어렵고 비쌌기에 묵살되었다. 한편 원자력 발전소는 서파키스탄 일부 지역들과 동파키스탄 전역에서 결정적인 경제적 이점을 가진 것처럼 보였다. 파키스탄은 1960년대 중반 미국에서 발산된 '평화를 위한 물'의 수사를 받아들여 전기를 대량으로 만들고 물도 담수화할 원자력 발전소를 언급하며 원조를 요청했다. 이 요청에서는 1985년까지 원자로들이 서파키스탄의 전력 16퍼센트를, 동파키스탄의 전력 41퍼센트를 담당할 거라고 예측했다. 프로그램은 이미 진행 중이었는데, 당시 건설 중인 카라치원자력발전계획KANUPP과 1973년 동파키스탄에서 착공할 예정인 루프르원자력발전계획을 의미했다.[28]

후진적인 지역 개발이라는 프레임에 맞춰진 국내 우라늄 탐광 프로그램은 파키스탄이 농축우라늄이 아니라 천연우라늄을 사용하는 원자로에 집중하는 것을 정당화하는 데도 일조했다. 잠재적으로, 파키스탄은 핵연료주기에 대한 자급이 가능했다. 즉 파키스탄은 농축 연료를 구매하기 위한 해외 의존이나 농축시설의 국내 건설을 걱정할 필요가 없었다. 천연우라늄을 이용한다는 생각은 유일무이하게 파키스탄에 국한된 것은 아니어서 인도도 같은 경로를 따랐다. 그리고 천연우라늄을 이용하는 원자로의 선도적 제조업자 중 하나인 캐나다는 열심히 그것들을 선호하는 식으로 말했다. 인도의 초기 연구용 원자로 시러스는 1973년 가동된 계획상의 최초 상용 원자로 라자스탄 1호와 마찬가지로 캐나다와 협력해서 나온 결과물이었다. IAEA도 천연우라늄 원자로를 뒷받침했는데, 이는 당시 IAEA 원자로공학부서장이 파키스탄 과학자 무니르 아마드 칸이었기에 전혀 놀랍지 않았다. 1960년대 칸은 파키스탄이 평화적 활용을 고수하기보다 핵폭탄을 제조해야 한다는 이유를 은밀히 만들려고 했으나 퇴짜를 맞았다. 천연우라늄 원자로에 대한 홍보는 핵무기라는 선택지를 계속 열어두었다. 칸은 1971년 9월 제네바에서 열린 원자력의 평화적 이용에 관한 제4차 국제학술대회의 과학총무이기도 했는데, 여기서 천연우라늄을 쓰는 원자로는 특히 값비싼 농축시설을 지을 자원이 없는 나라에서 많은 지지자를 얻었다.

파키스탄의 행운은 전쟁이 일어나면서 극적으로 변경되었다. 첫 번째는 카슈미르를 두고 인도와 치른 1965년 전쟁인데, UN이 명령한 정전으로 종결되었다. 이어 1971년 파키스탄은 학자들이 종종 방글라데시 대학살이라고 부르는, 동파키스탄에서 벵골민족주의에 대한 잔혹한 진압을 단행했다. 강간·살해를 두려워한 난민들은 인디라 간디 총리가 그들을 수용하기 위해 문을 연 인도 동부 국경으로 밀려들었다. 1971년 내내 인도·파키스탄 간에 강경한 수사가 지속되었고, 12월 파키스탄은 인도를 공습했다. 인도는 파키스탄을 지상과 영공에서 퇴치하고 파키스탄 해군을 바다에서 타격하는 방식으로 응수했다. 파키스탄군은 치욕스럽게도 2주 만에 인도군에 완전히 패퇴했고, 병사 9만 명이 포로로 잡혔다. 동파키스탄은 독립을 쟁취해 이때부터 방글라데시로 불리게 되었다.[29]

파키스탄은 동부 주는 물론 자국의 평화적 핵 노력에서 정당화를 대부분 잃었다. 동부에는 나라 인구의 절반 이상이 있었다. 또한 동부는 미래 원자력 발전에 상당히 의존하고 담수 공장까지 포함될 것으로 예상되었다. 그러나 이는 중요하지 않았다. 파키스탄 관리들은 엄청난 패배를 겪은 후 평화적 원자라는 바뀌지 않은 수사를 이용해 핵개발 계획을 유지하려고 다짐했다. 파키스탄의 핵개발 계획을 연구하는 학자들은 전쟁의 여파야말로 파키스탄 내에서 국가적 핵 프로그램이 핵무기에 맞춰진 결정적 계기였다고 지적했다. 줄피카르 알리 부토가 파키스탄에서 권력을 잡은 뒤인 1972년 초 우스마니는 파면되었고, 그 자리에 앉은 무니르 아마드 칸은 핵폭탄 개발 계획에 본격적으로 착수했다.[30]

경제적 독립과 자원 안보에 관한 IAEA의 약속은 확대된 핵 프로그램을 정당화하는 데 유용한 것으로 드러났다. 파키스탄 최초의 원자력 발전소 KANUPP는 1972년 11월 많은 축하를 받으며 완공되었다. KANUPP 개소식 연설에서 부토 대통령은 핵기술과 개발도상 세계의 부상을 연결했다. "남아시아 아대륙에서 가장 위협적인 문제는 이곳 사람들의 빈곤과 고통입니다"라고 그는 말했다. "우리 국민을 위해 원자력은 공포가 아닌 희망의 상징으로 거듭나야 할 것입니다."[31] 영국의 수석 과학자문 앨런 코트렐 경Sir Alan Cottrell은 원자력 발전소 개소식에 참석해 영국 정부의 축원을 전달했다. 축원은 부품 제공에 협조한 구식민 권력의 상징적 몸짓이었다. 캐나다인은 자신들도 원조했다는 점을 자랑스럽게 얘기했다.[32] 한편, 1972년 파키스탄은 사용후 핵연료에서 플루토늄을 만들 수 있게 화학재처리공장의 건설에도 도움을 요청했다. 영국 국립문서보관소의 기록은 영국 외무·영연방부 전문가들이 아무런 문제 의식을

가지지 않았고, 국영 회사인 영국핵연료회사BNFL를 계약에 입찰하도록 독려했음을 시사했다.[33]

파키스탄은 IAEA와 긴밀히 협력하고 원자를 가지고 자연을 길들인다는 기구의 수사에 공명하는 방식으로 자국의 활동(우라늄 채굴 및 우라늄 농축과 플루토늄 생산을 위한 공장 건설)을 정상화했다. 칸의 대민홍보과장 악타르 마흐무드 파루퀴는 『IAEA 회보』에 지난 6년을 개괄하는 글을 쓰면서 원자력 발전의 미래를 낙관적으로 보았다. 파루퀴의 글을 읽자면, IAEA가 만든 모든 약속을 파키스탄이 수용했다고 상상할 수 있다. 농업 계획(식품 보존을 위한 방사성 동위원소·곡물 해충 방제·변이 육종)과 진단·치료를 위해 방사성 물질을 쓰는 의학 계획이 모두 파키스탄의 새 연구센터들에서 시도되었기 때문이다. 파키스탄인은 미국이 이스라엘을 위해 설계 중인 양용 담수 공장을 포함해 더 많은 것을 시도하길 간절히 바랐다. 이 글은 핵연구원의 웅장한 설계가 "이 나라 과학 공동체가 지닌 열망의 상징으로 서 있다"고 지적하면서 건축가 에드워드 듀렐 스톤의 역할을 상기시켰다. 모든 저개발국에 "이에서 혜택을 입을 제3세계에 가득한 수백만에 궁극적 이득이 될" 원자의 막대한 잠재성을 증명하면서 "PINSTECH은 유용함과 우아함을 섞어 고전적 환경으로 둘러싸인 현대적 시설들을 제공한다."[34]

IAEA는 파키스탄의 광산들이 현재 생계 수준에 겨우 머물러 있는 '부족인들'에게 일자리를 제공할 테고, 새로운 도로들이 "이전에는 오직 낙타와 오솔길로만 접근이 가능했던 지역들에 차량 교통을 열어줄 것"이라고 예측했다.[35] 1975년 연구에서 IAEA는 새롭고 선진적인 컴퓨터 모형을 이용해 원자력 발전에 대한 새로운 평가·권고를 내릴 것을 주장했다. 실상 그것은 5년 앞서 제기된 주장을 단순히 재탕하는 것이었다. 즉 파키스탄은 자연적으로 화석연료가 부족하고, 수력 발전을 일으키기에는 재정적으로 너무 열악해서 원자력 발전으로 구원해야 했다는 것이었다. 파키스탄은 즉각 핵개발 계획을 시작해야 하고, 1982년 이후 신설되는 새로운 전기 설비는 전적으로 원자력이어야만 한다고 같은 보고서는 말했다. "중요한 문제는 이 정도 크기의 투자에 필요한 추가 재원을 찾는 것이다." 방글라데시도 자연의 압력, 즉 브라마푸트라강의 격심한 홍수와 높은 인구 성장률로 고통받고 있었다. 조기 연구에서도 대체로 그랬듯이 이 새로운 연구도 1995년까지 방글라데시가 전력의 40퍼센트를 원자력 발전에서 얻을 것이라고 예측했다.[36]

1974년 인도가 핵폭발 장치를 터뜨린 뒤 국내 우라늄 원천을 개발하려는 파키스탄의 노력은 복잡하게 되었다. 인도와 마찬가지로 파키스탄은 캐나다에서 수입하는 장비에 의존해 우라늄 연료 가공공장을 건설하고 있었다. 파키스탄은 1975년까지 새로운 공장의 완공을 목표로 1973년 캐나다원자력공사와 협정을 체결했다. 인도 핵실험에 대한 캐나다의 반응은 자국의 핵기술을 받는 나라에 핵무기비확산조약 서명을 받거나 모든 관련 시설에 대한 IAEA의 전면적 세이프가드 수용을 요구하는 것이었다. 더하여 캐나다는 자국 공급물자가 '평화적'이든 아니든 핵폭발에 쓰이지 않을 것을 요구했다. 당시 파키스탄은 자국 핵개발 관련 선택지를 열어둔 상태였고, 캐나다와 협력하는 데 더해 화학재처리공장을 짓기 위해 프랑스와도 계약했다. 그러한 시설에서 KANUPP의 사용후 우라늄을 처리해 플루토늄을 추출할 계획이었다. 캐나다의 새로운 요구사항에 파키스탄은 순응하길 거부했다. 최근 막후에서 핵폭탄을 추구한다는 결정을 내린 파키스탄은 이런 새로운 요구사항을 받아들일 상황이 아니었다. 1976년, 캐나다는 파키스탄과 모든 핵 협력을 단절했고 연료·중수·부속품·정보의 납품을 멈췄을뿐더러 KANUPP에서 모든 캐나다 시민을 철수시켰다.[37]

파키스탄은 프로그램을 계속했고, 그렇게 하기 위해 어느 때보다 더욱 IAEA의 수사에 의존했다. IAEA 전문가들이 장비 일부가 고장 나자마자 전체 프로젝트가 끝장날 거라고 불평했지만, 우라늄 채굴은 계속되었다. 굴착 장비는 고장 났고, 차량·기계 부품들도 작동을 멈췄다. 자연도 협조적이지 않았다. 계절풍 호우는 도로들을 파괴했고, 불도저가 요구됐으나 그러한 차량은 수중手中에 항상 있지 않았거나 있더라도 잘 손질되지 않은 상태였다. 파키스탄인은 적시에 기초적인 유지 작업을 수행할 준비가 되어 있지 않았고 도난을 통제할 수도 없었다. 1977년 여름, 무하마드 지아울하크가 주도한 군사 쿠데타가 부토를 전복시키면서 채굴 작업은 중단되었다. 1977년 9월, 한 육군 대령이 프로젝트의 파키스탄 측 지도권을 맡게 되었을 때, 기계 부품들 대다수가 순식간에 사라졌고 굴착장비는 가동 불가능한 상태가 되었다. 보수 시설들은 실질적으로 존재하지 않았고, 작업은 '지극히 원시적인 조건에서' 진행되었다고 한 IAEA 전문가는 넌덜머리를 냈다.[38] 채굴은 아무런 성과를 내지 못했지만, 원자로·핵폭탄 개발 계획은 온전했고 경제적 부상에 대한 약속은 그것들에 계속 정당화를 제공했다.

파키스탄 핵개발 계획에 미친 인도 핵실험의 영향은 같은 핵실험이 전 세계에 미친 영향을 보여주는 축소판이었다. 한 나라가 핵연료 측면에서 자급적이어야 한다는 추정은 갑자기 의심받게 되었다. 농축시설이나 재처리시설의 국내 건설 가능성 또는 천연우라늄을 쓰는 원자로 설계에 의존하는 가능성도 마찬가지로 의심을 받게 되었다. IAEA에서와 UN 개발계획에서 실로 오랫동안 정치적 견인력을 유지한 대지의 저주받은 자들을 부상시킨다는 수사는 마치 자립을 비밀 핵폭탄 프로그램의 암호인 것처럼 불신의 언어로 다시금 제시하였다. 파키스탄이 핵무기 개발 계획을 숨긴 것은 사실인 반면 인도의 태도는 아주 노골적이었다. 인도는 자국 핵폭발 장치에 도전장이라는 상징을 부여했다. 그 도전장은 구체적으로 비확산조약뿐 아니라 민수용 핵연료 전체 주기에 대한 접근을 관리·통제하려고 시도하며 지구적 남반부의 지구적 북반부에 대한 종속을 유지하려는 미국·소련·유럽인의 위선을 겨냥했다.

1974년 5월, 인도는 해외 원조에서 자립을 달성하려고 5개년 계획에 착수할 예정이었다. 하지만 이 계획은 특히 1973년의 석유 가격 급등을 고려할 때 인도 바깥에서 지나치게 낙관적이라고 이미 비웃음을 샀다. 새로운 작물 전체가 의존한 비료의 가격 폭등 때문에 인도의 과시적인 녹색혁명도 위험에 처했다. 인도의 식량 자립 전망은 1973년 가뭄으로 사실상 증발해 버렸고, 인도는 소련에서 곡식을 빌려왔다. 1971년 파키스탄과 전쟁을 벌인 이래 미국의 원조는 급격히 감소했다. 1973년 여름의 훌륭했던 계절풍 강우에도 1973~1974년 수확은 자급자족에 한참 못 미치는 수준으로 떨어졌다. "한편 인구는 거침없이 증가하고, 비료에 들이는 많은 비용과 그에 따른 비료의 소실로 상황이 악화되고 있다"라고 영국 원조 비망록은 언급했다. 이 비망록에서는 영국 외교관들에게 인도인 상대자와 회동하기 전에 정보를 보고하면서 "우리는 인도인이 다시 개발이라는 방향으로 나아가고 현재 위기가 극복되는 것을 보길 원하며, 이 과정에서 우리 역할을 할 준비가 되어 있다"라고 말했다. 비망록은 또한 영국과 다른 나라들이 식량을 비롯해 석유 같은 비전통적 자원들을 동원하는 데 더 많이 노력해야 한다고 덧붙였다.[39]

그달 말에 인도가 공표한 '개발'상의 비전통적 자원이란 다름 아닌 1974년 5월 18일 포카란 실험장에서 있었던 핵분열 폭발이었다. 케왈싱 외무장관은 그 폭탄이 지하 약 100미터에서 폭파된 내폭장치라고 대사관들에 통보했다. 인도 육군이 라자스탄의 보안이 철저한 군사 실험장에서 폭파했음에도 인도는 이것이 자국과 채굴·토공 같은 원자력의 평화적 활용과 병행하기 위해 계획된 것이라고 했다. 또한 인도는 여전히 군사적 목적의 원자력 이용을 열성적으로 반대한다고 주장했다.[40] 인디라 간디의 인도는 핵 관련 사안 용어로 'PNE', 즉 평화적 핵폭발을 수행한 것이었다.[41]

이 폭발은 새로운 핵무기비확산조약에 의문을 품게 했다. 당시 많은 국가가 여전히 이 조약의 비준을 두고 논쟁을 벌였기 때문이다. 인도는 이 조약에 서명하지 않았으므로 어떠한 법도 위반하지 않았다. 그러나 인도 신문 『패트리어트The Patriot』가 시사했듯, "만일 인도가 이 조약에 서명한다면 이제 무슨 지위가 부여되어야 하는가?" 인도는 핵무기 보유국인가? 아니면 여전히 핵무기 비보유국인가? 아마도 세 번째 범주가 있어야 하지 않을까? 인도의 방위연구분석연구원 원장 크리슈나스와미 수브라마니암은 "이 폭발은 참여국들에 비확산조약 구조상의 실행 불가능성을 상기해 줄 것이다"라고 썼다.[42]

서구 나라들 대부분은 이 폭발을 단지 평화적 핵폭발로 분류한다는 생각을 비웃었다. 국무부의 명령에 따른 미국의 최초 반응은 '자제하는'

것이었으나 인도의 실험이 핵무기 확산에 해당한다는 개념을 확실히 했다. 그리고 미국의 원조가 이 실험을 촉진한 것처럼 보였다. 국무차관 케네스 러시는 "인도인들이 핵폭발 장치를 개발하는 과정에서 캐나다인이 공급한 시러스Cirus 연구용 원자로에 우리가 제공한 중수를 썼을 개연성이 있어 보인다"라고 다른 미국 외교관들에게 전보를 보냈다.[43] 워터게이트 사건 때문에 미국의 반응은 침묵이나 다름없었다. 인도 핵실험 불과 일주일 전, 의회에서 대통령 탄핵 절차를 개시함에 따라 워싱턴에서는 격동의 시기가 시작되었으며, 대통령과 그의 가까운 자문 대부분은 탄핵에 주의를 돌리지 않을 수 없었다. 이와 대조적으로 캐나다는 폭발을 특별히 강하게 받아들였다. 특히 실험이 캐나다 연방 선거가 불과 두 달도 남지 않은 상황에서 일어났기 때문이다. 캐나다는 식량 원조에 더해 농업적 사용을 포함한 핵 원조도 제공했는데, 인도는 폭탄으로 전용될 수 있는 연료를 생산하기 위해 캐나다 원자로를 이용하는 방식으로 이를 되갚았다.

인도 정치인·지식인들은 세계가 인도의 움직임을 군사적으로 해석하지 말라고 촉구했다. 그러나 1962년, 인도는 히말라야 국경에서 중국과 전쟁을 치렀는데, 이는 중국이 1964년 자국의 핵폭발 장치를 실험하기 전이었다. 1965년과 다시 1971년, 인도는 파키스탄과 전쟁을 치렀다. 캐나다 워털루대학 정치학 교수 아쇼크 카푸르는 영국의 국제문제연구소인 채텀하우스에서 발표하면서 여전히 개발도상국에서의 승리라는 프레임으로 폭발을 설명했다. 동시에 이 폭발은 NPT상 가장 치욕적인 결함을 날카롭게 드러냈다. 카푸르의 문서는 세계를 두 진영으로 나누었고, 이제 막 인도가 그렇게 된 '핵 역량' 국가들을 위한 공간은 남겨두지 않았다. 카푸르는 조약을 핵무기 보유국들에 상업적 이익을 제공하는 것으로 간주했고, 조약 이면의 진정한 동기를 확인하는 일은 서구에 달렸다고 말했다.[44]

1974년 7월 말, 오타와에서 진행된 인도·캐나다 회담 이후 케왈 싱 외무장관을 포함한 인도 관리들 다수는 캐나다의 분노가 정치 운동 기간을 위해 만들어진 것이라고 상정했고, 캐나다인이 진솔으로 모욕당했다는 데 놀라워했음이 진솔한 논의에서 드러났다. 한 관찰자는 인도인이 향후 핵 협력과 관련해 엄격한 세이프가드를 갑작스럽게 주장한 캐나다인에게 대처할 준비를 하지 않았으므로 회담에서 특히 '고전'했다고 말했다. 회담은 단순히 '교착되었다.' 양자회담이 결렬되었는데도 캐나다 외교부 인도 담당관 로드니 어윈은 이후 영국 외교관들 앞에서 말이 많았다. "자신들이 원조를 협박의 형태로 쓰지 않았다고 강조하기 위해 어윈이 내게 그렇게 공을 들였음에도 인도인이 그렇게 해석했을 경우, 그들[캐나다인]이 [인도인의 그러한 해석을] 반대하지 않았으리라는 점은 명백하다."[45]

외교관들 사이의 비공식적 수다는 완전히 바뀐 핵 관련 사안의 환경을 보여주었다. 영국 외교관 테일러는 캐나다인에 관해 다음과 같이 말했다. "그들은 어떠한 착각도 하지 않는데, 인도인을 때리려는 자신들의 곤봉이 크지 않다는 점, 그리고 인도인이 캐나다인 없이도 살 수 있음을 배울 수 있다고 판단해도 무리가 아니라는 점을 이해했기 때문입니다. … 굳이 분명한 점을 언급하면, 현재 양국 간 의견 차의 결과가 무엇이든 간에 상황은 결코 이전과 같을 수는 없습니다."[46] 다른 영국 외교관은 회담 직후 열린 한 사교 행사에서 캐나다 외교부 관리 드와이트 풀포드와 나눈 담소를 보고했다. "그는 '평화적' 핵폭발을 비난하고 헐뜯었습니다. 그는 우리가 '평화적' 로켓포, '평화적' 재돌입체, 어쩌면 결국에는 '평화적' 핵탄두를 의심할 여지 없이 기대할 수 있다고 말했습니다."[47]

인도가 자국 핵실험을 평화적 핵폭발이라고 지칭한 사실은 인도의 핵심적 외교 동반자인 소련의 원자력 에너지 프로그램에 주의를 기울인 그 누구도 놀라게 할 수 없었다. 두 나라는 1971년, 인도·파키스탄 전쟁에 앞서 평화친선협력조약을 체결하면서 과학기술을 포함해 무수한 분야에서 협력 증진을 맹세했다. 소비에트의 PNE 계획은 채굴, 폐기물 소각, 천연가스정·유전 활성화, 댐·운하·항구 건설을 위한 대규모 토공계획을 포함했다. 역사가 폴 조셉슨이 지적했듯이 소비에트인은 지구물리학적 공학을 '자연의 실수를 교정하는' 수단으로 보았다.[48] 대부분 서구 나라와 달리 소련은 인도 핵실험을 핵무기라고 공개적으로 비난하지 않았을 뿐 아니라 이를 PNE로 규정한 인도의 판단을 따랐다.[49]

인도와 협력이 대부분 아시아 지역에서 영연방 국가들의 전후 협력 사업인 콜롬보 계획의 후원 아래 진행되었기 때문에 영국 관리들은 당황했다. 그들은 즉각 훈련 계획 같은 핵 관련 원조에 대한 인도의 요청서 처리를 중단했다.[50] 영국 대사관 관리 톰슨은 1974년 6월 말, 신문에서 오려낸 미국의 정치만화 한 장을 외무·영연방부 동료들에게 보냈다. "모든 신의 자녀들에겐 원자력이 있다All God's Chillun Got N-Power"라는 제목의 이 만화는 엉클 샘(미국 정부)이 이끄는 원자폭탄을 든 인물 여덟 명을 묘사했다. 각각은 핵폭탄을 가진 국가들을 표상했고, 행렬의 마지막 세 명은 이스라엘·인도·이집트였다. 수척한 인도인은 거의 전라였는데, 이는 원시적 남아시아인이라는 정형화된 이미지였다. 톰슨은 "첨부된 만화는

지난 며칠간 세계가 더욱 위험해졌다는 요점을 강력하고 깔끔하게 보여 줍니다"라고 썼다.[51]

인디라 간디 총리는 다른 이들의 분노에 담긴 위선을 재빨리 지적하면서 다음과 같이 물었다. "부유한 국가들은 파괴적 목적으로 핵에너지를 이용해도 괜찮고, 가난한 나라가 이것이 건설에 쓰일 수 있는지 모색하는 일은 그르다는 것인가?"[52] 실제로 미국인은 폭발을 '평화적 원자'의 일부로 널리 광고했고, 1960년대 미국 AEC 위원장 글렌 시보그는 다른 나라들에 서비스로서 핵폭발을 제공한다는 희망을 품기도 했다. 그러한 서비스 시장은 결코 현실화되지 않았고, 인도가 같은 수사를 구사했을 때 변화한 유일한 것은 정치적 풍경이었다. PNE는 망한 듯 보였다. 케네스 러시 국무차관은 핵실험 당일 이 실험은 "다른 잠재적 핵보유 국가들이 지하에서 '평화적' 핵폭발을 할 수 있는 '권리'를 더욱 쉽게 주장하도록 만들었다"라고 탄식했다.[53] 미국 외교관 윌리엄 포터는 PNE가 대기 중에서 폭발하지 않는다는 조건으로 미국이 인도에 반복해서 PNE를 제안했다고 유럽인 동료들에게 지적했다. 그러나 인도는 그러한 '서비스'를 거절했다.[54] 그 대신 인도인은 다른 나라들에, 특히 브라질·아르헨티나에 PNE 서비스를 제안했다. 인도는 누구의 허락도 구하지 않았고, 누구와도 상의하지 않았으며, 핵분열 장치의 민수용 폭발에 유럽 국가나 초강대국들만큼이나 자국도 같은 권리를 보유해야 한다고 실제로 판단한 것처럼 보였다. "인도인이 자신들의 현재 노선을 지속하면서 우리와 비확산조약을 한 다른 수탁 국가들이 핵폭발 기술 보유를 제한하고 통제하려는 효과적인 국제적 제도 수립에 기울인 노력을 망쳐버릴 것은 의심할 여지가 없다."[55] 조만간 인도인은 PNE의 이름 아래, 그리고 경제발전이라는 외양 아래 남미에서 핵폭탄들을 터뜨릴 수 있었다.

파키스탄 또한 핵폭탄을 비밀리에 만들고 있었지만 파키스탄 관리들은 내로남불로 접근해 개발도상국들을 위한 원자의 경제적 약속을 저버린 인도의 배신을 강조했다. 무니르 칸은 파키스탄이 1963년 부분적 핵실험 금지 조약을 체결했고, 1968년 NPT에 우호적인 방향으로 투표한 것(그러나 파키스탄은 아직 조약 회원국이 아니었다)을 들며 자국을 평화를 사랑하는 국가로 묘사했다. "저개발국인 우리는 현대적 기술, 우리의 경제적·산업적 개발용이지 상호 파괴용이 아닌 기술을 반드시 얻어내야 한다"라고 무니르 칸은 말했다. "우리는 무엇보다 배고프고, 가난하며, 문맹인 대중의 절실한 요구를 먼저 다뤄야만 하며, 환영이나 다름없는 위신과 권력 추구는 뒷날로 미뤄야만 한다." 그는 "인도의 근시안적·이기적 조치는 모든 인류와 특히 에너지 위기의 한가운데서 전력 요구를 맞추기 위해 원자력 발전을 절박하게 요구하는 세계 개발도상국에 엄청난 폐를 끼쳤다"라고 언급했다. 그는 더 많은 선진국이 핵 프로그램의 진전을 어렵게 만들 것이라고 탄식했다.[56]

키신저 미 국무장관은 인도를 책망하는 대신 인도가 비확산에 관심을 두게 하려고 시도했다. 그는 케왈 싱에게 파키스탄에 대해 완곡히 언급하면서 "인도는 이제 분명하게 군사적으로 우세합니다"라고 말했다. "그러나 핵무기에는 특이한 사정이 있습니다. 다른 한편이 핵무기를 만든다면 상황을 동일하게 만드는 것이 쉽다는 점입니다." 그는 인도를 핵무기 보유국으로 대우하며 비확산 진영으로 들어오라고 제안했다.[57]

하지만 인도인은 예의를 갖춘 이런 주요한 고려가 자국을 미국·소련·유럽과 급이 다른 나라로 영구적으로 전락시키려는 의도라고 일관되게 지적했다. 이러한 대우는 특히 길었던 식민주의 역사를 고려할 때 인도인이 받아들일 수 없었다. 비확산의 정치학이라는 장막 뒤에는 국가주권, 종속, 천연자원·기술에 대한 접근 권한이라는 심원한 문제가 자리했다. 예컨대, 인도인은 오직 일부 나라만 PNE를 통제할 수 있다는 생각을 수용할 수 없었다. 그들은 미국 하원의원들이 핵 관련 사안에 개발 자금을 결부하려고 시도하는 것도 공평하지 않다고 생각했다. 예컨대, 이른바 롱 개정안Long Amendment(민주당 하원의원 클래런스 롱의 이름을 딴)은 핵무기를 개발하는 나라가 비확산조약 당사국이 되지 않는 이상 미국은 그 나라에 대한 국제개발청 차관에 반대표를 행사할 수 있도록 했다. "우리는 차별을 좋아하지 않습니다"라고 미국 주재 인도 대사 트릴로키 나스 '티키' 카울은 키신저에게 숨김없이 말했다. 키신저는 자신과 닉슨 대통령이 그 시각을 공유했으며 자신은 롱 개정안을 반대한다고 자기 입장을 정리했다. "나는 그러한 차별에 반대합니다"라고 키신저가 말했다. "나는 귀하가 한 일을 좋아하지 않지만 차별을 원하지도 않습니다. 차별하는 것은 우리 정책이 아닙니다."[58]

워터게이트로 인한 백악관 내 혼란한 소동(일주일 후 대통령은 사임했다)에도 키신저 자신은 포드 대통령 밑에서 계속 국정을 맡음에 따라 이러한 핵 담화에 지속성을 제공했다. 그는 1974년 10월 인도를 방문해 인디라 간디 총리를 만났다. 키신저는 그녀를 속이기 어렵다고 판단했을 뿐 아니라 몹시 싫어했다. 닉슨 대통령은 그녀를 '나이 든 마녀'라고 불렀고, 그와 키신저 모두 남몰래 그녀를 '암캐'라고 지칭했다. 간디는 미국인이 자신에게 희망한 대로 결코 순응적이지 않았고 소비에트인과 우호적인 것으로 보였다.[59] 그리고 그녀도 핵폭탄을 보유했다. "미국을 비판하려는 간디 여사의 거의 병적인 필요에도 불구하고 우리 관계가 이 새롭고 더욱 균등한 기초 위에서 향상되는 것을 그녀도 보길 원한다." 싱과 그랬던 것처럼 키신저는 자신이 핵실험을 비난하는 데 흥미가 있지 않다고 주장했다. "나는 간디 여사에게 아주 진솔하게 말했다. 인도가 이를 어떻게 묘사하든 그들은 핵폭탄을 폭발시켰고" 인도의 향후 정부도 이를 그런 식으로 대할 수도 있다.[60] 머지않아 키신저는 핵 거래를 통제하기 위해 다른 나라 외교관들과 협업에 착수했고, 평화적 핵개발 계획과 위험한 핵개발 계획 사이 어디에서 선을 그을지를 놓고 길고 격렬한 논쟁이 오갔던 협상을 시작했다. 간디는 미국인이 고취한 비확산조약에 대한 반대를 유지했고 폭발을 포함해 평화적 핵기술을 추구할 수 있는 조국의 권리를 고집했다.[61]

미소 짓는 부처 핵실험에 대한 반응은 겉보기에는 관련 없는 상황의 전개로 더욱 뚜렷한 모습을 갖추었다. 1973년의 제4차 중동전쟁이 1974년 여름에 이르러 지구적 에너지 위기를 촉발한 것이다. 전쟁 자체는 이스라엘과 그 이웃 사이에 벌어졌고, 이스라엘에 대항해 연합한 아랍 국가 대다수는 주요 석유 생산자들이었다. OPEC 내 이런 회원국들은 석유 생산을 감축하고 주요 소비국 일부에 금수조치를 걸었다. 제4차 중동전쟁에서 이스라엘을 지지한 데 따른 징벌적 조치라는 반응이었다. 뒤따른 위기는 석유 가격 폭등과 유럽·미국 내부의 석유 이용 가능성의 폭락이었다. 이 위기는 원자력 발전 개발에 대한 열정도 부채질했다. 프랑스인·영국인은 1956년 수에즈 위기 동안 비슷한 압력을 이미 느꼈고, 원자력 발전에 대한 양국의 열정은 1970년대에 강화되었다. 이와 비슷하게 일본은 석유 파동 기간에 원자력 발전에 더욱 집중했고 서독도 마찬

가지였다.[62]

　인도 외교관들은 자국 핵실험을 에너지 부족이라는 프레임으로 설명하고 싶어 했다. 싱은 키신저와 이야기하면서 핵 차별과 인도가 처한 인간적 위험 사이의 연계를 역설했다. 그는 "우리는 에너지 위기의 한가운데 있습니다"라고 말했고, 어떻게 석유·식량·비료가 수입의 약 80퍼센트를 차지하는지 설명했다. 높은 휘발유 비용은 농업을 아주 심하게 강타했다. "우리는 막대한 어려움에 직면했습니다. 우리는 우리의 우선순위를 점검하고 있습니다." 싱은 자신들이 힘차게 석유 매장지를 찾고 있고 심지어 미국 회사들의 도움을 받아 근해 탐사도 하고 있다고 말했다. "식량, 비료, 석유에 대한 우리의 요구사항을 고려해 주길 부탁합니다."[63]

　IAEA에서 에클룬드 사무총장은 천연자원 부족을 핵기술 차용과 연계하는 기존의 서사가 인도 핵실험으로 손상되는 것을 확고히 방지하고자 했다. 그에게 1974년의 큰 핵 뉴스는 여전히 석유 파동이었다. "우리가 마지막으로 회동한 이래 세계는 주요한 에너지 원천 중 하나에 대한 공급 문제가 일어날 경우 무슨 일이 벌어지는지 보고 있습니다"라고 그는 공식 성명에서 언급했다. "이는 우리 모두에게 현대적 생활이 얼마나 에너지 이용 가능성, 에너지 가격상 커다란 변화에 대한 세계 경제의 민감성, 특히 대규모 에너지 자원을 보유하지 않은 나라들의 취약성에 달렸는지를 깨닫게 했습니다." 그는 "온건하게 표현하면, 일부 나라들에서는 현재의 곤란에서 벗어나는 수단으로 원자력 발전을 받아들이기를 아주 꺼립니다"라고 한탄했다.[64]

　석유 파동은 원자력의 에너지 구원 서사를 되먹였다. 미국의 국내 원유 생산은 1970년 하루 960만 배럴로 정점을 찍었지만 이후 수년간 그 수준에 도달하지 못했다. 논객 에드워드 코원은 『뉴욕타임스』에 "많은 분석관이 다시 그렇게 높은 수준이 되리라는 것을 의심한다"라고 썼다. 수요와 공급이라는 경제의 세계에서 미국은 석유를 추가 채굴하는 방식으로 수요상 증가를 더 맞출 수 없는 것처럼 보였다. 1975년, 미국 지질조사국USGS은 조사국과 미국 지질학자 대부분이 국내의 석유·천연가스 자원을 과대평가했다고 시인했다. 한 예외는 USGS 과학자이자 셸의 전임 석유지질학자 킹 허버트로, 그는 1970년대 초에 끝날 미국 석유 생산에 대한 종형 곡선을 이미 1956년에 예측했다. 실제로 1971년까지 미국 유정들은 최대한도로 가동 중이었으므로 수요를 맞추기 위해 생산량을 더 늘릴 수 없었다.[65] 1975년에 이르러 과학자들은 허버트가 옳았는지 궁금해했다.[66]

1974년, 허버트는 지구적 석유 생산이 1990년대 중반 정점에 도달하리라는 또 다른 예측을 했다. 그는 태양에너지·증식로에 상당히 의존하는 핵에너지의 조합으로 화석연료 소비를 대체한다면 위기를 모면할 수 있다고 믿었다. 석유 파동 기간 닉슨·포드 행정부 모두 해외 석유 원천들에 의존하는 상황에서 벗어나려는 욕망을 내비쳤다. 허버트는 "만일 [에너지] 독립에 대한 귀하의 희망이 국내 생산으로 수입을 대체하는 것이라면 … 나는 그게 가능하지 않다고 봅니다"라고 경고했다. 그는 미국인이 절망해 알칼리성 물질의 하천 침출로 엄청난 환경 비용이 발생하지만 단기적 해결책은 될 수압 혈암頁巖, shale 지층에 대한 수압 파쇄 방식(뒷날 '수압 균열 방식fracking'으로도 알려진)으로 돌아설지를 우려했다.[67] 일부는 심지어 핵폭발을 이용한 수압 균열 방식을 쓰자고 제안하기도 했다.

지구의 심층에서부터 화석연료를 풀어줄 '평화적 핵폭발'의 창조적 사용법이었다.[68]

　고속증식로(일반적 원자로 안에서처럼 감속재가 중성자를 둔화하지 않기 때문에 고속)는 고갈되는 자원 문제에 대한 마술적 해결책의 모든 외양을 갖췄다. 1962년, 원자력위원회는 대통령에게 고속증식로를 최우선순위 항목에 놓았고, 1967년에 이르러서는 냉각재로 액체금속(나트륨)을 쓰는 특정한 기술로 예측을 좁혔다. 해당 기술은 액체금속고속증식로LMFBR라는 거추장스러운 약어로 쓰였다. 원자력위원회의 조언과 함께 닉슨 대통령은 1971년 LMFBR를 미국 에너지 전략의 중요한 일부로 프레임화했다. 그는 이 계획에 자신의 에너지 의제상의 최우선순위를 부여했고, 1980년까지 기술의 시연에 전념했다. "오늘날 경제적으로 깨끗한 에너지에 대한 국가의 증대되는 수요를 맞추려는 우리에게 최선의 희망은 고속증식로입니다"라고 닉슨은 선포했다. 원자력위원회는 2000년까지 LMFBR 기술이 미국의 현재 에너지 용량과 맞먹을 거라고 예측했다.[69]

　증식로 자체는 미래에 대한 야누스Janus의 얼굴을 갖춘 상징으로 거듭났다. 한편에서 증식로는 경제적 약속이라는 서사의 일부였다. 증식로 기술은 소비하는 것보다 더 많은 연료를 만들기 때문에 증식로는 사실상 무한한 에너지를 공급할 터였다. 다른 한편에서 증식로는 착취적인 자본주의 경제와 경제성장이라는 체제의 맹목적 믿음에 끝없이 순응한다는 표지였다. 증식로를 그토록 매혹적인 것으로 만든 기술적 해결책은 이를 파괴적인 추세의 조력자로 본 이들에게는 불쾌한 것이었다. 허버트는 에너지 위기와 증식로의 연계를 어떻게 느끼는지 질문받자 자신은 증식로 개발을 중단해야 한다고 생각하지 않았다고 응답했다. "나는 우리가 거의 충돌이 불가피한 상황에 있다고 봅니다. 우리는 멈추는 법을 몰라요. 우리에게는 전력이 필요하고 에너지가 필요합니다. 이는 마치 그리스 연극처럼 움직이지요."[70] 다른 이들은 증식로에 더 비판적이었다. 퓰리처상을 수상한 게리 스나이더의 1975년 시집 『거북섬Turtle Island』은 사회비평서이자 환경선언이었다. 그는 자신의 시 'LMFBR'에서 자신이 받은 증식로에 대한 인상을 포착했고, 증식로를 "죽음 그 자체/(액체금속고속증식로)/웃으며 선 채 보이네/빛 도는 플루토늄 치아를"이라고 묘사했다. 핵폭탄의 공포가 아닌, 끝없는 에너지가 인류에게 최악의 상황을 가져올 거라는 관념이 스나이더에게 동기를 부여했다. "알루미늄 맥주 캔들, 플라스틱 숟가락들/베니어합판들, 폴리염화비닐PVC관들, 비닐좌석덮개들은; 꼭 타지 않고, 꽤 썩지 않으며/우리에게 밀려와/칼리 유가Kālī-yūga의/예복과 의복이 되네/세상의 끝에."[71] 스나이더는 다가올 악마 칼리의 시대에 관한 힌두의 형상화에 의지해 소비자 사회의 쓰레기들을 세계 종말의 옷가지로 표현했다.

석유 소비자들이 증식로가 중동 석유에 대한 자신들의 종속을 끝내줄 거라고 희망하는 동안 주요 석유 생산자들도 원자력 발전으로 선회하고 있었다. 1970년대 이란의 샤는 이란 전역에 원자력 발전소 수십 개를 짓는 데 석유로 획득한 달러 상당액을 투자하기로 결정했다. 1970년, 이란은 핵무기비확산조약을 비준했는데, 이는 핵무기 개발을 하지 않기로 맹세하는 한에서 핵연료·핵기술에 대한 접근 권한을 확인해 주었다. 샤는 이런 상황을 즐기며 광범한 원자로망을 건설해 안전하게 운용하고 연료를 확보하려고 유럽·미국 회사들과 협상에 돌입했다. 이란은 막대한 석유 공급의 정상에 있었지만 1970년대 중반 에너지 혁명으로 보였던 일에 착수했다. 미국의 원자력 발전 옹호자들은 샤의 사진이 들어간 광고를 돌리면서 "누가 원자력 발전소를 짓고 있는지 맞혀보라"라고 했으며, 만일 샤가 원자력 해결책이 안전하고 경제적이라고 느꼈다면 다른 이들 또한 그럴 것이라고 주장했다.[72]

그때까지 이란의 핵기술 관여는 대개 상징적이었다. 이란은 CENTO 연구소 부지를 제공했지만, 지역 동반자들은 거의 흥미를 보이지 않았다. 이란은 IAEA와도 협력했으며 샤 정부는 연구용 원자로에 주안을 두고 원자 지식을 농업·보건 영역에 적용하도록 시도한다는, 즉 개발도상국의 원자력에 대한 미국의 비전을 수용했다. 그러한 이란 최초의 원자로는 1967년 아메리칸 머신 앤 파운드리가 지었다. 이 원자로들은 상대적으로 이용하기 쉬웠고 세계 도처의 대학들에서 볼 수 있었다. 이란은 1971년, 방사성 선원인 코발트−60도 취득했다. 과학자들은 작은 문이 한 개 달리고 안에 납을 댄 한 상자에 보관된 선원으로 식물, 동물, 공기 또는 물 같은 대상에 대한 감마선 영향을 연구할 수 있었다. 이는 시설을 건설하는 비용이 적게 들고 IAEA를 통해 쉽사리 코발트를 취득할 수 있었으므로, 개발도상국들에서 찾을 수 있는 통상적인 '핵' 도구 중 하나였다.[73]

IAEA는 이란을 이용해 전통적인 비과학적 문화와 원자력의 현대적 세기 사이의 교차로를 광고했다. 예컨대, 광고 사진들은 전통 복장을 한 어떤 여자가 하얀 외투를 입은 백인들에게 둘러싸인 채 갑상선 비대 치료를 받는 모습을 묘사했다. 연구실 환경에서 종종 이란 여자들이 외국인들의 지도 아래 유럽·미국에서 IAEA가 후원하는 훈련 프로그램에 따라 과학적 작업을 수행하는 모습도 사진에 담겼다. 그러한 사진들은 연출되었음에도 진짜 질병·치료·훈련 계획을 묘사했다. 묘사된 젊은 여자 중 하나인 쥘라 할할리는 이란혁명 당시 미국으로 건너간 뒤 그곳에서 저명한 암 연구자로 거듭났다. 뒷날 그는 1960년대 덴마크에서 있었던 훈련 계획을 다음과 같이 기억했다. "이 계획의 중요성과 이에 참여함으로써 혜택을 본 나 같은(이란뿐 아니라 전 세계에서) 사람들의 엄청난 숫자를 강조하고 싶어요. … 나는 덴마크에서 공부하는 몇 년 동안 내가 배운 것을 이란에서 쓰려고 열심히 했지요."[74]

헨리 키신저는 이란이 농업·의학뿐 아니라 상용 원자력 발전도 포함한 경제발전의 비전을 향해 나아가도록 촉진했다. 그는 지구적 석유 파동을 다루는 하나의 전략으로 그렇게 했다. 그는 석유 소비자들이 협업함으로써 원자력 발전의 약속을 이용해 OPEC을 장기적으로 약화할 수 있다고 믿었다. 공개적으로, 미국은 석유 파동 내내 태연한 모습을 보이려고 노력했고, 닉슨·포드 대통령 모두 미국인에게 연료를 아끼자고 촉구하는 한편 대안적 연료 원천을 연구해 에너지 자급을 이룬다는, 일종의 맨해튼 프로젝트로 널리 광고된 인디펜던스 프로젝트를 추진했다.[75] 미국의 목표는 비밀리에 석유에 집중되었다. 1974년 여름 키신저는 포드에게 말했다. "우리는 카르텔을 깨는 방법을 찾아야 합니다."[76] 여기서 이란 내 원자로는 제 역할을 할 터였다.

닉슨·포드 행정부는 석유 카르텔을 '깨기' 위해 석유 생산자들의 손을 묶어 석유 생산 감축을 방지할 구속력 있는 다년간의 프로젝트를 만들어내려고 야심차고 복잡한 계획에 착수했다. 키신저는 이란·사우디아라비아 같은 중동의 석유 공급자들이 석유 때문만 아니라 그들이 보유했지만 투자되지 않은 자본 때문에 강력하다고 믿었다. 그들은 석유 생산 감소로 인한 압박을 받지 않았는데, 그들이 자신들의 막대한 자본을 아직 사용하지 않았기 때문이다. 키신저가 제안한 해결책은 그러한 나라들에 청구서들을 더욱 많이 보낼 자본집약적 프로젝트를 찾는 것이었다. "우리가 해야 할 일은 바로 그 지역에서 일정한 구조적 관계를 먼저 만드는 것, 즉 그들이 잃고 싶어 하지 않을 혜택의 흐름을 만드는 것입니다"라고 키신저는 은밀히 말했다.[77]

미국 외교관들은 미국인이 보유한 핵심적 '혜택'인 최첨단 부문에 특히 사우디아라비아·이란이 투자해야 한다고 설득하기 위해 열심히 일했다. 예컨대, 그들은 군사적 취약성을 과대평가했고, 값비싼 재래식 무기·훈련·인력을 제공하기로 약속했다. 이에 더하여 미국인은 비료처럼 현대화에서 기술의 역할을 대대적으로 홍보했는데, 당시 미국 전문가들은 그러한 기술이 수취 국가에서 아무런 효과가 없을 거라고 말했다. 키신저는 미국 국제개발청AID 같은 기구에서 일하는 정부 전문가들이 대상 국가에 필요한 것을 종종 너무 진지하게 받아들이는 것을 싫어했다. "문제는 미국에 선교사적인 구석이 있다는 것입니다"라고 그는 대외경제정책 관련 하원의원들 일부와 회동할 때 불평했다. "사우디인에게 개발 프로젝트가 필요할 때마다 우리는 그곳에 사절단 여섯 팀을 보내 그들에게 왜 그러한 프로젝트가 필요하지 않은지를 설명하게 합니다. 그들이 왜 돈을 쓸 필요가 없는지 설명한다는 것이지요."[78] 키신저는 국무부의 목적이 미국의 이해에 따르는 것이지 합리적인 계획을 홍보하는 것은 아니라고 설명했다. "내게는 사우디아라비아 내의 자산이 필요합니다"라고 그는 석유 전략 관련 내각 회동에서 설명했다. 그에게는 지렛대가 필요했다. "나는 잘 분포된 세계 비료산업은 신경 쓰지 않아요. 사실, 아마도 우리에게는 불균형하게 분포된 산업이 이득이겠지요." 목표는 값비싼 장기 개발 프로젝트 거래로 미국이 영향력을 행사하는 수단을 만드는 것이었다. 그는 "우리가 이집트에 8년 안에 원자력 발전소를 설치하고 사우디아라비아의 비료에 대해 뭔가 할 수 있다면, 우리는 전략을 가지게 되는 것입니다"라고 말했다. "그러면 우리는 그들이 잃고 싶어 하지 않는 무언가를 가지게 됩니다. 나는 대립을 원합니다. 나를 믿으세요"라고 그는 OPEC을 지칭하면서 말했다. "하지만 내겐 칩chip이 필요합니다."[79]

이 전략에 가장 취약한 해당 지역 국가는 이란인 것처럼 보였다. 모하마드 레자 팔레비 샤는 이란이 더는 아랍 국가들과 연대하지 않도록 했다. 샤는 "그들은 우리가 이슬람교도Moslem라고 말하지만, 우리는 아리아인Aryan이다"라고 종교적·인종적 차이를 지적했다. 팔레비에게 아랍 민족주의는 이란의 싸움이 아니었으므로 그는 금수조치에 참여하기를 거부했다. 그러나 그는 단기간에 이란을 세계 최고 선진국 다섯 곳 중 하나로 만들어줄 야심 찬 개발 계획을 믿었다. "이란을 위해 내가 바라는 것은 아주 간단하고 아주 분명하며, 아주 야심차고 아주 가능한 일이다. 나는 20년 또는 25년 안에 이란이 세계의 가장 위대한 국가들에 앞서 있기를 원한다."[80] 미국인은 상당한 범위의 군사 장비를 샤가 취득하도록 촉진함으로써 이란과 관계를 튼튼히 했다. 키신저는 사우디인을 거의 믿지 않았고, 그들이 "아랍인 중 가장 무력하고 배짱이 없는 축에 속한다"라고 포드에게 털어놓았다. 더욱 중요하게, 사우디아라비아는 인구가 단지 500만 명 정도에다가 어디 가서 말할 만한 산업이 없었다. 하지만 이란은 인구가 4,000만이 넘고 주요 산업 발전에 야심이 있었다. 이란의 잉여 석유는 사우디아라비아의 잉여 석유보다 훨씬 적었다. 만일 장기적 프로젝트에 이란의 자금을 쓰도록 팔레비를 설득한다면, 그는 석유 생산을 더는 감축할 수 없을 터였다. 키신저는 의회의 몇몇 구성원에게 자기 전략을 노골적으로 털어놓았다. "예컨대, 샤는 자신이 만든 약속인 대규모 개발 프로젝트와 다른 프로젝트를 유지하기 위해 반드시 석유를 팔아야 하는 상황에 놓이게 될 것입니다." 그러려면 프로젝트가 클 필요가 있었다.[81]

세계의 주요 석유 생산국 중 하나가 원자력 발전에 투자해야 할 필요성을 납득하는 모습을 상상하는 것은 반직관적일 수 있으나, 바로 그 일이 정확히 일어났다. 미국은 값비싸고 다년간에 걸쳐 진행되며, 수많은 다른 종류의 조사·건설·훈련·운용 계약을 요구하는 방식으로 올바른 선택지들을 모두 골랐다. 1974년 초 키신저는 테헤란 주재 미국 대사관에 경제·기술 분야에서 양국 간 결속 강화를 지시했다. 그의 최초 제안 두 가지는 명백히 원자력과 관련되었는데, 증식로 기술에 대한 향후 투자를 요청하는 것과 원자력 발전소·담수 시설의 결합을 제공하는 것이었다.[82] 후자는 존슨 행정부에서 포기한 이스라엘 내 '평화를 위한 물' 계획에서 비롯한 생각이었다. 이란 주재 미국 대사 리처드 헬름스는 팔레비와 만났을 때 원자력 발전에 관해 상세히 얘기했다. 샤가 "바로 본론으로 들어가길 원했다"라고 헬름스는 보고했다. 이란은 이란원자력청을 창설하고 책임자로 '단지 이론가가 아닌 실질적 인물'을 두는 데 전념했다. 헬름스는 명백히 올바른 주제를 건드렸고, 철광석을 환원하기 위해 원자로열을 이용하는 것 같은 특정한 활용법이 제시되었을 때 샤의 두 눈이 드러나게 밝아졌다고 보고했다. 샤의 명백한 열정을 고려할 때, 키신저는 원자력 발전이야말로 협력을 강화하고 이란이 자국의 자본을 쓰게 만드는 분명한 지점이므로 이를 적극 활용해야 한다고 헬름스에게 말했다.[83]

회고해 보면, 이 관계를 이란의 초기 핵무기 프로그램으로 프레임하거나 키신저가 핵 확산을 가장 염려했다고 상상하는 일은 매혹적이다. 샤가 잠재적 핵무기 개발 계획을 머릿속에 가지고 있었다는 점이나 키신저가 비확산 측면을 고려했다는 점(그는 그랬다)은 사실일 수 있다. 하지만 비밀 해제된 문서들은 이러한 노력이 석유와 관련되었고 키신저의 카르텔 깨기 전략의 일부임을 분명하게 드러낸다.[84] 랑부예에서 열린 1975년 경제정상회담(세계의 선도적 석유 소비국 여섯 곳을 포함한 최초의 주요 6개국Group of 6 정상회담)에서 키신저는 에너지 관련 논의를 군사 수출 같은 다른 상품과 연계하는 광범한 전략을 제시했다. "석유 수입자들 간에 단결하지 않은 채 대화에 들어가는 것은 자멸을 초래할 것입니다"라고 그는 주장했다. G6 지도자들은 모든 사안에 동의하지는 않으나 OPEC의 권력을 축소한다는 욕망으로 단결했다. 헬무트 슈미트 독일 연방총리는 "우리 나라들이 만일 다른 방향으로 달린다면 그들은 산업화된 서구에 위기를 조성할 것입니다"라며 연대를 희망했다. "우리 운명은 우리 손이 아닌 OPEC 지도자 소수의 손안에 놓일 것입니다."[85]

미국의 선도적 대학들은 정부의 독려를 받아 OPEC 나라들 내에서 이 전략에 대한 자신들의 역할을 수행했다. 매사추세츠공과대학MIT 총장이자 전임 대통령과학자문인 제롬 와이즈너는 헬름스 대사가 수행한 회동의 후속 회담을 위해 1974년 이란을 방문했고, 이란 대학들에 MIT의 전문성을 가져오는 여러 방안을 샤와 논의했다. 와이즈너는 샤와 이란 대학 행정가들에게서 이란의 풍부한 석유에 기초를 둔 '낙관주의, 팽창주의, 전반적인 의기양양'하는 분위기를 발견했다. 와이즈너는 첫 엘리트 기술자 세대를 훈련하기 위해 MIT와 아리야마르공과대학* 사이에 연락망을 구축했다. 와이즈너는 MIT 교수진을 독려해 미화 5,000만 달러 상당의 에너지 연구실험실을 포함해 MIT 내 연구센터들에 이란이 자금을 지원하도록 하는 제안서를 쓰게 했다. 이 제안서는 이란을 위한 핵물리학·핵공학 특별석사학위과정을 훈련하기 위해 한 해에 이란 학생 30명을 새로 데려오는 것을 포함했다. MIT는 이득을 볼 수 있게 이란으로부터 매 학생에 대한 보상을 받을 터였다.[86] 다른 대학들도 사우디아라비아·리비아 같은 중동의 석유 생산 국가들과 같은 경로를 따르면서 수많은 분야에 걸쳐 경제적 결속을 수립했다. 예컨대, 앨빈 와인버그는 1978년 오리건주립대학의 핵공학 강좌에서 초청 강연을 했고, 지도자 무아마르 카다피의 통치 아래 있는 리비아의 핵폭탄 취득 가능성을 논의했다. 와인버그는 만일 자신이 리비아 핵폭탄 개발의 책임자였다면 "나는 명민한 리비아 공학도 스무 명을 매년 오리건주립대학에 보내 핵공학을 배우게 할 것입니다. 몇 년 후 나는 동위원소 공장과 플루토늄을 만드는 원자로를 지을 충분한 수의 전문가를 가지게 될 것입니다"라고 말했음을 기억했다. "강좌는 고함으로 시끄러워졌는데, 그곳엔 실제로 젊은 리비아인이 스무 명 있었지요. 오리건주립대학은 학비와 부대비용으로 학생들로부터 1인당 매년 미화 1만 달러씩 받았어요!"[87]

이와 유사하게 영국 외무·영연방부는 이란과의 핵 거래를 독려했다.

---

* 아리야마르는 페르시아어로 아리아인의 빛을 의미한다.

외무·영연방부의 촉탁을 받은 하웰 소재 원자력연구소장이자 이론물리학자인 월터 마셜은 1975년 초 이란·쿠웨이트·알제리를 방문했고, 이후 이집트·사우디아라비아·리비아에 접근했다. 마셜은 이란과 영국 국영회사인 영국핵연료회사BNFL 간 거래를 용이하게 하길 희망했고, 이란(그리고 쿠웨이트)에 다양한 프로젝트를 폭넓게 제안했다. 그는 공중지질 조사에서 안전 기준 훈련 계획에 이르기까지 값비싼 아이디어를 홍보했다. 한 관리는 "이것의 기초적인 아이디어는 꽤 분명한데, 이란의 자금과 BNFL의 전문성·관리 능력을 단순히 맞추는 것"이라고 보고했다.[88]

이란은 핵개발에 엄청난 액수를 쏟을 준비가 되어 있었다. 아크바르 에테마드가 이끄는 신설 이란원자력청은 미국, 영국, 프랑스 또는 독일 대학에 학생들을 파견해 학사학위를 취득하게 했다. 이란은 영국에서 자국민의 대학원 훈련을 아주 호화로운 규모로 할 것을 제안했고, 하웰에서 연간 이란인 100여 명에 대한 지원을 제안했다. 이란은 하웰이 무엇을 할지 알았던 수준보다 더 많은 자금을 제안했고, 마셜은 이 자금을 활용하기 위해 유입되는 이란인 훈련생들을 위한 공간을 확보하려고 부지에 건물들의 신축을 포함한 프로젝트를 창안해냈다. 마셜은 이란이 지닌 야심의 크기에 대해 '경악하게 하는'과 '놀라게 하는' 등의 단어를 써서 반응을 묘사했다. 그는 테헤란 주재 영국 대사관에서 보고를 들은 뒤 다음과 같이 말했다. "대사관은 영국이 과학기술 전반에 관한 이란 정부의 자문 역할로 나아간다는 사실을 보여준 논의의 전체적 느낌에 특히 기쁩니다. 이야말로 그들이 힘주어 환영하고 강렬하게 독려하는 것입니다."[89]

프랑스 정부는 반OPEC 협력단의 일부로 인지되길 바라지 않았으나 이란을 핵기술로 유혹한다는 키신저의 계획을 수용했다. 프랑스 협상가들은 이란 내에 원자로를 건설하자고 제안하면서 먼저 프랑스 내에 우라늄 농축을 위한 기체확산공장을 짓겠다며 엄청난 액수를 요청했다. 이란은 자국이 부분적 지분을 소유하며 농축우라늄에 대한 접근을 보증한 복잡한 협정에서 1974년 해당 시설을 위한 자금(미화 약 10억 달러)을 내놓는 데 합의했다. 이 거래는 프랑스가 자국에서 수행하는 향후 농축의 미래를 밝게 했는데, 시설이 프랑스 영토의 남부 주 마을인 피에렐라트에 지어질 예정이었기 때문이다.

이란은 원자로와 서비스를 구매하고 장기적인 재정적 약속을 만듦으로써 미국 협상가들이 희망한 바를 정확히 수행했다. 이란은 1968년 비확산조약에 서명했는데, 겉보기에 이는 기술·연료 원천에 대한 이란의 접근을 보장했다. 이란은 매년 가압수형 원자로PWR 두 기를 주문해 1994년까지 2만 4,000메가와트 용량의 전력을 산출한다는 20개년 계획을 자신 있게 추진했다. 1975년 초까지 이란은 그중 네 기를 독일 회사(크라프트베르크 우니온)·프랑스 회사(크뢰소르와)에서 주문했다.[90]

천연우라늄을 쓰는 원자로를 추구한 인도·파키스탄과 달리 이란은 농축우라늄으로 가동되는 가압수형 원자로에 중점을 두었다. 영국의 월터 마셜은 에테마드에게 진솔했고, 우라늄 농축공장 내의 확산 막diffusion membranes 근처에 이란인의 접근을 허락할 방안이 없다고 말했다. 이것들은 비밀로 분류되었는데, 그 이유는 핵폭탄 프로그램에서 맡은 역할 때문이다. 이란이 이미 프랑스인과 협상을 타결했고 피에렐라트에 기체확산공장을 짓는 데 엄청난 액수를 냈기 때문에 마셜의 논평은 에테마드를 짜증 나게 했다. 그는 기체확산공장을 재정적으로 지원한 이란의 목표 중 하나가 공장의 작동 방식을 배우는 것이었다고 이의를 제기했다.

마셜은 프랑스인이 자국의 기체확산공장과 관련된 모든 것을 이란과 공유하는 척할 수도 있다고 시사했으나 확산 막 설계가 밝혀질 가능성은 거의 없었다. "이 직설적 논평에 직면하여 에테마드 박사는 단순히 웃으며 그것이 물론 현재 상황이라고 말했고, 협상에서 그가 무엇을 말하든 간에 비밀로 분류된 사안에 관해서는 프랑스인과 영국인이 유사하게 행동한다는 점을 그가 받아들인 것은 명백하다"라고 영국 보고서는 지적했다.[91] 엄청난 액수의 자금을 농축시설에 지불했지만 이란은 계속 다른 이들(이 경우 프랑스인)에게 의지해야 하고 진정으로 독립적인 연료 원천을 가지지 못할 터였다.

역설적으로, 자원 안보에 대한 통로로 과장광고된 것은 외부인이 핵심 기술을 통제하는 신식민주의의 냄새가 나는 관계인 것으로 드러났다. 이란인은 서구에서 세를 얻어가던 시각, 즉 핵연료주기의 몇몇 측면은 도달할 수 있는 범위 바깥에 영구히 머물러야 한다는 시각 때문에 결코 행복해하지 않았다. 이란인은 플루토늄을 가지고 무엇을 할지에 관한 자신들의 결정에 반대표를 던질 권한을 미국인에게 부여하길 바라지 않았다. 관련 협정의 부재는 '우리와 이란의 관계에서 심각하게 짜증스러운 요소'로 바뀌었다고 1976년 국가안보보좌관 브렌트 스코크로프트는 대통령에게 썼다.[92] 이란과 유럽 국가들 간의 관계에서도 비슷한 상황이 펼쳐졌다. 크라프트베르크 우니온은 심지어 계약에 앞서 부셰르 부근에서 1,300메가와트 발전소를 두 기 짓기 위해 독일 대사관 관리가 '이란 내 가장 거대한 건설 현장'이라고 명명한 것을 만들었다. 공사는 1975년 시작되었고, 1976년 초까지 부지에서는 독일인 수백 명과 이란인 수천 명이 공사를 수행했다. 구속력 있는 계약서가 아닌 의향서에 기초하

여 이뤄진 이 모든 일은 독일의 핵 사업가들을 불안하게 했으므로 이들
은 협상을 마무리 짓도록 이란원자력청에도 압력을 넣었다.[93]

에테마드를 포함한 일부 이란인은 이란이 막대한 잉여 석유로 자국
이 누렸던 영향력을 낭비한다고 우려했다. 이제 이란인이 미국인·유럽
인의 변덕에 취약한 에너지 기술에 투자하고 있지 않은가? 특히 인도의
'미소 짓는 부처' 핵실험 이후 유럽·북미의 정치적 바람은 비확산조약 체
결국에 대해서조차 엄격한 세이프가드 조약과 집행 기제 쪽으로 변하는
것처럼 보였다. 더욱이 미국은 수많은 나라에 우라늄 농축이나 플루토
늄을 만들기 위한 사용후 원자로 핵연료 재처리와 관련된 다국적 사업에
참여하라고 독려했다. 이러한 움직임은 미국인이 연료 공급에 대한 영향
력 유지를 추구함을 암시하는 것처럼 보였다.[94] 한 영국 관리는 에테마
드에게 원자로 연료 확보에 관해 말한 뒤 "그들은 미래에 이란에 우라늄
을 공급하는 일에 거의 편집증적이었다"라고 말했다.[95]

인도의 핵실험이 제기한 새로운 문제에도 불구하고, 미국의 수석 외
교관은 아직 석유에 집중했다. 1975년 3월, 키신저는 포드에게 "이란 건
은 아주 잘 진행되고 있습니다"라고 보고했다. 이란은 모든 군사적 구매
에 더해 5년간 미화 125억 달러 상당의 거래 꾸러미에 동의했는데 그중
거의 절반은 핵개발 계획 관련(다른 절반은 항만 시설·농업 계획 관련)이었
다. 이란은 미국에 석유를 OPEC 가격 이하로 하루에 50만~75만 배럴
을 파는 데 합의했다. 이 합의는 석유를 군사적 구매와 결부해 얻은 성과
였다. 키신저는 대통령에게 "저는 그들이 자신들이 무엇을 하는지를 알
아차렸다고 생각하지 않습니다"라고 말했다. 포드는 기뻐했다. 미국인·
유럽인은 석유 생산자들이 생산을 감축할 수 없을 만큼 그들을 대규모

개발 프로그램으로 밀어붙였다. "만일 우리가 이것과 같은 거래를 하나 더 할 수 있다면, 우리는 OPEC을 무너뜨릴 것입니다"라고 키신저는 대통령에게 말했다.[96]

미국인 사이에서 원자로를 포함한 값비싼 프로젝트를 가지고 중동 나라들을 미국에 묶는 전략은 곧 초당적 전략으로 거듭났다. 1976년과 1977년, 의회조사국은 에너지 수요에 관한 보고서를 작성했고, 닉슨 대통령이 일찍이 밝힌 에너지 독립에 대한 요구의 전제 자체를 거부했다. 대부분 전문가가 '독립'을 불가능하다고 선언했다는 점이 문제였다. 조사 수행을 촉탁받은 과학자 중 한 명인 킹 허버트는 미국의 연간 석유 산출량이 1970년대 초 최고조에 다다를 거라고 예측했다. 그는 미국의 해외 석유 의존이 매년 심화될 거라고 굳게 믿었다. 그를 비롯해 의회 조사의 다른 참여자들은 중동에서의 독립이 아닌 국제적 유대의 강화를 조언했다.

1974년부터 1976년까지 미국 연방에너지국 국제에너지문제과 차장을 지낸 멜빈 코넌트는 조사 책임자로 이 전략을 잘 알고 있었다. 전반적으로 중동의 석유 생산자들을 언급하고 동시에 리비아의 노골적인 지도자를 하나의 예로 들면서 코넌트와 그의 동료 페른 라신 골드는 대중 사이에서 기반시설에 대한 기대를 만들고, "일정한 수준으로 정부지출을 묶어두고 석유 생산자가 상당 기간 수입을 포기할 수 있는 역량을 감소시키는" 방안으로 카다피의 "위협을 불가능하지는 않더라도 그저 갈수록 불쾌해지는 '사막으로의 회귀'로" 만드는 것이 필수적이라고 지적했다. 그러한 전략은 중동의 석유 생산자들, 특히 이란뿐 아니라 리비아·이라크·사우디아라비아에도 광범하게 적용될 수 있었다.[97]

코넌트와 골드는 산업화된 나라들에 필수적인 에너지 자원들에 대한 통제가 소수의 개발도상국에 넘어갔고 그들이 권력을 행사할 수 있는 유례없는 상황을 미국이 인지해야 한다고 말했다. 상황은 "식민주의의 전성기에 또는 군사력에 대한 의존이 현재보다 훨씬 덜 위험했고 더욱 '적법'했던 때에 상상조차 불가능한" 각본이었다. 그들은 유럽 국가·일본이 단순히 자국이 미국과 한 제휴 때문에 금수조치의 대상이 되길 바라지 않았기에 이미 1973년 이후 소비국 간의 단결은 분열되는 것처럼 보였다고 경고했다.[98] 코넌트와 골드는 이란에 대한 키신저의 계획과 유사한 계획에 찬성하는 주장을 펼쳤다. 종속의 불균형은 "서서히 그리고 신중히 상호의존이라는 조건으로 전환될 수 있었다." 핵심 요소는 현대화의 거대한 자본집약적 프로젝트를 독려하고, 군사 장비 판매를 홍보(특히 미국 인력이 그것들의 운용에 요구될 경우)하며, 산업화된 세계 내에서 대규모 투자를 추진하는 것이었다.[99]

미국은 원자력 발전의 약속을 이용해 이란의 두 손을 묶었고, 다른 나라들에도 똑같이 하려고 계획했는데 종종 실제 목표는 석유였다. OPEC 나라들은 막대한 석유 매장지를 깔고 앉아 산업화된 서구 경제에 동력을 공급하면서 1970년대 중반 유례없는 지구적 권력을 가졌다. 미국인과 유럽인은 자신들이 자원이 취약한 처지에, 즉 자신들이 '후진적'이라고 묘사했을 소수 나라의 변덕에 종속되는 상황에 처했음을 발견했다. 그들은 단호히 종속의 추를 반대 방향으로 선회하려고 하였다. 이를 가능하게 할 '당근'은 바로 군용 전투기·탱크·로켓 같은 첨단기술과 관련된 다른 값비싼 제품·서비스와 함께 제공되는 원자력 발전이었다. 역설적으로, 이들 거래 중 대다수는 제공자가 약속했고 수령자가 상상했던 핵 프로그램으로 현실화되지 못했으며 1980년대와 그 너머의 엄청난 불신의 시대로 이어졌다.[100] 여전히 남아시아·중동에서 원자로는 권력의 상징이 됐고, 수많은 정부들이 야심 찬 핵개발 계획에 재정을 지원했으며, 그중 다수는 은밀한 핵폭탄 프로그램과 병행했다. 핵무기 확산의 위험에도 불구하고, 미국·유럽 정부들에 풍요의 미래를 약속하는 방식으로 원자력 기반시설을 독려하는 일은 세계의 천연자원에 대한 통제권을 되찾고 변화하는 지정학적 풍경 속에서 영향력을 다시 획득하기 위해 나아갈 분명한 길임이 명백해 보였다.

8장
불신의 시대

 1986년 4월 26일, 우크라이나 프리퍄티시 외곽에 있는 무명의 원자로 복합체에서 일련의 작은 사고가 원자로 용융과 이후 막대한 증기 폭발로 이어졌다. 화재가 9일간 뒤따랐고, 방사성 오염 물질이 대기 중으로 퍼지도록 방치했다. 체르노빌 핵 복합체에서 나온 방사능은 머지않아 소비에트사회주의공화국연맹 서부와 유럽 위로 '낙하'해 국지적 재앙을 지역적 재앙으로, 결국 지구적 재앙으로 바꿀 터였다. 체르노빌 원자력 사고 넉 달 후 과학자들과 다른 기술 전문가들은 빈의 IAEA 본부에서 열린 비공개회의에서 무엇이 잘못되었는지 소비에트 과학자들의 설명을 들었다. 전문가들은 러시아인이 말하기 전에 모든 사람 가운데 아마도 가장 진솔한 이였던 한스 블릭스 IAEA 사무총장의 발언을 들었다.

 블릭스는 미래 핵에너지 사업 대부분은 태도·여론을 관리하는 대민 홍보에 있을 것이라고 확신했다. 그는 세계가 유혹을 받아 원자력 발전에서 벗어나게 될 거라고 믿었다. 그는 그런 일이 일어나게 둘 수 없다고 주장했다. 원자력 발전은 "돌이킬 수 없는 지점을 지났습니다"라고 그는 말했다. 또한 그는 "비가시적이고 만질 수 없으나 (고도로 추적 가능한) 핵 방사선을 깊이 우려하는 수많은 이"의 공포를 일축했다. 그는 이 사람들은 결코 원자력 발전을 신뢰하지 않을 것이나 합리적·이성적인 사람들은 설득력 있는 주장이 제시된다면 원자력 발전을 믿을 거라고 말했다. 그리고 그는 놀라운 언급을 했다. "우리는 원자력 발전소 사고가 야기한 오염에 주목해야 하나 에너지를 생산하기 위해 완벽하게 정상적인 석유·석탄 연소의 결과로 삼림이 죽어간다는 것도 기억해야 할 것입니다."[1] 블릭스는 환경적 수사를 들먹이며 원자력 부문에서 엄청난 재난이 벌어진 그 순간에 다른 에너지 체계가 지구에 제기하는 재난의 위협을 지적했다. 제일 먼저 그는 가장 심각한 원자력 대실패의 한가운데서 핵 재난에 대한 비이성적 공포를 가리켰다. 이어 그는 핵과학자들에게 화석연료 때문에 '죽어가는' 숲을 상기시켰다.

체르노빌 이후 IAEA와 회원국들의 대민 홍보전은 원자력 발전을 풍요의 기술로뿐 아니라 대기를 오염시키는 다른 에너지 원천들의 대안으로 묘사했다. 그러한 주장은 인구 성장·질병·오염·기후변화가 제기하는 재앙에 가까운 위험 한가운데 닥쳐온 종말에 대한 해결책으로 핵에너지를 다시 프레임하여 사고나 방사선 피폭에 대한 늘어나는 환경적 우려를 굴절시켰다. 이 주장은 체르노빌의 결과가 아니라 세계 석유 파동·비밀 핵무기 프로그램의 증가·비확산의 정치학이라는 맥락에서 수년간 원자력 지지자 사이에 그리고 IAEA 자체에 스며들었다. 그것들은 미국·소련을 비롯해 여러 나라의 수많은 정부가 비평가들로부터 평화적 핵기술의 이미지를 지키기 위해 오랫동안 헌신한 상징이었다.

1980년대 중반까지 국가가 후원한 평화적 원자에 대한 긍정적 프레임은 폭넓은 정부의 이해관계에 복무하는 한편 상당한 것을 가면으로 가렸다. 이 프레임은 석유가 지구적 자원 지배의 추를 결정적으로 이른바 '후진'국들 쪽으로 넘어가게 한 것처럼 보였을 때, 미국·유럽 국가들이 원자력 발전을 개발도상국들에 대한 지렛대로 사용하게 했다. 또한 파키스탄·이라크의 경우처럼 자국 핵무기 프로그램의 정당성을 떠받치려고 시도하는 한편, 비밀리에 핵폭탄에 공들였던 나라들에도 유용했다. 그리고 프랑스·스웨덴 같은 수많은 나라에서 실제적 우선순위가 에너지 안보인 이들에게 대안적 환경이라는 주장을 제공했다. 미국에 평화적 원자가 주는 풍요의 약속과 환경적 진실성은 핵무기비확산조약의 신뢰성이라는 허울 유지에 일조했다. 당시 IAEA는 어느 때보다 이 조약의 감시장치로 거듭난 것 같은 인상을 주었다. 미국이 IAEA에 더욱 의존할수록, IAEA는 특히 개발도상의 세계에 대해 평화적 핵기술의 약속을 만드는 데 더 전념했다. 그러나 그러한 기술적 미래에 대한 광범한 보증은 지구적 핵질서상의 극심한 불신을 가렸고, 환멸·악감정의 시대에 원자에 대한 신념의 통일된 비전을 제공했다.

*

지미 카터는 대통령 취임 석 달 후인 1977년 4월 18일, 텔레비전으로 전국에 방영된 연설에서 미국인과 에너지 문제에 관해 '유쾌하지 못한 이야기'를 나누길 바란다고 말했다. 그 문제는 전쟁 방지 자체를 제외하고 '우리나라가 우리 살아생전에 직면하게 될 가장 커다란 도전'이었다. 카터는 미래에 통제받기보다는 미래를 통제하려는 노력이 '전쟁의 윤리적 등가물'이 될 것이라고 덧붙였다. 대통령은 에너지 개발 분야에서 비상조치와 국가가 지시하는 방향의 정당성을 밝히면서 특히 미국의 수입 석유 의존을 고려할 때, 국가안보·세계안보가 위험에 빠졌다는 만연한 믿음에 의지했다. "우리는 금수조치의 공포 아래 항시적으로 살게 될 것입니다"라고 그는 말했다. "우리는 대외적 사안에서 주권국가로서 행동할 수 있는 우리 자유를 위험에 빠뜨릴 수 있습니다." 통화팽창에 실업률은 치솟을 테고, 생산량은 폭락할 것이며, 세계의 석유를 차지하기 위한 치열한 경쟁이 벌어질 것이라고 그는 예견했다. "우리가 곧 대응하는 데 실패한다면, 우리의 자유로운 제도를 위협할 경제적·사회적·정치적 위기에 직면하게 될 것입니다." 카터는 미국이 석탄으로 회귀하고 태양열 발전 같은 영속적인 비화석 에너지로 나아가는 에너지 전환을 요청했다.[2]

원자력이 주는 풍요로운 미래에 대한 약속으로 점철된 지난 수십 년을 고려할 때, 혹자는 테네시주 클린치리버 부지에서 당시 설계 중인 시험로와 같은 증식로에 대한 카터의 승인을 기대했을지도 모른다. 근처 오크리지국립연구소의 증식로 지지자들은 이것이 조국의 에너지 독립을 달성하는 데 일조할 것이고 사실상 무궁무진한 에너지의 원천이 될 거라고 약속했다. 하지만 이틀 후 의회에 보고한 에너지 계획에서 카터는 원자력 발전에 관해 못 미치는 기대만을 내비쳤다. 미국은 필요한 에너지와 생산·수입된 에너지의 차이에 직면하기 위해 원자력 발전을 '궁여지책'으로 이용해야 했다. 그는 63개 원자력 발전소가 가동 중이며 국가 전체 에너지의 약 3퍼센트를 생산하고 있고, 이미 70개 이상의 발전소가 생산 허가를 받았다고 말했다. "제안된 클린치리버 시험로 같은 고속증식로를 허가하거나 건설함으로써 플루토늄 시대로 진입할 필요는 없습니다"라고 그는 말했다. 그 대신 그는 경수로용 농축우라늄 연료의 생산 용량을 늘리는 편을 선호했다.[3]

카터가 증식로에서 등을 돌린다는 생각으로 정치적 압박을 받았음에도 이는 핵 거래를 통제하는 더 큰 전략의 일부이며, 그가 처음 생각해 낸 것도 아니었다. 포드는 임기의 마지막 몇 달간 원자력 발전의 미래에 대한 연구를 요청했다. 헨리포드재단이 소집하고 마이트레 코퍼레이션의 스퍼전 키니가 책임을 맡은 이 보고서는 포드·마이트레 연구로 알려졌다. 도합 400쪽을 상회하는 보고서는 『사이언스』에 "원자력 발전은 예, 플루토늄은 아니요"로 요약되었다. 참여자인 캘리포니아공과대학 과학자 해럴드 브라운과 하버드대학의 정치학자 조셉 나이가 1977년 지미 카터가 대통령이 되었을 때 정부에 참여함으로써 이 그룹은 즉시 영향력을 가지게 되었다. 그룹은 사용후 우라늄에 대한 화학재처리를 핵무기 확산으로 가는 위험한 경로와 동일시했다. 결과적으로 나온 플루토늄이 핵폭탄 프로그램에 전용될 수 있었기 때문이다. 그룹은 증식로 개발에도 반대를 권고했는데, 증식로 또한 주요한 플루토늄 생산자가 될 터였다.[4]

1970년대와 1980년대, 핵무기 확산이 미국의 주요 정책 사안이 되었다고 말하는 것은 매혹적이나 그러한 결론은 오해할 소지가 있다. 미국이 특히 한때 '후진적'으로 간주하던 석유 생산국들을 상대로 지정학적 영향력을 재확인하길 희망했다고 말하는 편이 더욱 정확하다. 미국은 이러한 접근으로 다른 주요한 석유 소비국인 유럽 국가들·일본·소련의 지지를 누렸다. 키신저의 영향 아래 닉슨과 포드는 비확산에 입바른 소리를 하는 한편, 석유 카르텔 깨기 전략의 하나로 원자로 판매를 독려했다. 카터의 전략도 이에서 아주 다르지 않았으나, 그가 '플루토늄 경제'의 성격을 핵무기 확산의 주범이라고 규정했기 때문에 우방들을 엄청나게 소원하게 만들었다. 개발도상의 세계에 건설 중이던 원자로 대다수(예컨대, 프랑스·영국·캐나다의 공급자)는 천연우라늄에 의존했다. 그러한 원자로에서 나오는 핵분열 부산물 중 하나가 그 자체로 핵폭탄 연료인 플루토늄이었다. 그 대신 카터 행정부의 미국은 농축우라늄을 쓰는 원자로의 판매와 이어 원자로에서 사용을 마친 연료의 환수를 조언했다. 확산이라는 측면에서 봤을 때, 그러한 조언은 합리적으로 보일 수 있었다. 그러나 미국 원자력 산업이 천연우라늄을 쓰는 설계보다는 농축우라늄을 활용하는 경수로에 기울인 기존의 헌신을 고려할 때, 미국 바깥에서 보면 그러한 조언은 미국인이 취하기에 편리한 태도로 여겨졌다.

가장 설득력 있는 원자력의 약속인 증식로에 대한 카터의 명백한 외면으로 미국 내 일부 원자력 지지자도 큰 충격을 받았다. 카터 대통령의 경력이 그를 원자력 발전의 우방으로 보이게 했다. 1950년대 초 미국 해군이 잠수함에 원자로를 적재한다는 최초의 프로젝트를 실행할 당시 카터는 하이맨 릭오버 제독 아래서 복무했다. 그러나 20년 이상이 흐른 뒤 카터는 이미 엄청난 투자가 이뤄진 증식로에 대한 경고문을 소리내어 읽고 있었다. 『뉴욕타임스』는 광범한 후원자가 모은 미화 5억여 달러가 이미 증식로 계획에 지출되었다고 보도했다. 테네시주 오크리지의 거주자와 노동자들은 자신들의 소송을 의회로 가져가기로 계획했다.[5] 특히 목소리를 높인 반대자는 클린치리버발전소를 설계하던 웨스팅하우스 일렉트릭 코퍼레이션 회장 로버트 커비였다. 커비는 증식로를 외면함으로써 미국이 '엄청난 에너지 자원을 박탈당하는' 거라고 말했다. 그는 증식로가 결국 중동 석유 에너지보다 3배 많은 에너지를 제공할 수 있다고 예측했다.[6]

그러한 미국 비평가들은 카터가 상상했던, 지속되는 화석연료(석탄 같은) 의존이 초래하는 환경적 위험을 지적했다. 앨빈 와인버그는 선도적 목소리를 내는 사람 중 한 명이었다. 오크리지국립연구소 소장을 오랫동안 지낸 그는 1973년, LMFBR 증식로 설계에 대한 반대(그가 증식로 자체를 반대한 것은 아니고, 미국이 용융염증식로에 노력을 기울이길 원했다)를 주된 이유로 직위에서 해제되었다. 와인버그는 워싱턴에서 짧게 근무한 뒤, 1975년 오크리지로 복귀해 그곳에서 대학합의체 일부로 에너지분석연구소를 세웠다.[7] 와인버그는 더욱 왕성한 원자력 발전 계획을 옹호하는 자신의 주장을 지탱하기 위해 조만간 유망한 새로운 이론에 의지할 터였다.

1970년대 후반, '지구적 이산화탄소 문제'는 오크리지에서 전문 분야로 거듭났다. 신설 에너지연구소 과학자들은 1950년대 말 이래 하와이에서 채집된 이산화탄소 측정치에 흥미를 느꼈고, 대기에서 가스의 집중도 증가를 보았다. 1976년, 그들은 기술보고서에서 1860년 이래 이산화탄소 집중이 상당히 증가했다며 자신들의 우려를 분명히 표현했다. 데이터 수집은 1958년 시작되었기 때문에, 증가치는 화석연료 연소에서 방출된 이산화탄소의 대략 절반에 해당했다(나머지는 해양·지상 생물상生物相에 의한 것). 오크리지 과학자들은 현재의 화석연료 소비 추세가 지속될 경우, 이로부터 초래될 다음 세기 대기상 이산화탄소 집중은 산업화 이전 수치의 몇 배에 도달할 거라고 경고했다. 그것은 '아마도 받아들일 수 있는 수준에서 재앙에 이르는' 평균온도 증가를 동반한 대기의 상당한 온난화(이른바 온실효과)를 의미했다.[8]

　와인버그 사단의 과학자는 대부분 환경활동가도 환경과학자도 아니었다. 랄프 로티라는 기상학자를 제외한 다른 이들은 핵 연구자들이었다. 1976년 연구의 주 저자인 찰스 배스는 용융염로 연료를 전문으로 하면서 기후 연구로 옮겨간 화학자였다. 다른 저자 제리 올센은 오크리지의 방사생태학자로 그때까지 자기 경력을 자연환경에서 방사성 폐기물의 역할에 집중했다.[9] 마지막 저자 해럴드 고엘러는 오크리지의 물질공학자이자 자칭 낙관론자로, 환경 예언가들이 미래의 자원 부족을 과대평가했다고 믿었다. 1972년, 그는 "일단 증식로가 완벽해지고 나면 연료비용은 거의 사소해진다"라고 썼다.[10] 1970년대 중반에 이르러 고엘러와 와인버그는 자신들을 통상 '격변설적' 환경론자들에 맞서 싸우는 풍요주의자들cornucopians이라고 칭했다.[11]

　원자력의 미래가 실로 암울하게 보였을 때, 와인버그에게 이산화탄소 문제라는 호박이 넝쿨째 굴러 들어왔다. 이산화탄소 문제는 하나의 논점을 제공했고, 어떻게 원자력이 풍족한 에너지의 미래를 제공하는 한편 원자력 발전의 주요 경쟁자인 화석연료가 초래한 재앙적인 지구적 영향을 방지할 수 있는지 보여주었다. 석유회사 소속 과학자들은 와인버그의 우려를 진심 어린 것이 아닌 전략적인 것으로 해석했다. 엑손 과학자 헨리 쇼는 와인버그가 "이 문제가 화석연료 연소와 결부되었고 핵기술을 홍보하기 위한 정치적 수단으로 보일 수 있기 때문에 원자력 옹호자가 아닌 인물들이 잠재적 이산화탄소 문제들을 주도해야 한다고 내비칠 정도로 주의 깊었다"라고 언급했다.[12] 와인버그는 원자력 발전이 탄소 재앙을 피하면서 동력에 굶주리는 세계인에게 에너지를 제공하는 방안임을 지적하지 않을 수 없었다. 1977년 창간된 『기후변화Climate Change』에서 와인버그와 로티는 "석탄의 미래는 얼마나 길까?"라는 제목의 글을 같이 썼다. 그들은 "개발도상국들이 현재 자신들에게 할당된 쥐꼬리만 한 에너지에 계속 만족하리라는 것은 상상할 수 없다"라고 주장했다. 그 대신 '다모클레스의 이산화탄소 칼'은 특히 에너지에 굶주린 개발도상의 세계에서 비화석 선택지를 진지하게 고려하게 했다.[13]

1970년대 말 이산화탄소 연구는 1975년 구원자력위원회가 해체된 뒤 위원회 기능을 다수 인계받은 새로운 정부 기관인 에너지부의 후원을 받아 지속되었다. 대통령의 원자 외면 결정을 반전시키길 희망한다는 비슷한 생각을 하는 여러 동료와 함께 와인버그와 로티로 구성된 작업단이 이산화탄소 연구를 관리했다. 작업단원 중 루스 패트릭은 생태학자, 토머스 말론은 기상학자였다. 다른 이들은 원자력 분야의 베테랑들이었다. 노먼 해커맨은 맨해튼 프로젝트에서 일한 화학자였다. 윌못 헤스는 토공 사업에 평화적 핵폭발을 쓴다는 플로셰어 계획의 전임 책임자였다. 멜빈 캘빈은 로렌스버클리연구소의 과학자였다. 이 그룹은 당시 다양한 '환경적' 업무와 관련된 직책을 맡았으며 전에 AEC의 관리였던 제임스 리버맨에게 보고했다. 리버맨은 의회 증언에서 석탄이 석유나 가스보다 탄소를 세 배 많이 함유하고 있다고 지적하면서 이를 '온실효과'와 관련된 특별한 염려로 만들어 카터의 에너지 전략에 공공연하게 의문을 제기했다. 그는 경제적으로 회수 가능한 석탄의 양은 지구적 평균온도를 현재 수준보다 적어도 다섯 배 상승시키기에 충분했다고 말했다.[14]

카터의 에너지 계획은 국내 원자력 옹호자들의 불신과 저항을 불러

일으켰을 뿐 아니라 해외에서도 분개와 격노를 촉발했다. 카터는 '플루토늄 경제'를 제거하려고 시도하여 핵 거래상의 극적 변화를 만들고 있다는 외양을 선사했다. 의회는 미국 해외원조법안 개정안을 통과시켜 이러한 인식을 강화했다. 개정안에는 1976년 민주당 상원의원 스튜어트 사이밍턴의 제안으로 IAEA 세이프가드를 준수하지 않고 농축우라늄 기술을 거래한 나라들에 경제적·군사적 원조를 금지했던 것이 포함되었다. 사이밍턴 개정안은 핵무기비확산조약에서 정한 것처럼 미국이 약속대로 농축 연료의 '믿을 수 있는 공급자'가 될지 묻게 했다. 그러나 전 우주 비행사로 민주당 상원의원인 존 글렌이 후원한 1977년 개정안은 우라늄 원자로의 사용후 핵연료에서 플루토늄을 얻기 위한 화학재처리 기술을 취득하려고 시도하거나 화학재처리 기술의 수출을 시도하는 어떤 나라에도 원조를 금지했다. 글렌 개정안은 또한 어떠한 종류의 핵폭발이든 해외 원조의 걸림돌로 만들었다. 미국은 세상을 향해 플루토늄·평화적 핵폭발 두 가지는 출입금지구역이라고 말하고 있었다.[15] 이러한 움직임은 산업화된 나라들 사이에서 핵심적 동반자 사이의 협의가 아닌 일방적으로 결정한다는 모습을 띠었다. 이러한 움직임은 개발도상국들 사이에서 오래도록 우려한 핵연료·핵기술의 카르텔화로 보였다.[16]

진실성·공정성이라는 인격을 투사하려고 노력한 카터는 솔선수범을 시도했다. 그는 먼저 미국의 화학재처리 전면 중단을 공표했다. 또 국제핵연료주기평가International Nuclear Fuel Cycle Evaluation로 알려진 핵연료주기와 관련된 규준을 제정하는 국제조직도 제안했는데, NPT 체약국이 아닌 프랑스를 포함해 여러 핵심 국가는 결과가 구속력을 갖지 않는 한에서 참여에 동의했다. 그리고 1977년과 1979년 사이에 국제핵연료주기

평가 회담을 개최했다.[17] 한편 미국은 핵 거래 규칙을 바꾸기 위해 계속 일방적으로 행동했다. 1978년 3월 10일, 미국은 핵비확산법안을 통과시켰다. 이 법안은 기존 핵 거래에 대한 재협상을 요구하고 비확산 사안의 표준 기준으로서 플루토늄 주기를 설정했다. 또한 파키스탄·인도·아르헨티나·브라질·남아공·이스라엘·이집트·스페인 등 많은 나라에 대한 핵 이전을 즉각 금지했다.

이 새로운 입법안은 미국 국경 너머에서 비확산의 외양 아래 핵 상업에 대해 자국에 유리한 통제를 다시 부과하려는 미국의 혹독한 시도로 비쳤다. 프랑스원자력위원회 위원장 프랑수아 부종 델레스탕이 1980년 『코망테흐Commentaire』에 썼듯이 이 법은 "공동 접근의 단절을 의미한다. … 이제 미국은 자국의 비확산 정책을 규정하고 일방적으로 실행할 것이다." 그는 미국이 전면적 세이프가드를 수용하길 거부하는 국가들에 대한, 또는 미국이 핵확산 기술이라고 규정한 기술을 개발 또는 거래하는 국가들에 대한 금수조치와 같은 '일련의 가혹한 수단'을 포함시켰다고 지적했다. 원자로 종속을 줄일 계획이 전혀 없었던 프랑스는 가장 빈곤한 국가들의 필요를 인용하며 평화적 원자가 지닌 풍요로운 전망을 사상 최대로 껴안았다. "산업화된 나라든 개발도상국이든 무엇보다 국가가 에너지 빈곤을 겪는다면, 핵에너지에 대한 아주 폭넓은 전념 없이 세계의 에너지 문제를 해결하는 것은 불가능함을 프랑스는 힘주어 제안한다." 프랑스는 원자로를 짓고 플루토늄을 재처리하며, 증식로에 투자하고 개발도상의 세계에 있는 동반자들에게 판매를 계속할 터였다.[18]

부종 델레스탕은 '불신의 시대'가 시작되었다고 언급했다. 세계는 에너지 위기의 한가운데 있었고, 구식민지들이 세계의 석유 대부분을 움켜 쥐고 있었다. 프랑스는 원자력 발전에 계속 전념할 뿐 아니라 풍족한 에너지라는 원자의 약속도 고수할 터였다. 그는 환경 운동가들이 불필요하게 사안을 복잡하게 만든다고 불평했다. "몇몇 생태활동가는 핵에너지를 둘러싼 반항 분위기 또는 거부 분위기를 유지하며 제로 성장을 믿고" 확산 위험에서 "보조 식품supplementary diet을 찾는 진보 회의론자다." 그러나 미국은 핵 관련 사안에서 한때 자국이 누렸던 영향력의 오직 일부만 지속했다. 카터는 비확산 분야에서 앞장서고자 했지만, 이는 단지 독일·일본·프랑스·영국·소련의 '공동 전선'을 대담하게 만들어 이들이 주도권을 쥐고 정반대 방향으로 나아가게 했다. 이 프랑스 정치인은 "워싱턴에 분명하게 반대하는 선택을 거의 하지 않았는데도 노동당의 영국 자체는 1978년 윈즈케일에서 새로운 재치료[재처리] 역량의 건설에 착수한다는 결정을 함으로써 진정으로 미국 정책에 대한 비난을 날렸고 … 미국의 기준을 공공연히 거부했다"라고 지적했다.[19]

1979년 3월 28일, 펜실베이니아 해리스버그의 미국산 상용 동력로가 부분적 용융을 겪자 원자력 발전에 관한 지구적 약속은 차질을 빚게 되었다. 동력로가 있는 스리마일섬이라는 지명이 빠르게 널리 알려졌다. 이 사고는 여과 계통 내 밸브가 막혔을 때 대응하는 과정에서 일어났는데, 기술자들은 몇날 며칠을 보내며 사고 책임이 어느 정도로 설계에 있었는지, 조작자 오류에 있었는지, 훈련상 결점에 각각 있었는지를 두고 논쟁했다. 사고가 일어나자마자 방사성 물질이 대기 중으로 방출되었다. 공장 책임자들은 방사선 참사를 두려워하며 긴급 사태를 선포했고 수천 명을 대피시켰다. 이 사고는 원자력 발전에 헌신하는 미국인에게 도전장을 던졌고, 반핵활동가들은 상용 원자로를 환경오염 위험, 갑상선암 같

은 공중보건상 위협과 점차 동일시했다.[20]

스리마일섬은 미국 바깥에서 카터의 비확산 전략보다 더 큰 시험대가 되었다. 스웨덴에서 자유주의·사민주의 정당들은 자국 원자력 발전 계획에 대한 지지를 철회했고 해당 사안에 대한 새로운 국민투표를 지지했다.[21] 이탈리아에서 공산당 소속 정치인들은 자신들의 친핵 의견을 번복했고, 과학자·기술자들의 추가 연구가 있을 때까지 몬탈토디카스트로의 고출력 원자로 건설을 중단하라고 요청했다. 공산주의 정치인 아르만도 코수타가 언급했듯이 "해리스버그 사고 이후 우리는 표를 잃는 것은 두렵지 않지만 사람들과 기계들이 두렵다. 사실, 스리마일섬 발전소의 극적인 사건이 증명하듯, 심지어 아주 세련된 기계들에서도 재앙이나 다름없는 결과를 부를 수 있는 실패는 일어날 수 있다." 그는 당이 인민에게 대답해야 하며, "옳든 그르든 인민은 원자를 무서워한다"라고 주장했다.[22]

세계 도처에서 반핵 행동주의가 활기 넘치게 활동했지만, 대다수 정부는 자국의 설계를 미국식 설계와 구별하는 방식으로 원자력에 대한 국가적 전념을 옹호했다. 미국과 유사한 설계를 채택한 일본에서 요령 있는 친핵 정치인들은 자국이 더는 미국의 경수 기술에 의존하지 말고 다른 설계로 자체 연구를 가속화하라고 정부에 요구했다.[23] 오히라 마사요시 총리는 국내 전역에서 원자력 발전소를 폐쇄하라는 정치적 요구를 일축하면서 일본이 가압수형 원자로를 사용했음에도 미국식 설계와는 다르다고 지적했다. 그러나 일본은 실제로 웨스팅하우스가 설계한 원자로 여덟 기를 가동 중이었으며, 새로운 안전 검사를 하기 위해 그것들을 일시적으로 폐쇄한다고 결정했다.[24]

놀랍지 않은 일이지만, 소련과 그 우방들도 설계상 차이에 초점을 맞췄다. 쿠바 신문 『보헤미아Bohemia』는 자본주의적 탐욕으로 미국인이 설계상 결함·안전성 부족을 간과한 반면, 소비에트제 원자로는 그런 문제가 없다고 언급했다.[25] 사고가 난 시간대는 소비에트 정부에 불리했는데, 그 이유는 당시 소련이 핵기술을 이용해 지구적 동반자들과 연계 강화를 추구했기 때문이다. 소련은 인도 핵개발 계획을 원조했을 뿐 아니라 1970년대 말 쿠바 최초의 원자력 발전소를 건설하고 리비아에 원자로를 수출하는 협정을 체결하기도 했다. 쿠바 정부 관리들은 원자력 발전을 향한 자신들의 발걸음을 자연뿐 아니라 외부인에 대한 종속에서 해방되는 것으로 묘사했다.[26] 소련 국가원자력이용위원회 제1부위원장 이고르 모로호프는 소비에트 안전 기준이 소비에트 설계를 이용해 그런 사고가 일어날 어떤 가능성도 배제했다고 신속히 지적했다. 소련은 전체 전력 산출량의 약 3.5퍼센트만 제공하는 원자력 발전소를 열 개 보유했으나, 새로운 발전소 일곱 개를 건설하고 기존의 발전소들을 확대하면서 향후 5년간 발전소를 열일곱 개 정도 더 건설하려고 계획하고 있었다. 또한 2000년까지 핵에너지가 총수요의 20퍼센트를 맞출 거라는 기대로 원자력 발전에 주요하게 전념했을 뿐 아니라[27] 쿠바와 리비아에 더해 불가리아·체코슬로바키아·폴란드·헝가리·핀란드·독일민주공화국 같은 동유럽 나라들에 원자로를 수출하고 있었다.[28]

안전에 관한 소비에트의 주장은 그럴 것이라고 기대되었던 한편, 미국 전문가들에게는 우스꽝스러운 것으로 다가왔다. 1979년 4월 13일, 1급 비밀 미국 첩보 보고에서는 "소비에트 설계가들은 자신들이 보수적인 설계상의 철학을 구사한다고 믿지만, 그들의 안전장치는 미국에 있는 그것만큼 철저하지 못하다"라고 언급했다. 보고는 다음을 덧붙였다. "소비에트 원자력 발전소에서 사고가 일어난다면 그 결과는 더 다양한 양상을 띨 것이다. 현재 가동 중인 소비에트 원자로 가운데 어떤 것도 미국의 모든 원자력 발전소에 포함된 2차적 격납용기나 비상 노심냉각 계통을 가지고 있지 않다."[29]

스리마일섬은 가까운 우방들에조차 천연우라늄이 아닌 농축우라늄을 쓰는 원자로 설계를 선호하는 카터 대통령을 지지하지 않고 교묘하게 회피하는 방법을 제공했다. 한 영국 관리는 "이제 세계의 어떤 정부도 그 형태의 원자력 체계를 가볍게 승인할 수 없다"라고 말했다. 영국인은 천연우라늄을 사용하는 가스냉각 원자로에서 벗어나 가압수형 원자로로 이동할지 고려했으나 이제 그 생각은 사라졌다.[30] 호주·캐나다 정치인들은 농축우라늄이 아닌 천연우라늄을 홍보할 기회를 잡았다. 어쨌든 이 두 나라는 세계 전체 우라늄 매장 추산치의 약 4분의 1을 보유했다. 호주 정치인 가운데 일부는 심지어 가압수형 원자로를 운용하는 나라들에 우라늄 판매를 금지해야 한다고 요구하기도 했다. 캐나다는 더욱 큰 판돈을 건 셈이었다. 캐나다가 천연우라늄을 쓰는 캔두CANDU(캐나다중수소우라늄) 원자로라는 중요한 경쟁자적 설계를 보유했기 때문이다. CIA는 이 나라들에서 스리마일섬 사고를 활용하라는 압력이 있을 거라고 예상했다.[31]

스리마일섬은 미국 바깥에서 카터의 반플루토늄 전략으로 이미 짜증난 이들에게 이익이 되도록 작동했다. 그들은 미국의 비전에서 외교적으로 물러나는 정당한 수단을 이 재난에서 보았다. 1979년 4월 말의 CIA 보고서에서는 "핵무기 제조에서 더욱 좋은 기술의 개발과 확산에 추가

동력이 주어질 것이다"라고 비관적으로 지적했다. 즉, 유럽 국가들과 일본이라는 공급자 중 소수는 "연루된 위험의 정도에 대해 미국의 시각을 공유하지" 않는다[32]는 것이다. 정반대로 1979년 보고서에서 CIA의 국가대외평가센터는 서유럽 국가들이 미국을 단순히 '국제 핵 체계의 주요 설계자'가 되려 애쓰는 것으로 보았다고 언급했다.[33]

전 세계가 미국식 설계에서 탈피하고 미국 정부의 일방적 결정에 저항하면서 미국의 핵정책은 나름대로 재난으로 신속하게 거듭나고 있었다. CIA 보고서가 묘사했듯, 미국이 세계 핵연료·핵기술에 대한 주요 공급자였던 '기분 좋은 시대'인 1950년대는 가버렸다. 프랑스·서독을 선두로 이탈리아·스위스·스웨덴을 포함한 유럽 국가 다수는 핵기술의 주요 수출자로 거듭났다. 그들은 서로 그리고 미국과 소련을 상대로 시장을 두고 경쟁했다. 유럽인은 수출 계약을 협상하려고 할 때 자신들의 손이 묶일 것을 두려워하여 엄격하고 법적 구속력을 갖춘 세이프가드 정책들을 만들려는 미국의 시도를 일상적으로 거부했다. 게다가 유럽인은 미국인과 마찬가지로 세계에 농축우라늄을 공급할 수 있었다. CIA는 유럽에 근거를 둔 우라늄 농축 합의체인 유렌코URENCO와 유로디프Eurodif가 1979년과 1985년 사이에 서유럽 농축 요구사항의 대략 70퍼센트를 공급할 수 있는 위치에 있다고 예측했다. "이러한 사안 전개는 과거 미국이 원자력 분야에서 자국 정책을 관철하려고 이용한 영향력을 심대하게 떨어뜨렸다."[34] 부종 델레스탕이 옳았던 것처럼 보였다. 불신의 시대가 시작된 것이다.

다른 어떤 것보다 많은 불신을 불러일으킨 사안은 중동 나라들과 특히 이란과 진행 중이던 핵 거래였다. 카터 행정부가 '플루토늄 경제'를 악마화하는 동안 유럽 국가들은 주요 석유 생산자들에게 원자로를 약속하는 키신저에게서 영감을 얻은 전략을 지속했다. 그러한 석유 생산자의 하나였던 이라크는 1970년대 말에 이르러 이란에 필적하는 핵 야망을 품었다. 이라크는 1957년 IAEA 창설과 1958년 자체 혁명에 뒤이어 1959년 자국 원자력위원회를 수립했다. 당시 다른 혁명 정부들과 마찬가지로 이라크는 현대화의 상징으로서 핵개발 계획을 수립했다. 이라크인은 하심가 국왕 파이살 2세와 친서구적인 누리 알세이드 총리를 전복한 뒤 미국이 영향을 주는 바그다드조약기구에서 탈퇴했고 국내에서 아랍 민족주의를 사회주의에 대한 전념과 합치는 한편, 소련을 핵심 우방으로 우선 의지했다. 소련은 IRT−5000형 소형 원자로를 지어 이라크원자력위원회의 자립을 돕는 데 합의했다. 이 원자로는 냉각·방사선을 방호하기 위해 노심이 물속에 잠긴 '수영장'pool형이었다. 수영장형 원자로는 상대적으로 낮은 전력(오직 약 2메가와트)을 출력했고, 연구에 이상적이었으며, 북한·불가리아 같은 다른 우방에 제공된 실험용 원자로와 유사했다. 이 원자로가 가동(1967)되기까지는 몇 년이 걸렸다. 하지만 건설 기간은 투와이타 마을에 신축된 원자력연구소에서 핵 공동체 조성에 일조했다. 이라크인은 혁명을 기리기 위해 이 프로젝트와 원자로를 혁명이 벌어진 달을 지칭하는 탐무즈Tammuz라고 칭했다.[35]

  1968년 이라크에서 바트당이 권력을 장악하고 스스로 권위를 군건히 함에 따라 이라크의 원자력 풍경은 변화했다. 바트의 이념은 아랍의 단결, 외세 지배로부터 자유, 사회주의에 초점을 맞췄다. 당의 주요한 정책적 조치 중 하나는 석유산업 국유화였다. 이 조치는 유례없는 수익(특히 1973년 에너지 위기 이후 하늘 높이 치솟는 가격으로)을 가져다주었을 뿐만 아니라, 다른 정부들과 교섭할 때 이라크 정부에 중요한 도구가 되기도 했다. 석유는 대외관계에서 이라크에 실로 거대한 자유를 부여했고 다른 이들, 특히 소련에 대한 자국의 종속을 줄이게 했다.

이라크는 석유 거래를 지렛대로 삼아 자국 핵 프로그램을 확장하기 위해 일련의 쌍무협정을 협상했다. 지리적으로 가까울뿐더러 바트당의 분명한 사회주의적·반제국주의적 수사를 고려할 때, 1960년대 이라크와 소련은 자연스러운 동반자로 보였다. 그러나 소비에트인은 변덕스러운 동맹으로 드러났다. 그들은 이라크의 석유가 서구로 흘러 들어가는 것을 보고 싶어 하지 않았다. 그 결과 1975년 소련은 이라크에 무기 판매 금수조치를 걸기 시작했다.[36] 압박을 받은 이라크는 소비에트의 궤도로 복귀할 수 없었다. 이 조치는 대신 이윤이 있는 서구로 이라크를 더욱 몰아갔다. 새로운 무기 동반자를 찾던 바트 지도자 사담 후세인은 자크 시라크 프랑스 총리와 만나려고 1975년 프랑스를 방문했다. 프랑스에 이라크는 사우디아라비아에 이어 두 번째로 큰 석유 공급자였다. 후세인은 이라크 대통령은 아니었지만 군의 대장이었고 당시 군사 정책·대외관계를 포함해 정부의 여러 측면에서 책임을 맡았다. 후세인은 이라크의 얼굴이었다. 바로 그 프랑스 순방에서 시라크는 후세인에게 원자력 발전소 한 곳을 견학하도록 하면서 더욱 왕성한 프로그램을 시작하라고 그를 유혹했다. 당시는 미국이 유럽의 우방들에 원자력 발전·무기 거래와 같은 값비싼 장기적 프로젝트와 OPEC의 석유 수입을 묶으라고 독려하던 때였다. 이라크를 상대로 기꺼이 그렇게 할 의향이 가득했던 프랑스는 원자로를 판매하고 미라주Mirage F-1 전투기 수십 대를 공급하는 계약을 체결했다.[37]

이라크는 지역의 이웃들인 이스라엘·파키스탄·인도가 했던 일을 정확히 뒤따랐다. 즉 IAEA에 가입해 이 기구에서 내세우는 풍요의 수사를 포용한 것이다. 이스라엘·파키스탄·인도와는 다르지만 이란과는 마찬가지로 이라크는 비확산조약에 가입했다. 이라크는 바그다드를 평화적인 과학적 활동의 중심지이자 서구의 지배(1979년 소련의 아프가니스탄 침공* 후에는 소련의 지배도 포함해)에 대한 아랍 독립의 불빛으로 공공연히 채색했다. 바그다드는 1975년 창설된 아랍과학연구협의회연방의 고향이 되었다. 프랑스와 원자로 구입, 이라크 과학자 훈련 제공에 관해 합의한 이라크는 그것들을 다양한 평화적 분야에서 상승하는 과학적 전문성 수준의 일부로 자리매김했다. 북미·영국 외교관들은 이라크의 의도를 신뢰하지 않았고 이라크의 상용 핵개발 계획을 점차 핵무기 확산이라는 렌즈를 통해 보았다. 영국 대사관의 한 관리는 이라크인이 편집증적으로 은밀하며 그들의 동반자들(프랑스·이탈리아·브라질인)도 입을 굳게 다문 채 이라크에서 내쳐지지 않기를 바랐다고 비밀리에 보고했다. "이라크는 할 수 있게 되자마자 그리고 얻을 수 있는 어떠한 도움이라도 이용해서 핵무기를 만들 것이다. 비확산조약은 이라크의 행동을 억지하지 못할 것이다. 나는 어떠한 관련 증거도 가지고 있지 않지만, 만약 틀렸다면 엄청나게 놀랄 것이다."[38]

이라크 핵개발 계획을 향한 외부의 관심은 대부분 이라크가 프랑스와 맺은 동반자 관계와 이탈리아와 계속된 무역 거래에 집중되었다. 프

---

* 소련·아프가니스탄 전쟁은 1979년 12월부터 1989년 2월까지 지속된 전쟁으로 '무자헤딘'이라 불린 반군 세력이 친소 정권인 아프가니스탄 민주공화국과 소련군의 연합에 맞서 싸웠다. 9년 이상 지속된 전쟁에서 최소 85만 명에서 최대 150만 명에 달하는 민간인이 목숨을 잃었고, 수백만 명이 난민이 되어 파키스탄과 이란으로 피란을 갔다.

랑스와의 거래는 테크니카톰 회사가 건설한 아이시스와 오시라크라는 명칭(고대 신들의 이름을 딴)의 연구용 원자로 두 기의 구입과 관련되었다. 오시라크 원자로는 두 기 중 큰 편으로 투와이타에 있는 기존의 소비에 트제보다 상당히 많은 40에서 70메가와트를 출력하도록 고안되었다. 오시라크 설계에는 핵무기 프로그램으로 잠재적 전용이 가능한 물질인 고농축우라늄의 대량 이용이 포함되었다. 이탈리아는 이라크를 도와 방사성 동위원소 생산 연구실·재료시험 연구실·화학공학 연구실·연료가공 연구실을 지었다. 그 사이에서 프랑스인·이탈리아인은 이라크인을 도와 방사화학·핵물리학·핵공학은 물론 핵개발 계획에 간접적으로 연관된 다른 분야에 능숙한 실무 전문가들의 공동체를 발전시켰다.[39]

이라크 프로그램에 대한 우려는 이탈리아가 이라크에 '핫 셀'hot cell을 판매하기로 합의했을 때 고조되었다. 납판으로 둘러싸인 이 장치는 본질적으로 고도로 방사성을 띠는 물질을 차폐하는 것으로 기계 팔을 사용해 사물을 조작했다. 연구 실험실이라면 적법한 평화적인 실험을 하기 위해 그러한 핫 셀을 갖길 희망할 것이다. 하지만 핫 셀은 핵무기 연료인 플루토늄의 분리를 촉진할 수도 있었다. 이탈리아인은 이런 우려를 일축하며 해당 실험실은 이라크가 농업·식품 보존·의학에서 핵기술을 쓸 수 있게 할 것이라고 말했다. 이것들은 IAEA의 전형적인 쇼케이스 프로젝트였다. 이탈리아인은 이라크인에게는 IAEA가 권고한 프로젝트를 수행하려고 실험실이 필요했다고 주장했다.[40]

이탈리아·이라크 거래는 두 참여자가 비확산 목표에 대해 지독할 정도로 불성실을 내보임과 동시에 국제 세이프가드 체계를 조롱한 꼴이 되었다. 이라크의 민수용 핵개발 계획 내에서 그렇게 이른 단계에 이라크가 원하고 이탈리아가 공급한 방사성 동위원소 생산 연구실은 플루토늄 생산 역량에 대한 욕망의 분명한 표지로 보였다. 이라크에 그러한 시설을 보유해야 한다는 주장의 설득력은 종잇장만큼 얇았다. 이라크 바깥의 연구 실험실에서 방사성 동위원소를 구입하는 편이 더 저렴했다. 그러나 이 장비가 있다면 이라크는 1970년대 말에 이르러 핵폭탄 한 개를 제조하는 데 충분한 플루토늄을 생산할 수 있다고 영국 과학자들은 추측했다.[41]

이탈리아인과 프랑스인이 자신들이 한 일로 상당한 경멸을 받았음에도 세이프가드 규칙을 악용하는 사례는 광범했다. 1979년 말, IAEA는 독일 회사 누켐이 열화우라늄 6톤과 천연우라늄 4톤을 이라크에 보내려 선적한 사실을 발견했다. 비확산조약 아래 IAEA는 이를 통보받았어야만 했지만 독일인은 통보하지 않았다. 먼저 물건을 이탈리아의 사기업에 보냈고, 그곳에서 신고가 필요하지 않은 유라톰Euratom(유럽원자력공동체) 관할하의 유럽발 배송으로 만들었기 때문이다. 이탈리아 회사는 아무에게도 통보하지 않은 채 수송품을 이라크로 수출했다. 이 수송품은 운송 트럭 운전사가 밤에 눈을 붙이려 로마 외곽에서 멈추었을 때 지나가던 한 경찰관이 컨테이너에 붙은 방사능 표지를 눈치채는 바람에 발견되었다. 경찰관은 운전자더러 인근 핵시설로 가라고 명령했고, 그 시설에서는 우라늄에 대한 기록을 남겼다. 빈 주재 영국 대사관 관리는 다음과 같이 썼다. "IAEA 내부의 믿을 수 있는 다양한 정보원에게서 모은 이 완벽한 이야기는 프레더릭 포사이스 소설의 느낌을 모두 갖췄다."[42]

우라늄 밀수는 실제 극적인 개작으로 이어졌다. 켄 폴렛은 1979년 쓴 소설에서 10년 전 이스라엘이 벌인 유사한 작전들을 재창조했다. 폴

렛은 『트리플Triple』에서 6일 전쟁 이후 중동에서 시작된 핵 군비경쟁을 이야기 소재로 삼았다. 소설에는 이스라엘이 수송 단계 동안 유럽에서 핵 세이프가드를 우회하려는 비허구적 노력도 담겼다. 1977년이 되어서야 널리 알려진 1968년의 진짜 각본에서 이스라엘은 벨기에와 이탈리아 사이에서 해상으로 운송되던 우라늄 광석 수백 톤을 불법적으로 가로챘다. 공해상에서 '플럼뱃'Plumbat이라는 표지가 붙은 통들에 담긴 우라늄은 이스라엘이 통제하는 배로 선적되었다. 이 이야기를 『뉴욕타임스』에 공개한 작가 폴 레벤탈은 1968년 바다에서 우라늄 수백 톤을 이스라엘인이 낚아채도록 허락한 똑같은 약점이 10년 후인 지금도 여전히 악용될 수 있다고 탄식했다.[43] 1960년대 중반 한 미국 핵시설은 100킬로그램에 달하는 무기급* 우라늄이 사라졌음을 발견했고, 1970년대 내부 조사에서는 우라늄의 궁극적 목적지로 이스라엘을 가리키는 듯 보였다.[44]

1979년 독일 사건에서 주목할 만한 사실은 거래 자체뿐 아니라 당사자 다수가 이에 눈을 감으려고 했다는 것이었다. 독일 회사가 이라크로 핵물질을 수출하기 위해 비확산 체계의 구멍을 활용하려고 시도한 것은 분명했다. 이탈리아인도 자신들의 역할을 했다. 수출회사가 이탈리아에 있을 뿐 아니라 이탈리아도 이 사고를 유라톰에 말하기 전까지 거의 석 달이나 기다렸다. 이어 유라톰도 연루되었는데, 이 기관이 IAEA에 말하

---

* 무기급은 핵무기에 쓸 수 있는 농도로 농축된 핵분열 물질을 일컫는다. 오직 특정 원소의 동위원소만이 핵분열하는 성질을 가지는데, 우라늄-235와 플루토늄-239가 대표적이다. 천연우라늄 원자에는 우라늄-238이 99% 이상 함유되어 있고, 우라늄-235의 함유량은 1% 미만이다. 따라서 원자력 발전·핵폭탄 제조에 필수적인 우라늄-235는 동위원소를 분리하는 농축 과정을 거쳐 확보한다. 플루토늄은 대개 원자로로서 생성되는데, 우라늄-238이 중성자를 흡수해 우라늄-239가 되고, 이것이 넵투늄-239를 거쳐 플루토늄-239로 변한다. 플루토늄-239는 재처리 과정을 거쳐 사용후 핵연료에서 분리하는 방식으로 얻는다. 이보다 품위가 낮은 핵분열 물질은 원자로급reactor-grade이라고 불린다.

지 않았기 때문이다. 유라톰은 컴퓨터 고장을 원인으로 돌렸다. 모든 일을 아는 것으로 보인 이들은 이스라엘 정보 요원들로, 이것이 어떻게 처리되어야 하는지 정확히 알았다. 어쨌든 그들 자신이 그런 일을 벌였으니 말이다. 이스라엘인은 독일 시사 잡지『슈피겔Der Spiegel』에 이 사건을 제보했다. 『슈피겔』이 IAEA에 더 많은 정보를 문의했을 때 이른바 확산 감시인은 마침내 해당 사건을 알게 되었다.[45]

이 구체적 사고는 핵 세이프가드 체계의 특징적 결함과 모든 차원에서 그 결함을 활용하려는 당사자들의 명확한 의지를 보여주었다. 또 하나의 '플럼뱃 사건'이 일어날 가능성을 인식한 유라톰은 관련된 양이 적고 판매 자체가 적법했기 때문에 이 사고가 '중요성이 꽤 낮다'는 식으로 과소평가했다.[46] 그러나 이는 요점을 놓친 것이었다. 영국 관리가 말했듯, "이라크인이 물질을 수령했다고 신고하지 않은 것은 걱정스러운 일이다. 그 사실은 구멍이 의도적으로 활용되었고, 이라크가 자국의 NPT 의무를 위반하면서 일종의 핵무기 비축을 추구했다는 추정을 만든다."[47] 더욱이 수량이 적어서 중요성을 무시할 수 있는 수준이었다는 유라톰의 주장은 발견된 수송품이 수많은 사례 가운데 단지 하나일 뿐이라는 가능성을 무시했다.

독일 원자력 회사들이 트럭을 이용해 이탈리아로 1회 수송한 것 이상으로 불법 핵물질 거래에 훨씬 깊게 관여했음이 뒷날 드러났다. 몇 년 후 누켐은 이런 문제를 다시 겪었는데, 자회사 트란스누클리어가 몰에 소재한 벨기에 재처리시설에 우라늄을 배송한 뒤 해당 연료를 핵분열 물질로 다시 가져옴으로써 유럽을 가로질러 방사성 물질을 수송하다가 적발되었기 때문이다. 정부 조사에서는 그러한 거래들이 얼마나 체계적으로 진행되었는지 밝혀냈다. 트란스누클리어 책임자 한스 홀츠는 수년간 수백만 달러를 뇌물로 썼다는 혐의가 제기된 뒤 투옥 중 스스로 목숨을 끊었다. 누켐은 최고위 경영자 여럿을 정직시켰다. 이러한 스캔들이 벌어진 뒤, 독일 정부는 이 수송 계획이 스웨덴·리비아·파키스탄에 불법으로 보내진 핵폭탄 물질로 이어졌을 수 있다고 인정했다. 뒷날 검찰관들은 다른 독일 회사들이 연료·기술의 원천인 원자로 부품들을 파키스탄·인도·남아공에 불법적으로 수송했다는 증거를 발견했다.[48]

1979년 9월 22일, 한 사건이 일어나 세계 핵폭탄 프로그램의 상태에 관한 만연한 무지를 드러냈다. 미국 첩보위성은 아프리카 남단과 남극 사이의 바다에서 강렬한 섬광을 감지했는데, 이는 핵실험 여부에 대한 추측으로 이어졌다.* 만일 그렇다면 누가 진행했을까? 위치만 놓고 보면 남아공의 실험을 암시하는 것처럼 보였으나, 아무도 확실하게 알 수 없었다. 언론인들은 아마도 실험 주체는 이스라엘이나 파키스탄이었을 테고 이 실험을 남아공 근해에서 한 것은 책략이었으리라고 의심했다.[49] 폭발은 이스라엘·남아공 공동 수행 작전의 일부였다는 추측도 제기되었다. 기이한 섬광에 대한 어림짐작은 IAEA에서 남아공을 막기를 바랐던 이들의 영향력을 확실히 강화했다. 제공된 정보가 결정적이지 않음에 따라 그 섬광이 핵폭탄인지 아닌지 카터 대통령은 도무지 알 수 없었다는 것만이 사실이었다.[50]

핵무기 확산 상태에 대한 그런 불확실성의 한가운데서 북미인과 유

---

* 벨라 사건Vela incident. 1979년 9월 22일 미국의 벨라 위성이 아프리카와 남극 사이에 위치한 프린스 에드워드섬 근처에서 포착한 미확인 이중 섬광을 의미한다. 아직까지 사건의 전모는 밝혀진 바가 없으나, 전문가들은 이 폭발이 남아공과 이스라엘이 공동으로 수행한 핵실험의 결과라고 본다.

럽인은 이란·이라크 양국과 벌인 석유 관련 협상에서 원자로를 지렛대로 계속 이용했고, 1980년에 이르러 긴장이 극도로 고조되는 상황이 조성되었다. 잠재적 또는 알려진 핵무기 프로그램은 해당 지역을 통틀어 존재했고, 이스라엘·이라크·이란을 포함했으며, 더 멀리는 파키스탄·인도·중국으로 확장되었다. 개별 핵무기 프로그램에 대한 사보타주 사례가 만연했다. 예컨대, 이라크원자력위원회를 위해 일한 이집트인 원자력기술사를 암살한 일은 널리 주목받았다. 야히야 알메샤드는 고농축 우라늄 거래를 성사시키고자 프랑스에 갔다가 파리지앵호텔에서 살해된 채 발견되었다. 그와 만났던 프랑스 매춘부는 차에 치어 며칠 뒤 사망했다. 대다수는 이스라엘 책임이라고 믿었으나 다른 이들은 후세인이 그를 간첩으로 의심해 죽이고 싶어 했을 수도 있다고 암시했다. 젊은 기술자 살만 라시드는 제네바 소재 유럽원자핵연구소에서 보조금을 받아 우라늄 농축 설계에 공을 들였다. 라시드는 귀국하기 전 지독한 독감 같은 병을 앓게 되었고 약 10일 후 사망했다.[51]

후세인은 핵개발 분야에서 이라크가 지역적 선도자가 될 기회를 보았고 바그다드에 근거지를 둔, 핵에너지를 평화적으로 활용하기 위한 아랍 전체의 신규 조직을 요청했다. 이 조직에서는 사막 개간·해수 담수화·의학·전기·농업 관련 학술대회·강좌들을 소집했는데, 달리 말해 이는 '평화를 위한 원자력'과 IAEA의 목표를 정확하게 반영할 것이었다.[52] 후세인의 수사는 도발적이고 언제나 이스라엘을 겨냥해 호전적이었던 한편, 평화적 의도이든 군사적 의도이든 과학적 전문성을 아랍이 힘을 갖는 열쇠로 표상했다. 다음 전신은 1980년 7월 사담 후세인과 기자회견한 이후 여러 영국 대사관에 전달되었다.

후세인은 과학적으로 약한 국가가 과학적으로 강한 국가보다 훨씬 쉽게 패배당할 것이라고 말했다. 바로 이런 이유로 이스라엘에 대한 아랍인의 수적 우세는 무효화되었고 공허해졌다. 그러나 아랍 민족은 과학적 르네상스를 수행 중이다. 아랍 인민은 오늘날 세계에서 적들, 특히 시온주의 단체를 포함해 다른 나라들과 같은 수준에서 균형 잡힌 과학 개발을 달성함으로써만 자신들의 독립, 권리, 명예를 보존할 수 있음을 깨달았다.[53]

후세인은 과학적 힘의 군사적·평화적 함의를 강조하는 데까지 나아갔고, 이라크의 핵개발 계획은 평화적이며 "이스라엘은 아랍인이 더는 목적의식 없이 분열되어 있지 않고 과학적으로도 후진적이지 않다는 사실을 이해해야만 할 것이다. 아랍인에게 적대적이길 희망하는 이들은 5년 안에 그들이 더는 저개발국을 마주하게 되지 않을 것임을 깨달아야 한다"라고 되풀이했다. 그는 이스라엘이 과학 개발 저지를 시도하여 아랍인들에 대한 우세를 유지하려 한다고 비난했다.[54]

1980년 여름, 프랑스에서 이라크로 고농축 연료가 도착할 즈음 이라크·이란 양국 내 상황은 더욱 불안정해졌다. 1979년 이란혁명은 중동의 외교적 풍경을 완전히 바꿨고, 유럽·미국과 긴밀히 연계한 나라를 미국에 공공연히 저항하고 지역을 통틀어 새로운 이슬람공화국 정부를 요청한 시아 이슬람교Shia Islamist 국가로 바꾸었다. 미국은 대사관이 점거되고 국민이 테헤란에 인질로 붙잡히는 상황에 직면했다. 미국이 장장 10년에 걸쳐 완전히 무장해 주고 원자력 기반시설을 공급해 준 나라는 완강한 적으로 거듭났다. 한편 서구에 대한 석유 공급자로서 이란의 자리를 차지할 준비가 된 것처럼 보인 이라크는 프랑스·이탈리아·일본과 튼튼한 무역 관계를 유지했다. 1980년까지 이라크는 프랑스 석유 수입량의 20퍼센트(사우디아라비아가 약 35퍼센트를 차지했다)를 공급했고, 그 대가로 미라주전투기뿐 아니라 로켓, 헬리콥터, 기타 군사 장비도 취득했다.[55]

이스라엘 전문가들은 오시라크 부지가 이미 핵폭탄 프로젝트의 일부라고 믿었다. 텔아비브대학 전임 총장 물리학자 유발 네만은 이라크 원자로가 제기하는 군사적 위협을 일상적으로 지적했는데 1980년 여름, 이라크가 핵폭탄 제조를 돕도록 파키스탄 과학자 여러 명을 데려왔다고 경고했다. 그는 핵연구 공동체의 기본 중의 기본도 갖추지 않은 나라에서 전체적으로 정당화될 수 없다며 '연구용' 원자로라는 개념을 일축했을 뿐 아니라 원자로의 유일한 목적이 원자폭탄이라고 주장했다. 그는 언론과 면담하면서 이라크의 핵폭탄이 1년 안에 준비될 거라고 예측했고, 프랑스가 이라크에 판매한 우라늄이 별다른 처리 없이 핵폭탄을 여덟 개 정도 만드는 데 쓰일 수 있다고 경고했다. 게다가 이라크는 이탈리아 재처리시설의 도움을 받아 플루토늄을 만드는 데 쓰일 수 있는 더 많은 우라늄을 아프리카에서 사들였다.[56]

기이한 동료인 이스라엘과 이란은 함께 평화적 원자력 개발 계획에 대한 후세인의 주장을 비웃으며 이라크 핵개발을 가로막을 극적 조치를 했다. 1980년 9월 22일, 이라크는 이란을 침공했을 뿐 아니라 서구 나라들이 이란혁명에 아직 움찔할 때 국경 분쟁을 밀어붙였다. 9월 30일 이란은 자국의 미국제 F-4 팬텀 전투기 두 대를 보내 오시라크 원자로를 폭격했다. 폭격 이후 1년이 지나지 않은 6월 7일, 이스라엘은 같은 시설에 미국제 F-16A 전투기 여섯 대로 공습을 감행했다. 이스라엘은 이라크와 전쟁 중이 아니었는데도 그렇게 했다. 이스라엘인은 이 공습을 감추지 않았고 폭격 직후 자신들의 소행이라고 밝혔다. 후세인이 악이라고 규정한 메나헴 베긴 총리는 가능해지자마자 이스라엘 도시들에 대한 원자폭탄 투하에 아무런 거리낌도 없다며 공습을 정당화했다. 공식 발표에서는 부지에서 어떠한 외국인도 사망하지 않았다고 했으나 프랑스인은 공습으로 자국 노동자 한 명이 죽었다고 밝혔다.[57]

오시라크 공습은 평화적 원자에 대한 미국의 태도에 심판을 강요했다. 미국은 여전히 평화적 핵기술 홍보에 헌신하는가, 아니면 '평화를 위한 원자력'의 시대는 무의미하게 되었는가? 미국은 지난 10년간 중동에서 영향력을 확고히 하려고 했고, 제트전투기·공중 정찰기·원자로 같은 값비싼 기술을 제공했다. 그러나 오시라크 공습은 적어도 두 나라(이스라엘·이란)가 평화적 원자를 원자로 부지 폭격을 충분히 정당화하는 허위로 간주했음을 드러냈다.

미국 대통령에 로널드 레이건이 당선된 일은 플루토늄 경제를 제거하려는 카터의 노력에서 멀어지는 극적인 계기를 제공했다. 레이건은 대통령 선거 유세 중 핵비확산법안의 폐지를 약속했다. 선거 운동 초기 그는 다른 국가들의 핵개발 계획에 관해 "나는 그저 아무것도 우리 일이라고 생각하지 않습니다"라고 언급했다. 이것이 레이건 부관들을 더욱 사려 깊은 정책 쪽으로 황급히 달려가게 만들었다. 곧 레이건도 핵무기 확산에 반대한다고 단언했으나 '우리야말로 세상에서 이를 막으려고 시도하는 유일한 국가'이니 그러한 반대는 소용없어 보인다는 일종의 주의 경고문도 내비쳤다.[58] 레이건은 테네시주에서 선거 운동 중 클린치리버 증식로를 지지한다는 목소리를 높이는 방식으로 친핵 유권자들을 달랬고, 증식로가 새 행정부에서 살아날 수 있다는 희망을 고조시켰다. 또한 레이건은 증식로 지지가 세상을 더욱 위험해지는 플루토늄 경제로 인도할 거라는 카터의 우려를 일축했다.[59]

레이건은 1981년 대통령에 취임한 후 미국 원자력 산업을 소생시키려고 시도했다. 그는 증식로 개발 계획을 지지했을 뿐 아니라 자유로운 기업 활동과 정부 지출 감축이라는 강령을 바탕으로 집권했으면서도 원자력 부문에 보조금을 더 많이 주려고 계획했다.[60] 연말에 그는 더 나아가 새 원자로를 허가하는 속도를 높이고 사용후 원자로 핵연료 재처리에 대한 미국의 금지를 철회하길 원한다고 말했다.[61] 정보 분석관들, 외교관들 그리고 카터 행정부 내 다른 수많은 이와 같이 레이건은 최근 몇 년간 미국의 행동이 이롭다기보다는 해를 더 많이 끼쳤고, 믿을 수 있는 공급자로서 국가적 입지가 손상되었으며, 자국의 협상력을 떨어뜨렸다고 믿게 되었다. 레이건은 미국이 국제적 사찰을 더욱 지지하고, 다른 나라들을 압박해 플루토늄 체계를 버리도록 하는 일을 중단할 것이라고 말했다.[62]

이스라엘이 오시라크를 공습한 이후 레이건은 딜레마에 직면했다. 미국은 단순히 우방이라는 이유로 침략자를 방어해야 하는가? 아니면 평화적 원자, 이것에 들어 있는 다수의 약속, 심지어 비확산조약을 수용한 나라를 방어해야 하는가? UN을 비롯해 IAEA 회원국들 사이에서도 이스라엘의 행동을 반대하는 목소리가 높았다. 그들 대다수는 이스라엘의 회원국 자격 박탈을 요구했다. 레이건의 외교관들은 이스라엘의 공격에 대한 UN 안전보장이사회의 비난에 합류하는 한편, IAEA에서 이란의 회원 자격 박탈에 반대해 성공적으로 로비도 펼치면서 섬세하게 정국을 헤쳐나가려고 했다. 하지만 이들은 이스라엘에 기술적 원조를 중단하고 오시라크 공격을 침략 행위로 비난하는 결의안을 막는 데 실패했다. 미국은 또한 이스라엘의 핵시설을 IAEA 세이프가드의 규제 아래 두어야 한다고 요청하는 UN 결의안을 막는 데도 실패했다. 결의안을 두고 투표한 결과는 107 대 2였는데, 레이건은 기꺼이 이스라엘 편이 된 유일한 지도자였으며, 31개 나라는 기권했다.[63]

해당 지역 내 핵개발 프로그램에 대한 일관된 견해가 없는 상태에서 레이건은 전임자들과 마찬가지로 일단 획득할 경우 포기하기 어려울 미국 기술의 취득을 제안하는 방식으로 영향력 확보에 나섰다. 현실에서 그것은 통상 군사기술을 의미했다. 미국은 탱크·첨단 전투기·대공미사일·해상초계정·군수 지원을 이스라엘뿐 아니라 아랍 국가들에도 제공했다. 예컨대, 이집트에 제공하는 군사거래대금 수준(그중 상당 부분이 탕감될)은 1982년 미화 9억 달러에서 1983년 13억 달러로 인상될 예정이었다. 이스라엘은 1982년에 미화 14억 달러를 얻었고 1983년에는 17억 달러를 얻기로 계획되어 있었다.[64]

미국에 군사 원조가 그토록 매력적이었던 한 가지 이유는 바로 1970년대 중반 이란 내 원자로에 대한 노력과 마찬가지로 그것들이 종종 종속의 끈을 만드는 다년간의 약속이었기 때문이다. 일찍이 키신저는 사우디인을 '무력하고 배짱이 없다'고 묘사했으며, 그의 석유 확보 전략은 이란에 주안을 두었다. 이란 내에서 이슬람혁명이 진행되자 미국은 이란의 석유에 의존할 수 없었다. 이란·이라크 전쟁이 일어난 뒤 석유 공급의 미래는 점차 아라비아반도에 있는 우방과의 우호적 관계에 기초하게 되었다. 사우디아라비아 주재 미국 대사 존 웨스트는 석유를 무기로 이용할 가능성이 무척 높아졌다고 경고했다. 워싱턴에 보낸 비밀 보고서에서 그는 "사우디인은 본능적으로 그리고 유전적으로 장사꾼들이고 생존자들이다"라고 썼다. "3,000년 동안 낙타를 맞바꾸고, 말을 거래하며, 양탄자를 판 경험이 그들의 유전자에 있는 것처럼 보인다. 그들은 가장 귀중한 상품을 가졌고, 그들이 그것을 결국 완전가치 이하로 취급하리라고 예측한다면 우리는 중대한 실수를 저지르는 것이다." 그는 현재 공급의 중단이나 심지어 상당한 감축이 '경제적 재난을 만들 것'이라고 지적했다.[65] 이란·이라크 전쟁이 벌어지는 동안 카터 행정부는 사우디 안보를 우려해 미국의 지원으로 방공 체계와 확장된 지상 시설들 개발을 돕는 것과 관련해 그들과 회담을 시작했다.[66]

군사 원조는 특히 기술이 미국에 의한 항시적 개량·훈련·관여를 요구한 대규모 방위체계와 결속될 수 있을 때 미국에 지속적 영향력을 제공했다. 1981년 말까지 사우디아라비아는 '미국 군사 장비, 서비스, 건설에 대한 여태껏 가장 큰 단일 구매자'로, 미화 85억 달러짜리 방공 개선 꾸러미와 함께 확장에 착수했다.[67] 그 꾸러미는 최신 사이드와인더 열 추적 미사일, F-15 제트전투기용 재급유기, 지상레이더체계보다 7배 향상된 범위를 제공하는 공중경보통제체계AWACS를 포함해 최첨단 기술로 사우디아라비아의 유전 보호를 돕도록 고안된 것이었다. 레이더 안테나를 수용한 거대한 로토돔rotodome*들과 함께 독특한 E-3A 공중조기경보통제기에 기반을 둔 AWACS는 다가오는 어떠한 공격기도 감지할 수 있었다. 이 통제기 다섯 대는 도합 미화 58억 달러에 육박함으로써 예산에서 가장 큰 부분을 차지했다. 무기 꾸러미에 대한 미국의 설명에

---

* '회전하는'이라는 의미의 영단어 rotating과 레이더 보호 반구형 건물인 radome의 합성어다.

따르면, "AWACS의 성격은 아주 복잡해서 수명이 다할 때까지 체계의 핵심 요소를 유지하기 위해 미국인 계약자가 필요할 것이다. … 사우디 AWACS에 대한 미국 지원의 철수는 체계가 가동될 수 없는 상황을 신속히 만들 것이다." 더하여 이 공중체계는 경우에 따라 "미군과 함께 배치될 장비들과 완벽하게 호환 가능한" 미국제 장비·부속품·시설을 이용하는 광범위한 군수와 보급 기지를 필요로 할 것이었다. 이 체계들과 요구되는 지상 시설들을 함께 갖추는 데 대략 6년이 걸릴 것으로 계획되었다.[68]

군사 장비는 지역의 핵심 우방들이 지닌 기존의 핵개발 계획에 영향력을 행사하는 레이건 행정부의 선호 수단으로 거듭났다. 일부 국가안보보좌관들은 정찰기(사우디아라비아에 제공된 것과 같은 종류)를 파키스탄에 제공함으로써 파키스탄의 핵개발 계획에 대한 미국의 영향력도 유지할 수 있다고 생각했다. 파키스탄이 카후타 근처에 비밀에 부친 우라늄 농축시설을 보유했다는 사실을 발견한 미국은 1979년부터 경제·군사 제재를 부과했다. 그러나 1981년 12월, 레이건은 제재를 철회하면서 오직 원자력 원조 규제만 그대로 두었다. 레이건은 소련이 이웃한 아프가니스탄을 침공하자 파키스탄이 중무장할 필요가 있다고 판단했다. 미국은 파키스탄에 전력을 다해 제재를 부과하기보다 파키스탄과의 핵 거래에서 단순히 빠져나왔고, 다른 모든 방식으로 이 나라를 강화했다.[69] 뒷날 인도 외교관들은 핵·비핵 분리가 아주 명확하지 않았다고 지적했다. 미국이 지원하는 F-16 제트전투기들은 핵폭탄 운송 수단으로 해석될 수 있었다. 파키스탄에 대한 미국의 양면적 행동은 미국의 대이스라엘 거래와 마찬가지로 인도에는 단순히 미국의 비확산 정책이 파산한 것으로 보

였다.[70]

미국의 행동에 관한 냉소는 IAEA 회담에서, 특히 이른바 저개발국가들LDC 사이에서 고조되었다. 미국인이 IAEA를 식민지기와 유사한 기술적 통제의 기제로 주조하는 한편, 자국의 군사적 우방들이 보유한 핵폭탄 프로그램에는 눈을 감지 않았는가? 모두 IAEA에 속했으나 비확산조약 체약국이 되기를 거부한 이스라엘·파키스탄에 미국은 굳건한 우방이자 무기 공급자로 남았다. 더욱이 미국은 사하라사막 이남 아프리카의 핵심 우라늄 공급자이자 조약 비체약국인 남아공 인종주의적 정부의 비위를 계속 맞춰주려고 했다. 나아가 미국인과 유럽인은 OPEC이 석유를 다루는 방식과 동일하게 핵연료를 다루는 것처럼 보였고, 카르텔처럼 움직이려고 시도했다.

1980년대 초, 이 사안들을 둘러싼 갈등으로 IAEA는 거의 분열되었다. 1981년 9월, IAEA 이사진 회담에서 미국 대표 리처드 케네디는 저개발국들을 위한 IAEA의 고용 할당 관련 결의안과 이라크 오시라크 원자로 공격에 대한 보복으로 이스라엘의 기구 내 회원국 지위를 중단한다는 결의안을 막으려고 노력했다. 미국이 이들 결의안을 막는 데 성공했음에도 이사회에서 이스라엘에 대한 연례적인 기술 원조 꾸러미를 삭감하겠다는 약속과 다음번 회담이 열릴 1년이라는 시간 안에 자국의 모든 핵시설을 IAEA 세이프가드 아래 두는 데 동의하지 않을 경우, 이스라엘을 IAEA에서 방출하겠다는 위협을 막을 수는 없었다. 한 미국 관리는 "이 회담은 내가 여태껏 참석한 것 중 가장 정치화됐고 가장 논쟁적인 회기였다. … 한동안 우리는 정말로 이 기구가 생존하지 못할 것이라고 생각했다"라고 보고했다.[71] 미국 정보 분석관들은 IAEA가 점차 경찰관처럼 되는 상황에 대한 반응으로 개발도상의 세계에서 원자에 대한 '증가하는 환멸'을 인식했다. 한 보고서에서는 "많은 개발도상국은 이러한 노력을 자국의 국가 주권에 대한 모욕으로 여기며 개발도상국들을 항구적인 경제적·정치적·군사적 예속 상황에 두기 위한 산업화된 나라들의 또 하나의 시도로 본다"라고 주장했다.[72]

IAEA의 정체성에 관한 갈등은 1981년에 20년 동안 재임한 후 은퇴를 계획한 에클룬드를 이을 신규 사무총장 선출과 관련된 여러 달에 걸친 분규에서 전형적으로 드러났다. 선도적인 후보자 두 사람은 기구 내 지구적 남북 분열을 강조했다. 필리핀의 도밍고 시아존은 대다수 개발도상국의 지지를 받았다. 시아존은 IAEA를 비확산 목적 추구에 쓰기보다 원자력을 광범히 이용 가능하게 만든다는 기구의 역할을 재확인할 후보자로 널리 인식되었다. 산업화된 나라들이 선호한 후보는 스웨덴인 한스 블릭스였다. 두 사람 모두 외교관이었는데, 시아존은 대사를 지냈고, 블릭스는 스웨덴 외교부장관을 지냈다. 시아존이 정치학·물리학 학위가 있는 반면, 블릭스는 IAEA 핵무기 사찰관으로 유명해진 법학교수였다. 그는 폭격 이전 이라크 오시라크 원자로를 여러 차례 사찰했다. 블릭스는 비확산 목표를 추구하는 쪽으로 IAEA를 움직일 숙련된 군비통제 전문가로 인식되었다.[73]

블릭스가 사무총장으로 선정되었지만 이 결정은 타협안을 수반했다. IAEA는 이사진을 확대해 더 많은 개발도상국 회원국을 포함하겠다고 약속했고, 차기 사무총장이 선정되는 1985년에 저개발국 대표를 고려한다는 결의안을 지지했다. 언론인 주디스 밀러는 "많은 관리가 이를 블릭스 씨가 단임에 그칠 최고위자라는 신호로 해석했다"라고 썼다.(그들은 틀렸는데, 블릭스는 1997년까지 IAEA 수장으로 있었다.)[74] 표면적으로 에클룬드의 사무총장직 후임자로 블릭스를 선정한 것은 예측 가능한 요소(두 사람 모두 백인 남자)부터 믿기 어려운 요소(두 사람 모두 스웨덴인이고 웁살라대학에서 공부)에 이르는 유사성을 갖춘 지도부의 연속성을 표상했다. 그러나 둘 사이에는 중요한 차이점이 있었다. 에클룬드는 원자력의 평화적 이용을 홍보하는 기구들에서 근무한 핵물리학자로 1950년대 스웨덴 최초의 연구용 원자로 건설 노력을 이끌었다. 반면 블릭스는 국제법 교수이자 단기 정치인으로 과학적 자격을 갖추지 못했다. 그는 1970년대 스웨덴 외교부에서 법리적 사안을 자문했고, UN 군축회의 내 스웨덴 대표단에 참여했다. 블릭스는 이후 1978년부터 1979년까지 스웨덴 외무장관을 지냈다. 스리마일섬 사고 이후에는 에너지의 미래에 대한 국민투표의 한가운데서 핵개발 계획을 유지하려는 스웨덴 자유당을 이끌었다. 그는 굳건한 원자력 발전 주창자이자 군축 협상의 베테랑이었다.

　IAEA 내부에서 남반부와 북반부의 정치적 타협은 기구 내 분할을 악화하는 즉각적 결과를 불러왔다. 1982년 9월 24일, IAEA 이사진(새롭게 확대된 이사국들을 갖추고)은 회담에 회원국으로 참여할 수 있는 이스라엘의 자격 박탈에 대해 투표했다. 이사진은 1979년 남아공의 회담 참석을 금지했으므로 이 투표가 그런 종류로는 처음 있는 일이 아니었다.[75] 이번에 목표는 미국의 핵심 우방이었다. 아랍 진영·아프리카 진영·소비에트 진영 국가들이 투표 대다수를 차지했고, 실제로 그들은 이스라엘이 팔레스타인인을 상대로 학살을 저질렀다는 고발(원자폭탄 제조에 더해)과 함께 이스라엘을 IAEA에서 영구히 제명하려고 노력했다. 그 노력은 표결에서 43 대 27로 실패로 돌아갔지만 이스라엘을 제외한 모든 국가의 회담 참여 자격을 인정한 이라크 주도의 온건한 결의안이 통과되었다. 이 결의안은 통과되는 데 과반수만 요구했는데 41 대 39로 간신히 통과되었다.[76] 레이건은 회원국들이 이스라엘을 거부하자 격노해서 미국 대표단을 철수시켰고 IAEA 활동 참여를 유예했다. 일본·호주·캐나다·유럽 국가들 등 다른 이사국들도 똑같이 했다. 회담이 거의 종료되었기 때문에 그러한 '항의 퇴장'이 중대하지는 않았다. 그러나 미국은 IAEA에 대한 자국의 약속은 물론 심지어 기구 참여를 재검토할 것이라고 언급했다.[77]

지구적 원자력 북반부 나라들이 '항의 퇴장'한 사건은 진지한 정책적 재검토를 촉발했으며, 그로써 이 기구는 더욱 경찰 역할을 맡게 되었다. 미국 내 부처 간 작업단은 IAEA에 대한 공식적인 재평가에 착수했고, 기구의 목적을 주의 깊게 재규정했다. 의미심장한 미 국무부 분석에서는 개발도상국들이 '평화적 원자'를 채택하도록 지원하는 IAEA의 원래 목적과 비확산 감시인으로서 IAEA의 현재적 역할을 분명하게 구별 지었다. 이 역할 사이의 정확한 균형이 기구 내 언쟁의 주요한 원천이었으며, 남북의 경계선을 따라 회원국들을 갈랐다. 미국 같은 국가들이 지출하는 대규모 예산은 기술적 원조가 아닌 감시를 더욱 지향했다.[78] 그러나 미국은 자국이 인정하고 싶어 하는 수준보다 더 많이 IAEA가 필요했다. 새로운 국무부 분석에 따르면, IAEA는 미국 정책상의 필수불가결한 장치로 거듭났다. 국무부 평가는 "IAEA는 우리의 비확산 정책 실행에서 핵심 역할을 수행하고, 결국 우리의 국제적 핵 상업에 대한 본질적인 기반을 제공한다"라는 것으로 읽힌다. "따라서 IAEA는 우리의 국가안보 체계상 중요한 요소다. 미국은 그 어떤 다른 국제기구에도 이런 방식으로 의존하지 않는다."[79] 단지 세이프가드를 부과하는 조직이라면 IAEA만큼

많은 회원국의 유인을 희망할 수 없었는데, 대다수 회원국이 IAEA에 가입한 유일한 이유는 기술적 원조를 기대했기 때문이다. 산업화된 나라들 대부분이 IAEA의 목적을 단지 소수 국가 수중에 핵무기를 유지하는 것으로 보았음에도 "개발도상국은 우선적으로 IAEA를 기술적 원조·기술 이전의 전달자로 여겼다."[80]

레이건 행정부 관리들은 오직 IAEA를 통해서만 지구적 원자력 북반부가 카르텔처럼 노골적으로 보이지 않고 핵 거래 통제를 희망할 수 있다고 추측했다. CIA 보고서는 공급자에 기초한 다른 세이프가드 조직 구성은 개발도상국들이 그러한 조직을 '원자력 OPEC'으로 볼 것이기 때문에 문제를 자초하는 일이라고 지적했다. IAEA를 통한 사업은 미국에 그런 비난을 피할 수 있게 해주고 "잠재적 확산 국가들에 대한 유일무이한 정보상 접근을 제공한다." 심지어 NPT 비체약국들도 합법적인 핵 상업에 관여하기를 기대할 경우 여전히 IAEA 회원국이 되어야 했다. 미국은 IAEA에 참여함으로써 사찰관들에게서 정보를 얻는 한편, IAEA 또한 미국에 "특정한 나라들이 제기한 주요 확산 문제를 다루는 편리하고 정치적으로 받아들일 수 있는 토론장"을 제공했다.[81] 레이건의 비확산 특사 리처드 케네디에 따르면, 이 부처 간 작업단은 "핵무기 확산 방지에 일조하는 IAEA의 역할 때문에 이 기구가 미국의 국가안보 이익에 상당히 기여한다는 믿음으로" 만장일치를 끌어냈다.[82]

1982년 재평가가 하나의 전환점이 되지는 않았으나 이 결정은 수년간 진행 중인 추세를 확인해 주었다. 작업단은 IAEA에 참여하는 이유를 열거하면서 효율적인 에너지 선택이나 자원 부족·환경 문제에 대한 경제적 해결책 홍보에 IAEA가 진정으로 유용한 역할을 했다는 어떠한 확신도 잠재웠다. 작업단에서 아무도 핵기술 자체의 긍정적 가치에 대한 일말의 믿음이라도 보여주는 이유를 제공하지 않았다. 그 대신 그들은 이스라엘·남아공을 향한 비난에 사로잡힌 것처럼 보인 개발도상 세계의 핵무기 프로그램과 '태도 문제'에 초점을 맞췄다.[83] 하지만 원자력 혜택을 광고할 필요는 그 어느 때보다 강했다. 당시 IAEA의 전체 예산 미화 9,100만 달러(미국에서 2,100만 달러) 중 대략 3,000만 달러(미국이 800만 달러 지출)가 비확산 세이프가드에 쓰였다. IAEA는 비확산 요구를 맞추기 위해 세이프가드 직원을 배가해야 할 필요가 있다고 주장했다. 그들은 지구적 남반부의 분노를 자극하지 않으면서 그렇게 하고자 '평화적 원자' 프로젝트를 강화하고 핵기술의 혜택을 과대평가할 필요가 있었다.[84]

미국과 그 우방들이 IAEA에 다시 전념한 것이 정부들에는 비평가들에 맞서 상용 원자력 발전을 방어할 한 가지 분명한 이유를 제공했다. 이는 원자력 발전이 국가 전력 대부분을 공급하는 프랑스처럼 특히 대규모 국가투자가 이미 진행 중인 유럽에서 더욱 쉽게 이뤄졌다. 미국에서 레이건은 자신의 원자력 발전 홍보 노력을 겨냥한 수많은 정치적 적수의 반대에 직면했다. 민주당 하원의원 리처드 오팅거는 의회 청문회에서 에너지부가 연비 안내 책자나 태양에너지 관련 정보의 인쇄를 멈춘 반면, 환경오염이나 사고가 초래하는 공중보건상 영향에 대한 대중의 우려를 누그러뜨리는 데 연방 납세자들의 세금이 대부분 들어가는 원자력 산업의 대민 홍보 전격전blitz에 협력하고 있다고 발언했다. 그는 "나는 정부가 자신이 선호하는 정책들을 대중에게 주입하려고 노력하는 선전기관이 되어서는 안 된다고 생각합니다"라고 에너지차관보 셸비 브루어에게 말했다. 브루어는 마치 세상이 평평하다고 주장하는 미치광이처럼 일반

대중이 너무 발작적으로 되었다면서 결정을 방어했다. "그리고 이 경우 지구가 실제로 둥글다는 주장은 사실이 아니라는 겁니까, 아니면 이는 정치적 언명입니까?"[85]

레이건은 반복된 실패에 직면해 원자력 산업을 다시 활성화하고자 했다. 그는 클린치리버 증식로 개발 계획을 지원했으나 의회에는 이 계획에 들어가는 비용이나 이 계획이 플루토늄 경제에 기여하는 정도, 스리마일섬에서와 같은 더 많은 사고를 우려하는 적이 많았다. 1982년 12월, 특별회계감사원은 해당 계획에 대한 추산 비용이 절반으로 너무 적은데, 미화 85억 달러 정도에 달할 것이라고 지적했다.[86] 의회 양원 모두에서 이 계획에 대한 열기는 식었고, 1983년 10월까지 이미 17억 달러가 지출된 뒤 상원에서 자금을 부결하면서 사실상 종말을 고했다. 아칸소 상원의원인 민주당원 데일 범퍼스는 "우리는 얼마간의 돈을 쥐구멍에 쏟았지만 더는 지출하지 않기로 결정했다"라고 발언했다.[87] 레이건 행정부는 여전히 미국 내 군사기지에 원자로를 짓는 노력같이 원자력 산업을 살리기 위한 다른 경로를 모색했다.[88] 원자로는 전략방위구상,* 즉 상상된 우주미사일방어체계의 핵심적 특징이 되었다.[89] 그리고 레이건은 중화인민공화국이 미국산 원자로 구입을 허가하는 협정을 협상하면서 프랑스·독일 경쟁자들에 비해 미국 공급자들이 더 경쟁력을 가질 수 있도록 했다.[90]

핵에너지 옹호자들은 상용 원자력 발전을 겨냥한 환경 운동가들의 인지된 공격에 자신들의 환경적 주장에 점차 기대는 방식으로 대응하려

---

* 전략방위구상Strategic Defense Initiative은 적국의 핵미사일을 요격하고자 하는 미국의 구상으로, 1983년 레이건 대통령이 수립했으며, 스타워즈 계획이라고도 불린다.

고 시도했다. 그들은 기후변화뿐 아니라 산성비에서도 기회를 찾았다. 1982년과 1983년 벌어진 핵심적 환경 분규 중 하나는 연소 석탄에서 나오는 이산화황 오염의 영향에 관한 것이었고, '산성비'는 미국·캐나다 전역의 헤드라인을 차지했다. 과학자들은 막대한 영토에 걸친 삼림생태계에 그런 오염이 주는 압력을 지적했다.[91] 1980년대 초 핵에너지를 옹호한 이들 대다수는 핵에너지가 석유나 석탄 연소에 비해 사실상 무해하다고 지적한 물리학자 버나드 코헨의 1983년 저서 『너무 늦기 전에Before It's Too Late』에 동의했다.[92]

대기오염의 다른 형태에 원자력 발전을 우호적으로 비교하는 주장은 IAEA에서도 광범하게 이용되었다. 블릭스는 IAEA 사무총장에 취임한 뒤 기구의 관련성에 관한 글을 썼다. 그는 수필에서 핵기술이 식품·농업, 의학, 에너지 생산에서 수행하는 역할에 대한 익숙한 주장을 주로 사용했다. 블릭스는 핵확산에 대해서도 길게 논의했다.[93] 그러나 다음 수년간 유럽을 통틀어 원자력 발전에 대한 정밀 검토가 늘어나고 미국이 원자력 발전에서 완전히 벗어나는 것처럼 보였을 때, 블릭스와 IAEA의 다른 이들은 석유·석탄 같은 기존의 에너지 원천이 제기하는 환경적 위협을 과대평가하고, 원자력 발전이 환경적으로 비교적 무해하다는 주장을 폈다. 블릭스의 IAEA는 1986년 체르노빌 참사 이후에도 이 접근법을 집중적으로 채택했다.

체르노빌 원자력 사고가 소비에트사회주의공화국 중 하나인 우크라이나에서 일어났기 때문에 그곳에서 무슨 일이 벌어졌는지에 관한 대중적 정보는 극히 적었다. 오늘날 우리는 그 사고가 원자로 용융, 화학적 폭발, 막대한 양의 방사성 잔해의 대기 중 방출을 수반했음을 알고 있다.

생태적·공중보건적 재난으로서 체르노빌 사고는 스리마일섬 사고보다 훨씬 심각했다. 체르노빌 사고는 문제를 통제하려고 시도한 현장의 조작자들, 잔해를 청소한 노동자들, 원자로의 화재를 진압하기 위해 그 위에 물질을 투하하려고 시도한 헬리콥터 조종사들의 죽음을 수반했다. 인근 마을 프리퍄티는 소개되었고, 과학자들은 인근의 사람들과 이웃한 나라들, 그리고 그 너머까지 피폭의 크기와 그에 따른 결과에 관해 계속 논쟁을 벌이고 있다.[94]

IAEA에서 블릭스와 그의 동료들은 체르노빌 사고의 구체적 사실들에 관해서는 거의 알지 못했다. 하지만 이러한 무지가 그들이 원자력 발전에서 대민 홍보상 피해를 수습하려는 시도를 막지는 못했다. 사고 직후인 1986년 5월 초, 블릭스는 모스크바를 방문했고, 공동 코뮈니케에서 그와 소비에트 정부 관리는 원자력 안전 전문가들이 논의할 수 있도록 소련이 가능한 한 빨리 사고에 대한 약간의 정보를 제공할 것이라고 언급했다. 그에 앞서 사고 직후 발간된 『IAEA 회보』의 체르노빌 특집호에서 블릭스는 대규모 사고가 손해를 끼칠 수 있음을 시인했다. 그러나 그는 댐 파열, 가스 폭발 등의 위험도 고려하는 비교 접근법을 촉구했다. "우리는 석탄이나 석유에서 전력을 만드는 발전소들이 이산화황·산화질소·이산화탄소를 얼마나 많이 만들어내는지도 반드시 동일한 수준으로 인지해야 한다. 그것들이 죽은 삼림, 산성 호수, 암에 미치는 영향에 관해 느끼는 우려에 더해 오늘날 우리는 반드시 화석연료 연소와 불가분하게 연결된 이산화탄소 발생이 불러올 수 있는 온실효과에 대한 불안도 추가해야 한다." 그리고 나서 그는 독자들에게 핵기술 제공이 핵무기 확산 통제에 필수적임을 상기시켰고, "30년 동안 노력을 기울인 기본적 접근은 비확산 약속과 그러한 약속 준수를 입증하는 대가로 핵물질과 핵기술을 사용하도록 하는 것이었다"라고 지적했다. 조금도 과장을 보태지 않고, 이것이 지난 30년간의 접근법이었다고 말하는 것은 지나친 일반화였다. 그는 "적어도 다수가 한때 겁냈던 것과 오늘날의 상황을 비교한다면, 이 '평화를 위한 원자력' 접근이 꽤 성공적이었다고 할 수 있다"라고 말했다.[95]

소비에트인은 약속을 지키려고 1986년 8월 빈으로 전문가들을 파견해 IAEA 본부에서 사고에 관한 구체적 보고서를 제공했다. 그들은 상황이 끔찍할 만큼 잘못되었다고 시인했으나 발전소 조작자들(일부는 투옥되었다)을 탓했다. 소비에트인은 실험의 매 결정 지점에서 조작자들이 절차적 규칙을 어겼거나 형편없는 판단을 내렸다고 강조했다. 예컨대, 실험 자체가 수위를 불안하게 하자 자동으로 긴급 냉각수가 주입되었기 때문에 조작자들은 해당 안전장치를 불활성화했다. 사실, 4월 25일에서 26일로 넘어가는 야간 실험에서 자동 폐쇄 장치 여러 개가 불활성화됐으나, 조작자들은 상황이 예측에서 벗어난다 해도 자신들이 수동 제어를 활성화할 수 있을 거라고 상정했다. 하지만 그들은 틀렸고, 원자로가 과열되었지만 이를 멈추려는 그들의 노력은 대부분 실패했다. 반응이 지속되었을 뿐 아니라 증가된 열기는 원자로와 건물 대부분을 파괴한 비핵 폭발로 이어졌다. 소비에트 보고서의 영국 요약본에서는 화학반응이 "틈으로 빠져나가 공기와 섞여 폭발성 혼합물을 만들어낼 수 있는" 수소 가스를 생산했다고 지적했다. "이 반응은 하늘을 나는 뜨겁고 빛나는 조각들의 불꽃놀이로 관측되었다."[96]

짧은 기간에도 체르노빌의 인명 피해는 막대했다. 펼쳐진 불꽃놀이에 더해 방사성 핵종들이 공기를 채웠다. 소비에트인은 최초 36시간 안에 350여 명이 방사선병 징후를 보여 모스크바의 한 병원으로 후송되었다고 보도했다. 일부는 열화상을 입었고, 대다수는 최대 100퍼센트에 달하는 신체 표면에서 베타 방사로 인한 피부 화상을 입었다. 6Gy(Gy는 방사선 흡수를 측정하는 단위인 그레이Gray의 약자) 이상 선량을 받은 환자 22명 중 21명은 한 달 안에 사망했다. 4~6Gy를 받은 23명 중 7명이 사망했으며 그 기간에 4Gy 미만을 받은 98명 중 1명이 사망했다. 러시아 의사들은 환자들을 구하기 위해 피부 이식, 골수 이식, 심지어 인간배아 간세포 이식도 시도했다. 일부는 그러한 수술의 합병증으로 사망했으나 대다수는 베타 방사의 최초 피폭에 따른 압도적인 피부 손상으로 죽었다. 그렇게 위중한 보고에도 불구하고, 소비에트인은 대중 가운데 아무도 급성 방사선병을 앓지 않았다고 주장했다. 30킬로미터 구역 내 인구는 소개되었고 혈액, 갑상선 조사 및 자주 수행된 전신감마계수측정으로 철저하게 감시되었다고 그들은 말했다.[97]

소비에트 대표단 단장 발레리 리가소프는 블릭스와 마찬가지로 체르노빌이 원자력 개발을 방해하지 않게 하는 것이 중요하다고 말했다. 그는 원자력 발전소 없이 소련은 소비에트 사회의 다음 발전단계를 '매끄럽게 관리할 수 없을' 것이라고 말했다. 그는 잘못이 조작자 오류에 있다는 서면 보고서의 메시지를 증폭시켰으나 개인적으로 자신의 비판에 대해 속을 털어놓았다. RBMK 원자로* 설계자들은 지적인 선택과 규칙 준

---

* RBMK 또는 흑연감속 비등경수 압력관형 원자로는 소련이 개발한 원자로의 한 형식으로, 채널형 고출력 원자로Reactor Bolshoy Moshchnosti Kanalniy의 첫 글자를 땄지만 지금은 소련이 만든 흑연감속 원자로라는 의미로 사용된다.

수를 사람에게 맡긴 '심대한 심리적 실수'를 저질렀다. 리가소프는 원자로 설계자들이 공학적으로 설계된 안전 기제보다 안전 수칙에 의존했다고 탄식했다. "우리는 이러한 종류의 어리석음에서 우리를 지켜야 할 필요를 다른 전문가들보다 늦게 사고했으며 이는 우리 잘못이다."[98] 소비에트 원자로 설계자들에 대한 그리고 함축적으로 소비에트 정부에 대한 리가소프의 비판은 참가자 일부를 놀라게 했다. 리가소프의 비판을 소비에트 관리들이 배신으로 해석함에 따라 그는 귀국 후 비싼 대가를 치를 터였다. 서구에서 찬사를 받는 동안 그는 깊은 우울로 침잠했고 1987년 자살을 시도했으며 이듬해 마침내 스스로 목숨을 끊었다.[99]

IAEA 회동에 참석했던 이들에게 리가소프의 보고는 소비에트 지도자 미하일 고르바초프가 홍보한 글라스노스트(개방) 정책*의 탁월한 산물로 비쳤다. 리가소프는 점심식사 전 두 시간 동안 발표했고, 이어 오후에 세 시간 동안 다시 발표했다. 그의 태도는 진솔했고 시각 자료·영상을 가지고 사건에 대해 조목조목 참가자들에게 설명했으며, 더 거대한 자동화를 이루려고 취해진 조치를 논의하는 데 시간을 할애했다. 또한 프리퍄티시의 늦어진 소개와 화재 진압 방법을 논의했다. 그는 5월 6일 차단되기 전까지 노심에서 나온 방사능의 3.5퍼센트, 즉 대략 5,000만 퀴리가 대기 중으로 방출되었다고 추측했다. 그날 저녁 발표를 마친 그가 청중에게 깊은 인상을 남긴 것은 분명했다. 영국의 한 참석자는 "발표는 박수갈채를 받으며 끝났다"라고 들려주었다. "이는 개방적이고 솔직한 마

---

* 글라스노스트glasnost는 '공개', '공공성'으로, 소련의 마지막 주석 미하일 고르바초프가 1985년에 실시한 개방 정책이다. '개축', '재건'의 뜻도 있으며 고르바초프가 같은 해 실시한 개혁 정책을 지칭하는 페레스트로이카와 함께 언급된다.

라톤 같은 발표였다."[100]

이 회담의 연설에서 IAEA 사무총장 블릭스는 체르노빌 사고의 중요한 결과 중 하나는 '여러 나라에서 원자력 발전 관련 여론에 미친 강력한 충격'이라고 말했다. 체르노빌의 여파 속에서 그런 여론은 신중한 모양 잡기를 요구했다. 그는 체르노빌 사고가 심각한 사인이라고 시인했으나 다른 에너지 형태와 비교하며 이 사고의 중요성을 과소평가했다. 그는 "원자력 발전소 사고가 일으킨 오염에 주목하지만 에너지를 생산하기 위해 완벽하게 정상적인 석유·석탄 연소의 결과로 삼림이 죽어간다는 사실도 기억해야 합니다"라고 말했다. "유감스럽게도, 위험이 따르지 않는 산업 활동은 거의 없으며 모든 에너지 생산의 형태는 얼마간 위험과 연계되어 있습니다." 의심할 여지 없이 일부 나라들에서는 체르노빌 이후 열정이 줄어들었다. 따라서 전문가들이 자신감을 회복하도록 도와야 한다고 그는 주장했다. 블릭스는 "이에 대한 대중의 자신감 없이 어떤 주요 산업도 번창하거나 실제로 생존하는 것을 상상하기는 어렵습니다"라고 경고했다.[101]

회담 벽두에 "대중의 자신감을 회복하는 일은 또한 핵에너지의 모든 이용에 관한 그리고 방사성 폐기물의 관리와 처리에 관한 원자력 조작자·규제 담당자·정부들에 개방성을 요구할 것"이라고 한 블릭스의 주장을 고려할 때 기술적 논의를 대중에게 비공개로 한다는 것은 역설적인 결정이었다. 사실 블릭스나 다른 참가자 다수는 대중의 참여를 신뢰하지 않았다. "정보와 합리적 설명이 어느 정도로 주어지든 비가시적이고 만질 수 없는(그러나 고도로 추적 가능한) 핵 방사선에 관해 깊이 우려하는 대중이 진정될지 확실하지 않습니다"라고 그는 말했다. 그 대신 그들은 일반 대중이 논의에 참여하기 전에 공통된 견해에 도달해야 할 필요가 있었다. 전문가들이 체르노빌 사고에 관해 알고 빈에서 보낸 일주일 동안 이러한 기술적 사안을 논의함에 따라 블릭스는 그들을 독려했다. "이것을 언론을 포함해 타인을 계몽하는 데 쓰십시오. 우리가 그들을 기술 작업단에 들어오도록 허락하지 않는 것은 작업단의 논의가 비밀이라서가 아니라 모든 단어, 모든 문장이 녹음되면 전문적인 논의에 알맞은 분위기가 형성되기 어렵기 때문입니다."[102]

소비에트 정부가 체르노빌 재난을 물리적·정치적으로 차단하려고 애쓰는 한편, 서구 정부들은 원자력 발전에 대한 대민 홍보를 더욱 늘렸다. 1987년 CIA 분석에서는 체르노빌 사고가 소비에트 체제의 신뢰성에 심각한 충격을 가했다고 지적했는데, 이는 다른 나라들에도 결코 좋은 징조는 아니었다. 소비에트 정부의 사고 처리(처음에 과소평가하는 느릿느릿한 반응)는 고르바초프의 글라스노스트 정책을 진실하지 못한 것으로 보이게 만들었다. 오염된 물과 식량에 대한 공포는 사고 이후 오래 지속되었다. 인구 대다수는 체르노빌의 방사선이 사회가 직면한 암 위험을 상당히 악화하지는 않을 거라는 정부 주장을 마냥 믿지는 않았다.[103]

서구 정치인들은 상용 원자력 부문을 위한 주장을 강화하려 재빠르게 움직였다. 미국에서 의회는 '국가 핵의학 주週'를 공식적으로 기념하는 결의안을 통과시켰고, 레이건 대통령은 평화적 원자력의 야심을 지원하는 상징적 몸짓으로 이 주를 7월 27일이 있는 주로 지정하는 선언서*

---

* 1986년 7월 29일, 미국 대통령 로널드 레이건은 5514호 선언서Proclamation 5514를 통해 핵의학에 대한 국가적 인식을 제고하려 했다. 이러한 결정의 배경에는 미국 핵의학협회(오늘날 미국핵의학분자이미지협회Society of Nuclear Medicine and Molecular Imaging)를 중심으로 한 핵의학 연구자 공동체의 노력이 있었다. 선언서의 원문은 레이건 대통령도서관 웹사이트에서 볼 수 있다. https://www.reaganlibrary.gov/

를 발포했다.[104] 유럽에서 체르노빌은 일부 나라의 신규 원자로 구매를 중단시켰고, 반핵 행동주의의 활기를 북돋웠으며, 반핵 행동주의를 일반적인 환경 운동과 더욱 단단히 결합했다. 그린피스는 가장 주목할 만하게 두 사안 모두에 집중했고, 유럽의 '녹색'당 다수는 원자력 발전에 단호히 반대했다. 하지만 정부들은 계속 원자력 부문에 전념했다. 1987년, 원자력 발전은 유럽공동체EC 내 전기 소비의 약 3분의 1을 차지했고, 일부 국가는 비율이 더 높았다. 예컨대 프랑스는 자국 전기의 70퍼센트를 원자력 발전에서 생성했고, 스웨덴에서 원자력 발전은 40퍼센트 이상을 차지했다. 헬무트 콜 서독 연방총리는 환경부를 신설하고 IAEA의 후원을 받아 원자력 안전에 관한 국제학술대회를 소집하는 방식으로 정치적 반대자들을 달래려고 시도했다. CIA 보고서는 서구 정부들이 명백히 IAEA가 과학적·편파적이지 않다는 명성 때문에 '자국 대중을 다소 달래기 위해' IAEA를 확신하는 성명을 판에 박은 듯이 사용했다고 지적했다.[105]

그러나 IAEA는 불편부당하지 않았으며 노골적으로 여론을 관리하려고 시도했다. IAEA 홍보 전문가들은 1987년, 기구 창설 30주년을 맞이해 '진보'라는 이름의 『IAEA 회보』 특집호에 자신들의 주장을 모았다. 특집호는 무수한 과학자·관리의 글을 실었고 여러 나라에서 발행된 핵을 주제로 한 기념우표 사진, 원자, '평화를 위한 원자력'이라는 문구와 다섯 가지 언어로 적힌 '진보'라는 단어에 대한 예술적 묘사를 실었다. 특집호는 IAEA의 핵기술 확산 촉진 노력으로 세계가 얼마나 많은 혜택을 입었

---

archives/speech/proclamation—5514—national—nuclear—medicine—week—1986

는지 소개하는 UN 사무총장 하비에르 페레스 데 케야르의 호소력 있는 지지로 시작했다. 데 케야르는 이 기구가 비확산에도 기여했다고 지적했다. 하지만 핵무기 보유국을 향한 비판에서 그는 "여기서 나는 비확산이 핵무기의 수평적 확산을 방지하는 것뿐 아니라, 이미 존재하는 핵무기 저장고들의 성장 억제도 의미함을 반드시 강조하고자 한다"라고 언급했다. 후자에 관해 세상은 아직 그다지 성공적이지 않다고 그는 말했다.[106] 회보에서는 기구의 생일을 맞이해 여러 곳에서 보내온 온건한 외교적 메시지를 인용했는데, 이 가운데는 IAEA를 '효과적인 국제협력의 전범'이자 '미국에 특별히 중요한 조직'이라고 표현한 레이건의 글도 있었다. 레이건이 불과 몇 년 전까지만 해도 기구를 버리겠다고 위협했음을 고려할 때 이는 역설적인 일이었다.[107]

『IAEA 회보』 기념호에서 이보다 더한 역설은 IAEA 이사진 의장으로 IAEA 원자로부서를 수년간 이끌었으며, 파키스탄원자력위원회 위원장이자 파키스탄 비밀 핵개발 프로그램을 책임진 무니르 아마드 칸의 글 바로 옆에 블릭스의 글이 실렸다는 사실이다. 두 사람은 체르노빌을 자신들 뒤에 두려 했고 원자력 발전으로 전진하는 데 체르노빌 사건이 방해하지 못하게 막으려는 열망으로 가득했다. 블릭스와 칸 모두 평화적 원자라는 생각, 특히 이것이 개발도상국들을 자연의 제약에서 해방하는 잠재력과 대기오염이라는 측면에서 비교적 깨끗한 환경적 기록에 대해 입에 발린 말을 했다. 그러나 두 사람 모두 IAEA를 다른 목적을 이루는 수단으로 인식했다. 그것은 세계 핵무기 개발계획에 대한 감시(블릭스)이거나 원자력 기반시설 건설에 대한 정당화 제공(칸)이었다. 두 사람 모두 원자력과 세계의 부상 사이의 연계에 관한 담화의 최전선에 있었으나,

이미 오래전 둘 다 일차적으로 핵폭탄을 생각하고 있었다.

IAEA의 진화를 보는 칸의 시각이 블릭스의 시각과 다른 것은 놀라운 일이 아니다. 칸은 1960년대 개발된 핵무기 세이프가드 계획이 회원국들의 보편적 지지를 받지 못했다고 보면서 기술적 원조와 관련한 엄격한 지침들이 '비핵무기 국가'의 1974년 핵폭발의 여파 속에서 '일군의 선진국'에서 나온 상대적으로 최근의 현상임을 지적했다. 또한 1960년대 이래 협력적 훈련 과정, 개발도상 세계의 더 많은 나라를 참여시킨 이사국 회원권의 확대, 1980년대 기술적 원조에 대한 IAEA 예산 증가를 지적하며 여전히 개발도상의 세계를 돕는 것에 관해 낙관적이었다. 그는 그러한 프로그램(농업·의학·전력 생산)이 더욱 확대되어야 한다고 말했다. "오직 그런 연후에야 더 빽빽한 통제와 세이프가드의 실로 넓어지는 범위가 제3세계 회원국들에 받아들여질 것이다."[108]

이와 대조적으로 블릭스는 핵무기비확산조약뿐만 아니라 라틴아메리카의 틀라텔롤코조약Tlatelolco Treaty 같은 지역적 '비핵지대' 협정에 관해서도 세이프가드 협정을 감독하는 IAEA의 역할을 다시 확언했다.[109] 그는 IAEA의 예산을 대폭 확대하지 않고는 기구의 역할을 달성하지 못할 것을 우려했다. 미국인이 IAEA에 대한 재평가에서 판단했듯이, 블릭스는 평화적 기술의 신뢰성(특히 개발도상 세계에 대한)을 강화하는 작업이 핵무기 사찰에서 협력을 확보하는 데 필수적이라고 믿었다. 그것은 특히 체르노빌 이후 세계에서 원자력 부문에 더 나은 대민 홍보가 필요할 것임을 의미했다. 예컨대, 그는 식품 조사照射에 회의론이 부상하는 원인을 체르노빌에 돌렸다. 모든 원자력 영역에서 그러한 자신감은 다시 쟁취해야 했다. 그렇게 하는 한 가지 전략은 바로 원자력 발전을 환경·보건 위

기 대응에 쓸 수 있는 '미래를 위하는 환경적으로 무해한 에너지 선택지'로 홍보하는 것이었다.[110]

지난 30년을 돌이켜볼 때 이들 논평가 중 누구도 '평화를 위한 원자력'의 약속에서 일어난 극적 변화를 무시할 수 없었다. 블릭스 자신이 언급했듯이 아무도 예견하지 못한 다양한 상황이 펼쳐졌지만 그는 자신의 말마따나 '수정구를 지켜보길' 주저했다. 그와 칸이 정책 사안들에 관해 격렬히 대립했을 수도 있었던 한편(어쨌든, 블릭스는 파키스탄의 비밀 핵개발 프로그램을 두고 절망감을 일상적으로 표출했다), 두 사람 모두 IAEA가 존재할 필요가 있고, 모든 국가가 IAEA에 대한 예산 지출을 늘려야 하며, 이 기구가 이른바 개발도상의 세계에서 핵기술을 홍보해야 한다는 데 동의했다. 칸에게 IAEA는 훈련의 원천이자 기술 획득으로 가는 경로였다. 심지어 비밀 핵폭탄 프로그램에 IAEA가 제공한 덮개는 차치하더라도, 그러한 기술들에 대한 접근 권한은 회원국의 권리로 인식되었다. 정부들은 자신들에게 부분적으로는 에너지 안보와 핵무기 안보를 위해 원자력 발전이 필요하다고 판단했다. 개발도상 세계 내의 위험한 기술의 이용을 감시하는 데 달린 미래를 위해 핵기술의 긍정적 혜택을 과대평가하는 정부 차원의 행동(현실에 근거를 두었든 아니든)은 필수적이었다.

결론

풍요라는 환상

21세기 식량·물 안보에서 인구 성장, 에너지 부족 그리고 모든 것 중에서도 가장 긴급한 문제인 지구 대기에 축적된 이산화탄소로 인한 기후변화라는 실존주의적 위기에 이르기까지 우리가 막대한 자연적 위기에 직면하는 동안 원자력이 보여준 풍요의 약속은 여전히 살아남았다. 2019년, 선도적 학자들은 『뉴욕타임스』에 원자력 발전이 무해한 에너지 생산의 형태로 세상을 구할 수 있다고 주장했다.[1] 이 약속은 세상의 가장 가난한 나라 앞에서 달랑거릴 뿐만 아니라 우리 모두의 앞에도 놓여 있다. 우리가 어쩌면 단지 조금만 믿고 신념을 약간 가진다면, 우리가 들어가 있는 난장판에서 핵기술은 우리를 끌어낼 것이다. 우리는 자연을 개조할 수 있고, 풍요로운 미래를 찾을 수 있으며, 우리 뒤를 쫓는 환경적 지옥의 개hellhounds을 능가할 수 있다. 그 주장은 이런 식으로 이어진다.

이러한 주장이 친숙하게 여겨진다면, 그것은 핵기술의 수많은 약속을 단순히 원자력 산업뿐 아니라 전략적 목표 달성에 이용한 정부들이 지난 70년간 판에 박은 듯 같은 주장을 되풀이했기 때문이다. 원자로가 기후변화를 완화할 수 있을지를 두고 논쟁을 벌이는 동안 우리는 핵기술이 처음 홍보된 역사적 이유와 세계 각국 정부에서 왜 계속 핵기술을 지지했는지에 관해 시야를 잃어서는 안 된다. 원자력 발전을 단순히 에너지 필요를 해결하는 기술적 선택지로 설명하려는 열의 속에서(누구든 원자력 발전의 위험과 사회적 비용에 대해 반드시 균형을 잡아야겠다) 우리는 원자력 발전을 지정학적 영향력·식민주의와 신식민주의·인종주의적 분리·군비 확산·전쟁 같은 지구적 사안에서 잘못 분리한다. 우리는 또한 개별 정부들의 선호와 전략적 투자로 그러한 결정을 프레임하는 정부의 역할을 그릇되게 과소평가한다. 미국이 원자의 약속을 자국의 핵무기 태세·비확산 목표의 핵심 부분으로 이용한 것처럼 일본·프랑스·스웨덴 같은 나라도 에너지 안보를 추구하는 과정에서 원자력 발전에 대한 심원한 헌신 때문에 똑같이 했다. 그리고 장기적·다목적 핵개발 프로그램이 있는 이스라엘, 인도와 여타 국가들도 똑같이 했다. 물론, 모든 신흥 핵무기 보유국은 자국을 빈곤에서 벗어나게 하고, 자연을 개조하며, 풍족한 에너지를 제공한다는 수사를 이용했다. 이 수사는 유서 깊은 [원자의] 약속이면서 동시에 환경적인 환상이다. 질문은 반드시 던져져야 한다. 원자의 약속은 세계를 어디로 인도했나?

체르노빌 이후 수십 년간 원자의 약속은 인구 증가에도 불구하고 식량·물의 풍부한 공급, 살충제 없는 구충, 기후변화 완화, 심지어 암 같은 질병의 치료처럼 강력함을 계속 유지했다. 그러한 약속은 유럽·북미에서 대화를 되살렸으나 더욱 중요한 사실은 이른바 지구적 북반부와 지구적 남반부 사이 갈등의 중심에 그 약속들이 계속 있다는 점이다. 특히 미국인과 유럽인은 이러한 약속에 의존해 작은 나라들의 핵개발 프로그램에 대한 경찰력을 증가시켰다. 세기말 사건들은 이 추세를 증폭시켰다. 예컨대, 1991년 소련 해체는 소련 핵무기들의 운명이 의문에 부쳐지고 미국의 전 세계적 정치 패권에 대한 유의미한 반대가 사라지면서 미국·서유럽 국가들이 비확산·핵무기 사찰에 집중하는 능력을 강화했다. 제1차 걸프전쟁은 특히 개발도상국 핵개발 계획에 대한 IAEA의 사찰·감시 기구 역할을 강화했다. 1990년 미국·유럽의 중요한 석유 원천인 쿠웨이트를 사담 후세인의 이라크가 침공했을 때 미국과 그 우방들은 후세인 병력을 군사적으로 밀어내려고 신속하게 반응했다. 그 여파 속에서 이라크 시설들에 대한 사찰은 이라크가 핵무기 개발 계획을 숨길 수 있었음을 보여주었고, 이라크와 맺은 정전은 IAEA에 의한 사찰 조항을 포함하게 되었다.

핵 관련 사안에서 개발도상의 세계가 거둔 하나의 상징적 승리는 1997년 이집트인 모하메드 엘바라데이*가 한스 블릭스를 이어 IAEA 사무총장에 선출된 것이었다. 엘바라데이는 계속 비확산 사안에 집중하면서 반복해서 미국인과 충돌했다. 예컨대, 미국은 자국 영토가 테러 공격을 당한 2011년 9월 11일 이후 중동에서 자국의 정치·군사적 개입을 확대했고, 조지 부시 행정부는 이라크·이란·북한을 세계의 '악의 축'axis of evil으로 규정했다. 이 나라들을 한데 묶은 까닭은 평화적 핵개발 프로그램으로 알려진 장막 뒤에서 대량 살상무기 개발을 진행했기 때문이다.

---

* 모하메드 엘바라데이(Mohamed ElBaradei, 1942~)는 이집트의 법학자이자 외교관으로 IAEA 사무총장 (1997~2009)을 지냈으며 2005년 노벨평화상을 수상했다.

하지만 엘바라데이의 IAEA는 이 나라들에 유사한 반대 자세를 취하지 않았다. 예컨대 2003년 엘바라데이는 원자력 부지를 사찰하기 위해 더 많은 시간을 호소한 반면, 미군은 후세인의 이라크를 침공할 준비를 마치고 2003년에 침공했다. 2005년 미국은 엘바라데이에게 압력을 가해 이란이 핵무기비확산조약을 위반했다고 선언하도록 했으나 헛수고였다.[2]

엘바라데이는 미 행정부 내에서 인기가 없었지만 비확산 감시인이라는 IAEA의 정체성을 유지했다. IAEA와 엘바라데이는 "핵에너지가 군사적 목적으로 이용되는 것을 막고 평화적 목적의 핵에너지가 가장 안전한 방식으로 이용되도록 확실히 한 노력을 인정받아" 2005년 공동으로 노벨평화상을 수상했다. 엘바라데이는 상에 대해 기자에게 말하면서 "우리는 지난 몇 년간 유례없는 도전에 직면했고 이라크 이래, 즉 1991년 이라크 전쟁 때부터 단 하루도 편할 날이 없었습니다. 이라크 다음에는 조선이 있었죠, 리비아가 있었죠, 이란이 있었죠, 9·11…. 따라서 이 상은 단지 성취를 인정하는 것이 아닙니다. 저는 '당신이 하는 일을 계속하고 더 하라'는 의미로 읽었습니다. 그리고 그것이 오늘 이 상에서 받은 메시지입니다."[3] 매체에서 '감시인'이라는 용어는 아주 흔한 것으로 거듭났다. 『뉴욕타임스』는 엘바라데이를 UN의 가이거 계수기로 부르며 그가 바짝 경계하고 있음을 시사했다.[4]

2000년대 부시가 IAEA를 바라본 시각은 1980년대 초 레이건의 시각과 다르지 않았다. 부시는 IAEA 내에서 일어나는 정치적 싸움과 더 가난한 나라·저개발국들의 사뭇 커진 존재감을 싫어했다. 응당 그렇게 되어야 했던 것처럼 미국 정책의 도구로 IAEA는 다루기 쉽지 않았다.

한동안 부시 행정부 관리들은 핵기술이 지닌 평화·풍족함의 수사에 관해 그리고 부시의 모든 전임자에게 이 수사가 얼마나 유용했는지를 망각했다. 레이건이 IAEA를 완전히 저버리겠다고 위협했던 것(선전·감시 수단으로 IAEA가 필수불가결하다고 결론 내리기 전에)처럼, 부시 행정부와 미국의 우방들은 IAEA에 자신들이 전념하는 것을 정밀 검토했다. 엘바라데이를 약화하기 위해 그들이 삭감을 추구한 구체적으로 이상한 예산 항목 중 하나는 IAEA와 FAO의 협력처럼 핵무기 사찰과 관련 없는 프로젝트에 대한 막대한 예산이었다. 2008년, 여러 나라는 IAEA의 농업 프로그램으로 개발도상의 세계에서 수십억 달러를 절약했다는 IAEA의 주장에 회의적인 태도를 보이면서 공동 프로그램을 폐지하려고 시도했다. 그들이 회의적이었던 것도 무리는 아니겠다. 하지만 그들 또한 그런 프로그램이 평화적 원자의 이상향적인 이야기 지탱에서 역사적으로 수행한 역할을 망각했다. 이제 FAO의 '형식적' 기여는 단지 수수께끼로 보였고, 이 프로그램은 '재정적으로 꼭 타당하지 않았다.' 그러나 혼동은 오래가지 않았다. 미국 외교 전신에 따르면, 미국 관리들은 그런 프로그램이 개발도상의 세계에 대한 IAEA 약속의 상징임을 알았던 때를 되짚었다. 미국의 한 외교관이 썼듯이, 이런 프로그램의 생존은 "IAEA의 홍보인 역할을 희생하여 '감시인' 역할을 과대평가하려는 미국과 개발된 국가들의 노력에 불만을 품은 수많은 개발도상국에 시금석으로 거듭났다." 따라서 IAEA는 FAO·IAEA 공동 프로그램의 '성과를 적극 홍보'하는 '화려한 책자들'을 계속 찍어낼 필요가 있었다. 미국은 이를 IAEA의 집행·검증 역할을 더욱 강하게 할 전체 합의의 일부로 인식하고 IAEA에 대한 '회의적 지지자'로 남았다. 모두 IAEA를 자국 감시인으로 이용하려는 비용을 일

부 부담하는 것이었다.[5]

핵기술이 상정한 '해결책'은 미국의 지구적 전략에 실로 깊숙이 내장되었으므로 그것들의 사실성 여부는 중요하지 않았다. 오랜 시간 사실성 여부는 중요하게 받아들여지지 않았다. 부시의 후임자 버락 오바마도 과거 미국 대통령들과 마찬가지로 미국의 안보 이익 홍보에 대한 대가로 원자의 약속 다수를 포용했다. 그는 상대적으로 환경적으로 무해한 기술의 모음으로 원자력 르네상스가 있어야 한다는 생각에 대한 캠페인을 벌이면서 원자력 발전을 탄소 배출로 인한 기후변화를 미리 방지하는 일에 노골적으로 연결했다.[6] 그리고 오바마 대통령의 외교관들은 2009년 엘바라데이를 대체한 IAEA 사무총장 아마노 유키야*와도 잘 협업했다. 일본 직업 외교관인 아마노는 핵무기·생물무기 확산 분야에서 몇 년 동안 일했다. 지구적 남반부의 많은 나라가 아마노 대신 강력한 반인종주의를 내세운 남아공 외교관 압둘 민티에게 투표하면서 선거는 박빙이었다. 아마노가 취임 첫날을 마무리할 무렵, 미국 외교관 에스더 브리머는 그에게 오바마 행정부의 전폭적 지원을 보장했고 엘바라데이의 독자적 행보에 약간 불만족을 표출했다. 아마노는 지원에 감사해하면서 브리머에게 자기 일은 정치를 하지 않는 것이라고 전적으로 동의했다. 외교 전신이 표현했듯이 "아마노는 IAEA 사무총장으로서 자신의 기술적 역할에 머무르는 일을 날카롭게 의식했다."

아마노 아래 IAEA는 원자력의 풍요라는 서사의 강화와 개선에 집중했다. 그는 다른 나라, 특히 개발도상에 있는 나라들의 더 많은 '승인'을

---

* 아마노 유키야(天野之弥, 1947~2019)는 일본의 외교관으로 IAEA 사무총장을 지냈다(2009~2019).

얻기를 희망했고, IAEA가 안보 감시인이라는 이미지에서 벗어나 유용한 활용법을 제공하는 기구로 묘사되길 바랐다. 그는 암 통제 및 물·식량에 대한 접근을 홍보하는 프로그램 같은 다수의 세부 사항들을 염두에 두고 있었다. 아마노는 핵기술이 해결책을 제공하리라는 자신감을 가지고 미지의 미래를 다시 바라보았다. 브리머와 아마노는 핵기술이 산업화된 북반부와 빈곤한 남반부의 분리를 완화하는 이상적인 방법이라는 데 합의했다.[7] 아마노와 오바마 행정부는 기후변화의 완화뿐 아니라 핵기술이 다른 무수한 분야에서 쓰이도록 원자력 발전이 르네상스를 거쳐야 한다는 통일된 메시지를 제공했다. 아마노는 IAEA가 감시인이라는 단순한 성격 규정을 공공연히 비판했다. 그는 암 인식 제고 캠페인에도 착수했으며, 각국에 원자력 발전 채택을 납득시키는 이니셔티브도 개시했다. 또한 보험회사들이 발전소들을 지원하고 은행들이 자금을 대출하라고 촉구했다.[8]

미래의 환경적 낙원이라는 약속은 실제 환경 재난으로 약간 흔들렸지만 완전히 흔들리지는 않았다. 2011년 3월 11일, 진도 9.0의 지진으로 일본이 뒤흔들렸고, 뒤따른 해일이 후쿠시마 원자력 발전소를 물에 잠기게 했다. 이 부지는 지진 활동에 대비가 되어 있었으나 해일에는 준비가 안 되어 있었다. 해일은 원자로의 계속적 냉각에 필요한 예비용 발전기들과 다른 장비를 불활성화했다. 발전소 조작자들은 삽시간에 씨름해야 하는 복수의 노심 용융에 맞닥뜨렸다. 재난이 커짐에 따라 IAEA는 재난의 지위를 '국지적 후과'만 있는 단계에서 규모상 체르노빌에 비견되는 '중대사고'로 격상시켰다. 아마노는 1945년의 원자폭탄 두 발, 1954년(제5후쿠류마류에 승선한 일본 어부들을 괴롭힌) 최초의 주요한 낙진 논란,

왕성한 원자력 발전 산업, 이제 수십 년 만에 일어난 최악의 원자력 재난까지 어쩌면 일본을 누르는 핵 역사의 무게를 느꼈을 수도 있다. 일부 나라들, 특히 독일은 원자력 발전을 완전히 포기하겠다고 맹세했다. 프랑스·스웨덴 같은 다른 나라는 원자력 발전 포기를 상상하기에는 원자력 발전에 너무 깊이 전념했다. 미국은 후쿠시마 이후에도 확고했다. 버락 오바마의 에너지장관 스티븐 추는 기후변화 완화가 원자력 발전을 유지하는 설득력 있는 이유가 될 거라고 다시 확언했다. 자국 정부의 기대, 사고를 과소평가하려는 일본 내 정치적 압력, 일본 시민으로서 개인적 감정과 자신의 기구가 지닌 책임 사이에서 균형을 맞추는 일은 아마노에게 민감한 과업이었을 것이다. 그러나 결국 그는 여전히 IAEA 사무총장이었다. 아마노는 후쿠시마가 원자력 발전의 확대를 둔화하겠지만 멈추지는 않을 거라고 자신 있게 말했다. IAEA는 스스로 언제나 지녔던, 미래가 원자력이 될 거라는 똑같은 세계관을 유지했다.[9]

*

1960년대 경력상 총체적 용융을 겪고 존경받는 국제적 관료에서 전문가 세계의 떠돌이가 된 로널드 실로 이야기는 이 책 앞부분에 나왔다. 나는 그의 이야기를 로마의 FAO 문서보관소에서 연구하다 발견했다. 도움을 준 사서는 작은 목소리로 '실로 박사 문서철'에 정보가 약간 있을 수 있다고 알려주었다. 그가 문서철을 가져왔을 때 그 양(문서가 가득 든 두꺼운 문서철)에 놀랐지만 그 안에서 발견한 것들에 더 큰 충격을 받았다. 통상적인 FAO 자료 같은 재미없는 공식 서신과 계획 보고서 대신 형편없이 편집되고 때로는 전체 문단에 줄이 쳐진 실로의 서한들을 찾아냈다. FAO·IAEA 두 기관의 사무총장들에게 쓴 그의 서한들은 종종 20쪽에서 40쪽에 달할 만큼 매우 길었고, 그 내용은 부패·무능·비도덕적 행위에 대한 고발로 가득했다.

실로가 비판한 요지는 IAEA와 이를 후원하는 부유한 국가들이 식량 공급 증가에 일조하는 원자력의 역할에 대해 허위 주장을 펼치면서 세계에서 가장 가난한 나라들의 개발 프로젝트를 강탈했다는 것이다. 실로는 자신이 속한 조직이 각국을 도와 그들의 가장 실제적 문제들을 해결하는 가장 유망한 방안을 찾으려고 노력하기보다 핵 부문에서 성공담을 찾는 데 더 관심을 두는 이데올로그가 운영한 사기 집단이었다고 믿었다. 실로 이야기는 IAEA가 전적으로 부패한 조직이었다고 나를 설득하지는 않았다. 하지만 내가 원자력이 주는 풍요라는 메시지의 중요성을 재고하고 냉전 지정학이나 탈식민주의 세계질서 같은 역사의 광범한 주제에 원자력이 어떻게 닿았는지 묻도록 만들었다. 천연자원 부족을 겪는 나라들이나 인구압, 기근 또는 질병의 위협을 항상 받은 나라들에 원자력이 선사되는 방식에서 무언가 배울 점이 있었을까? 그리고 그러한 나라들(일본처럼 최근의 패배에서 부상했거나 인도나 가나처럼 장기간의 식민 통치에서 벗어난)은 원자력의 약속을 어떻게 이용했을까? 이전에 나는 원자력을 일차로 전기·환경 문제·사회 정의 관련 사안으로 생각하면서 핵무기와 그의 확산을 외교·경제·군비통제의 측면에서 따로 생각했다. 대다수 사람과 마찬가지로 나는 친핵 또는 반핵 에너지 옹호자들이 환경·천연자원 문제를 제기하는 방식에 뚜렷한 차이가 있다고 이해했다. 하지만 정부들이 세계 도처에서 전략적 목표를 추구하면서 각국의 정책·행동에 그런 생각이 얼마나 깊게 내장되었는지를 고려하지는 않았다.

프란츠 파농은 1960년대에 대지의 '저주받은' 또는 '빌어먹을' 자들에게 신속한 선진화와 경제적 기적이라는 꿈이 제공될 거라고 경고했다. 원자의 경우 그것은 확실히 진실이었다. 풍요의 약속은 더 가난한 나라들에 매혹적일 뿐 아니라 지정학적 영향력·권력의 장치로 원자가 지닌 호소력의 핵심에 자리했다. 이 지점을 강조하면서 이 책에서는 네 가지 상호 관련된 주제를 역설했다. 한 가지 주제는 원자력의 미래가 유연한 생각이었다는 점이다. 정부들은 종종 지구의 천연자원에 대한 통제를 추구하면서 각국의 전략적 필요에 맞게 원자력의 미래를 개조했다. 1950년대에 각 정부에 방사성 동위원소를, 또는 1970년대에 원자로를 채택하라고 촉구할 때 미국은 원자력의 미래를 개조하면서 한편으로는 미국 핵무기 저장고를 위해 우라늄에 접근하는 권한을 보호하고, 다른 한편으로는 세계 석유 공급에 대한 일부 개발도상국들의 지배를 '깨려고' 했다. 다른 주제는 이른바 평화적 원자가 인간의 욕구에 맞게 자연의 개조를 요구한 건설적이고 풍요로운 비전에 의존해 환경오염의 위해를 강조한 비전에 대항했다는 점이다. 이 비전들은 모두 환경적 서사였지만 충돌을 되풀이했다. 그 가운데 오직 풍요의 서사만이 스스로 정부들의 믿을 수 있는 도구로 계속 입증했다.

　세 번째 주제는 풍요의 약속이 종종 자신의 경제적 가치나 기술적 타당성에 비례하지 않게 정치적 가치를 지녔다는 점이다. 경제적 가치나 기술적 타당성은 확실히 때때로 전혀 현실화되지 않았다. '평화를 위한 원자력'은 순전한 선전으로 시작되었고, 원자력의 평화적 활용이라고 주장된 것들은 열망에 근거했다. 여기서 논의된 프로젝트 대다수(두 가지만 언급하면, 인도에서 기적의 곡식과 이스라엘에서 사막 풍경의 변신)는 입증된 기술에 근거하지 않은 신기루로 드러났다. 그 프로젝트들은 위신, 지정학적 영향력, 핵실험에서 주의 분산 또는 새로운 핵폭탄 프로그램의 은폐 같은 다른 목적을 이루기 위해 존재했다. 그것들은 꼭 현실에 근거하지 않았고, 실제로 현실에 근거를 둘 필요도 결코 없었다.

아마 이 모든 주제 중 가장 중요한 것은 식민지기를 떠올리게 하는 조작·통제의 장치로 국제기구·조약이 진화했다는 것일 터다. 세기말 세계 핵질서는 여전히 지구적 북반부와 지구적 남반부를 분리했다. 개발도상국들을 끌어들인 원자력 분야 협력(몇 가지 예를 들면, 아시아 핵 센터, 중앙조약기구CENTO 원자력연구소, IAEA)은 유럽인·북미인이 고안한 것이었다. 순전히 기술적이라는 명성에도 불구하고 IAEA에는 시초부터 인종주의적 정치학이 침투했으며, 가장 신랄했던 분규는 동서 간이 아니라 대부분 백인 나라들과 이른바 개발도상의 세계에 속한 나라들 사이에서 벌어졌다. IAEA가 평화적 원자력의 공유라는 약속으로 시작된 것(자연을 개조하고, 자연적 압력을 능가하며, 환경적 위협에서 벗어나기 위해)은 유럽인·북미인의 손아귀에 권력을 집중하는 장치였다. 그것이 바로 이상향적 미래라는 옷을 입은 지정학적 권력·영향력의 지속적 강화, 즉 '저주받은' 원자였다.

미국, 미국의 정치적 우방들, 국제기구들이 개발도상의 세계에서 홍보한 원자력 '해결책'이라는 역사에서 우리는 어떠한 결론을 내릴 수 있을까? 핵 관련 사안에 대한 우리의 이해를 다시 프레임함으로써 우리는 인종주의·식민주의와 신식민주의·선전·감시와 통제·핵무기 개발 계획·전쟁을 포함해 겉보기에는 관련 없는 주제와 이른바 평화적 원자의 교차점을 더욱 분명히 볼 수 있다. 우리가 그러한 연계를 인정할 때 정부들이 원자력을 추구할 때마다 간과할 수 없는 특징으로 나타나는 풍요의 서사(자연을 개조하거나, 자연의 맥박을 빠르게 하거나, 환경적 위험을 회피하는 것에 의존하는 서사)의 중심성이 분명해진다. 그것이 사실이라면, 우리는 반드시 이 구체적인 생각이 똑같은 범위의 어렵고 추한 질문 안에 깊숙이 내장되었음을 인지해야 한다. 그 약속은 비상할 정도로 유용한 권력의 도구로 존재했다. 그 약속은 지구적 핵질서에서 주변적 사안이 아니라 오히려 지구적 핵질서의 필수적인 부분으로 존재했다.

옮긴이 후기

이 책은 미국 주도의 '평화를 위한 원자력'Atoms for Peace 계획이 아시아(일본·인도·파키스탄), 아프리카(가나·남아공), 라틴아메리카(브라질·아르헨티나), 중동(이스라엘·이라크) 등지에서 어떻게 전개되었는지를 종합적으로 다룬 최초의 국제사 저작이다. 독자들은 이 책을 통해 제2차 세계대전 종전 이후 미국이 지구적 패권을 유지하기 위한 도구로 '평화적 핵기술'을 이용한 새로운 역사를 보게 될 것이다. 특히 책의 후반부에는 미국이 그러한 핵기술(원자로)을 가지고 석유 생산국들을 상대로 지정학적 영향력을 끊임없이 재확인하려는 모습이 선명하게 드러난다. 이는 무척 역설적인 역사이기도 하다. 평화적 핵기술이 잠재적인 핵무기 개발 기술이었기 때문이다. 즉, 미국은 '평화를 위한 원자력'이라는 수사를 내걸고 다른 나라들과 관계를 설정하면서 어떤 의미에서는 핵무기의 확산을 주도했다.

원서 제목인 *The Wretched Atom*(저주받은 원자)은 바로 제2차 세계대전 이후 미국 주도 서구West의 세계관리 방략인 대전략Grand Strategy과 깊은 관련이 있다. 1950~1960년대 아프리카와 동남아시아, 중동에 강하게 불어닥친 탈식민주의와 민족주의의 열풍에도 불구하고, 이 바람은 해당 지역에서 번듯한 독립국가들의 수립으로 이어지지 못했다. 신생 독립국들이 정치적으로는 독립했을지라도 외화를 벌기 위해 여전히 국내의 천연자원을 국제시장에 헐값에 팔아야만 했고, 선진적인 과학기술을 얻기 위해 식민지 시대의 '주인들'에게 의지해야 했기 때문이다. 프란츠 파농이 정확히 진단한 이러한 '저주받은' 신식민주의적 관계는 '평화적 핵기술'의 이전에서도 그대로 반복되었다. 부분적으로 IAEA 설립(1957)과 NPT 출범(1968)은 중국을 제외한 핵무기 보유국nuclear haves과 그렇지 않은 나라들nuclear not-haves 사이의 위계를 굳히려는 의도였다.

이 책의 큰 미덕 가운데 하나는 그러한 서구 중심의 전략이 해당 지역에서 타협과 절충으로 나타난 역사를 재구성했다는 점이다. 저자는 국제사의 렌즈를 통해 구식민지·저개발국의 정치 지도자들이 핵기술 이전을 최대화하기 위해 미국의 수사를 받아들이면서도, 핵무기 비非확산 질서에는 다양한 방식으로 대응하는 모습을 포착한다. 일본처럼 핵무기를 개발할 수 있는 조건을 갖추면서도 철저히 미국의 하위 파트너를 자처하거나, 이스라엘·파키스탄처럼 강대국의 간접적 비호 아래 핵무기를 개발하거나, 이라크처럼 핵무기 개발을 철저히 숨기려고 했던 다양한 역사상은 우리에게 단순한 친핵/비핵의 이분법을 극복하고 원자력을 비판적으로 볼 수 있는 실마리를 마련해 준다.

요컨대, 이 책은 20세기 후반 세계적으로 원자력 발전 체제가 확대된 국제정치적 맥락, 비확산 질서가 내재한 인종주의적이고 신식민주의적인 갈등 요소, '깨끗한 에너지'로서 핵기술이 갖는 상상에 대한 비판적이고 입체적인 서술을 통해 미국의 핵기술 '도박'이 만들어낸 현재진행형 지구사를 보여준다.

　저자 제이콥 햄블린이 제시하는 이러한 '평화적 핵기술'의 국제사에서 한국과 북한의 위치는 어디쯤 있을까? 저자가 쓴 서문에서 잘 드러나듯이 한국은 당시 미국 대통령 아이젠하워가 제시한 '평화를 위한 원자력' 계획에 깊이 매료된 국가 가운데 하나였다. 1950~1960년대 미국의 좌절 시도에도 불구하고, 한국은 인도나 이스라엘, 파키스탄이 그랬던 것처럼 자본주의 핵보유국의 도움으로 핵기술을 이전받았고 1970년대 말부터 전력 생산용 원자로를 가동하기 시작했다. 한편 비슷한 시기부터 2000년대 초까지 한국 정부가 핵무기 생산에 필요한 여러 핵 활동을 수행했다는 사실은 2004년까지 세상에 드러나지 않았다.

　냉전기 북한은 한국만큼이나 '평화를 위한 원자력' 수사를 적극적으로 받아들였다. 하지만 북한과 원자력 협정(1959)을 맺은 소련은 한미 원자력 협정(1956)에서처럼 전력 생산이 아닌 농업·의학에 초점을 맞춘 연구용 원자로를 북한에 주었을 뿐이다. 더하여 1960년대 초부터 중공업 중심의 고속 성장 정책이 한계에 부딪히자 북한 지도부는 공업 성장에 직접적으로 도움이 되지 않는 핵기술에는 별다른 관심을 보이지 않았다. 국제 핵질서 수호라는 측면에서 미국의 하위 파트너인 소련은 1960년대 후반부터 북한의 원자력발전소 요구를 수차례 물리쳤다. 그럼에도 북한은 IAEA(1974)와 NPT(1985)에 가입하면서 소련에 원전을 줄기차게 요구했다. 핵기술을 매개로 한 북한과 소련의 관계는 이 책의 주요한 주제인 인종주의·신식민주의를 연상시킨다. 향후 북한의 핵무기 프로그램에 대한 진실이 세상에 공개된다면 냉전기 한국과 북한의 핵 역사를 더욱 자세하게 재구성할 수 있을 것이다.

'역사는 반복된다'라는 말은 오늘날 원전 관련 정책에 그대로 적용할 수 있다. 2022년 대선을 통해 한국에서는 기존의 탈원전 기조가 기각되고 원전 개발이 다시금 날개를 단 듯하다. 저자가 '원자력의 약속'으로 명명한 '깨끗한 에너지'나 '안전한 에너지' 등 원자력 발전을 옹호하는 수식어들은 냉전기와 거의 동일하다.(원자력 사고도 마찬가지다.) 원전 개발로 가장 이득을 보는 집단은 누구일까? 이 책은 핵기술의 홍보를 주도한 정책결정자·과학자 집단이 원전 개발을 옹호하는 대가로 무엇을 얻는지에 대해서도 시사점을 제공한다. 그들이 정치적 정당성, 경제적 지원, 학계의 명성을 얻을 때, 원전 개발 '비용'은 누가 어떻게 치를까? 쉽게 말해, 서울 시내나 인근은 결코 원전 부지가 될 수 없다. 하지만 우리는 원전이 지방에 건설되어야 하는 이유에 대해, 지방 사람들이 그러한 결정에 동의했는지에 대해 쉽게 알지 못한다.

세 번째 번역서를 내는 과정에서도 많은 분에게 큰 도움을 받았다. 무엇보다 도서출판 너머북스의 이재민 대표님에게 큰 감사를 드린다. 이 책은 대표님이 보여주신 지지와 성원의 산물이다. 저자 제이콥 햄블린 교수는 내 질문에 정중하고 신속하게 답을 주었다. 그의 탁월한 환경사 학술이 한국학계에 더 널리 알려지길 바란다.

이 책은 러시아에서 필드워크를 진행하는 동안 번역했다. 극심한 더위가 상트페테르부르크를 찾은 2021년 7월 5일 번역을 시작해 백야가 한창인 28일에 초역을 완료했다. 여느 때처럼 아내 타뉴샤는 내 작업을 전적으로 지지해 주었고, 그녀의 사랑으로 종일 계속된 번역 작업을 버틸 수 있었다. 처가를 찾을 때마다 받은 식구들의 애정 어린 격려와 관심도 항상 큰 힘이 되었다. 처외조모 발렌티나 이바노브나와 처외조부 비알렌 루반은 제2차 세계대전 당시의 기억부터 소련에서의 삶, 오늘날 러시아-우크라이나 관계에 이르기까지 나의 다양한 질문에 언제나 사려 깊은 답을 주셨다. 장인어른 세르게이 세르게예프와 장모님 이리나 비알레노브나도 소련에서 보낸 청년 시절을 바탕으로 언제나 영감을 불러일으키는 정보를 전해 주셨다. 처가 식구들은 내게 이역만리에서도 집의 푸근함을 느끼도록 최선을 다하셨다. 이 책이 세상에 나올 수 있도록 물심양면으로 도와준 아내와 처가 식구들에게 감사드린다.

언제나 큰 지지를 건네는 동료이자 친구, 가족들에게 감사드린다. 이동원 교수님(서울대학교)과 박범순 교수님(카이스트)은 이 책의 번역에 큰 관심을 보여주셨고 추천의 글 작성 부탁에도 흔쾌히 응해주셨다. 존경하는 학형 김동혁 교수님(광주과학기술원)의 격려는 내 공부를 지탱해 주는 기둥이다. 에모리대학교에서 콤소몰스크나아무레Комсомольск-на-Амуре를 주제로 소련사 박사학위논문을 쓰고 있는 가장 가까운 친구인 권경택은 언제나처럼 성원을 아끼지 않았다. 그의 서양사 강의에 이 책이 유용하게 쓰인다면 기쁘겠다. 부모님 우명상, 박광희, 아내 타뉴샤, 동생 우동희는 어려움을 버티게 해주는 든든한 힘의 원천이다. 감사드린다.

러시아-우크라이나 전쟁의 조속한 종결을 바라며

우동현

러시아, 상트페테르부르크

2022년 5월

주

서론

1   Memorandum of Conversation, 2 November 1974, *Foreign Relations of the United States, 1969-1976*, vol. 27, ed. Monica L. Belmonte(Washington, DC: US Government Printing Office, 2012), Document 88.

2   Memorandum of Conversation, 4 March 1975, *Foreign Relations of the United States, 1969-1976*, vol. 27, ed. Monica L. Belmonte(Washington, DC: US Government Printing Office, 2012), Document 110.

3   Memorandum of Conversation, 4 March 1975, *Foreign Relations of the United States, 1969-1976*, vol. 27, ed. Monica L. Belmonte(Washington, DC: US Government Printing Office, 2012), Document 110.

4   Memorandum of Conversation, 4 March 1975, 9:55−10:33 a.m., *Foreign Relations of the United States, 1969-1976*, vol. 27, ed. Monica L. Belmonte(Washington, DC: US Government Printing Office, 2012), Document 109.

5   Memorandum of Conversation, 4 March 1975, *Foreign Relations of the United States, 1969-1976*, vol. 27, ed. Monica L. Belmonte(Washington, DC: US Government Printing Office, 2012), Document 110.

6   Remarks prepared by Lewis L. Strauss, Chairman, United States Atomic Energy Commission, for Delivery at the Founders' Day Dinner, National Association of Science Writers, 16 September 1954, https://www.nrc.gov/docs/ML1613/ML16131A120.pdf [accessed 26 June 2020].

7 Harland Manchester, "The New Age of Atomic Crops," *Popular Mechanics*, October 1958, 106–110, 282–288, quote on pp. 288 and 284.

8 Harland Manchester, "The New Age of Atomic Crops," *Popular Mechanics*(October 1958), 106–110, 282–288, quote on p. 108. 식물 육종에 관해서는 다음을 보라. Helen Anne Curry, *Evolution Made to Order: Plant Breeding and Technological Innovation in Twentieth-Century America*(Chicago: University of Chicago Press, 2016). 얼마간의 잠재적 원자력 활용방안에 관한 사려 깊은 설명으로는 다음을 보라. Paul Boyer, *By the Bomb's Early Light: American Thought and Culture at the Dawn of the Atomic Age*(Chapel Hill: University of North Carolina Press, 1985).

9 이 책을 통틀어 IAEA에 관한 문헌들이 인용될 것이다. (이제는 심각하게 시대에 뒤진) 공식 역사는 IAEA에서 오래 근무했던 관리 데이비드 피셔David Fischer가 집필했다. 이 역사의 자매판은 이 기구에서 오래 근무한 다른 직원들의 개인적 회고를 수록했다. 이 기구의 역사에 대한 최근의 학문 활동은 다양한 문서보관소와 자료들을 이용해 비판적 분석을 수행하는 데로 나아갔다. 그러한 연구들 중 일부가 빈대학 엘리자베스 로헐릭Elisabeth Roehrlich이 주도하는 IAEA 역사 프로젝트IAEA History Project에서 나오고 있다. 이 새로운 역사의 한 사례에 관해서는 그의 논문을 보라. "The Cold War, the Developing World, and the Creation of the International Atomic Energy Agency(IAEA), 1953–1957," *Cold War History* 16:2(2016), 195–212. 오래된 연구서들은 다음과 같다. David Fischer, *History of the International Atomic Energy Agency: The First Forty Years*(Vienna: IAEA, 1997); International Atomic Energy Agency, *International Atomic Energy Agency: Personal Reflections*(Vienna: IAEA, 1997).

10 환경운동에서 핵 관련 사안들의 역할에 관해서는 다음을 보라. Frank Zelko, *Make It a Green Peace! The Rise of a Countercultural Environmentalism*(Oxford: Oxford University Press, 2013). 핵 사고들과 방사선 피폭에 관해서는 다음을 보라. Kate Brown, *Manual for Survival: A Chernobyl Guide to the Future*(New York: Norton, 2019); Natasha Zaretsky, *Radiation Nation: Three Mile Island and the Political Transformation of the 1970s*(New York: Columbia University Press, 2018). 연료주기의 최전방과 최후방에서 펼쳐지는 방사성 폐기물의 정치학에 관해서는 다음을 보라. Gabrielle Hecht, *Being Nuclear: Africans and the Global Uranium Trade*(Cambridge, MA: MIT Press, 2014); Jacob Darwin Hamblin, *Poison in the Well: Radioactive Waste in the Oceans at the Dawn of the Nuclear Age*(New Brunswick, NJ: Rutgers University Press, 2008); J. Samuel Walker, *The Road to Yucca Mountain: The Development of Radioactive Waste Policy in the United States*(Berkeley: University of California Press, 2009). 대중적 신뢰의 진화에 관해서는 다음을 보라. Kate Brown, *Plutopia: Nuclear Families, Atomic Cities, and the Great Soviet and American Plutonium Disasters*(Oxford: Oxford University Press, 2013); Brian

Balogh, *Chain Reaction: Expert Debate and Public Participation in American Commercial Nuclear Power, 1945-1975*(New York: Cambridge University Press, 1991); J. Samuel Walker, "The Atomic Energy Commission and the Politics of Radiation Protection, 1967−1971," *Isis* 85:1(1994), 57−78; Ioanna Semendeferi, "Legitimating a Nuclear Critic: John Gofman, Radiation Safety, and Cancer Risks," *Historical Studies in the Natural Sciences* 38:2(2008), 259−301.

11 핵확산 역사의 다양한 해석에 관해서는 다음을 보라. Francis J. Gavin, *Nuclear Statecraft: History and Strategy in America's Atomic Age*(Ithaca, NY: Cornell University Press, 2012); Shane J Maddock, *Nuclear Apartheid: The Quest for American Atomic Supremacy from World War II to the Present*(Chapel Hill: University of North Carolina Press, 2010); Jayita Sarkar, "India's Nuclear Limbo and the Fatalism of the Nuclear Non-Proliferation Regime, 1974−1983," *Strategic Analysis* 37:3(2013), 322−337. 핵무기비확산조약Treaty on the Non-Proliferation of Nuclear Weapons의 여러 기원에 관한 (필자가 쓴 논문이 포함된) 단행본은 다음과 같다. Roland Popp, Liviu Horovitz, and Andreas Wenger, eds., *Negotiating the Nuclear Non-Proliferation Treaty: Origins of the Nuclear Order*(New York: Routledge, 2017). 윌슨센터Wilson Center의 핵확산국제역사기획Nuclear Proliferation International History Project에서 핵확산에 관한 수많은 탁월한 연구가 나왔다. https:// www.wilsoncenter.org/program/nuclear-proliferation-international-history-project [accessed 26 June 2020].

12 이티 에이브러햄Itty Abraham은 다음에서 이러한 제약을 상술했다. Itty Abraham, "The Ambivalence of Nuclear Histories," *Osiris* 21:1(2006), 49−65. 국가 건설과 핵 개발 계획들에 관해서는 다음을 보라. Jahnavi Phalkey, *Atomic State: Big Science in Twentieth-Century India*(Ranikhet: Permanent Black, 2013); M. V. Ramana, *The Power of Promise: Examining Nuclear Energy in India*(New Delhi: Penguin, 2012); Itty Abraham, ed., *South Asian Cultures of the Bomb: Atomic Publics and the State in India and Pakistan*(Hyderabad: Orient Blackswan, 2010); Gabrielle Hecht, *The Radiance of France: Nuclear Power and National Identity after World War II*(Cambridge, MA: MIT Press, 2009); Sara B. Pritchard, *Confluence: The Nature of Technology and the Remaking of the Rhône*(Cambridge, MA: Harvard University Press, 2011); Mara Drogan, "The Nuclear Nation and the German Question: An American Reactor in West Berlin," *Cold War History* 15:3(2015), 301−319; Sheila Jasanoff and Sang-Hyun Kim, "Containing the Atom: Sociotechnical Imaginaries and Nuclear Power in the United States and South Korea," *Minerva* 47:119(2009).

13 Nick Cullather, *The Hungry World: America's Cold War Battle against Poverty in Asia*(Cambridge, MA: Harvard University Press, 2013). 기술과 선전에 관해서는 다음을

보라. Kenneth Osgood, *Total Cold War: Eisenhower's Secret Propaganda Battle at Home and Abroad*(Lawrence: University Press of Kansas, 2006). 국가적 목표를 위한 과학과 기술의 발전에 관해서는 다음을 보라. Audra J. Wolfe, *Competing with the Soviets: Science, Technology, and the State in Cold War America*(Baltimore: Johns Hopkins University Press, 2013). 미국과 미국의 우방들이 이념적 목적으로 과학을 이용한 것에 관해서는 다음을 보라. Audra J. Wolfe, *Freedom's Laboratory: The Cold War Struggle for the Soul of Science*(Baltimore: Johns Hopkins University Press, 2018). 현대화에 관해서는 다음을 보라. Nils Gilman, *Mandarins of the Future: Modernization Theory in Cold War America*(Baltimore: Johns Hopkins University Press, 2007).

14 John Krige and Jayita Sarkar, "US Technological Collaboration for Nonproliferation: Key Evidence from the Cold War," *Nonproliferation Review* 25:3–4(2018), 249–262; Mara Drogan, "The Nuclear Imperative: Atoms for Peace and the Development of US Policy on Exporting Nuclear Power, 1953–1955," *Diplomatic History* 40:5(2016), 948–974; John Krige, "The Peaceful Atom as Political Weapon: Euratom and American Foreign Policy in the Late 1950s," *Historical Studies in the Natural Sciences* 38:1(2008): 5–44; John Krige, "Atoms for Peace, Scientific Internationalism, and Scientific Intelligence," *Osiris* 21:1(2006), 161–181; Ira Chernus, *Eisenhower's Atoms for Peace*(College Station: Texas A&M University Press, 2002).

15 여기서 인용한 파농의 판본은 다음과 같다. Frantz Fanon, *The Wretched of the Earth*, trans. Richard Philcox(New York: Grove Press, 2004), quote on p. 41.

16 비정치적이고 기술적인 조직이라는 IAEA의 입장은 가브리엘 헥트Gabrielle Hecht의 연구 대부분에서 강조된다. 특히 그의 다음 저작을 보라. *Being Nuclear*.

1장 | 가지지 못한 자들

1 보리스 다비도비치Boris Davidovitch와 모나자이트 모래에 관해서는 다음을 보라. Agrisson Lopes and Natália Bourguignon, "A Guerra de Guarapari," *Gazeta Online*, http://especiais.gazetaonline.com.br/bomba/ [accessed 18 July 2016].

2 *Executive Sessions of the Senate Foreign Relations Committee(Historical Series), vol. 3, part 1, 82nd Congress, First Session, 1951*(Washington, DC: US Government Printing Office, 1976), document 420.

3 Statement by the Under Secretary of State(Acheson) to an Executive Session of the Joint Congressional Committee on Atomic Energy, Washington, May 12, 1947. *Foreign*

Relations of the United States, 1947, General; The United Nations, vol. 1, ed. Ralph E. Goodwin, Neal H. Petersen, Marvin W. Kranz, and William Slany(Washington, DC: US Government Printing Office, 1973), document 412.

4   Memorandum by the Under Secretary of State(Lovett) to the Secretary of State, 11 August 1947. Foreign Relations of the United States, 1947, General; The United Nations, vol. 1, ed. Ralph E. Goodwin, Neal H. Petersen, Marvin W. Kranz, and William Slany(Washington, DC: US Government Printing Office, 1973), document 425.

5   The United States Embassy to the Brazilian Foreign Office, 15 December 1949. Foreign Relations of the United States, 1949, National Security Affairs, Foreign Economic Policy, vol. 1, ed. Neal H. Petersen, Ralph R. Goodwin, William Z. Slany, and Marvin W. Kranz(Washington, DC: US Government Printing Office, 1976), document 222.

6   Angela N. H. Creager, Life Atomic: A History of Radioisotopes in Science and Medicine(Chicago: University of Chicago Press, 2013), 86.

7   Néstor Herran, "Spreading Nucleonics: The Isotope School at the Atomic Energy Research Establishment, 1951–67," British Journal for the History of Science 39:4(2006), 569–586.

8   Creager, Life Atomic, 93, 116–117.

9   Creager, Life Atomic, 121–132.

10   Gerson Moura, Brazilian Foreign Relations, 1939-1950: The Changing Nature of Brazil-United States Relations during and after the Second World War(Brasília: Fundação de Gusmão, 2013), 257–259.

11   Creager, Life Atomic, 7, 123.

12   Nathaniel C. Nash, "Argentine Files Show Huge Effort to Harbor Nazis," New York Times(14 December 1993), A10.

13   The Secretary of State to the Chargé in Argentina(Cabot), 26 January 1946. Foreign Relations of the United States, 1946. The American Republics, vol. 11, ed. Velma Hastings Cassidy and Almon H. Wright(Washington, DC: US Government Printing Office, 1969), document 155. 반스Byrnes에 따르면 오스카 이브라 가르시아Oscar Ibarra García는 '독일 요원'이었다.

14   United States Government, Blue Book on Argentina: Consultation among the American Republics with Respect to the Argentine Situation(New York: Greenberg, 1946), 38.

15   Diego Hurtado de Mendoza, "Autonomy, even Regional Hegemony: Argentina and the 'Hard Way' toward Its First Research Reactor," Science in Context 18:2(2005), 285–308, quote on p. 288.

16   "Soviet Said to 'Buy' German Atom Men," New York Times(24 February 1947), 1.

17   Daniel K. Lewis, The History of Argentina(New York: St. Martin's Press, 2003), p. 85.

18   Quoted in Hurtado de Mendoza, "Autonomy," 289.

19   Jonathan Hagood, "Bottling Atomic Energy: Technology, Politics, and the State in Peronist Argentina," in *Beyond Imported Magic: Essays on Science, Technology, and Society in Latin America*, ed. Eden Medina, Ivan da Costa Marques, and Christina Holmes(Cambridge, MA: MIT Press, 2014), 267-285. 또한 다음을 보라. Hurtado de Mendoza, "Autonomy." 리히터Richter 이후 아르헨티나의 핵개발 계획은 과학자들과 군(통상 해군) 장교들 사이의 당당한 연합으로 특징지어질 터였다.

20   *History of the S.I.S. Division*, vol. 2, *Accompaniment, Argentina-Japan*(Washington, DC: Federal Bureau of Investigation, 1947), part 5, pp. 22-23.

21   Secretary of State to Embassy in Argentina, 5 August1948. *Foreign Relations of the United States*, 1948, *The Western Hemisphere*, vol. 9, ed. Almon R. Wright, Velma Hastings Cassidy, and David H. Stauffer(Washington, DC: US Government Printing Office, 1972), document 237.

22   *History of the S.I.S. Division*, vol. 2, *Accompaniment, Argentina-Japan*(Washington, DC: Federal Bureau of Investigation, 1947), part 5, pp. 22-23.

23   Jack DeMent and H. C. Drake, *Handbook of Uranium Minerals*(Portland, OR: Mineralogist Publishing, 1947), quotes on p. 5.

24   다음에서 논의된다. Secretary of State to the Diplomatic Representatives in the American Republics, 10 August 1948. *Foreign Relations of the United States*, 1948, *The Western Hemisphere*, vol. 9, ed. Almon R. Wright, Velma Hastings Cassidy, and David H. Stauffer(Washington, DC: US Government Printing Office, 1972), document 238.

25   "Argentina Report Uranium Find," *New York Times*, 2 December 1946, 4.

26   Meeting of Ambassador Nufer with President Perón, 3 September 1953. *Foreign Relations of the United States, 1952-1954*, The American Republics, vol. 4, ed. N. Stephen Kane and William J. Sanford Jr.(Washington, DC: US Government Printing Office, 1983), document 119.

27   이 책에서는 마오쩌둥, 창카이섹, 저우언라이처럼 다른 방식이 널리 사용되는 경우를 제외하고 동아시아 인명은 성이 나중에 오게끔 표기했다. The Ambassador in China(Stuart) to the Secretary of State, 26 July 1948. *Foreign Relations of the United States*, 1948, The Far East: China, vol. 8, ed. E. Ralph Perkins, Fredrick Aandahl, Francis C. Prescott, Herbert A. Fine, and Velma Hastings Cassidy(Washington, DC: US Government Printing Office, 1973), document 634.

28   The Secretary of State to the Ambassador in China(Stuart), 24 March 1948. *Foreign Relations of the United States*, 1948, The Far East: China, vol. 8, ed. E. Ralph Perkins, Fredrick Aandahl, Francis C. Prescott, Herbert A. Fine, and Velma Hastings

Cassidy(Washington, DC: US Government Printing Office, 1973), document 630.

29   The Ambassador in China(Stuart) to the Secretary of State, 26 November 1948, *Foreign Relations of the United States*, 1948, vol. 8, The Far East: China, ed. E. Ralph Perkins, Fredrick Aandahl, Francis C. Prescott, Herbert A. Fine, and Velma Hastings Cassidy(Washington, DC: US Government Printing Office, 1973), document 640.

30   Memorandum of Conversation, by Mr. R. Gordon Arneson, Special Assistant to the Under Secretary of State(Lovett), 25 August 1948, *Foreign Relations of the United States*, 1948, vol. 1, part 2, *General: The United Nations*, ed. Neal H. Petersen, Ralph R. Goodwin, Marvin W. Kranz, and William Z. Slany(Washington, DC: US Government Printing Office, 1976), document 96.

31   Memorandum of Convsersation, by Mr. David H. McKillop of the Office of the Special Assistant to the Secretary of State(Arneson), 12 March 1951, *Foreign Relations of the United States, 1951, National Security Affairs: Foreign Economic Policy*, vol. 1, ed. Neal H. Petersen, Harriet D. Schwar, Carl N. Raether, John A. Bernbaum, and Ralph R. Goodwin(Washington, DC: US Government Printing Office, 1979), document 236.

32   Memorandum by Mr. Thomas E. Murray, Member of the United States Atomic Energy Commission, to the Ambassador in Spain(Griffis), 19 October 1951, *Foreign Relations of the United States, 1951*, vol. 1, *National Security Affairs: Foreign Economic Policy*, ed. Neal H. Petersen, Harriet D. Schwar, Carl N. Raether, John A. Bernbaum, and Ralph R. Goodwin(Washington, DC: US Government Printing Office, 1979), document 266.

33   Laurel Sefton MacDowell, "The Elliot Lake Uranium Miners' Battle to Gain Occupational Health and Safety Improvements, 1950−1980," *Labour/Le Travail* 69(2012): 91−118; Ian Bellany, Australia in the Nuclear Age: National Defence and National Development(Sydney: Sydney University Press, 1972); Gabrielle Hecht, *Being Nuclear: Africans and the Global Uranium Trade*(Cambridge, MA: MIT Press, 2012); Doug Brugge, *The Navajo People and Uranium Mining*(Albuquerque: University of New Mexico Press, 2009).

34   Norman M. Naimark, *The Russians in Germany: A History of the Soviet Zone of Occupation, 1945-1949*(Cambridge, MA: Belknap Press, 2001); Robynne N. Mellor, "The Cold War Underground: An Environmental History of Uranium Mining in the United States, Canada, and the Soviet Union, 1945−1991," PhD dissertation, Georgetown University, 2018.

35   Memorandum for the Files by Mr. J. Bruce Hamilton of the Office of the Special Assistant to the Secretary of State(Arneson), 8 August 1951, *Foreign Relations of the United States, 1951*, vol. 1, *National Security Affairs: Foreign Economic Policy*, ed. Neal

H. Petersen, Harriet D. Schwar, Carl N. Raether, John A. Bernbaum, and Ralph R. Goodwin(Washington, DC: US Government Printing Office, 1979), document 253. 아 프리카 내 우라늄의 정치학에 관해서는 다음을 보라. Gabrielle Hecht, *Being Nuclear*.

36 "Truman's Inaugural Address, January 20, 1949," Harry S. Truman Presidential Library and Museum, https://www.trumanlibrary.gov/library/public-papers/19/inaugural-address [accessed 26 June 2020].

37 Robert Bendider, "Point Four—Still the Great Basic Hope," *New York Times*, 1 April 1951, 171.

38 Address before the Annual Convention of the American Newspaper Guild, Public Papers of the Presidents: Harry S. Truman, 1945–1953, https://www.trumanlibrary. gov/library/public-papers/177/address-annual-convention-american-newspaper-guild [accessed 26 June 2020].

39 Address before the Annual Convention of the American Newspaper Guild, Public Papers of the Presidents: Harry S. Truman, 1945–1953, https://www.trumanlibrary. gov/library/public-papers/177/address-annual-convention-american-newspaper-guild [accessed 26 June 2020].

40 Sydney Gruson, "Belgium Has Plan to Develop Congo," *New York Times*, 17 October 1949, 9. 신콜로브웨Shinkolobwe 광산에 대해서는 다음을 보라. Johathan E. Helmreich, *Gathering Rare Ores: The Diplomacy of Uranium Acquisition, 1943-1954*(Princeton, NJ: Princeton University Press, 1986), 207–208.

41 "Belgium Plans Aid to African Territories to Develop Resources for Mutual Benefit," *New York Times*, 4 January 1950, 67.

42 William S. White, "Malanism Absent in Belgian Congo," *New York Times*, 12 May 1952, 3.

43 Paper Prepared in the Office of the Special Assistant to the Secretary of State(Arneson), 6 July 1951. *Foreign Relations of the United States, 1951, National Security Affairs: Foreign Economic Policy*, vol. 1, ed. Neal H. Petersen, Harriet D. Schwar, Carl N. Raether, John A. Bernbaum, and Ralph R. Goodwin(Washington, DC: US Government Printing Office, 1979), document 249.

44 Bidyut Chakrabarty, "Jawaharlal Nehru and Planning, 1938–41: India at the Crossroads," *Modern Asian Studies* 26:2(1992), 275–287.

45 The Ambassador in Brazil(Johnson) to the Secretary of State, 8 October 1948. *Foreign Relations of the United States, 1948*, vol. 9, *The Western Hemisphere*, ed. Almon R. Wright, Velma Hastings Cassidy, and David H. Stauffer(Washington, DC: US Government Printing Office, 1972), document 266.

46 Carlo Patti, "The Origins of the Brazilian Nuclear Programme, 1951–1955," *Cold War History* 15: 3(2014), 1–21.

47 P. M. S. Blackett, *Fear, War, and the Bomb*(New York: Whittlesey House, 1949).

48 Assar Lindbeck, ed., *Nobel Lectures, Economics 1969-1980*(Singapore: World Scientific, 1992), http://www.nobelprize.org/nobel_prizes/economic-sciences/laureates/1978/simon-bio.html [accessed 26 June 2020].

49 Sam H. Schurr and Jacob Marschak, *Economic Aspects of Atomic Power*(Princeton, NJ: Princeton University Press, 1950). 명목상으로 공저자는 경제학자들인 (코울리스위원회 Cowles Commission의 전임 위원장) 마르샤크Marschak와 샘 스커Sam Schurr였으나 여러 학자가 개별 장들을 집필했다.

50 Kingsley Davis, "Population and the Further Spread of Industrial Society," *Proceedings of the American Philosophical Society* 95:1(1951), 8–19, quotes on p. 8 and p. 16.

51 Schurr and Marschak, "Population and the Further Spread of Industrial Society," 254, 273.

52 Vincent Heath Whitney, "Resistance to Innovation: The Case of Atomic Power," *American Journal of Sociology* 56:3(1950), 247–254.

53 Walter Isard and Vincent Whitney, *Atomic Power: An Economic and Social Analysis*(New York: Blakiston, 1952), 141–143.

54 Isard and Whitney, *Atomic Power*, 143–144, 218, 212.

55 Helmreich, *Gathering Rare Ores*, 168–171. 또한 다음을 보라. "M. Khurshed Lal Expose au 'Monde' les Projets du Gouvernement Indien," *Le Monde*, 15 June 1949.

56 The Special Assistant to the Secretary of State(Arneson) to the First Secretary of the British Embassy(Marten), 9 March 1951, *Foreign Relations of the United States, 1951*, vol. 1, *National Security Affairs: Foreign Economic Policy*, ed. Neal H. Petersen, Harriet D. Schwar, Carl N. Raether, John A. Bernbaum, and Ralph R. Goodwin(Washington, DC: US Government Printing Office, 1979), document 235.

57 *India Emergency Assistance Act of 1951*, Hearings before the Committee on Foreign Affairs House of Representatives, Eighty-Second Congress, First Session, February 1951(Washington, DC: US Government Printing Office, 1951), 211–212.

58 Helmreich, *Gathering Rare Ores*, 170.

59 *Executive Sessions of the Senate Foreign Relations Committee*(Historical Series), vol. 3, part 1, *82nd Congress, First Session, 1951*(Washington, DC: US Government Printing Office, 1976), 420. 프랑스·인도 협력이 생성한 불안에 관한 더 많은 정보로는 다음을 보라. Jayita Sarkar, "'Wean Them Away from French Tutelage': Franco-Indian Nuclear Relations and Anglo-American Anxieties during the Early Cold War, 1948–1952," *Cold*

War History 15, no. 3(2015): 375–394.

60   *Executive Sessions of the Senate Foreign Relations Committee*(Historical Series), vol. 3, part 1, *82nd Congress, First Session, 1951*(Washington, DC: US Government Printing Office, 1976), 424–425.

61   *India Emergency Assistance Act of 1951*, Hearings before the Committee on Foreign Affairs House of Representatives, Eighty-Second Congress, First Session, February 1951(Washington, DC: US Government Printing Office, 1951), 212. The reference is to H. V. Kaltenborn's Broadcast, 19 February 1951.

62   The United States Atomic Energy Commission to the Secretary of State, 19 February 1951, *Foreign Relations of the United States, 1951*, vol. 1, *National Security Affairs: Foreign Economic Policy*, ed. Neal H. Petersen, Harriet D. Schwar, Carl N. Raether, John A. Bernbaum, and Ralph R. Goodwin(Washington, DC: US Government Printing Office, 1979), document 233.

63   Helmreich, *Gathering Rare Ores*, 172.

64   *Executive Sessions of the Senate Foreign Relations Committee*(Historical Series), vol. 3, part 1, *82nd Congress, First Session, 1951*(Washington, DC: US Government Printing Office, 1976), 361.

65   *Executive Sessions of the Senate Foreign Relations Committee*(Historical Series), vol. 3, part 1, *82nd Congress, First Session, 1951*(Washington, DC: US Government Printing Office, 1976), 364–365.

66   Thomas Robertson, *The Malthusian Moment: Global Population Growth and the Birth of American Environmentalism*(New Brunswick, NJ: Rutgers University Press, 2012).

67   *Executive Sessions of the Senate Foreign Relations Committee*(Historical Series), vol. 3, part 1, *82nd Congress, First Session, 1951*(Washington, DC: US Government Printing Office, 1976), 374, 391.

68   *Executive Sessions of the Senate Foreign Relations Committee*(Historical Series), vol. 3, part 1, *82nd Congress, First Session, 1951*(Washington, DC: US Government Printing Office, 1976), 385.

69   *Executive Sessions of the Senate Foreign Relations Committee*(Historical Series), vol. 3, part 1, *82nd Congress, First Session, 1951*(Washington, DC: US Government Printing Office, 1976), 498.

70   *Executive Sessions of the Senate Foreign Relations Committee*(Historical Series), vol. 3, part 1, *82nd Congress, First Session, 1951*(Washington, DC: US Government Printing Office, 1976), 420–421.

71   *Public Papers of the Presidents of the United States: Harry S. Truman, 1951*(Washington,

DC: US Government Printing Office, 1965), 123.

72 Agreement between the United States, United Kingdom, and Belgium, 13 July 1951. *Foreign Relations of the United States, 1951*, vol. 1, *National Security Affairs: Foreign Economic Policy*, ed. Neal H. Petersen, Harriet D. Schwar, Carl N. Raether, John A. Bernbaum, and Ralph R. Goodwin(Washington, DC: US Government Printing Office, 1979), document 250.

73 The Acting Secretary of State to the Embassy in Brazil, 6 December 1951, *Foreign Relations of the United States, 1951*, vol. 1, *National Security Affairs: Foreign Economic Policy*, ed. Neal H. Petersen, Harriet D. Schwar, Carl N. Raether, John A. Bernbaum, and Ralph R. Goodwin(Washington, DC: US Government Printing Office, 1979), document 273.

74 브라질에 사이클로트론의 중요성은 다음에서 강조된다. Carlo Patti, "The Origins of the Brazilian Nuclear Programme, 1951–1955." 여기서 인용한 자료는 다음과 같다. The Ambassador in Brazil(Johnson) to the Special Assistant to the Secretary of State(Arneson), 11 December 1951. *Foreign Relations of the United States, 1951*, vol. 1, *National Security Affairs: Foreign Economic Policy*, ed. Neal H. Petersen, Harriet D. Schwar, Carl N. Raether, John A. Bernbaum, and Ralph R. Goodwin(Washington, DC: US Government Printing Office, 1979), document 274.

75 The Deputy Counselor of the Embassy in France(Terrill) to the Department of State, 28 March 1951. *Foreign Relations of the United States, 1951*, vol. 1, *National Security Affairs: Foreign Economic Policy*, ed. Neal H. Petersen, Harriet D. Schwar, Carl N. Raether, John A. Bernbaum, and Ralph R. Goodwin(Washington, DC: US Government Printing Office, 1979), document 239.

76 Raye C. Ringholz, *Uranium Frenzy: Boom and Bust on the Colorado Plateau*(New York: Norton, 1989); Traci Brynne Voyles, *Wastelanding: Legacies of Uranium Mining in Navajo Country*(Minneapolis: University of Minnesota Press, 2015).

77 Robert J. Roscoe, James A. Deddens, Alberto Salvan, and Teresa M. Schnorr, "Mortality among Navajo Uranium Miners," *American Journal of Public Health* 85:4(1995), 535–540.

78 Linda M. Richards, "Rocks and Reactors: An Atomic Interpretation of Human Rights," PhD dissertation, Oregon State University, 2014.

79 Mitchell R. Zavon, letter to the editor, "Navajo Uranium Miners in Utah, 1951," *American Journal of Public Health* 93:3(2003), 362.

80 Doug Brugge and Rob Goble, "The History of Uranium Mining and the Navajo People," *American Journal of Public Health* 92:9(2002), 1410–1419.

2장 | 천년을 일년으로

1   Walters minutes, Bermuda, 4 December 1953, *Foreign Relations of the United States, 1952-1954*, vol. 5, part 2, *Western European Security*, ed. John A. Bernbaum, Lisle A. Rose, and Charles S. Sampson(Washington, DC: US Government Printing Office, 1983), document 340.

2   Memorandum Prepared in the Department of State, 1 December 1945, *Foreign Relations of the United States, 1946*, vol. 1, *General: The United Nations*, ed. Ralph R. Goodwin, Neal H. Petersen, Marvin W. Kranz, and William Slany(Washington, DC: US Government Printing Office, 1972), document 395.

3   Richard G. Hewlett and Oscar E. Anderson, *A History of the United States Atomic Energy Commission*, vol. 1, *The New World*(University Park: Pennsylvania State University Press, 1962). 다음을 보라. pp. 554−576.

4   "The Baruch Plan," presented to the United Nations Atomic Energy Commission, 14 June 1946, http://www.atomicarchive.com/Docs/Deterrence/BaruchPlan.shtml [accessed 26 June 2020].

5   Vice Admiral W. H. P. Blandy, USN Commander Joint Task Force One, "Blandy: Report on Bikini," *All Hands: The Bureau of Naval Personnel Information Bulletin* 355(September 1946), 2−9, quote on p. 2.

6   "Observers of U.N. Little Impressed," *New York Times*, 1 July 1946, 3.

7   Blandy, USN Commander Joint Task Force One, "Blandy: Report on Bikini," quote on p. 8.

8   이 수치들은 다음에 보고된 사실들을 반영한다. William Penney, in W. G. Penney, "A Preliminary High-Light Summary of Able and Baker," 11 August 1946, Chadwick Papers, Churchill College Archives, Cambridge, England, Chadwick IV, 5/24B.

9   William Penney to James Chadwick, 31 July 1946, Chadwick Papers, Churchill College Archives, Cambridge, England, Chadwick IV, 5/24B.

10 Stafford L. Warren, "Conclusions: Tests Proved Irresistible Spread of Radioactivity," Life, 11 August 1947, 86, 88.

11 '라듐 소녀들'Radium girls은 라듐 피폭으로 다수가 앓았거나 암으로 사망한, 1920년 대 시계 눈금판 공장에서 일한 여성들을 가리킨다. Luis Campos, *Radium and the Secret of Life*(Chicago: University of Chicago Press, 2015), 66−67; Kate Moore, *The Radium Girls: The Dark Story of America's Shining Women*(Naperville, IL: Sourcebooks, 2017); Matthew Lavine, *The First Atomic Age: Scientists, Radiations, and the American Public, 189-1945*(New York: Palgrave Macmillan, 2013).

12 Lawrence Badash, *Radioactivity in America: Growth and Decay of a Science*(Baltimore:

Johns Hopkins University Press, 1979), 152–153, 190–191.

13   Gennady Gorelik with Antonina W. Bouis, *The World of Andrei Sakharov: A Russian Physicist's Path to Freedom*(New York: Oxford University Press, 2005), 77.

14   뮬러Muller 스스로는 이 연구가 종으로서 인류에게 갖는 결과를 논하기에는 시기상조라고 감질나게 썼다. H. J. Muller, "Artificial Transmutation of the Gene," *Science* 66:1699, New Series(22 July 1927), 84–87.

15   L. J. Stadler, "Mutations in Barley Induced by X-Rays and Radium," *Science* 68:1756, New Series(1928), 186–187.

16   바바라 맥클린톡Barbara McClintock, 조지 비들George Beadle과 같은 과학자들을 세계적으로 유명하게 만들었던 1930년대 옥수수에 대한 유전학적 연구는 엑스선 또는 콜히친과 같은 화학 약제를 통한 변이 유발에서 착안했다. 다음을 보라. Helen Anne Curry, *Evolution Made to Order: Plant Breeding and Technological Innovation in Twentieth-Century America*(Chicago: University of Chicago Press, 2016).

17   Stadler, "Mutations in Barley,"186–187.

18   엑스선을 이용한 스태들러의 연구와 유해한 결과들에 관한 그의 시각으로는 다음을 보라. Curry, *Evolution Made to Order*, 30–74, especially p. 44.

19   Hermann J. Muller, "Banquet Speech," 10 December 1946, https://www.nobelprize.org/prizes/medicine/1946/muller/speech/ [accessed 26 June 2020].

20   패터슨Patterson과 브라운Brown(그리고 다른 이들)의 작업에 관해서는 다음에 실린 논문들을 보라. "Studies in the Genetics of Drosophila directed by J. T. Patterson," in *The University of Texas Publication* 4032(22 August 1940).

21   "Atom Alters Heredity," *Science News Letter*, 16 September 1950, 188.

22   "Radiation Dwarfs Cotton," *Science News Letter*, 7 February 1948, 87.

23   J. B. Hutchinson, R. A. Silow, and S. G. Stephens, *The Evolution of Gossypium and the Differentiation of the Cultivated Cottons*(London: Oxford University Press, 1947). 또한 다음을 보라. M. H. Arnold, "Joseph Burtt Hutchinson, 21 March 1902–16 January 1988," *Biographical Memoirs of Fellows of the Royal Society* 37(November 1991), 278–297.

24   Luther Smith, "Cytology and Genetics of Barley," *Botanical Review* 17:1(1951), 1–51, quote on p. 25. 또한 다음을 보라. Luther Smith, "Effects of Atomic Bomb Radiations and X-Rays on Seeds of Cereals," *Journal of Heredity* 41(1950), 125–130 및 L. F. Randolph, A. E. Longley, and Ching Hsiung Li, "Cytogenetic Effects in Corn Exposed to Atomic Bomb Ionizing Radiation at Bikini," *Science* 108:2792(1948), 13–15.

25   Karl Sax, "The Effect of Ionizing Radiation on Plant Growth," *American Journal of Botany* 42:4(1955), 360–364.

26   Alan D. Conger, "Arnold Hicks Sparrow(1914–1976), *Radiation Research* 69:1(1977),

194−196.

27 Harland Manchester, "The New Age of Atomic Crops," *Popular Mechanics*(October 1958): 106−110, 282−288, quote p. 108.

28 브룩헤이븐에서 감마 정원의 창설에 관한 논의로는 다음을 보라. Curry, *Evolution Made to Order*, 148−155. Arnold H. Sparrow and W. Ralph Singleton, "The Use of Radiocobalt as a Source of Gamma Rays and Some Effects of Chronic Irradiation on Growing Plants," *American Naturalist* 87:832(1953), 29−48.

29 Sparrow and Singleton, "The Use of Radiocobalt as a Source of Gamma Rays."

30 Brien McMahon, "A New Bid for Atomic Peace," *Bulletin of the Atomic Scientists*(March 1950), 80−82.

31 McMahon, "A New Bid for Atomic Peace."

32 William S. White, "McMahon Proposes 50 Billion Crusade to Halt Atom," *New York Times*, 3 February 1950, 1.

33 "McMahon Proposal Held 'Peace Weapon,'" *New York Times*, 12 February 1950, 4.

34 McMahon, "A New Bid for Atomic Peace."

35 "Soviet Union Using Atomic Energy to Move Mountains, Vishinsky Tells UN Group," *Schenectady Gazette*, 11 November 1949, 1, 8.

36 McMahon, "A New Bid for Atomic Peace."

37 Greg Barnhisel, "Encounter Magazine and the Twilight of Modernism," *ELH* 81:1(2014), 381−416. 또한 다음을 보라. Frances Stonor Saunders, *The Cultural Cold War: The CIA and the World of Arts and Letters*(New York: New Press, 2000).

38 Audra J. Wolfe, *Freedom's Laboratory: The Cold War Struggle for the Soul of Science*(Baltimore: Johns Hopkins University Press, 2018), 80.

39 Elof Axel Carlson, *Genes, Radiation, and Society: The Life and Work of H. J. Muller*(Ithaca, NY: Cornell University Press, 1981).

40 David E. Lilienthal, "The 4th R is for Radiation," *Phi Delta Kappan* 33:2(1951), 79.

41 Brien McMahon, "Survival—the Real Issue of Our Times," *Bulletin of the Atomic Scientists* 8:6(August 1952), 173−175.

42 Roger Dingman, "Atomic Diplomacy during the Korean War," *International Security* 13, no. 3(1988), 50−91.

43 Memorandum of Discussion at a Special Meeting of the National Security Council on Tuesday, 31 March 1953. *Foreign Relations of the United States, 1952-1954*, vol. 15, part 1, *Korea*, ed. Edward C. Keefer(Washington: Government Printing Office, 1984), document 427.

44 "For Eisenhower, 2 Goals if Bomb Was to Be Used," *New York Times*, 8 June 1984, 8.

45 Robynne N. Mellor, "The Cold War Underground: An Environmental History of Uranium Mining in the United States, Canada, and the Soviet Union, 1945−1991," PhD dissertation, Georgetown University, 2018.

46 Report to the National Security Council by the Atomic Energy Commission, 6 March 1953, *Foreign Relations of the United States, 1952-1954*, vol. 2, part 2, *National Security Affairs*, ed. Lisle A. Rose and Neal H. Petersen(Washington, DC: US Government Printing Office, 1984), document 76.

47 Chairman of the United States Atomic Energy Commission(Dean) to Robert Cutler, Special Assistant to the President, 30 March 1953, *Foreign Relations of the United States, 1952-1954*, vol. 2, part 2, *National Security Affairs*, ed. Lisle A. Rose and Neal H. Petersen(Washington, DC: US Government Printing Office, 1984), document 81.

48 Memorandum of Discussion at the 143rd Meeting of the National Security Council, 6 May 1953, *Foreign Relations of the United States, 1952-1954*, vol. 2, part 2, *National Security Affairs*, ed. Lisle A. Rose and Neal H. Petersen(Washington, DC: US Government Printing Office, 1984), document 87.

49 Memorandum by R. Gordon Arneson to the Secretary of State, 10 March 1953, *Foreign Relations of the United States, 1952-1954*, vol. 2, part 2, *National Security Affairs*, ed. Lisle A. Rose and Neal H. Petersen(Washington, DC: US Government Printing Office, 1984), document 77.

50 Memorandum of Discussion at the 136th Meeting of the National Security Council 11 March 1953, *Foreign Relations of the United States, 1952-1954*, vol. 2, part 2, *National Security Affairs*, ed. Lisle A. Rose and Neal H. Petersen(Washington, DC: US Government Printing Office, 1984), document 78.

51 Oral History Interview with Gordon Arneson, 21 June 1989, by Niel M. Johnson, Harry S. Truman Presidential Library and Museum, https://www.trumanlibrary.org/oralhist/arneson.htm [accessed 26 June 2020].

52 Chairman of the Joint Congressional Committee on Atomic Energy(Cole) to the President, 21 August 1953, *Foreign Relations of the United States, 1952-1954*, vol. 2, part 2, *National Security Affairs*, ed. Lisle A. Rose and Neal H. Petersen(Washington, DC: US Government Printing Office, 1984), document 98.

53 다음을 보라. Editorial footnote, Chairman of the Joint Congressional Committee on Atomic Energy(Cole) to the President, 21 August 1953, *Foreign Relations of the United States, 1952-1954*, vol. 2, part 2, *National Security Affairs*, ed. Lisle A. Rose and Neal H. Petersen(Washington, DC: US Government Printing Office, 1984), document 98.

54 Report to the National Security Council by the NSC Planning Board, 1 September

1953, *Foreign Relations of the United States, 1952-1954*, vol. 2, part 2, *National Security Affairs*, ed. Lisle A. Rose and Neal H. Petersen(Washington, DC: US Government Printing Office, 1984), document 101.

55   Memorandum of discussion at the 161st Meeting of the National Security Council, 9 September 1953, *Foreign Relations of the United States, 1952-1954*, vol. 2, part 2, *National Security Affairs*, ed. Lisle A. Rose and Neal H. Petersen(Washington, DC: US Government Printing Office, 1984), document 103.

56   Report to the National Security Council by the NSC Planning Board, 1 September 1953, *Foreign Relations of the United States, 1952-1954*, vol. 2, part 2, *National Security Affairs*, ed. Lisle A. Rose and Neal H. Petersen(Washington, DC: US Government Printing Office, 1984), document 101.

57   Memorandum by Robert Cutler, Special Assistant to the President for *National Security Affairs*, 10 September 1953, *Foreign Relations of the United States, 1952-1954*, vol. 2, part 2, *National Security Affairs*, ed. Lisle A. Rose and Neal H. Petersen(Washington, DC: US Government Printing Office, 1984), document 104.

58   Memorandum of discussion at the 162nd Meeting of the National Security Council, 17 September 1953, *Foreign Relations of the United States, 1952-1954*, vol. 2, part 2, *National Security Affairs*, ed. Lisle A. Rose and Neal H. Petersen(Washington, DC: US Government Printing Office, 1984), document 108.

59   Memorandum by Charles C. Stelle to the Director of the Policy Planning Staff(Bowie), 23 September 1953, *Foreign Relations of the United States, 1952-1954*, vol. 2, part 2, *National Security Affairs*, ed. Lisle A. Rose and Neal H. Petersen(Washington, DC: US Government Printing Office, 1984), document 110. 또한 다음을 보라. Ira Chernus, "Operation Candor: Fear, Faith, and Flexibility," *Diplomatic History* 29:5(1 November 2005), 779−809; Kenneth A. Osgood, *Total Cold War: Eisenhower's Secret Propaganda Battle at Home and Abroad*(Lawrence: University of Kansas Press, 2008).

60   Special Assistant to the President(Jackson) to Under Secretary of State(Smith), 25 September 1953, *Foreign Relations of the United States, 1952-1954*, vol. 2, part 2, *National Security Affairs*, ed. Lisle A. Rose and Neal H. Petersen(Washington, DC: US Government Printing Office, 1984), document 111.

61   Memorandum of conversation, by the Secretary of State, Bermuda, 4 December 1953, *Foreign Relations of the United States, 1952-1954*, vol. 2, part 2, *Western European Security*, ed. John A. Bernbaum, Lisle A. Rose, and Charles S. Sampson(Washington, DC: US Government Printing Office, 1983), document 335.

62   버뮤다 회동에 관해서는 다음을 보라. Fredrik Logevall, *Embers of War: The Fall of an*

Empire and the Making of America's Vietnam(New York: Random House, 2014).

63　Walters minutes, Bermuda, 4 December 1953, *Foreign Relations of the United States, 1952-1954*, vol. 2, part 2, *Western European Security*, ed. John A. Bernbaum, Lisle A. Rose, and Charles S. Sampson(Washington. DC: US Government Printing Office, 1983), document 340.

64　Walters minutes, Bermuda, 4 December 1953, *Foreign Relations of the United States, 1952-1954*, vol. 2, part 2, *Western European Security*, ed. John A. Bernbaum, Lisle A. Rose, and Charles S. Sampson(Washington, DC: US Government Printing Office, 1983), document 340.

65　Notes prepared by Admiral Strauss, Bermuda, 5 December 1953, *Foreign Relations of the United States, 1952-1954*, vol. 5, part 2, *Western European Security*, ed. John A. Bernbaum, Lisle A. Rose, and Charles S. Sampson(Washington, DC: US Government Printing Office, 1983), document 344.

66　Atoms for Peace Draft, [C.D. Jackson Papers, box 30, "Atoms for Peace—Evolution(5)"], Eisenhower Presidential Library, https://www.eisenhowerlibrary.gov/research/online-documents/atoms-peace [accessed 26 June 2020].

67　드와이트 아이젠하워가 1953년 12월 8일 했던 연설의 전문은 다음에서 찾을 수 있다. http://voicesofdemocracy.umd.edu/eisenhower-atoms-for-peace-speech-text/ [accessed 26 June 2020].

68　Paul R. Josephson, *Red Atom: Russia's Nuclear Power Program from Stalin to Today*(Pittsburgh: University of Pittsburgh Press, 2005), 27.

69　"Revue de la Presse," *Le Monde*(10 December 1953), https://www.lemonde.fr/archives/article/1953/12/10/revue-de-la-presse_1978013_1819218.html [accessed 26 June 2020].

3장 ｜ 과거의 나쁜 꿈 잊기

1　Arthur Herman, *Freedom's Forge: How American Business Produced Victory in World War II*(New York: Random House, 2013). 잠수함 바브에 관해서는 다음을 보라. Naval History and Heritage Command, "Barb 1," https://www.history.navy.mil/research/histories/ship-histories/danfs/b/barb-i.html [accessed 27 June 2020].

2　Chief of [deleted] Base to Chief, FE, 5 July 1955, CIA Electronic Reading Room, Special Collection, Nazi War Crimes Disclosure Act, "Shoriki, Matsutaro," vol. 2:13.

3　Beverly Ann Deepe Keever, *News Zero: The New York Times and the Bomb*(Monroe,

ME: Common Courage Press, 2004). 로렌스의 역할에 관한 사려 깊은 논평에 관해서는 다음을 보라. Amy Goodman and David Goodman, "Hiroshima Cover-Up: How the War Department's Timesman Won a Pulitzer," *Common Dreams*, http://www.commondreams.org/views/2004/08/10/hiroshima-cover-how-war-departments-timesman-won-pulitzer [accessed 26 June 2020].

4   William L. Laurence, "Atomic Power Being Tamed to Turn Industry's Wheels," *New York Times*, 4 January 1954, 49.

5   Laurence, "Atomic Power Being Tamed," 49.

6   William L. Laurence, "Electricity Is Made from Atomic Waste," *New York Times*, 27 January 1954, 1.

7   Elizabeth Walker Mechling and Jay Mechling, "The Atom According to Disney," *Quarterly Journal of Speech* 81:4(1995), 436−453, 444.

8   예컨대, 다음을 보라. Michael Amrine, "Atoms for Peace—by Way of War: A Projected Sub Becomes Our First Attempt to Convert Nuclear Fission into Practical Power," *New York Times*, 2 September 1951, 101.

9   Official Program by General Dynamics Corp., for the launching of the USS Nautilus, 1954, https://www.eisenhowerlibrary.gov/research/online-documents/uss-nautilus [accessed 26 June 2020].

10   Steven Heller, "Erik Nitsche: The Reluctant Modernist," *Typotheque*, 29 November 2004, https://www.typotheque.com/articles/erik_nitsche_the_reluctant_modernist [accessed 26 June 2020].

11   SAC, Los Angeles, to Director, FBI, Attn: Assistant to Director Louis B. Nichols and Assistant Director Donald J. Parsons, 1 March 1957, in "Walter Elias Disney Part 01 of 03," https://vault.fbi.gov/walter-elias-disney/walter-elias-disney-part-01-of-03/view [accessed 26 June 2020].

12   SAC, Los Angeles to Director, FBI, Attn: Training and Inspection Division, 16 December 1954, in "Walter Elias Disney Part 01 of 03," https://vault.fbi.gov/walter-elias-disney/walter-elias-disney-part-01-of-03/view [accessed 26 June 2020].

13   Mike Wright, "The Disney-Von Braun Collaboration and Its Influence on Space Exploration," 1993, https://www.nasa.gov/centers/marshall/history/vonbraun/disney_article.html [accessed 26 June 2020].

14   Mechling and Mechling, "The Atom According to Disney," 443.

15   Mechling and Mechling, "The Atom According to Disney," 441.

16   *Walker Lee Cisler, Twenty-Third Hoover Medalist*(New York: Hoover Medal Board of Award, 1962).

17 Joseph D. Martin, "Nuclear Optimism and the Michigan Memorial-Phoenix Project," *Historical Studies in the Natural Sciences*(in press).

18 *Walker Lee Cisler, Twenty-Third Hoover Medalist*, 9.

19 *Development, Growth, and the State of the Atomic Energy Industry*, Hearings before the Joint Committee on Atomic Energy, Congress of the United States, February 7, 8, 9, and 10, 1955(Washington, DC: US Government Printing Office, 1955), 238.

20 Alvin Weinberg, "Chapters from the Life of a Technological Fixer," *Minerva* 31:4(1993), 379–454. 뒤이은 몇 년간 이 선택은 AEC의 원자로발전과 과장 켄 데이비스가 미국이 노력을 분할하기보다는 한 종류의 원자로에 전념해야 한다고 주장했을 때 더 강화되었다.

21 평화적인 원자력을 개발하기 위한 자금FPAD과 미국의 외교적 목표에 관해서는 다음을 보라. Gisela Mateos and Edna Suárez-Díaz, "'The Door to the Promised Land of Atomic Peace and Plenty': Mexican Students and the Phoenix Memorial Project," *Historical Studies in the Natural Sciences*(in press).

22 Frances Stonor Saunders, *The Cultural Cold War: The CIA and the World of Arts and Letters*(New York: New Press, 2000).

23 Harold E. Stassen to Allen Dulles, 29 September 1955, Central Intelligence Agency FOIA Electronic Reading Room, document CIA-RDP80B01676R004200110041-1.

24 *World Development of Atomic Energy: A Forum Survey*(New York: Atomic Industrial Forum, 1955), 17–18.

25 *Peaceful Uses of Atomic Energy, Background Material for the Report of the Panel on the Impact of the Peaceful Uses of Atomic Energy to the Joint Committee on Atomic Energy*(Washington, DC: US Government Printing Office, 1956), 381–382.

26 *World Development of Atomic Energy*.

27 농업기술의 홍보에 관해서는 다음을 보라. Neil Oatsvall, "Atomic Agriculture: Policymaking, Food Production, and Nuclear Technologies in the United States, 1945–1960," *Agricultural History* 88:3(2014), 368–387. 세계의 원자력 개발 계획들에 관한 조사로는 다음을 보라. *World Development of Atomic Energy*, 27.

28 *World Development of Atomic Energy*, 17–18, 64.

29 Christopher Hinton, "Atomic Power in Britain," *Scientific American* 198:3(1958), 29–35. 영국의 초기 핵개발 계획에 관한 더 많은 사실로는 다음을 보라. Margaret Gowing, *Independence and Deterrence: Britain and Atomic Energy, 1945-1952*(London: Macmillan, 1974).

30 Paul R. Josephson, *Red Atom: Russia's Nuclear Power Program from Stalin to Today*(Pittsburgh, PA: University of Pittsburgh Press, 2005), 10, 27, 56.

31 *Development, Growth, and the State of the Atomic Energy Industry*, Hearings before the

Joint Committee on Atomic Energy, Congress of the United States, February 7, 8, 9, and 10, 1955(Washington, DC: US Government Printing Office, 1955).

32 시핑포트Shippingport 원자로에 관해서는 다음을 보라. Richard G. Hewlett and Jack M. Holl, *Atoms for Peace and War, 1953-1961: Eisenhower and the Atomic Energy Commission*, California Studies in the History of Science(Berkeley: University of California Press, 1989).

33 Alvin Weinberg, "Chapters from the Life of a Technological Fixer," *Minerva* 31:4(1993), 379−454. 뒤이은 몇 년간, 이 선택은 AEC의 원자로발전과 과장 켄 데이비스가 미국이 노력을 분할하기보다는 한 종류의 원자로에 전념해야 한다고 주장했을 때 더 강화되었다.

34 트리가TRIGA 원자로의 야망에 관해서는 다음을 보라. Edward Teller with Judith L. Schoolery, *Memoirs: A Twentieth-Century Journey in Science and Politics*(Cambridge, MA: Perseus, 2001).

35 John DiMoia, "Atoms for Sale? Cold War Institution-Building and the South Korean Atomic Energy Project, 1945−1965," *Technology and Culture* 51:3(2010), 589−618.

36 DiMoia, "Atoms for Sale?" 598.

37 DiMoia, "Atoms for Sale?" 599−601.

38 DiMoia, "Atoms for Sale?" 599−601.

39 DiMoia, "Atoms for Sale?" 611−613.

40 CIA Office of National Estimates, Draft Memorandum for the Director of Central Intelligence, Subject: Political and Psychological Effects of a US Program for Cooperation with Other Nations in the Peaceful Uses of Atomic Energy, 9 August 1954, CIA-RDP79R00904A000500020132-1.

41 Yoshio Nishina, "A Japanese Scientist Describes the Destruction of His Cyclotrons," *Bulletin of the Atomic Scientists*, 1 June 1947, 145, 167.

42 *World Development of Atomic Energy*, 34. 일본의 전시 연구 및 전후 몇 년 동안 원자 연구의 상황에 관해서는 다음을 보라. Walter E. Grunden, Mark Walker, and Masakatsu Yamazaki, "Wartime Nuclear Weapons Research in Germany and Japan," *Osiris* 20(2005), 107−130.

43 O. O., "Japan's Economic Recovery," *The World Today* 8:9(September 1952), 392−404.

44 이 사건들은 현존하는 문헌들 대부분에서 언급된다. 일본 학자들의 관점에서 본 설명에 관해서는 다음을 보라. Masakatsu Yamazaki and Kenzo Okuda, "Pacifying Anti-American Sentiments: Introducing Nuclear Reactors into Japan after the Bikini Incident," *Journal of History of Science, Japan* 43:230(2004), 83−93.

45 Extracts from Statement made by the Prime Minister of India in the House of the People on 2 April 1954 on the Subject of the Hydrogen Bomb. Central Intelligence Agency

FOIA Electronic Reading Room, document CIA-RDP86T00268R000800100021-2.

46 Summary of Developments in Japan Arising from Bikini Incident, 9 June 1954. Central Intelligence Agency FOIA Electronic Reading Room, document CIA-RDP80R01731R003000130003-6.

47 Morris Low, *Japan on Display: Photography and the Emperor*(New York: Routledge, 2006), 124−126. 1954년 사고 이후 일본 과학자들의 시각에 관해서는 다음을 보라. Toshihiro Higuchi, "The Strange Career of Dr. Fish: Yoshio Hiyama, Radioactive Fallout, and Nuclear Fear Management in Japan, 1954−1958," *Historia Scientiarum* 25:1(2015), 57−77.

48 초기 원자력에 관한 나카소네 및 다른 보수적 일본 정치인들의 역할에 대해서는 다음을 보라. Yoshimi Shun'ya, "Radioactive Rain and the American Umbrella," *Journal of Asian Studies* 71:2(2012), 319−331, translated by Shi-Lin Loh and Dominic Kelly, "Ideology, Society, and the Origins of Nuclear Power in Japan," *East Asian Science, Technology and Society: An International Journal* 9:1(2015), 47−64.

49 CIA에 대한 협력을 포함해 원자력에서 쇼리키의 역할에 관한 유명한 일본어 저술은 다음과 같다. Tetsuo Arima, *Genpatsu, Shoriki, CIA*(Tokyo: Shinchosha, 2008). 영어 논의에 관해서는 다음을 보라. Yamazaki and Okuda, "Pacifying Anti-American Sentiments."

50 Low, *Japan on Display*, 116.

51 "Biographical Data: Leaders in Japanese Television Industry," n.d., CIA Electronic Reading Room, Special Collection, Nazi War Crimes Disclosure Act, "Shoriki, Matsutaro," vol. 1:3. 쇼리키에 대한 불리한 논거의 요약과 그에 대한 미국의 추측에 관해서는 다음을 보라. Memorandum for the Record, 27 January 1953, CIA Electronic Reading Room, Special Collection, Nazi War Crimes Disclosure Act, "Shoriki, Matsutaro," vol. 1:14.

52 *Political Reorientation of Japan, September 1945 to September 1948*, Report of Government Section, Supreme Commander for the Allied Powers(Washington, DC: US Government Printing Office, 1948), 58.

53 일본 야구계에서 쇼리키가 한 역할에 관해서는 다음을 보라. Sayuri Guthrie-Shimizu, *Transpacific Field of Dreams: How Baseball Linked the United States and Japan in Peace and War*(Chapel Hill: University of North Carolina Press, 2012).

54 "Controversies in Japanese Telecommunications Field," dated 1952−53, CIA Electronic Reading Room, Special Collection, Nazi War Crimes Disclosure Act, "Shoriki, Matsutaro," vol. 1:12.

55 이 회동들 자체를 비롯해 그것들과 닛폰TV 창설의 관계에 대한 더욱 구체적인 분석은 다음에서 찾을 수 있다. Simon Partner, *Assembled in Japan: Electrical Goods and the Making*

of the Japanese Consumer(Berkeley: University of California Press, 2000), 74–82.

56   일본 내 홀투센과 유니텔에 관해서는 다음을 보라. James Schwoch, *Global TV: New Media and the Cold War, 1946-69*(Urbana: University of Illinois Press, 2009), 87–89.

57   "Biographical Data: Leaders in Japanese Television Industry," n.d., CIA Electronic Reading Room, Special Collection, Nazi War Crimes Disclosure Act, "Shoriki, Matsutaro," vol. 1:3.

58   Untitled document providing biographical detail(and using the name POJackpot/1), CIA Electronic Reading Room, Special Collection, Nazi War Crimes Disclosure Act, "Shoriki, Matsutaro," vol. 1:9. 또한 다음을 보라. "Personal Record Questionnaire," n.d., noting Shōriki's cryptonym as PODAM, same collection, vol. 1:11.

59   Untitled memorandum, 30 November 1953 regarding PODAM, CIA Electronic Reading Room, Special Collection, Nazi War Crimes Disclosure Act, "Shoriki, Matsutaro," vol. 1:22.

60   James Schwoch, *Global TV: New Media and the Cold War, 1946-69*(Urbana: University of Illinois Press, 2009), 88–89.

61   William L. Laurence, "Atomic-Submarine Builder Urges Nuclear Marshall Plan by Industry," *New York Times*, 2 December 1954, 1, 34.

62   Unsigned letter to Director of Central Intelligence, 31 December 1954, CIA Electronic Reading Room, Special Collection, Nazi War Crimes Disclosure Act, "Shoriki, Matsutaro," vol. 1:27. 미국인과 쇼리키가 연락을 원활히 하는 데서 시바타의 역할에 대한 구체적인 논의로는 다음을 보라. Yamazaki and Okuda, "Pacifying Anti-American Sentiments."

63   Information report, 10 March 1955, CIA Electronic Reading Room, Special Collection, Nazi War Crimes Disclosure Act, "Shoriki, Matsutaro," vol. 1:36.

64   Central Intelligence Agency Information Report, No. CS-61948, distribution date 22 April 1955, CIA Electronic Reading Room, Special Collection, Nazi War Crimes Disclosure Act, "Shoriki, Matsutaro," vol. 2:3. 부분적으로 시바타의 회상록에 근거한 더욱 구체적인 논의에 관해서는 다음을 보라. Yamazaki and Okuda, "Pacifying Anti-American Sentiments," 83–93.

65   Director to Chief, [redacted] Mission, [redacted], 16 May 1955, CIA Electronic Reading Room, Special Collection, Nazi War Crimes Disclosure Act, "Shoriki, Matsutaro," vol. 2:4.

66   Matsutaro Shōriki and eighteen other Japanese signatories(all members of the Organizing Committee for Japan Atoms-for-Peace Council) to John Jay Hopkins, 26 May 1955, CIA Electronic Reading Room, Special Collection, Nazi War Crimes Disclosure Act, "Shoriki, Matsutaro," vol. 2:7. CIA의 시각에 관한 더욱 구체적인 사항들은 다음에 있다.

Chief of [deleted] Base to Chief, FE, 5 July 1955, Special Collection, Nazi War Crimes Disclosure Act, "Shoriki, Matsutaro," vol. 2:13.

67 Matsutaro Shōriki and eighteen other Japanese signatories, "Shoriki, Matsutaro," vol. 2:7. CIA의 시각에 관한 더욱 구체적인 사항들은 다음에 있다. Chief of [deleted] Base to Chief, FE, 5 July 1955, Special Collection, Nazi War Crimes Disclosure Act, "Shoriki, Matsutaro," vol. 2:13.

68 Chief of [deleted] Base to Chief, FE, 5 July 1955, CIA Electronic Reading Room, Special Collection, Nazi War Crimes Disclosure Act, "Shoriki, Matsutaro," vol. 2:13.

69 Matsutaro Shōriki and eighteen other Japanese signatories, "Shoriki, Matsutaro," vol. 2:7.

70 Matsutaro Shōriki and eighteen other Japanese signatories, "Shoriki, Matsutaro," vol. 2:7.

71 Matsutaro Shōriki and eighteen other Japanese signatories, "Shoriki, Matsutaro," vol. 2:7.

72 Unsigned classified message to Director of Central Intelligence, 20 May 1955, CIA Electronic Reading Room, Special Collection, Nazi War Crimes Disclosure Act, "Shoriki, Matsutaro," vol. 2:6.

73 일본에서의 민수용 핵에너지에 관한 여론과 히로시마에서 열린 전시회에 대한 구체적 분석으로는 다음을 보라. Ran Zwigenberg, "'The Coming of a Second Sun': The 1956 Atoms for Peace Exhibit in Hiroshima and Japan's Embrace of Nuclear Power," *Asia-Pacific Journal* 10:6(2012), https://apjjf.org/2012/10/6/Ran-Zwigenberg/3685/article. html [accessed 27 June 2020].

74 Memorandum for Chief, Information Coordination Division, 28 January 1955, CIA Electronic Reading Room, Special Collection, Nazi War Crimes Disclosure Act, "Shoriki, Matsutaro," vol. 1:35.

75 Acting KUCAGE [Psychological Warfare] Operations Officer to Chief, FE, 5 July 1955, CIA Electronic Reading Room, Special Collection, Nazi War Crimes Disclosure Act, "Shoriki, Matsutaro," vol. 2:38.

76 Matsutaro Shōriki to President Dwight D. Eisenhower, 17 November 1955. Foreign Service Despatch from US Embassy, Tokyo, to Department of State, Washington, 10 July 1956, CIA Electronic Reading Room, Special Collection, Nazi War Crimes Disclosure Act, "Shoriki, Matsutaro," vol. 2:38.

77 여론 변화는 다음에서 논의된다. Yuki Tanaka and Peter J. Kuznick, "Japan, the Atomic Bomb, and the 'Peaceful Uses of Nuclear Power,'" *Asia-Pacific Journal* 9:18(2011), https://apjjf.org/2011/9/18/Yuki-Tanaka/3521/article.html [accessed 26 June 2020].

78 Chief, [deleted] Base, [deleted], to Chief, FE, Subject Psych Operational, PODAM/ [deleted] Progress Report, 9 December 1955. CIA Electronic Reading Room, Special Collection, Nazi War Crimes Disclosure Act, "Shoriki, Matsutaro," vol. 2:43.

79 [Author redacted] to Director, 30 April 1956. CIA Electronic Reading Room, Special Collection, Nazi War Crimes Disclosure Act, "Shoriki, Matsutaro," vol. 3:3.

80 [Redacted] to Director, 20 July 1955. CIA Electronic Reading Room, Special Collection, Nazi War Crimes Disclosure Act, "Shoriki, Matsutaro," vol. 2:17.

81 [Redacted] to Director, 13 December 1955. CIA Electronic Reading Room, Special Collection, Nazi War Crimes Disclosure Act, "Shoriki, Matsutaro," vol. 2:46.

82 "A Talk to People in the Inner Circle of Atomic Energy in Japan," April 1956, Papers of Sir Christopher Hinton, Churchill College Archives, Cambridge University, United Kingdom, folder 3/4.

83 "A Talk to People in the Inner Circle of Atomic Energy in Japan."

84 "A Talk to People in the Inner Circle of Atomic Energy in Japan."

85 "A Talk to People in the Inner Circle of Atomic Energy in Japan."

86 Foreign Service Despatch from US Embassy, Tokyo to Department of State, Washington, 3 August 1956, CIA Electronic Reading Room, Special Collection, Nazi War Crimes Disclosure Act, "Shoriki, Matsutaro," vol. 3:19.

87 "Scientists Studying H-Bomb Blast Data," *New York Times*, 22 May 1956, 1.

88 Chief, FE to Chief of [redacted] Station, [redacted], 26 June 1956. CIA Electronic Reading Room, Special Collection, Nazi War Crimes Disclosure Act, "Shoriki, Matsutaro," vol. 3:14.

89 Chief, FE to Chief of [redacted] Station, [redacted], 26 June 1956.

90 Correspondence between Chief, FE and Acting Chief [redacted] Station, [redacted], 6 July 1956, CIA Electronic Reading Room, Special Collection, Nazi War Crimes Disclosure Act, "Shoriki, Matsutaro," vol. 3:15.

91 Foreign Service Despatch from US Embassy, Tokyo, to Department of State, Washington, 10 July 1956, CIA Electronic Reading Room, Special Collection, Nazi War Crimes Disclosure Act, "Shoriki, Matsutaro," vol. 3:17.

92 Foreign Service Despatch from US Embassy, Tokyo, to Department of State, Washington.

93 도카이(東海) 원자로에 관한 초기 정보는 다음에 수록되었다. E. R. Appleby, *Review of Power and Heat Reactor Designs, Domestic and Foreign*, report HW-66666, vol. 1(Richland, WA: Hanford Atomic Products Operation, 1961), 143.

94 원자력의 긍정적 측면에 관한 일본 정부의 집중과 이의 국가적 매체와의 연합은 다음에서 논의된다. Christopher F. Jones, Shi-Lin Loh, and Kyoko Satō, "Narrating Fukushima: Scales of a Nuclear Meltdown," *East Asian Science, Technology and Society: An International Journal* 7(2013), 601–623.

4장 | 유색 원자와 백색 원자

1   1950년대와 1960년대 인종주의적 정치학과 냉전 외교 사이의 연계에 관해서는 다음을 보라. Mary L. Dudziak, *Cold War Civil Rights: Race and the Image of American Democracy*(Princeton, NJ: Princeton University Press, 2000) 및 Thomas Borstelmann, *The Cold War and the Color Line: American Race Relations in the Global Arena*(Cambridge, MA: Harvard University Press, 2003). 중립주의에 관해서는 다음을 보라. H. W. Brands, *The Specter of Neutralism: The United States and the Emergence of the Third World*(New York: Columbia University Press, 1989).

2   Mark Vallen, "A New Look at Rivera's 'Gloriosa Victoria,'" 8 February 2016, http://art-for-a-change.com/blog/2016/02/a-new-look-at-riveras-gloriosa-victoria.html [accessed 26 June 2020].

3   스페인어 원본과 함께 여기서 사용된 영어 번역은 다음에서 찾을 수 있다. William Pitt Root, trans., *Sublime Blue: Selected Early Odes by Pablo Neruda*(San Antonio, TX: Wings Press, 2013), 23−31.

4   National Security Council Report NSC 5507/2, 12 March 1955,*Foreign Relations of the United States, 1955-1957*, vol. 20, *Regulation of Armaments; Atomic Energy*, ed. David S. Patterson(Washington, DC: US Government Printing Office, 1990), document 14.

5   *Meeting the Human Problems of the Nuclear Age, Address by President Eisenhower, June 11, 1955*(Washington, DC: US Government Printing Office, 1955).

6   Memorandum of Discussion at the 251st Meeting of the National Security Council, 9 June 1955, *Foreign Relations of the United States, 1955-1957*, vol. 20, *Regulation of Armaments; Atomic Energy*, ed. David S. Patterson(Washington, DC: US Government Printing Office, 1990), document 35.

7   Letter from the Secretary of State to the President's Special Assistant, 2 May 1955, *Foreign Relations of the United States, 1955-1957*, vol. 20, *Regulation of Armaments; Atomic Energy*, ed. David S. Patterson(Washington, DC: US Government Printing Office, 1990), document 21.

8   Memorandum of Discussion at the 240th Meeting of the National Security Council, 10 March 1955, *Foreign Relations of the United States, 1955-1957*, vol. 20, *Regulation of Armaments; Atomic Energy*, ed. David S. Patterson(Washington, DC: US Government Printing Office, 1990), document 13.

9   Jahnavi Phalkey, *Atomic State: Big Science in Twentieth-Century India*(New Delhi: Permanent Black, 2013).

10 Memorandum from the Deputy Assistant Secretary of State for International

Organization Affairs(Wainhouse) and the Secretary of State's Assistant for Atomic Energy Affairs(Smith) to the Under Secretary of State(Hooever), 19 January 1955, *Foreign Relations of the United States, 1955-1957*, vol. 20, *Regulation of Armaments; Atomic Energy*, ed. David S. Patterson(Washington, DC: US Government Printing Office, 1990), document 3.

11 Memorandum of Discussion at the 240th Meeting of the National Security Council, 10 March 1955, *Foreign Relations of the United States, 1955-1957*, vol. 20, *Regulation of Armaments; Atomic Energy*, ed. David S. Patterson(Washington, DC: US Government Printing Office, 1990), document 13.

12 Cindy Ewing, "The Colombo Powers: Crafting Diplomacy in the Third World and Launching Afro-Asia at Bandung," *Cold War History* 19:1(2019), 1−19.

13 이 코뮈니케의 전문은 다음에 인용되었다. Jack A. Homer, *Bandung: An On-the-Spot Description of the Asian-African Conference, Bandung, Indonesia, April, 1955*(Chicago: Toward Freedom, 1956), 17−29.

14 Editorial Note, *Foreign Relations of the United States, 1955-1957*, vol. 20, *Regulation of Armaments; Atomic Energy*, ed. David S. Patterson(Washington, DC: US Government Printing Office, 1990), document 48.

15 Memorandum of Discussion at the 261st Meeting of the National Security Council, Washington, 13 October 1955, *Foreign Relations of the United States, 1955-1957*, vol. 20, *Regulation of Armaments; Atomic Energy*, ed. David S. Patterson(Washington, DC: US Government Printing Office, 1990), document 77.

16 Memorandum of Discussion at the 261st Meeting of the National Security Council, Washington, 13 October 1955, *Foreign Relations of the United States, 1955-1957*, vol. 20, *Regulation of Armaments; Atomic Energy*, ed. David S. Patterson(Washington, DC: US Government Printing Office, 1990), document 77.

17 Paul R. Josephson, *Red Atom: Russia's Nuclear Power Program from Stalin to Today*(Pittsburgh, PA: University of Pittsburgh Press, 2005), 174−175.

18 Memorandum of a Conversation, Department of State, 8 April 1955(subject: Asian African Conference), *Foreign Relations of the United States, 1955-1957*, vol. 2, *China*, ed. Harriet D. Schwar(Washington, DC: US Government Printing Office, 1986), document 195; Memorandum of a Conversation, Department of State, Washington, 24 May 1955(subject: Bandung conference), *Foreign Relations of the United States, 1955-1957*, vol. 21, *East Asian Security; Cambodia; Laos*, ed. Edward C. Keefer and David W. Mabon(Washington, DC: US Government Printing Office, 1990), document 54.

19 F. M. Serrano, *Atoms for Peace in the Philippines: Official Report of the Philippine*

Delegation to the International Conference on the Peaceful Uses of Atomic Energy(New York: Philippine Mission to the United Nations, 1955).

20   Confidential cable from British Embassy, Washington, DC, to Foreign Office, 21 December 1955, DO 35/5779, UK National Archives, Kew, England.

21   British Chancery, Manila, to South East Asian Department, Foreign Office, 31 December 1955, DO 35/5779, UK National Archives, Kew, England.

22   N. E. Costar to J. Thomson, 4 April 1956, DO 35/5779, UK National Archives, Kew, England.

23   J. C. A. Roper, British Embassy, Washington, to I. F. Porter, Foreign Office, 2 April 1956, DO 35/5779, UK National Archives, Kew, England.

24   Brookhaven National Laboratory, *Annual Report, July 1, 1956*(Upton, NY: Associated Universities, 1957), xv–xvi.

25   G. J. Madison, note 23 April 1956, DO 35/5779, UK National Archives, Kew, England.

26   J. Thomson(Commonwealth Relations Office) to S. T. Charles, 29 February 1956, DO 35/5779, UK National Archives, Kew, England.

27   G. J. Madison, note, 23 April 1956, DO 35/5779, UK National Archives, Kew, England.

28   Chancery(British Embassy, Rangoon) to South-East Asia Department, Foreign Office, 12 May 1956, DO 35/5779, UK National Archives, Kew, England.

29   G. J. Madison, note, 23 April 1956, DO 35/5779, UK National Archives, Kew, England.

30   O. L. Williams(UK High Commission, Karachi) to James Thomson(Commonwealth Relations Office), 17 March 1956, DO 35/5779, UK National Archives, Kew, England.

31   이 시각들은 워싱턴에서 근무한 영국 외교관들의 회상에 근거했다. J. C. A. Roper, British Embassy, Washington, to I. F. Porter, Foreign Office, 16 October 1956, DO 35/5780, UK National Archives, Kew, England.

32   Chancery(British Embassy, Rangoon) to South-East Asia Department, Foreign Office, 12 May 1956, DO 35/5779, UK National Archives, Kew, England.

33   J. C. A. Roper(British Embassy, Washington) to I. F. Porter(Foreign Office), 11 October 1956, DO 35/5779, UK National Archives, Kew, England.

34   예컨대, 다음을 보라. R. A. Thompson to A. E. Parsons, 4 July 1956(그리고 이 시각들의 변형들이 담긴 문서철 전체를 실제로 보라), DO 35/5779, UK National Archives, Kew, England.

35   Chancery, British Embassy, Rangoon, to Southeast Asia Dept, Foreign Office, 21

September 1956, DO 35/5780, UK National Archives, Kew, England.

36   Memorandum from the Secretary of State to the President, 19 August 1955. *Foreign Relations of the United States, 1955-1957*, vol. 20, *Regulation of Armaments; Atomic Energy*, ed. David S. Patterson(Washington, DC: US Government Printing Office, 1990), document 57.

37   다음을 보라. Phalkey, *Atomic State*.

38   J. C. A. Roper(British Embassy, Washington) to D. V. Bendall(Foreign Office), 1 August 1956, DO 35/5779, UK National Archives, Kew, England.

39   봄베이 회동에 대한 이 회고들은 다음과 같다. K. A. East(Office of the High Commissioner for the United Kingdom, Colombo, Ceylon) to T. W. Aston(Commonwealth Relations Office), 11 September 1956, DO 35/5779, UK National Archives, Kew, England.

40   IAEA 이사진의 역할에 관해서는 다음을 보라. David Fischer, *History of the International Atomic Energy Agency: The First Forty Years*(Vienna: IAEA, 1997), 38.

41   Memorandum for the Files, by William O. Hall of the United States Mission to the United Nations, 13 May 1955, *Foreign Relations of the United States, 1955-1957*, vol. 20, *Regulation of Armaments; Atomic Energy*, ed. David S. Patterson(Washington, DC: US Government Printing Office, 1990), document 29.

42   Memorandum for the Files, by William O. Hall of the United States Mission to the United Nations, 13 May 1955, *Foreign Relations of the United States, 1955-1957*, vol. 20, *Regulation of Armaments; Atomic Energy*, ed. David S. Patterson(Washington, DC: US Government Printing Office, 1990), document 29, https://history.state.gov/historicaldocuments/frus1955-57v20/d29.

43   Fischer, *History of the International Atomic Energy Agency*, 38−39.

44   Holmes Alexander, "Atoms-for-India," *Independent Record* [Helena, Montana], 18 October 1957, 4.

45   Gérard De Boe, "Lovanium"(Productions GDB, 1959), 다음에서 이용 가능하다. https://www.youtube.com/watch?v=nz0sw11yYps [accessed 26 June 2020].

46   "South African Atomic Energy Program," 1963, Paul Aebersold Papers, folder "General Correspondence-May-December-1963," Texas A&M Archives and Special Collections, https://www.osti.gov/opennet/servlets/purl/905939.pdf [accessed 26 June 2020].

47   Clyde Farnsworth, "Africa Gets New Atomic Witchcraft," *Chicago Tribune*, 10 March 1963, 1.

48   가나의 원자력 경험에 관한 개괄은 다음에 수록되었다. M. V. Ramana and Priscilla Agyapong, "Thinking Big? Ghana, Small Reactors, and Nuclear Power," *Energy Research and Social Science* 21(2016), 101−113. 아프리카 내에서의 원자력 발전과 가나의 중심

적인 역할에 관한 논의로는 다음을 보라. Abena Dove Osseo-Asare, *Atomic Junction: Nuclear Power in Africa after Independence*(New York: Cambridge University Press, 2019).

49   Paul Hoffman, "Bunche Says '60 Is Year of Africa," *New York Times*, 17 February 1960, 15.

50   "Dr. Verwoerd Makes a Statement as South Africa Becomes a Republic," British Pathé Archive, Film ID 2932.17, https://www.britishpathe.com/video/dr-verwoerd-makes-a-statement-as-south-africa-beco [accessed 26 June 2020].

51   Leonard Ingalls, "Verwoerd Dooms Apartheid Shift," *New York Times*, January 29, 1961, 29.

52   "African A-Bomb Ability Seen," *New York Times*, 18 December 1961, 3.

53   "African Summit Urged," *New York Times*, 17 June 1960, 2.

54   "Nouvelles Protestations contre l'Explosion de Reggane," *Le Monde*, 30 December 1960, https://www.lemonde.fr/archives/article/1960/12/30/nouvelles-protestations-contre-l-explosion-de-reggane_2104033_1819218.html [accessed 26 June 2020]; Samuel Obeng, ed., *Selected Speeches of Kwame Nkrumah*, vol. 1(Accra, Ghana: Afram Publications, 1979), 25.

55   Frantz Fanon, *The Wretched of the Earth*, trans. Richard Philcox(New York: Grove Press, 2004), 100, 228.

56   Obeng, *Selected Speeches of Kwame Nkrumah*, vol. 1, 48, 114.

57   Obeng, *Selected Speeches of Kwame Nkrumah*, vol. 1, 131.

58   Special National Intelligence Estimate, 10 January 1961, *Foreign Relations of the United States, 1961-1963*, vol. 20, *Congo Crisis*, ed. Harriet Dashiell Schwar(Washington, DC: US Government Printing Office, 1994), document 2.

59   콩고 위기 동안 은크루마에 대한 아이젠하워 행정부의 태도 변화에 관한 분석으로는 다음을 보라. Ebere Nwaubani, "Eisenhower, Nkrumah and the Congo Crisis," *Journal of Contemporary History* 36:4(2001), 599−622.

60   Editorial note, *Foreign Relations of the United States, 1961-1963*, vol. 20, *Congo Crisis*, ed. Harriet Dashiell Schwar(Washington, DC: US Government Printing Office, 1994), document 4.

61   루뭄바 암살에 관한 수많은 해석에 관해서는 다음을 보라. Emmanuel Gerard and Bruce Kuklick, *Death in the Congo: Murdering Patrice Lumumba*(Cambridge, MA: Harvard University Press, 2015). 또한 다음을 보라. Editorial note, *Foreign Relations of the United States, 1961-1963*, vol. 20, *Congo Crisis*, ed. Harriet Dashiell Schwar(Washington. DC: US Government Printing Office, 1994), document 6.

62 Memorandum from Secretary of Defense McNamara to the President's Special Assistant for *National Security Affairs*(Bundy), 21 February 1961, *Foreign Relations of the United States, 1961-1963*, vol. 9, *Foreign Economic Policy*, ed. Evans Gerakas, David S. Patterson, William F. Sanford Jr., and Carolyn B. Yee(Washington, DC: US Government Printing Office, 1995), document 338.

63 Memorandum by the Deputy Representative-Designate to the United Nations Security Council(Yost), 17 February 1961, *Foreign Relations of the United States, 1961-1963*, vol. 20, *Congo Crisis*, ed. Harriet Dashiell Schwar(Washington, DC: US Government Printing Office, 1994), document 32.

64 Memorandum of Conversation, 28 April 1962, *Foreign Relations of the United States, 1961-1963*, vol. 20, *Congo Crisis*, ed. Harriet Dashiell Schwar(Washington, DC: US Government Printing Office, 1994), document 224.

65 IAEA Board of Governors, Official Record of the One Hundred and Fifty−Ninth Meeting, 2 July 1959, GOV/OR.159, 12 September 1959, p. 3, SAC 1958−1960 Meetings nos. 1−5, IAEA Archives, Vienna, Austria.

66 Gabrielle Hecht, *Being Nuclear: Africans and the Global Uranium Trade*(Cambridge, MA: MIT Press, 2012), 28.

67 Nathaniel T. Coleman(IAEA) to Dr. P. G. Marais, 21 December 1960, SC/822 PT I, IAEA Archives, Vienna, Austria.

68 프라이드Fried의 연구에 관해서는 다음을 보라. Maurice Fried and Hans Broeshart, *The Soil-Plant System in Relation to Inorganic Nutrition*(New York: Academic Press, 1967).

69 Pieter Marais to Mr. N. T. Coleman, 13 January 1961, SC/822 PT I, IAEA Archives, Vienna, Austria.

70 Alternate Governor, South African Legation(to the IAEA) to Dr. M. Fried(IAEA), 19 July 1961, SC/822 PT I, IAEA Archives, Vienna, Austria.

71 "South African Atomic Energy Program," 1963, Paul Aebersold Papers, folder "General Correspondence-May-December-1963," Texas A&M Archives and Special Collections, https://www.osti.gov/opennet/servlets/purl/905939.pdf [accessed 26 June 2020].

72 A. H. Ward(Radio-isotope Unit, University College, Legon, Ghana) to Dr. Fried and Dr. Broeshart(IAEA), 28 December 1961, S/289-6 PT II, IAEA Archives, Vienna, Austria.

73 M. E. Jefferson(US Department of Agriculture) to Dr. Maurice Fried(IAEA), SC/731 PT I, IAEA Archives, Vienna, Austria.

74 R. Scott Russell(UK Agricultural Research Council) to Dr. M. Fried, 4 December 1964, SC/822(5) PT I, IAEA Archives, Vienna, Austria.

75 다음을 보라. United Nations Resolution 1881(1963), https://digitallibrary.un.org/record/540387 [accessed 26 June 2020].

76 다음을 보라. United Nations Security Council Resolution 182(1963), https://digitallibrary.un.org/record/112182 [accessed 26 June 2020].

77 Memorandum from William H. Brubeck of the National Security Council Staff to the President's Special Assistant for National Security Affairs(Bundy), 17 August 1964, *Foreign Relations of the United States 1964-1968*, vol. 24, *Africa*, ed. Nina Davis Howland(Washington, DC: US Government Printing Office, 1999), document 594.

78 다음을 보라. M. S. van Wyk, "Ally or Critic? The United States' Response to South African Nuclear Development, 1949−1980," *Cold War History* 7:2(2007), 195−225.

79 Joseph Lelyveld, "Reactor Started in South Africa: Verwoerd Says Black States Can Share Atomic Gains," *New York Times*, August 6, 1965, 7.

80 Joseph Lelyveld, "Reactor Started in South Africa." 1960년대 자국을 서구 국가들에 필수불가결한 것으로 만든 남아공의 외교전략에 관해서는 다음을 보라. Jamie Miller, *An African Volk: The Apartheid Regime and Its Search for Survival*(New York: Oxford University Press, 2016).

81 "Alan Nunn May," *Times*, 24 January 2003, https://www.thetimes.co.uk/article/alan-nunn-may-sl9rx6xf709 [accessed 26 June 2020].

82 Robert C. Ruark, "Dr. May a Symbol of Times," *Lawrence Journal-World*, 24 January 1962, 3.

83 1950년대 말과 1960년대 초 러스틴과 다른 이들의 아프리카 방문에 관해서는 다음을 보라. Vincent J. Intondi, *African Americans against the Bomb: Nuclear Weapons, Colonialism, and the Black Freedom Movement*(Stanford, CA: Stanford University Press, 2015), chapter 3.

84 W. E. B. Du Bois, *The Souls of Black Folk*(New York: Cosimo, 2007), 9.

85 가나 내의 듀보이스에 관해서는 다음을 보라. Correspondence between FBI Director and SAC New York, 20 July 1960, Federal Bureau of Investigation, William E. B. Du Bois, File #100-99729, part 5 of 5, p. 57, 다음에서 이용 가능하다. https://vault.fbi.gov. 로브슨Robeson에 관해서는 다음을 보라. Federal Bureau of Investigation, Paul Robeson Sr., File #100-12304, Section 17 [part 22 of 31], p. 12.

86 Federal Bureau of Investigation, "Malcolm X Little," File #: 100-399321, file 24 of 27, 다음에서 이용 가능하다. https://vault.fbi.gov, p. 114. 식민주의와 민권의 비유에 대한 미국 정부의 반응으로는 다음을 보라. Borstelmann, *The Cold War and the Color Line*, 205−207.

87 Obeng, *Selected Speeches of Kwame Nkrumah*, vol. 1, 33, 29.

88 Obeng, *Selected Speeches of Kwame Nkrumah*, vol. 1, 152–154.

89 Obeng, *Selected Speeches of Kwame Nkrumah*, vol. 1, 155.

90 *Yearbook of the United Nations*(New York: UN Office of Public Information, 1964), 569.

91 가나 국내에서의 IAEA의 기획들이 어떻게 가나 내 코코아 부문의 구상에 적합했는지에 대한 분석으로는 다음을 보라. Lukas Bretwieser and Karin Zachmann, "Biofakte des Atomszeitalters: Strahlende Entwicklungen in Ghanas Landwirtschaft," *Technikgeschichte* 84:2(2017), 107–133.

92 IAEA, Request from the Government of Ghana, Job Description IAEA-GHANA-2, 22 January 1962, TA/GHA-3, IAEA Archives, Vienna, Austria.

93 Osseo-Asare, *Atomic Junction*, 60–68.

94 J. C. Webb(Acting Director, Division of Economic and Technical Assistance, IAEA) to His Excellency Ako Adjei, Minister for Foreign Affairs(Ghana), 4 July 1962, TA/GHA-3, IAEA Archives, Vienna, Austria.

95 Undated and unsigned handwritten message in TA/GHA-3, IAEA Archives, Vienna, Austria.

96 Dr. V. A. Golikov, "About Some Measures on the Development of Agricultural Investigations with the Application of Radioisotopes," n.d. TA/GHA-3, IAEA Archives, Vienna, Austria.

97 Harold Miller to F. A. Medine(IAEA), 1 June 1965, TA/GHA-5, IAEA Archives, Vienna, Austria.

98 Memorandum of Conversation, 12 February 1964, *Foreign Relations of the United States, 1964-1968*, vol. 24, *Africa*, ed. Nina Davis Howland(Washington, DC: US Government Printing Office, 1999), document 238.

99 Letter from President Nkrumah to President Johnson, 26 February 1964, *Foreign Relations of the United States, 1964-1968*, vol. 24, *Africa*, ed. Nina Davis Howland(Washington, DC: US Government Printing Office, 1999), document 243.

100 Memorandum from Robert W. Komer of the National Security Council Staff to the President's Special Assistant for National Security Affairs(Bundy), 27 May 1965, *Foreign Relations of the United States, 1964-1968*, vol. 24, *Africa*, ed. Nina Davis Howland(Washington, DC: US Government Printing Office, 1999), document 253.

101 A CIA internal summary of Nkrumah's 1965 book can be found in Walter Pforzheimer to Deputy Director of Central Intelligence, 8 November 1965, https://www.cia.gov/library/readingroom/docs/CIA-RDP75-00149R000600010011-6.pdf [accessed 26 June 2020].

102 Circular Telegram from the Department of State to Embassies in Africa, 23 November 1965, *Foreign Relations of the United States, 1964-1968* vol. 24, *Africa*, ed. Nina Davis Howland(Washington, DC: US Government Printing Office, 1999), document 256.

103 Telegram from the Embassy in Ghana to the Department of State, 3 March 1966, *Foreign Relations of the United States, 1964-1968*, vol. 24, *Africa*, ed. Nina Davis Howland(Washington, DC: US Government Printing Office, 1999), document 259.

104 Memorandum from the President's Acting Special Assistant for National Security Affairs(Komer) to President Johnson, 12 March 1966, *Foreign Relations of the United States, 1964-1968*, vol. 24, *Africa*, ed. Nina Davis Howland(Washington, DC: US Government Printing Office, 1999), document 260.

105 Memorandum from the President's Special Assistant(Rostow) to President Johnson, 9 October 1967, *Foreign Relations of the United States, 1964-1968*, vol. 24, *Africa*, ed. Nina Davis Howland(Washington, DC: US Government Printing Office, 1999), document 271.

106 Osseo-Asare, *Atomic Junction*, 99.

107 Jo-Ansie van Wyk, "Atoms, Apartheid, and the Agency: South Africa's Relations with the IAEA, 1957−1995," *Cold War History* 15:3(2015), 395−416.

108 다음에서 인용된 대로이다. Matthew Jones, *After Hiroshima: The United States, Race, and Nuclear Weapons in Asia, 1945-1965*(New York: Cambridge University Press, 2010), 461.

109 다음을 보라. David Levering Lewis, *W. E. B. Du Bois: A Biography*(New York: Henry Holt, 2009).

110 "China as a Nuclear Power," document I-29442/64, 7 October 1964. 다음을 보라. "The United States, China, and the Bomb," National Security Archive Electronic Briefing Book No. 1, ed. William Burr, http://nsarchive.gwu.edu/NSAEBB/NSAEBB1.

111 "Le Ghana 'Regrette' que la Chine ait fait Exploser une Bombe Atomique," *Le Monde*, 27 October 1964, https://www.lemonde.fr/archives/article/1964/10/27/le-ghana-regrette-que-la-chine-ait-fait-exploser-une-bombe-atomique_2132934_1819218.html [accessed 26 June 2020].

112 Federal Bureau of Investigation, "Malcolm X Little," File #: 105-8999, file 39 of 41, 다음에서 이용 가능하다. https://vault.fbi.gov, 107.

113 Federal Bureau of Investigation, "Malcolm X Little," File #: 105-8999, file 39 of 41, 다음에서 이용 가능하다. https://vault.fbi.gov, 107.

5장 | 영역 다툼과 녹색혁명

1   "Atomic Needler, William Sterling Cole," *New York Times*, 8 October 1957, 10.

2   "Atomic Needler."

3   영국과 소비에트의 시각들에 관해서는 다음을 보라. Stephen Twigge, "The Atomic Marshall Plan: Atoms for Peace, British Diplomacy and Civil Nuclear Power," *Cold War History* 16:2(2016), 213−230; David Holloway, "The Soviet Union and the Creation of the International Atomic Energy Agency," *Cold War History* 16:2(2016), 177−193.

4   David Fischer, *History of the International Atomic Energy Agency: The First Forty Years*(Vienna: IAEA, 1997), 76.

5   Fischer, *History of the International Atomic Energy Agency*, 77.

6   Paul R. Josephson, *Red Atom: Russia's Nuclear Power Program from Stalin to Today*(Pittsburgh, PA: University of Pittsburgh Press, 2005), 148−150.

7   P. Dorolle to A. J. Cipriani, 4 March 1955, A14/373/2 J.1, WHO Archives, Geneva, Switzerland.

8   P. Dorolle to A. J. Cipriani, 4 March 1955.

9   A. J. Cipriani to P. Dorolle, 24 March 1955, A14/373/2 J.1, WHO Archives, Geneva, Switzerland.

10 Extract from letter of 28 May 1955 from Professor Tubiana, A14/373/2 J.1, WHO Archives, Geneva, Switzerland.

11 Extract from letter of 28 May 1955 from Professor Tubiana, A14/373/2 J.1, WHO Archives, Geneva, Switzerland.

12 "Activities of the World Health Organization in Connection with the Peaceful Uses of Atomic Energy," 21 January 1958, O/320-2 PT I, IAEA Archives, Vienna, Austria.

13 I. S. Eve(WHO) to Dr. A. H. Tait(Director, Health and Safety Division, IAEA), 27 March 1958, O/320-2 PT I, IAEA Archives, Vienna, Austria.

14 M. G. Candau to Sterling Cole, 9 May 1958, O/320-2 PT I, IAEA Archives, Vienna, Austria.

15 Sterling Cole(IAEA) to Dr. M. G. Candau(WHO), 15 May 1958, O/320-2 PT I, IAEA Archives, Vienna, Austria.

16 V. Migulin(Acting Director-General, IAEA) to Dr. M. G. Candau, 15 July 1958, O/320-2 PT IV, IAEA Archives, Vienna, Austria.

17 Bo Lindell and R. Lowry Dobson, *Ionizing Radiation and Health*(Geneva: World Health Organization, 1961), 65.

18 IAEA Press Release PR 59/70, "Watching Radioactivity of Man's Surroundings: IAEA

Panel to Recommend Best Methods," 4 September 1959, A14/372/4(a) J.1, WHO Archives, Geneva, Switzerland.

19 Lowry Dobson, memorandum to Deputy Director-General, "IAEA Meeting on Radioactivity Measurements," 6 November 1959, A14/372/4(a) J.1, WHO Archives, Geneva, Switzerland.

20 Lowry Dobson(WHO) to H. T. Daw(IAEA), 28 July 1961, A14/372/4(a) J.1, WHO Archives, Geneva, Switzerland.

21 "IAEA Notes," *Bulletin of the Atomic Scientists* 17:9(1961), 399.

22 Fischer, *History of the International Atomic Energy Agency*, 74.

23 "Meeting with Dr. Candau, Geneva, February 1963, Draft Briefing for the Director General," n.d., O/320-2 PT IV, IAEA Archives, Vienna, Austria.

24 "Meeting with Dr. Candau, Geneva, February 1963, Draft Briefing for the Director General," n.d., O/320-2 PT IV, IAEA Archives, Vienna, Austria.

25 Gisela Mateos and Edna Suárez-Díaz, *Radioisótopos Itinerantes en América Latina*(México, D. F.: Universidad Nacional Autónoma de México, 2015).

26 시베르스도르프의 기원들과 초기 연구에 관해서는 다음을 보라. Otto Suschny, "The Agency's Laboratories at Seibersdorf and Vienna," in *International Atomic Energy Agency: Personal Reflections*(Vienna: IAEA, 1997), 211–219.

27 M. Fried, "Application of Radioisotopes and Radiation Sources in Agriculture, Food Production and the Food Industry with Special Reference to IAEA's Work," 19 April 1963, box 10ADG351, folder Dr. Fischnich/Dr. Silow 1963/1967, FAO Archives, Rome, Italy.

28 A. W. Lindquist(USDA) to Johan Halverstadt(IAEA), 14 May 1959, SC/822 PT I, IAEA Archives, Vienna, Austria.

29 Helen Anne Curry, *Evolution Made to Order: Plant Breeding and Technological Innovation in Twentieth-Century America*(Chicago: University of Chicago Press, 2016), 165.

30 Perry R. Stout(University of California) to Harold H. Smith(IAEA), 31 December 1958, SC/822 PT I, IAEA Archives, Vienna, Austria.

31 R. Scott Russell(Agricultural Research Council, Radiobiological Laboratory, Wantage) to K. C. Tsien(Department of Research and Isotopes, IAEA), 12 January 1960, SC/735-1, IAEA Archives, Vienna, Austria.

32 G. D. H. Bell(Cambridge University) to K. C. Tsien(Department of Research and Isotopes, IAEA), 12 January 1960, SC/735-1, IAEA Archives, Vienna, Austria.

33 Harold H. Smith(Brookhaven National Laboratory, USA) to K. C. Tsien(Department of Research and Isotopes, IAEA), 27 January 1960, SC/735-1, IAEA Archives, Vienna,

Austria.

34 Kiyoshi Kawara, "Introduction of a Gamma Field in Japan," *Radiation Botany* 3(1963), 175−177.

35 이 '무상' 개념은 다음에 담겨 있다. Björn Sigurbjörnsson to Arne Hagberg,(EUCARPIA, Sweden), 20 October 1974, SC/822(5) PT I, IAEA Archives, Vienna, Austria.

36 Björn Sigurbjörnsson to R. S. Caldecott(University of Minnesota), 3 December 1964, SC/822(5) PT I, IAEA Archives, Vienna, Austria.

37 T. Kawai to Björn Sigurbjörnsson, 16 March 1966, SC/822(5) PT II, IAEA Archives, Vienna, Austria.

38 Interview with Peter Jennings, conducted by Gene Hettel, 20 July 2007, http://archive. irri.org/publications/today/Jennings.asp [accessed 3 November 2010].

39 Björn Sigurbjörnsson, "Quickening the Pulse of Nature," *IAEA Bulletin* 13:4(1971), 20−27.

40 Björn Sigurbjörnsson to Henry Seligman, 2 May 1967, SC/822(5) PT IV, IAEA Archives, Vienna, Austria.

41 R. A. Silow to B. Sigurbjörnsson, 18 July 1967, O/251 PT II, IAEA Archives, Vienna, Austria.

42 B. Sigurbjörnsson, "Conception, Birth and Growth of the Joint FAO/IAEA Division," in *International Atomic Energy Agency: Personal Reflections*(Vienna: IAEA, 1997), 195−209, quote on p. 199.

43 R. A. Silow, "Appraisal of the Programme of Work of Atomic Energy in Agriculture," interoffice memorandum, 20 January 1966, folder "Dr. Fischnich/Dr. Silow 1963/1967," box 10ADG351, FAO Archives, Rome, Italy.

44 R. A. Silow, "Appraisal of the Programme of Work of Atomic Energy in Agriculture," interoffice memorandum, 20 January 1966.

45 Sigvard Eklund to Orvis V. Wells, 5 February 1966, folder "Dr. Fischnich/Dr. Silow 1963/1967," box 10ADG351, FAO Archives, Rome, Italy.

46 R. A. Silow to B. R. Sen, 15 August 1966, folder "Dr. Fischnich/Dr. Silow 1963/1967," box 10ADG351, FAO Archives, Rome, Italy.

47 R. A. Silow to Sigvard Eklund and B. R. Sen, 14 March 1967, folder "Dr. Fischnich/ Dr. Silow 1963/1967," box 10ADG351, FAO Archives, Rome, Italy.

48 R. A. Silow to Sigvard Eklund and B. R. Sen, 14 March 1967.

49 이 논란에 관해서는 다음을 보라. James Spiller, "Radiant Cuisine: The Commercial Fate of Food Irradiation in the United States," *Technology and Culture* 45:4(2004), 740−763.

50 R. A. Silow to Sigvard Eklund and B. R. Sen, 14 March 1967.

51 R. A. Silow to Sigvard Eklund and B. R. Sen, 14 March 1967.

52 Fischer, *History of the International Atomic Energy Agency* 132.

53 R. A. Silow to S. Eklund, B. R. Sen, and O. E. Fischnich, 14 April 1967, "The Joint FAO/IAEA Programme in Food Irradiation," folder "Dr. Fischnich/Dr. Silow 1963/1967," box 10ADG351, FAO Archives, Rome, Italy.

54 "Comments on 'The Joint FAO/IAEA Programme in Food Irradiation,' by R. A. Silow," unnamed author, August 1967, folder "Dr. Fischnich/Dr. Silow 1963/1967," box 10ADG351, FAO Archives, Rome, Italy.

55 R. A. Silow to S. Eklund, B. R. Sen, and O. E. Fischnich, 14 April 1967, "The Joint FAO/IAEA Programme in Food Irradiation."

56 "Comments on 'The Joint FAO/IAEA Programme in Food Irradiation,' by R. A. Silow," unnamed author, August 1967.

57 Spiller, "Radiant Cuisine."

58 "Comments on 'The Joint FAO/IAEA Programme in Food Irradiation,' by R. A. Silow," unnamed author, August 1967.

59 S. Eklund to B. R. Sen, 15 September 1967, folder "Dr. Fischnich/Dr. Silow 1963/1967," box 10ADG351, FAO Archives, Rome, Italy.

60 다음을 보라. Amy L. S. Staples, *The Birth of Development: How the World Bank, Food and Agriculture Organization, and World Health Organization Changed the World, 1945-1965*(Kent, OH: Kent State University Press, 2006), 121.

61 "Comments on the memorandum of 11 September 1967 by Dr. Silow," n.d., unnamed author, folder "Dr. Fischnich/Dr. Silow 1963/1967," box 10ADG351, FAO Archives, Rome, Italy.

62 "The Green Revolution," *New York Times*, 21 May 1968, 46.

63 William C. Paddock, "How Green Is the Green Revolution?" *BioScience* 20:16(1970), 897–902.

64 다음을 보라. C. Subramaniam to Binay Ranjan Sen, 18 October 1966, folder "Dr. Fischnich/Dr. Silow 1968/1973," box 10ADG351, FAO Archives, Rome, Italy.

65 인도의 국가안보에서 멕시코 밀의 중요성은 다음에서 강조되었다. John H. Perkins, *Geopolitics and the Green Revolution: Wheat, Genes, and the Cold War*(New York: Oxford University Press, 1997), 242.

66 Joseph Hanlon, "Top Food Scientist Published False Data," *New Scientist*(7 November 1974), 436–437.

67 R. O. Whyte to Robert A. Luse(Plant Breeding and Genetics Section, Joint FAO/IAEA Division), 3 October 1968, SC/822(5) PT V, IAEA Archives, Vienna, Austria.

68   Robert A. Luse to R. O. Whyte(Hongkong and Shanghai Banking Corporation, Ltd.), 24 October 1968, SC/822(5) PT V, IAEA Archives, Vienna, Austria.

69   Robert A. Luse, "Plant Protein Improvement: A Partial Solution to the Problem of Protein Malnutrition," *Kalamazoo College Review* 35:3(1973), 3–6.

70   Robert Rabson(Assistant Chief, Biology Branch, Division of Biology and Medicine, AEC) to Maurice Fried(Director, FAO/IAEA Joint Division), 25 April 1969, SC/822(4), IAEA Archives, Vienna, Austria.

71   Björn Sigurbjörnsson to O. E. Fischnich, 2 April 1969, folder "Dr. Fischnich/Dr. Silow 1968/1973," box 10ADG351, FAO Archives, Rome, Italy.

72   James F. Crow and Jerry Kermicle, "Oliver Nelson and Quality Protein Maize," *Genetics* 160:3(2002), 819–821.

73   The details of Swaminathan's protein data, and Shah's suicide, are reported in Hanlon, "Top Food Scientist Published False Data."

74   R. A. Silow to O. E. Fischnich, 21 March 1969, folder "Dr. Fischnich/Dr. Silow 1968/1973," box 10ADG351, FAO Archives, Rome, Italy.

75   R. A. Silow to T. E. Ritchie, 30 April 1969, folder "Dr. Fischnich/Dr. Silow 1968/1973," box 10ADG351, FAO Archives, Rome, Italy.

76   R. A. Silow to O. E. Fischnich, 19 September 1969, folder "Dr. Fischnich/Dr. Silow 1968/1973," box 10ADG351, FAO Archives, Rome, Italy.

77   Maurice Fried to O. E. Fischnich, n.d., folder "Dr. Fischnich/Dr. Silow 1968/1973," box 10ADG351, FAO Archives, Rome, Italy.

78   Maurice Fried to O. E. Fischnich, 25 September 1969, folder "Dr. Fischnich/Dr. Silow 1968/1973, box 10ADG351, FAO Archives, Rome, Italy.

79   서명이 되어 있으나 해독이 불가능한 오토 피슈니히에 대한 수기 논평은 다음의 타자기로 작성된 서한 옆에 있다. From O. E. Fischnich to A. H. Boerma, 19 November 1969, folder "Dr. Fischnich/Dr. Silow 1968/1973," box 10ADG351, FAO Archives, Rome, Italy.

80   Arne Lachen to A. H. Boerma, 5 January 1970, folder "Jt FAO/IAEA Division," box 10ADG351, FAO Archives, Rome, Italy.

81   Aresvik, draft book manuscript, attached to Arne Lachen to A. H. Boerma, 5 January 1970, folder "Jt FAO/IAEA Division," box 10ADG351, FAO Archives, Rome, Italy.

82   Maurice Fried to O. E. Fischnich, 16 January 1970, folder "Jt FAO/IAEA Division," box 10ADG351, FAO Archives, Rome, Italy.

83   R. A. Silow to O. E. Fischnich, 29 January 1970, folder "Dr. Fischnich/Dr. Silow 1968/1973," box 10ADG351, FAO Archives, Rome, Italy.

84 Oddvar Aresvik, *The Agricultural Development of Turkey*(New York: Praeger, 1975).

85 International Labor Organization, Administrative Tribunal, Thirteenth Ordinary Session, In re Silow(No. 5), Judgment No. 205, 14 May 1973, https://www.ilo.org/dyn/triblex/triblexmain.detail?p_judgment_no=205 [accessed 26 June 2020].

86 Unauthored, n.d., folder "Dr. Fischnich/Dr. Silow 1968/1973," box 10ADG351, FAO Archives, Rome, Italy.

87 Hanlon, "Top Food Scientist Published False Data."

88 Robert D. Havener, "Scientists: Their Rewards and Humanity," *Science* 237:4820(1987), 1281. "A Guru of the Green Revolution Reflects on Borlaug's Legacy," *Science* 326:5951(2009), 361.

89 Björn Sigurbjörnsson, "Conception, Birth and Growth of the Joint FAO/IAEA Division," in *International Atomic Energy Agency: Personal Reflections*(Vienna: IAEA, 1997), 195−209, quote on pp. 198−199.

90 Norman Borlaug, "The Green Revolution, Peace, and Humanity," Nobel Lecture, 11 December 1970, http://nobelprize.org/nobel_prizes/peace/laureates/1970/borlaug-lecture.html [accessed 26 June 2020].

91 Maurice Fried(Director, FAO/IAEA Joint Division) to E. J. Wellhausen(Director-General, International Maize and Wheat Improvement Center), 23 December 1968, SC/822(4), IAEA Archives, Vienna, Austria.

92 "Radiation and the Green Revolution," *IAEA Bulletin* 11:5(1969), 16−27.

93 Björn Sigurbjörnsson, "Quickening the Pulse of Nature," *IAEA Bulletin* 13:4(1971), 20−27.

6장 | 물, 피 그리고 핵무기 보유국 집단

1 중국 핵폭탄에 관해서는 다음을 보라. John Wilson Lewis and Xue Litai, *China Builds the Bomb*(Stanford, CA: Stanford University Press, 1991).

2 Memorandum from the Assistant Director for Scientific Intelligence of the Central Intelligence Agency(Chamberlain) to the Deputy Director of Central Intelligence(Carter), 15 October 1964, *Foreign Relations of the United States, 1964-1968*, vol. 30, *China*, ed. Harriet Dashiell Schwar(Washington, DC: US Government Printing Office, 1998), document 56.

3 Report of Meetings, Tapei, 23−24 October 1964, *Foreign Relations of the United States, 1964-1968*, vol. 30, *China*, ed. Harriet Dashiell Schwar(Washington, DC: US

Government Printing Office, 1998), document 62.

4   McGeorge Bundy, Memorandum for the Record, 19 October 1964, *Foreign Relations of the United States, 1964-1968*, vol. 30, *China*, ed. Harriet Dashiell Schwar(Washington, DC: US Government Printing Office, 1998), document 60.

5   Memorandum from the Joint Chiefs of Staff to Secretary of Defense McNamara, 16 January 1965, *Foreign Relations of the United States, 1964-1968*, vol. 30, *China*, ed. Harriet Dashiell Schwar(Washington, DC: US Government Printing Office, 1998), document 76.

6   Memorandum of Conversation, 23 November 1964, *Foreign Relations of the United States, 1964-1968*, vol. 11, *Arms Control and Disarmament*, ed. Evans Gerakas, David S. Patterson, and Carolyn B. Yee(Washington, DC: US Government Printing Office, 1997), document 50.

7   Memorandum of Conversation, 9 December 1964, *Foreign Relations of the United States, 1964-1968*, vol. 11, *Arms Control and Disarmament*, ed. Evans Gerakas, David S. Patterson, and Carolyn B. Yee(Washington, DC: US Government Printing Office, 1997), document 54. 중국 원자폭탄 이후 벌어진 이 사건들에 대한 논의로는 다음을 보라. Francis J. Gavin, "Blasts from the Past: Proliferation Lessons from the 1960s," *International Security* 29:3(2004/2005), 100-135.

8   Minutes of Discussion, Committee on Nuclear Proliferation, 7-8 January 1965, *Foreign Relations of the United States, 1964-1968*, vol. 11, *Arms Control and Disarmament*, ed. Evans Gerakas, David S. Patterson, and Carolyn B. Yee(Washington, DC: US Government Printing Office, 1997), document 60.

9   Report by the Committee on Nuclear Proliferation, 21 January 1965, *Foreign Relations of the United States, 1964-1968*, vol. 11, *Arms Control and Disarmament*, ed. Evans Gerakas, David S. Patterson, and Carolyn B. Yee(Washington, DC: US Government Printing Office, 1997), document 64.

10 Memorandum of Conversation(William C. Foster and Lord Chalfont, UK), 1 August 1965, *Foreign Relations of the United States, 1964-1968*, vol. 11, *Arms Control and Disarmament*, ed. Evans Gerakas, David S. Patterson, and Carolyn B. Yee(Washington, DC: US Government Printing Office, 1997), document 91.

11 IAEA Board of Governors, Official Record of the Three Hundred and Fifty-Sixth Meeting, 25 February 1965(dated 13 May 1965), EG 8/2, UK National Archives, Kew, England.

12 American Embassy, Buenos Aires, to US Department of State, 3 February 1965(and enclosures), NARA 59, 1964-1966 Inco-Uranium, http://digitalarchive.wilsoncenter.

org/document/117168 [accessed 26 June 2020].

13 IAEA Board of Governors, Official Record of the Three Hundred and Fifty-Sixth Meeting, 25 February 1965(dated 13 May 1965), EG 8/2, UK National Archives, Kew, England.

14 IAEA Board of Governors, Official Record of the Three Hundred and Fifty-Sixth Meeting, 25 February 1965(dated 13 May 1965).

15 IAEA Board of Governors, Official Record of the Three Hundred and Fifty-Sixth Meeting, 25 February 1965(dated 13 May 1965).

16 Bhumitra Chakma, "Toward Pokhran II: Explaining India's Nuclearisation Process," *Modern Asian Studies*(2005), 189−236.

17 Jayita Sarkar, "The Making of a Non-Aligned Nuclear Power: India's Proliferation Drift, 1964-8," *International History Review* 37:5(2015), 933−950.

18 Jayita Sarkar, "Sino-Indian Nuclear Rivalry: Glacially Declassified," *The Diplomat*, 2 June 2017, https://thediplomat.com/2017/06/sino-indian-nuclear-rivalry-glacially-declassified/ [accessed 26 June 2020].

19 플로세어 계획에 관해서는 다음을 보라. Scott Kirsch, *Proving Grounds: Project Plowshare and the Unrealized Dream of Nuclear Earthmoving*(New Brunswick, NJ: Rutgers University Press, 2005) 및 Scott Kaufman, *Project Plowshare: The Peaceful Use of Nuclear Explosives in Cold War America*(Ithaca, NY: Cornell University Press, 2013).

20 Christine Keiner, *Deep Cut: Science, Power, and the Unbuilt Interoceanic Canal*(Athens: University of Georgia Press, 2020).

21 Jayita Sarkar, "The Making of a Non-Aligned Nuclear Power."

22 Avner Cohen, *Israel and the Bomb*(New York: Columbia University Press, 1998). 또한 다음을 보라. Binyamin Pinkus and Moshe Tlamim, "Atomic Power to Israel's Rescue: French-Israeli Nuclear Cooperation, 1949−1957," *Israel Studies* 7:1(2002), 104−138; 그리고 Guy Ziv, "Shimon Peres and the French-Israeli Alliance, 1954−9," *Journal of Contemporary History* 45:2(2010), 406−429.

23 1960년경 이스라엘의 핵개발 계획에 대한 미국의 태도에 관해서는 다음을 보라. Matteo Gerlini, "Waiting for Dimona: The United States and Israel's Development of Nuclear Capability," *Cold War History* 10:2(2010), 143−161.

24 Circular Airgram from Department of State to Certain Posts, 31 October 1962, *Foreign Relations of the United States, 1961-63*, vol. 18, *Near East, 1962-1963*, ed. Nina J. Noring(Washington, DC: US Government Printing Office, 1995), document 87.

25 Avner Cohen and Marvin Miller, phone interview with Edwin E. Kinter(undated, 1993 or 1994), Nuclear Proliferation International History Project, record ID 116880, http://

digitalarchive.wilsoncenter.org/document/116880 [accessed 26 June 2020].

26   Sherman Kent, Memorandum from the Board of National Estimates, Central Intelligence Agency, to Director of Central Intelligence McCone, 6 March 1963, *Foreign Relations of the United States, 1961-63*, vol. 18, *Near East, 1962-1963*, ed. Nina J. Noring(Washington, DC: US Government Printing Office, 1995), document 179.

27   Telegram from the Department of State to the Embassy in the United Arab Republic, 7 July 1963, *Foreign Relations of the United States, 1961-63*, vol. 18, *Near East, 1962-1963*, ed. Nina J. Noring(Washington, DC: US Government Printing Office, 1995), document 292.

28   Memorandum of Conversation [Golda Meier, Dean Rusk, and others], 30 September 1963, *Foreign Relations of the United States, 1961-63*, vol. 18, *Near East, 1962-1963*, ed. Nina J. Noring(Washington, DC: US Government Printing Office, 1995), document 331.

29   Dany Shoham, "The Evolution of Chemical and Biological Weapons in Egypt," Ariel Center for Policy Research Policy Paper 46(1998), http://www.acpr.org.il/pp/pp046-shohame.pdf [accessed 26 June 2020].

30   Lyndon B. Johnson, "Remarks in New York City at the Dinner of the Weizmann Institute of Science," 6 February 1964, http://www.presidency.ucsb.edu/ws/index.php?pid=26060 [accessed 26 June 2020].

31   Lyndon B. Johnson, "Toasts of the President and Prime Minister Eshkol," 1 June 1964, http://www.presidency.ucsb.edu/ws/index.php?pid=26285 [accessed 26 June 2020].

32   Seth M. Siegel, *Let There Be Water: Israel's Solution for a Water-Starved World*(New York: Thomas Dunne, 2015).

33   Alexander Zucker, "Alvin M. Weinberg, 20 April 1915-18 October 2006," *Proceedings of the American Philosophical Society* 152:4(2008), 571-576.

34   Stewart L. Udall, *The Quiet Crisis*(New York: Avon, 1963).

35   L. Boyd Finch, *Legacies of Camelot: Stewart and Lee Udall, American Culture, and the Arts*(Norman: University of Oklahoma Press, 2008), 135.

36   Jacob Darwin Hamblin, *Poison in the Well: Radioactive Waste in the Oceans at the Dawn of the Nuclear Age*(New Brunswick, NJ: Rutgers University Press, 2008).

37   플로셰어 계획에 대해서는 다음을 보라. Scott Kirsch, *Proving Grounds: Project Plowshare and the Unrealized Dream of Nuclear Earthmoving*(New Brunswick, NJ: Rutgers University Press, 2005); 평화적 핵폭발로 복귀하기를 계속 희망한 시보그에 관해서는 다음을 보라. Scott Kaufman, *Project Plowshare: The Peaceful Use of Nuclear Explosions*(Ithaca, NY: Cornell University Press, 2012).

38 Alvin M. Weinberg, *The First Nuclear Era: The Life and Times of a Technological Fixer*(New York: American Institute of Physics, 1994), 144.

39 Donald F. Hornig, Memorandum for the Record, 9 July 1964, *Foreign Relations of the United States, 1964-1968*, vol. 34, *Energy Diplomacy and Global Issues*, ed. Susan K. Holly(Washington, DC: US Government Printing Office, 1999), document 133.

40 미국의 태도는 다음에서 찾을 수 있다. A telegram from the Consulate General at Jerusalem to the Department of State, 14 October 1955, *Foreign Relations of the United States, 1955-1957*, vol. 14, *Arab-Israeli Dispute*, 1955, ed. Carl N. Raether(Washington, DC: US Government Printing Office, 1989), document 336.

41 Memorandum from the Assistant Secretary of State for Near Eastern and South Asian Affairs(Talbot) to Secretary of State Rusk, 18 November 1963, *Foreign Relations of the United States, 1961-1963*, vol. 18, *Near East, 1962-1963*, ed. Nina J. Noring(Washington, DC: US Government Printing Office, 1995), document 364.

42 Itay Fischhendler, "When Ambiguity in Treaty Design Becomes Destructive: A Study in Transboundary Water," *Global Environmental Politics* 8:1(2008), 111−136. 또한 다음을 보라. Yoram Nimrod, *Angry Waters: Controversy over the Jordan River*(Givat Haviva, Israel: Center for Arabic and Afro Asian Studies, 1966). 요단강 유역을 둘러싼 충돌에 관한 개괄로는 다음을 보라. Miriam R. Lowi, *Water and Power: The Politics of a Scarce Resource in the Jordan River Basin*(New York: Cambridge University Press, 1993).

43 Zaki Shalom, *Israel's Nuclear Option: Behind the Scenes Diplomacy between Dimona and Washington*(Brighton, UK: Sussex Academic Press, 2005), 73.

44 A. Giambusso, "Trip Report—Catalytic Construction Company, Philadelphia, Pennsylvania—July 19−21, 1965(U.S.-Israel Study)," n. d., US Atomic Energy Commission, Files of the Former Reactor Division, box 19, National Archives and Records Administration, Southeast Region, Atlanta, Georgia.

45 1960년대 이스라엘의 플루토늄 분리 계획에 관해서는 다음을 보라. Cohen, *Israel and the Bomb*.

46 A. Giambusso, "Trip Report—Catalytic Construction Company, Philadelphia, Pennsylvania—July 19−21, 1965(U.S.-Israel Study)," n. d., US Atomic Energy Commission, Files of the Former Reactor Division, box 19, National Archives and Records Administration, Southeast Region, Atlanta, Georgia.

47 A. Giambusso, "Trip Report—Catalytic Construction Company, Philadelphia, Pennsylvania—July 19−21, 1965(U.S.-Israel Study)."

48 Memorandum of conversation, 2 November 1964, *Foreign Relations of the United States, 1964-1968*, vol. 34, *Energy Diplomacy and Global Issues*, ed. Susan K.

Holly(Washington, DC: US Government Printing Office, 1999), document 134.

49 Memorandum from the President's Special Assistant(Johnson) to the President's Special Assistant for *National Security Affairs*(Bundy), 30 August 1965, *Foreign Relations of the United States, 1964-1968*, vol. 34, *Energy Diplomacy and Global Issues*, ed. Susan K. Holly(Washington, DC: US Government Printing Office, 1999), document 138.

50 Memorandum from the President's Special Assistant for Science and Technology(Hornig) to the President's Special Assistant(Valenti), 14 September 1965, *Foreign Relations of the United States, 1964-1968*, vol. 34, *Energy Diplomacy and Global Issues*, ed. Susan K. Holly(Washington, DC: US Government Printing Office, 1999), document 140.

51 Information Memorandum from the Director of the Office of International Scientific Affairs(Pollack) to Secretary of State Rusk, 20 October 1965, *Foreign Relations of the United States, 1964-1968*, vol. 34, *Energy Diplomacy and Global Issues*, ed. Susan K. Holly(Washington, DC: US Government Printing Office, 1999), document144.

52 Peveril Meigs, "Coastal Deserts: Prime Customers of Desalination," paper for First International Symposium on Water Desalination, October 3−9, 1965, Washington, DC, US Atomic Energy Commission, Files of the Former Reactor Division, box 20, National Archives and Records Administration, Southeast Region, Atlanta, Georgia.

53 다음을 보라. Sean F. Johnston, "Alvin Weinberg and the Promotion of the Technological Fix," *Technology and Culture* 59:3(2018), 620−651.

54 Alvin M. Weinberg, "Can Technology Replace Social Engineering?" *Bulletin of the Atomic Scientists*, December 1966, 4−8.

55 Richard Philippone, Reactor Projects Branch, "Visit of Joseph Adar of Israel to ORNL," 21 December 1965, US Atomic Energy Commission, Files of the Former Reactor Division, box 19, National Archives and Records Administration, Southeast Region, Atlanta, Georgia.

56 Letter from Jerome Wiesner of the Massachusetts Institute of Technology to President Johnson, 28 February 1966, *Foreign Relations of the United States, 1964-1968*, vol. 34, *Energy Diplomacy and Global Issues*, ed. Susan K. Holly(Washington, DC: US Government Printing Office, 1999), document 146.

57 Letter from Jerome Wiesner of the Massachusetts Institute of Technology to President Johnson, 28 February 1966, *Foreign Relations of the United States, 1964-1968*, vol. 34, *Energy Diplomacy and Global Issues*, ed. Susan K. Holly(Washington, DC: US Government Printing Office, 1999), document 146.

58 Memorandum from the President's Special Assistant(Rostow) to President Johnson, 30 May 1966, *Foreign Relations of the United States, 1964-1968*, vol. 34, *Energy Diplomacy* *and Global Issues*, ed. Susan K. Holly(Washington, DC: US Government Printing Office, 1999), document 148.

59 Memorandum from the President's Special Assistant(Rostow) to President Johnson, 14 June 1966, *Foreign Relations of the United States, 1964-1968*, vol. 18, *Arab-Israeli Dispute, 1964-67*, ed. Harriet Dashiell Schwar(Washington, DC: US Government Printing Office, 2000), document 299.

60 군용 전투기와 탈염을 포괄하는 대화로는 다음을 보라. Memorandum for the Record, 3 May 1966 [between Rostow and Ambassador Harman], *Foreign Relations of the United States, 1964-1968*, vol. 18, *Arab-Israeli Dispute, 1964-67*, ed. Harriet Dashiell Schwar(Washington, DC: US Government Printing Office, 2000), document 288.

61 Memorandum from the Under Secretary of State(Katzenbach) to President Johnson, 1 May 1967, *Foreign Relations of the United States, 1964-1968*, vol. 18, *Arab-Israeli Dispute, 1964-67*, ed. Harriet Dashiell Schwar(Washington, DC: US Government Printing Office, 2000), document 415.

62 다음을 보라. editorial note, *Foreign Relations of the United States, 1964-1968*, vol. 34, *Energy Diplomacy and Global Issues*, ed. Susan K. Holly(Washington, DC: US Government Printing Office, 1999), document 151.

63 Memorandum from the President's Special Assistant(Rostow) to President Johnson, 12 August 1966, *Foreign Relations of the United States, 1964-1968*, vol. 34, *Energy Diplomacy and Global Issues*, ed. Susan K. Holly(Washington, DC: US Government Printing Office, 1999), document 152.

64 Memorandum from the President's Special Assistant(Rostow) to President Johnson, 19 September 1966, *Foreign Relations of the United States, 1964-1968*, vol. 34, *Energy Diplomacy and Global Issues*, ed. Susan K. Holly(Washington, DC: US Government Printing Office, 1999), document 155.

65 다음을 보라. editorial note, *Foreign Relations of the United States, 1964-1968*, vol. 34, *Energy Diplomacy and Global Issues*, ed. Susan K. Holly(Washington, DC: US Government Printing Office, 1999), document 161.

66 즈비 주르Tzvi Tzur(또는 Zvi Tsur)의 임명에 관해서는 다음을 보라. https://www.knesset.gov.il/mk/eng/mk_eng.asp?mk_individual_id_t=588 [accessed 26 June 2020].

67 핵무기비확산조약의 현재 전문은 다음에서 찾을 수 있다. https://www.un.org/disarmament/wmd/nuclear/npt/text [accessed 26 June 2020].

68 Memorandum from the Chairman of the Atomic Energy Commission(Seaborg) to Secretary of State Rusk, 13 June 1967, *Foreign Relations of the United States, 1964-1968*, vol. 34, *Energy Diplomacy and Global Issues*, ed. Susan K. Holly(Washington, DC: US

Government Printing Office, 1999), document 163.

69 Memorandum from the President's Special Assistant(Rostow) to President Johnson, 19 July 1967, *Foreign Relations of the United States, 1964-1968*, vol. 34, *Energy Diplomacy and Global Issues*, ed. Susan K. Holly(Washington, DC: US Government Printing Office, 1999), document 164.

70 Memorandum from the President's Special Assistant for Science and Technology(Hornig) to President Johnson, 26 July 1967, *Foreign Relations of the United States, 1964-1968*, vol. 34, *Energy Diplomacy and Global Issues*, ed. Susan K. Holly(Washington, DC: US Government Printing Office, 1999), document 165.

71 "A Proposal for Our Time," memorandum from Admiral Lewis J. Strauss to Former President Eisenhower, undated, *Foreign Relations of the United States, 1964-1968*, vol. 34, *Energy Diplomacy and Global Issues*, ed. Susan K. Holly(Washington, DC: US Government Printing Office, 1999), document 166.

72 C. L. Sulzberger, "Foreign Affairs: Water and Work I," *New York Times*, 14 July 1967, 26; C. L. Sulzberger, "Foreign Affairs: Water and Work II," *New York Times*, 16 July 1967, 142; C. L. Sulzberger, "Foreign Affairs: Water and Work III," *New York Times*, 19 July 1967, 38.

73 "G.O.P. Pushes Plan on Mideast Water," *New York Times*, 20 October 1967, 24.

74 Editorial note, *Foreign Relations of the United States, 1964-1968*, vol. 34, *Energy Diplomacy and Global Issues*, ed. Susan K. Holly(Washington, DC: US Government Printing Office, 1999), document 168.

75 Aaron Wolfe, audio interview with Alvin Weinberg and Calvin Burwell, 1991, courtesy of Aaron Wolfe.

76 Memorandum from the President's Special Assistant(Rostow) to President Johnson, 9 March 1968, *Foreign Relations of the United States, 1964-1968*, vol. 34, *Energy Diplomacy and Global Issues*, ed. Susan K. Holly(Washington, DC: US Government Printing Office, 1999), document 170.

77 Letter from the Coordinator of the Israeli Power and Desalting Project(Woods) to the President's Special Assistant(Rostow), 28 August 1968, *Foreign Relations of the United States, 1964-1968*, vol. 34, *Energy Diplomacy and Global Issues*, ed. Susan K. Holly(Washington, DC: US Government Printing Office, 1999), document 172.

78 Memorandum from Harold Saunders of the National Security Council Staff to President Johnson, 18 December 1968, *Foreign Relations of the United States, 1964-1968*, vol. 34, *Energy Diplomacy and Global Issues*, ed. Susan K. Holly(Washington, DC: US Government Printing Office, 1999), document 174.

79 Minutes of a Review Group Meeting, 23 September 1969, *Foreign Relations of the United States, 1969-1976*, vol. 24, *Middle East Region and Arabian Peninsula, 1969-1972*; Jordan, September 1970, ed. Linda W. Qaimmaqami and Adam M. Howard(Washington, DC: US Government Printing Office, 2008), document 9.

7장 │ **원자력 모스크와 기념비**

1 인도에 대한 캐나다의 핵 원조와 폭발에 관한 반응으로는 다음을 보라. Duane Bratt, *The Politics of CANDU Exports*(Toronto: University of Toronto Press, 2006).

2 Memorandum of conversation, Washington, 2 August 1974, 11am, Review of Indo-American Relations, *Foreign Relations of the United States, 1969-1976*, vol. E-8, *Documents on South Asia, 1973-1976*, ed. Paul J. Hibbeln and Peter A. Kraemer(Washington, DC: US Government Printing Office, 2007), document 171.

3 "India, Uninvited, Joins the Nuclear Club," *New York Times*, 19 May 1974, 206.

4 인도의 핵폭탄을 불안정하게 하는 효과들에 주안을 두는 동시에 이에 대한 비판적 분석으로는 다음을 보라. Itty Abraham, *The Making of the Indian Atomic Bomb: Science, Secrecy, and the Postcolonial State*(London: Zed Books, 1998). 핵개발에서 통제와 주권의 중요성에 관해서는 또한 다음을 보라. Feroz Hassan Khan, *Eating Grass: The Making of the Pakistani Bomb*(Stanford, CA: Stanford University Press, 2012).

5 Airgram from the Embassy in Iran to the Department of State, 9 January 1973, *Foreign Relations of the United States, 1969-1976*, vol. 27, *Iran; Iraq, 1973-1976*, ed. Monica L. Belmonte(Washington, DC: US Government Printing Office, 2012), document 1.

6 John Cockcroft, "The Baghdad Pact Nuclear Training Centre," *Nature* 179(11 May 1957), 936.

7 이라크를 통제하려는 영국의 노력에 관해서는 다음을 보라. Matthew Elliot, *"Independent Iraq": British Influence from 1941-1958*(London: Tauris, 1996).

8 "CENTO Institute of Nuclear Science, Biennial Report for 1959/61(Second Draft)," n.d., FO 371/157486, UK National Archives, Kew, England.

9 C. R. A. Rae to Sir William Slater, 30 May 1962, FO 371/164058, UK National Archives, Kew, England.

10 Michael J. Cohen, *Strategy and Politics in the Middle East, 1954-1960: Defending the Northern Tier*(London: Frank Cass, 2005), 205−206.

11 C. R. A. Rae to Sir William Slater, 30 May 1962, FO 371/164058, UK National

Archives, Kew, England.

12 "Future of the CENTO Institute of Nuclear Science, Tehran," n. d., FO 371/157484, UK National Archives, Kew, England.

13 F. J. Leishman to S. J. Whitwell, 9 February 1961, FO 371/157484, UK National Archives, Kew, England.

14 F. J. Leishman to S. J. Whitwell, 9 February 1961, FO 371/157484, UK National Archives, Kew, England. Material about American participation is located in FO 371/170247, UK National Archives, Kew, England.

15 W. J. A. Wilberforce to C. R. A. Rae, 23 September 1963, FO 371/170247, UK National Archives, Kew, England.

16 C. R. A. Rae to W. Morris(Foreign Office), 12 June 1964, FO 371/175630, UK National Archives, Kew, England.

17 Zia Mian, "Fevered with Dreams of the Future: The Coming of the Atomic Age to Pakistan," in *South Asian Cultures of the Bomb*, ed. Itty Abraham(Bloomington: Indiana University Press, 2009), 20−40.

18 Alexis de Greiff, "The Tale of Two Peripheries: The Creation of the International Centre for Theoretical Physics in Trieste," *Historical Studies in the Natural Sciences* 33:1(2002), 33−60.

19 I. H. Usmani, "Working Paper on The Future of the CENTO Institute of Nuclear Science, Tehran," for discussion at the Ninth Session of the Scientific Council of CENTO, to be held in May 1961, n.d., FO 371/157485, UK National Archives, Kew, England.

20 다음을 보라. Sankaran Krishna, "The Social Life of a Bomb: India and the Ontology of an 'Overpopulated' Society," in *South Asian Cultures of the Bomb*, ed. Itty Abraham(Bloomington: Indiana University Press, 2009), 68−88.

21 인도의 국가 형성 기획들에서 핵개발 계획의 중요성에 관해서는 다음을 보라. Jahnavi Phalkey, *Atomic State: Big Science in Twentieth-Century India*(Ranikhet: Permanent Black, 2013). 원자력연구소들의 건축에 관해서는 다음을 보라. Stuart W. Leslie, "Atomic Structures: The Architecture of Nuclear Nationalism in India and Pakistan," *History and Technology* 31:3(2015), 220−242, quote on p. 222.

22 S. A. Hasnain, "Dr. I. H. Usmani and the Early Days of the PAEC," *The Nucleus* 42(2005), 13−20, quotes on p. 17.

23 Hasnain, "Dr. I. H. Usmani and the Early Days of the PAEC," 13−20.

24 카메론에 관한 설명은 다음에서 찾을 수 있다. J. Kuba(IAEA Department of Technical Assistance) to the Governor from the United Arab Rebulic to the IAEA, 23 December

1965, folder TA/EGY-26 Prospection Geology, IAEA Archives, Vienna, Austria.

25 "Request from the Government of Pakistan, Pakistan Atomic Energy Commission, for United Nations Development Programme Special Fund Assistance in 'The Development of Uranium Resources of Pakistan(West),'" n.d., folder "TA/PAK-53, vol. 5, Exploration of Uranium Resources," IAEA Archives, Vienna, Austria.

26 United Nations Development Programme and International Atomic Energy Agency, "Exploration for Uranium in the Siwalik Sandstones, Dera Ghazi Khan District, PAK-70-553/PAK-74-002, Pakistan, Project Findings and Recommendations," 1976, folder "TA/PAK-53, vol. 5, Exploration of Uranium Resources," IAEA Archives, Vienna, Austria.

27 J. W. Hoadley, "Project Manager's Final Report on UNDP-IAEA Project PAK/70/553, Detailed Exploration of Uranium and Other Radioactive Occurences in the Siwalik Sandstones in the Dera Ghazi District," 21 June 1974, folder "TA/PAK-53, vol. 5, Exploration of Uranium Resources," IAEA Archives, Vienna, Austria.

28 "Request from the Government of Pakistan, Pakistan Atomic Energy Commission, for United Nations Development Programme Special Fund Assistance in 'The Development of Uranium Resources of Pakistan(West),'" n.d., folder "TA/PAK-53, vol. 5, Exploration of Uranium Resources," IAEA Archives, Vienna, Austria.

29 Richard Sisson and Leo E. Rose, *War and Secession: Pakistan, India, and the Creation of Bangladesh*(Berkeley: University of California Press, 1990).

30 물탄 회동, 우스마니의 축출과 칸의 임명에 관해서는 다음을 보라. Khan, *Eating Grass*, 87-92. 라비아 악타르는 핵폭탄에 대한 파키스탄의 전념이 인도의 핵실험 이후 미국의 비확산 정책과 연계되었음을 시사했다. 다음을 보라. Rabia Akhtar, "Making of the Seventh NWS: Historiography of the Beginning of the Nuclear Disorder in South Asia," *International History Review* 40(2018), 1115-1133.

31 부토의 1972년 언급은 다음에 인용되었다. Statement by the Leader of Pakistan Delegation, Munir A. Khan, Chairman, Pakistan Atomic Energy Commission, 17 September 1974, FCO 66/607, UK National Archives, Kew, England.

32 P. H. Grattan, "Pakistan Nuclear Power Plant," 21 November 1972, FCO 55/937 Nuclear UK Pakistan, UK National Archives, Kew, England.

33 G. P. C. Macartney, "Reprocessing Plan for Pakistan Atomic Energy Commission," 14 August 1972, FCO 55/937 Nuclear UK Pakistan, UK National Archives, Kew, England.

34 Akhtar Mahmud Faruqui, "A Review of the AEC in Pakistan," *IAEA Bulletin* 14-5(1972), 2-8, quote on p. 8.

35 United Nations Development Programme and International Atomic Energy Agency, "Exploration for Uranium in the Siwalik Sandstones, Dera Ghazi Khan District, PAK-70-553/PAK-74-002, Pakistan, Project Findings and Recommendations," 1976, folder "TA/PAK-53, vol. 5, *Exploration of Uranium Resources*," IAEA Archives, Vienna, Austria.

36 G. Woite, "The Potential Role of Nuclear Power in Developing Countries," *IAEA Bulletin* 17:3(1975), 21–32.

37 캐나다의 원자로 전략에 관한 개괄로는 다음을 보라. Duane Bratt, "CANDU or CANDON'T: Competing Values behind Canada's Nuclear Sales," *Nonproliferation Review* 5:3(1998), 1–16.

38 D. J. Cahill, "Exploration for Uranium in the Siwalik Sandstones, Dera Ghazi Khan District, Pakistan," May 1978, folder "TA/PAK-53, vol. 5, Exploration of Uranium Resources," IAEA Archives, Vienna, Austria.

39 South Asia Department, Foreign and Commonwealth Office, "Call by the Indian High Commissioner, 2 May 1974," 30 April 1974, FCO 66/604, UK National Archives, Kew, England.

40 Telegram 6591 from the US Embassy in India to the Department of State and the Embassy in the United Kingdom, May 18, 1974, 0600Z, *Foreign Relations of the United States, 1969-1976*, vol. E-8, *Documents on South Asia, 1973-1976*, ed. Paul J. Hibbeln and Peter A. Kraemer(Washington, DC: US Government Printing Office, 2007), document 161.

41 인도의 핵개발 계획에 관한 역사적 관점으로는 다음을 보라. Itty Abraham, *The Making of the Indian Atomic Bomb* 및 George Perkovich, *India's Nuclear Bomb: The Impact on Global Proliferation*(Berkely: University of California Press, 1999).

42 P. H. Roberts(Information Research Department), memo on "India and the NPT," 6 June 1974, FCO 66/604, UK National Archives, Kew, England.

43 Telegram TOSEC 794/104621, from the Department of State to the Mission to the International Atomic Energy Agency, 18 May 1974, 2238Z, *Foreign Relations of the United States, 1969-1976*, vol. E-8, *Documents on South Asia, 1973-1976*, ed. Paul J. Hibbeln and Peter A. Kraemer(Washington, DC: US Government Printing Office, 2007), document 162.

44 카푸르의 발표는 다음에서 논의된다. A. E. Montgomery to Mr. Summerhayes, "Indian Nuclear Test," 1 July 1974, FCO 66/604, UK National Archives, Kew, England.

45 J. J. Taylor(British High Commission, Ottawa), to L. V. Appleyard(New Delhi), memorandum regarding Indo/Canadian Bilateral Talks, 6 August 1974, FCO 82/367,

UK National Archives, Kew, England.

46   J. J. Taylor(British High Commission, Ottawa), to L. V. Appleyard(New Delhi), memorandum regarding Indo/Canadian Bilateral Talks, 6 August 1974.

47   A. F. Maddock to Mr. Taylor, memorandum regarding India and Canada, 9 August 1974, FCO 82/367, UK National Archives, Kew, England.

48   Paul R. Josephson, *Red Atom: Russia's Nuclear Power Program from Stalin to Today*(Pittsburgh, PA: University of Pittsburgh Press, 2005), 246–248.

49   William C. Potter, "The Soviet Union and Nuclear Proliferation," *Slavic Review* 44:3(1985), 468–488, esp. p. 474.

50   G. B. Chalmers(South Asian Department, FCO), memo, "Training in Nuclear Research for India," 26 June 1974, FCO 66/604, UK National Archives, Kew, England.

51   J. A. Thomson to Mr. Coles, 20 June 1974, FCO 66/606, UK National Archives, Kew, England.

52   Bernard Weintraub, "India Is Angered by A-Test Critics," *New York Times*, 26 May 1974, 15.

53   Telegram TOSEC 794/104621 From the Department of State to the Mission to the International Atomic Energy Agency, 18 May 1974, 2238Z, *Foreign Relations of the United States, 1969-1976*, vol. E-8, *Documents on South Asia, 1973-1976*, ed. Paul J. Hibbeln and Peter A. Kraemer(Washington, DC: US Government Printing Office, 2007), document 162.

54   W. V. Fell to D. M. Summerhayes, 20 June 1974, FCO 66/604, UK National Archives, Kew, England.

55   James Callaghan, 11 June 1974, "Aid to India and the Recent Indian Nuclear Explosion," FCO 37/1465, UK National Archives, Kew, England.

56   Statement by the Leader of Pakistan Delegation, Munir A. Khan, Chairman, Pakistan Atomic Energy Commission, 17 September 1974, FCO 66/607, UK National Archives, Kew, England.

57   Memorandum of conversation, Washington, August 2, 1974, 11am, Review of Indo-American Relations, *Foreign Relations of the United States, 1969-1976*, vol. E-8, *Documents on South Asia, 1973-1976*, ed. Paul J. Hibbeln and Peter A. Kraemer(Washington, DC: US Government Printing Office, 2007), document 171.

58   Memorandum of conversation, Washington, August 2, 1974, 11am, Review of Indo-American Relations.

59   예컨대, 간디에 관한 1971년의 다음 대화를 보라. Conversation among President Nixon, the President's Assistant for *National Security Affairs*(Kissinger), and the President's

Assistant(Haldeman), Washington, 5 November 1971, *Foreign Relations of the United States*, 1969−1975, vol. E-7, Documents on South Asia, 1969−1972, ed. Louis J. Smith(Washington, DC: US Government Printing Office, 2005), document 150.

60 Memorandum from the President's Deputy Assistant for *National Security Affairs*(Scowcroft) to President Ford, 28 October 1974, *Foreign Relations of the United States, 1969-1976*, vol. E-8, *Documents on South Asia, 1973-1976*, ed. Paul J. Hibbeln and Peter A. Kraemer(Washington. DC: US Government Printing Office, 2007), document 179.

61 Isabelle Anstey, "Negotiating Nuclear Control:The Zangger Committee and the Nuclear Suppliers' Group in the 1970s, *International History Review* 40(2018), 975−995; Yogesh Joshi, "Between Principles and Pragmatism: India and the Nuclear Non-Proliferation Regime in the Post-PNE Era, 1974−1980," *International History Review* 40(2018), 1073− 1093.

62 원자력 발전에 관한 논의를 포함해 석유 파동에 관한 개괄은 다음에 수록되었다. Francisco Parra, *Oil Politics: A Modern History of Petroleum*(London: I. B. Tauris, 2004).

63 Memorandum of conversation, Washington, 2 August 1974, 11am, Review of Indo-American Relations, *Foreign Relations of the United States, 1969-1976*, vol. E-8, *Documents on South Asia, 1973-1976*, ed. Paul J. Hibbeln and Peter A. Kraemer(Washington, DC: US Government Printing Office, 2007), document 171.

64 Sigvard Eklund, "Advance Draft Statement by the Director General to the 18th Session of the General Conference," received in registry 6 September 1974, FCO 66/607, UK National Archives, Kew, England.

65 Kenneth S. Deffeyes, *Hubbert's Peak: The Impending World Oil Shortage*(Princeton, NJ: Princeton University Press, 2001).

66 Edward Cowan, "Expert Doubts U.S. Can Substantially Cut Oil Imports by 1985," *New York Times*, 8 July 1975, 53.

67 Cowan, "Expert Doubts U.S. Can Substantially Cut Oil Imports by 1985," 53.

68 원자력 균열 방식과 핵폭발을 이용한 다른 기획들에 관해서는 다음을 보라. Scott Kaufman, P*roject Plowshare: The Peaceful Use of Nuclear Explosives in Cold War America*(Ithaca, NY: Cornell University Press, 2013).

69 Scientists' Institute for Public Information, Inc., Appellant, v. Atomic Energy Commission et al., No. 72−1331, United States Court of Appeals, District of Columbia Circuit, argued 8 September 1972, decided 12 June 1973, http://openjurist.org/481/f2d/1079/scientists-institute-for-public-information-inc-v-atomic-energy-commission [accessed 26 June 2020].

70 Cowan, "Expert Doubts U.S. Can Substantially Cut Oil Imports by 1985," 53.

71 Gary Snyder, *Turtle Island*(New York: New Directions, 1974), 67.

72 Yossi Melman and Meir Javedanfar, *The Nuclear Sphinx of Iran: Mahmoud Ahmadinejad and the State of Iran*(New York: Carroll and Graf, 2007), 85.

73 Atomic Energy Organization of Iran, Nuclear Research Center, "Progress Report, July—September 1976," October 1976, AEOI-68, NRC-76-41, AB 48/1530, UK National Archives, Kew, England.

74 Zhila Khalkhali-Ellis, personal email communication with the author(Hamblin), 24 October 2018.

75 인디펜던스 프로젝트에 대한 개괄과 석유 금수조치가 미국에 미친 영향에 관한 분석으로는 다음을 보라. Federal Energy Administration, *Project Independence: A Summary*(Washington, DC: US Government Printing Office, 1974).

76 Memorandum of Conversation, 17 August 1974, *Foreign Relations of the United States, 1969-1976*, vol. 37, *Energy Crisis 1974-1980*, ed. Steven G. Galpern(Washington, DC: US Government Printing Office, 2012), document 2.

77 Memorandum of Conversation, 13 August 1974, *Foreign Relations of the United States, 1969-1976*, vol. 37, *Energy Crisis 1974-1980*, ed. Steven G. Galpern(Washington, DC: US Government Printing Office, 2012), document 1. 키신저의 전략, 특히 연계에 관해서는 다음을 보라. John Lewis Gaddis, *Strategies of Containment*(New York: Oxford University Press, 1982); 외교에서 현실주의에 대한 키신저의 애호에 관해서는 다음을 보라. Jeremi Suri, *Henry Kissinger and the American Century*(Cambridge, MA: Harvard University Press, 2007).

78 Memorandum of conversation, 10 June 1975, *Foreign Relations of the United States, 1969-1976*, vol. 37, *Energy Crisis 1974-1980*, ed. Steven G. Galpern(Washington, DC: US Government Printing Office, 2012), document 65.

79 Memorandum of Conversation, 13 August 1974, *Foreign Relations of the United States, 1969-1976*, vol. 37, *Energy Crisis 1974-1980*, ed. Steven G. Galpern(Washington, DC: US Government Printing Office, 2012), document 1.

80 Bernard Weintraub, "Shah of Iran Urges End of Oil Embargo," *New York Times*, 22 December 1973, 6, 51.

81 Memorandum of conversation, 10 June 1975, *Foreign Relations of the United States, 1969-1976*, vol. 37, *Energy Crisis 1974-1980*, ed. Steven G. Galpern(Washington, DC: US Government Printing Office, 2012), document 65.

82 Telegram from the Department of State to the Embassy in Iran, 11 March 1974, *Foreign Relations of the United States, 1969-1976*, vol. 27, *Iran; Iraq, 1973-1976*, ed. Monica L.

Belmonte(Washington, DC: US Government Printing Office, 2012), document 55.

83 Telegram from the Embassy in Iran to the Department of State, 15 March 1974; Kissinger's response is in Telegram from the Department of State to the Embassy in Iran, 11 April 1974, *Foreign Relations of the United States, 1969-1976*, vol. 27, *Iran; Iraq, 1973-1976*, ed. Monica L. Belmonte(Washington, DC: US Government Printing Office, 2012), documents 56 and 58.

84 1970년대 이란이 핵개발 계획에 엄청나게 투자함에 따른 키신저의 비확산 목표에 대한 구체적인 논의로는 다음을 보라. Roham Alvandi, *Nixon, Kissinger, and the Shah: The United States and Iran in the Cold War*(New York: Oxford University Press, 2014).

85 Minutes of the Rambouillet Economic Summit Meeting, 16 November 1975, Memorandum of conversation, 10 June 1975, *Foreign Relations of the United States, 1969-1976*, vol. 37, *Energy Crisis 1974-1980*, ed. Steven G. Galpern(Washington, DC: US Government Printing Office, 2012), document 88.

86 Stuart W. Leslie and Robert Kargon, "Exporting MIT: Science, Technology, and Nation-Building in India and Iran," *Osiris* 21(2006), 110−130, quote p. 125. 그러한 이란 학생들을 수용하는 것에 관한 MIT의 내부 논의에 대한 탐구는 다음과 같다. Juana C. Becerra, "Herman Feshbach: What It Meant to be a Physicist in the Twentieth Century," unpublished senior thesis, Massachusetts Institute of Technology, 2015.

87 Alvin M. Weinberg, "Chapters from the Life of a Technological Fixer," *Minerva* 31:4(1993), 379−454, 411.

88 W. Marshall, Note for the Record of a Visit to Iran from 4th-6th February, 1975, AB 65/1066, UK National Archives, Kew, England.

89 W. Marshall, Note for the Record of a Visit to Iran from 4th-6th February, 1975.

90 W. Marshall, Note for the Record of a Visit to Iran from 4th-6th February, 1975.

91 Note for the Record of a visit to Iran by Dr. Marshall, Mr. Plail and Mrs. Hutchins, 9th-12th July 1976, AB 65/1066, UK National Archives, Kew, England.

92 Memorandum from the President's Assistant for *National Security Affairs*(Scowcroft) to President Ford, 19 April 1976, *Foreign Relations of the United States, 1969-1976*, vol. 27, *Iran; Iraq, 1973-1976*, ed. Monica L. Belmonte(Washington, DC: US Government Printing Office, 2012), document 172.

93 P. J. Westmacott [British Embassy, Tehran] to M. J. Wilmshurst [Energy Department, FCO], 24 March 1976, AB 65/1066, UK National Archives, Kew, England.

94 다국적 연료가공에 대한 시도로는 다음을 보라. Shinsuke Tomotsugu, "After the Hegemony of the 'Atoms for Peace' Program: Multinational Nonproliferation Policy under the Nixon and Ford Administrations," *Japanese Journal of American Studies*

27(2016), 167−188.

95   W. Marshall, Note for the Record of a Visit to Iran from 4th- 6th February, 1975,
      UK National Archives, Kew, England, AB 65/1066. 이 기간 에테마드의 시각 및 그
      와 영국인의 관계에 관해서는 다음을 보라. Ali M. Ansari, "The Curious Case of the
      Nuclear Company of Britain and Iran," *Journal of the British Institute of Persian Studies*
      55:1(2017), 73−86.

96   Memorandum of Conversation, 4 March 1975, *Foreign Relations of the United States,*
      1969-1976, vol. 27, *Iran; Iraq, 1973-1976*, ed. Monica L. Belmonte(Washington, DC:
      US Government Printing Office, 2012), document 109.

97   Congressional Research Service, *Project Interdependence: U.S. and World Energy Outlook*
      through 1990(Washington, DC: US Government Printing Office, 1977), 697.

98   Congressional Research Service, *Project Interdependence: U.S. and World Energy Outlook*
      through 1990, 690.

99   Congressional Research Service, *Project Interdependence: U.S. and World Energy Outlook*
      through 1990, 690−693.

100   통과하지 못했던 여러 거래에 관한 논의는 다음과 같다. Or Rabinowitz and Jayita Sarkar,
      "'It Isn't over until the Fuel Cell Sings': A Reassessment of the US and French Pledges of
      Nuclear Assistance in the 1970s," *Journal of Strategic Studies* 41:1-2(2018), 275−300.

8장 | 불신의 시대

1   Introductory Statement by Director General Dr. Hans Blix at the Post-Accident Review
     Meeting on the Chernobyl Accident, Vienna, 25 August 1986, AB 38/2164, UK
     National Archives, Kew, England.

2   Transcript, Jimmy Carter, Address to the Nation on Energy(18 April 1977), https://
     millercenter.org/the-presidency/presidential-speeches/april-18-1977-address-nation-
     energy [accessed 26 June 2020].

3   "Transcript of Speech by Carter on Energy Program at Joint Session of Congress," *New*
     York Times, 21 April 1977, 34.

4   William D. Metz, "Ford-MITRE Study: Nuclear Power Yes, Plutonium No," *Science*
     196:4285(1977), 41.

5   "Backers of Tennessee Breeder Reactor Hope for Funds from Congress: 450 Affected in
     Oak Ridge," *New York Times*, 24 April 1977, 26.

6   "Westinghouse Chief Opposes Curb on Breeder Reactor as 'Unwise,'" *New York Times*, 28 April 1977, 95.

7   이 기간 와인버그의 활동에 관해서는 다음을 보라. Alvin M. Weinberg, *The First Nuclear Era: The Life and Times of a Technological Fixer*(New York: AIP Press, 1994).

8   C. F. Baes Jr., H. E. Goeller, J. S. Olsen, and R. M. Rotty, *The Global Carbon Dioxide Problem*, ORNL-5194(Oak Ridge, TN: Oak Ridge National Laboratory, 1976).

9   "World of BNL," Brookhaven Bulletin 26:21(25 May 1972), 2.

10 H. E. Goeller, "The Ultimate Mineral Resource Situation—An Optimistic View," *Proceedings of the National Academy of Sciences of the United States of America* 69:10(1972), 2991−2992.

11 H. E. Goeller and Alvin M. Weinberg, "The Age of Substitutability," *Science* 191:4228(1976), 683−689.

12 Henry Shaw to John W. Harrison, 31 October 1977, reference 77GR 961, 다음에서 이용 가능하다. https://insideclimatenews.org/sites/default/files/documents/Government%20Meeting%20Memo%20%281977%29.pdf [accessed 26 June 2020].

13 Ralph M. Rotty and Alvin M. Weinberg, "How Long Is Coal's Future?" *Climatic Change* 1:1(1977), 45−58, quote on p. 56.

14 *Constraints on Coal Development*, Oversight Hearing before the Subcommittee on Energy and the Environment of the Committee on Interior and Insular Affairs, House of Representatives, 9 June 1977(Washington, DC: US Government Printing Office, 1977), quote on p. 24.

15 글렌 개정안과 사이밍턴 개정안에 대한 분석으로는 다음을 보라. Jayita Sarkar, "US Policy to Curb West European Nuclear Exports, 1974−1978," *Journal of Cold War Studies* 21:2(2019), 110−149.

16 그런 염려는 1977년 이란에서 열린 한 원자력 학술대회의 한 가지 주제였다. 다음을 보라. Farzan Sabet, "The April 1977 Persepolis Conference on the Transfer of Nuclear Technology: A Third World Revolt against US Non-Proliferation Policy?" *International History Review* 40(2018), 1134−1151.

17 R. Skjöldebrand, "The International Fuel Cycle Evaluation—INFCE," *IAEA Bulletin* 22:2(1980), 30−33.

18 이 글은 다음에 실렸다. *Commentaire*(Spring 1980), 91−104. 그리고 CIA가 발췌 번역한 것은 다음에 실렸다. CIA-RDP82-00850R000200080011-9, US National Archives and Records Administration, College Park, MD. 핵 공급자로 프랑스와 서독의 부상에 관해서는 다음을 보라. Sarkar, "US Policy to Curb West European Nuclear Exports, 1974−1978."

19   이 글은 다음에 실렸다. *Commentaire*(Spring 1980), 91–104. 그리고 CIA가 발췌 번역한 것은 다음에 실렸다. CIA-RDP82-00850R000200080011-9, US National Archives and Records Administration, College Park, MD.

20   Gayle Greene, *The Woman Who Knew Too Much: Alice Stewart and the Secrets of Radiation*(Ann Arbor: University of Michigan Press, 2017); J. Samuel Walker, *Three Mile Island: A Nuclear Crisis in Historical Perspective*(Berkeley: University of California Press, 2004).

21   National Intelligence Cable, 6 April 1979, CIA-RDP79T00975A031300050001-8, US National Archives and Records Administration, College Park, MD.

22   Translated excerpt for CIA, "Harrisburg Accident Provokes PCI Nuclear Policy Reversal," Milan *Corriere Della Serra*(26 April 1979), 9, CIA-RDP82-00850R000100060052-7, US National Archives and Records Administration, College Park, MD.

23   Central Intelligence Agency, East Asia Review, 10 April 1979, CIA-RDP79T00912A002200010021-2, US National Archives and Records Administration, College Park, MD.

24   Central Intelligence Agency, International Issues Review, 30 April 1979, CIA-RDP80T00942A000500010001-8, US National Archives and Records Administration, College Park, MD.

25   Translated excerpt for CIA, "'Bohemia' Sees Capitalist Greed Causing Nuclear Reactor Accident," Havana *Prela*, 12 April 1979, CIA-RDP82-00850R000100050023-0, US National Archives and Records Administration, College Park, MD.

26   쿠바의 핵 노력에 관해서는 다음을 보라. Jonathan Benjamin-Alvarado, *Power to the People: Energy and the Cuban Nuclear Program*(New York: Routledge, 2000) 및 Gustav Cederlöf, "The Revolutionary City: Socialist Urbanisation and Nuclear Modernity in Cienfuegos, Cuba," *Journal of Latin American Studies*(2019), 1–24. 전체적으로 소비에트의 수출에 관해서는 다음을 보라. William C. Potter, "The Soviet Union and Nuclear Proliferation," *Slavic Review* 44:3(1985), 468488.

27   National Intelligence Daily, Cable, 13 April 1979, CIA-RDP79T00975A031300110001-1, US National Archives and Records Administration, College Park, MD.

28   Potter, "The Soviet Union and Nuclear Proliferation," 472.

29   National Intelligence Daily, Cable, 13 April 1979, CIA-RDP79T00975A031300110001-1, US National Archives and Records Administration, College Park, MD.

30   National Issues Review, 30 April 1979, CIA-RDP80T00942A000500010001-8, US

National Archives and Records Administration, College Park, MD.

31 National Issues Review, 30 April 1979.

32 National Issues Review, 30 April 1979.

33 International Issues Review, 31 October 1979, CIA-RDP80T00942A000500010011-7, US National Archives and Records Administration, College Park, MD.

34 International Issues Review, 31 October 1979.

35 "The Iraqi Nuclear Program: Progress Despite Setbacks," Central Intelligence Agency, June 1983. 비밀 해제된 판본은 다음에서 이용 가능하다. www.gwu.edu/%7Ensarchiv/NSAEBB/NSAEBB82/iraq19.pdf [accessed 26 June 2020].

36 Francis Fukuyama, "The Soviet Union and Iraq since 1968," Rand Note N-1524-AF, July 1980.

37 "Le Second Fournisseur de Pétrole de la France," *Le Monde*, 3 August 1978, https://www.lemonde.fr/archives/article/1978/08/03/le-second-fournisseur-de-petrole-de-la-france_2994415_1819218.html [accessed 26 June 2020].

38 A. J. D. Stirling(British embassy, Baghdad) to R. J. Alston(Joint Nuclear Unit, Foreign and Commonwealth Office, UK), March 1980, FCO 8/3723, UK National Archives, Kew, England.

39 이라크의 핵개발 계획에 관한 개괄은 다음에서 찾을 수 있다. Khidhir Hamza with Jeff Stein, *Saddam's Bombmaker*(New York: Scribner, 2001).

40 이탈리아인과 미국인, 영국인의 논의는 다음에 수록되었다. A. C. Galsworthy(British Embassy, Rome) to R. J. Alston(Joint Nuclear Unit, FCO), 20 March 1980, UK National Archives, Kew, England, FCO 8/3723. Other details are in Joint Nuclear Unit(Foreign and Commonwealth Office), "Sale of 'Hot Cell' by Italy to Iraq," 19 October 1980, FCO 8/3723, UK National Archives, Kew, England.

41 프랑스 및 이탈리아 거래들과 확산 사이의 연계는 영국 의회 질의를 위한 보고에 담긴 논평들에 반영되었다. 다음을 보라. Joint Nuclear Unit, Notes for Supplementaries, 22 October 1980, GCO 8/3724, UK National Archives, Kew, England.

42 1970년대, 프레더릭 포사이스는 『자칼의 날Day of the Jackal』과 『오데사 문서철The Odessa File』을 포함해 여러 편의 인기 있는 간첩 소설들을 출간했다. K. R. Gosling(British Embassy, Vienna) to Dr. F. Brown(AE Division, Department of Energy), 23 April 1980, FCO 8/3723, UK National Archives, Kew, England.

43 Paul L. Leventhal, "The Plumbat Affair," *New York Times*, 30 April 1978, E19.

44 Victor Gilinsky and Roger J. Mattson, "Did Israel Steal Bomb-Grade Uranium from the United States?" *Bulletin of the Atomic Scientists* 17 April 2014, https://thebulletin.org/2014/04/did-israel-steal-bomb-grade-uranium-from-the-united-states/ [accessed 26

June 2020].

45 K. R. Gosling(British Embassy, Vienna) to Dr. F. Brown(AE Division, Department of Energy), 23 April 1980, FCO 8/3723, UK National Archives, Kew, England.

46 S. Thorstensen(Euratom Section) to Mr. O'Neal, 14 April1980, FCO 8/3723, UK National Archives, Kew, England.

47 R. J. Alston(Joint Nuclear Unit), "Transfer of Unsafeguarded Material to Iraq," 1 May 1980, FCO 8/3723, UK National Archives, Kew, England.

48 Serge Schemann, "Bonn Inquiry Hints Pakistan and Libya Got Atom Material," *New York Times*, 15 January 1988, A9. 연루된 다른 회사들은 노에 테크놀로기엔과 피지칼 리시 테크니시 베하퉁이었다. 다음을 보라. "German Prosecutors Say 2 Nuclear Firms Illegally Sold Parts," *Wall Street Journal*, 22 December 1988, 1.

49 Richard Burt, "Burst of Light Led to Speculation South Africa Exploded A-Bomb," *New York Times*, 27 October 1979, 5.

50 남아공의 전반적인 핵개발 계획이라는 맥락에서 해당 사건에 관한 논의로는 다음을 보라. M. S. van Wyk, "Ally or Critic? The United States' Response to South African Nuclear Development, 1949−1980," *Cold War History* 7: 2(2007), 195−225. 미국이 공식적으로 발견한 사안들에 관해서는 다음을 보라. "Possible Nuclear Explosion Panel: Findings and Conclusions," Office of Science and Technology Policy, 7 January 1980. 다음에 첨부되었다. Memorandum from President's Assistant for *National Security Affairs*(Brzezinski) to President Carter, 9 January 1980, *Foreign Relations of the United States, 1977-1980*, vol. 16, Southern Africa, ed. Myra F. Burton(Washington, DC: US Government Printing Office, 2016), document 368.

51 Khidhir Hamza with Jeff Stein, *Saddam's Bombmaker*(New York: Scribner, 2001), 134.

52 D. F. Richmond(Bagdad) to Foreign and Commonwealth Office, 24 August 1980, FCO 8/3723, UK National Archives, Kew, England.

53 D. F. Richmond [cable to various diplomatic posts], "Iraq Nuclear," 24 July 1980, FCO 8/3723, UK National Archives, Kew, England.

54 Richmond [cable to various diplomatic posts], "Iraq Nuclear," 24 July 1980.

55 Jean-Michel Quatrepoint, "L'Irak a Pris la Place qu'Occupait l'Iran dans le Commerce extérieur de l'Europe et du Japon," *Le Monde*, 30 April 1980, https://www.lemonde. fr/archives/article/1980/04/30/l-irak-a-pris-la-place-qu-occupait-l-iran-dans-le-commerce-exterieur-de-l-europe-et-du-japon_2803708_1819218.html [accessed 26 June 2020].

56 네만의 시각은 영국 외무·영연방부의 한 정보 보고서에 요약되었다. A. J. Colquhoun, "Iraqi Nuclear Programme," 18 July 1980, FCO 8/3723, UK National Archives, Kew,

England.

57　Amos Perlmutter, Michael Handel, and Uri Bar-Joseph, *Two Minutes over Baghdad*(New York: Routledge, 2004).

58　Robert Lindsey, "Reagan Says America Should Not Bar Others from A-Bomb Output," *New York Times*, 1 February 1980, A12.

59　"Breeder Reactor Officials Expect Clinch River Project to Be Built," *New York Times*, 16 November 1980, 62.

60　"Reagan Said to Support Tennessee Nuclear Plant," *New York Times*, 26 February 1981, B15.

61　"Reagan Nuclear Policy Is Called Irresponsible," *New York Times*, 10 October 1981, 9.

62　Judith Miller, "Reagan Announces a Policy to Curb the Spread of Nuclear Weapons," *New York Times*, 17 July 1981, A4.

63　"Middle East Nuclear Weapon Free Zone and Other Middle East Arms Control Issues," no author, no date. [This is a response to the president's memorandum of 22 December 1981], CIA-RDP83M00914R002100110033-5, US National Archives and Records Administration, College Park, MD.

64　"Middle East Nuclear Weapon Free Zone and Other Middle East Arms Control Issues," no author, no date. [This is a response to the president's memorandum of 22 December 1981], CIA-RDP83M00914R002100110033-5, US National Archives and Records Administration, College Park, MD.

65　"Saudi Arabia: An Assessment as of October 1980," document no. NLC-15-47-1-9-4, Jimmy Carter Presidential Library, Atlanta, Georgia.

66　Zbigniew Brzezinski to the President, 3 October 1980, document no. NLC-128-10-4-9-5, Jimmy Carter Presidential Library, Atlanta, Georgia.

67　"Middle East Nuclear Weapon Free Zone and Other Middle East Arms Control Issues," no author, no date. [This is a response to the president's memorandum of December 22, 1981], CIA-RDP83M00914R002100110033-5, US National Archives and Records Administration, College Park, MD.

68　"The Air Defense Enhancement Package for Saudi Arabia," no author, no date, Carnegie Mellon University, H. John Heinz III collection, John Heinz Files, 1977−1991, http://doi.library.cmu.edu/10.1184/pmc/heinz/box00246/fld00018/bdl0032/doc0002, [accessed 9 December 2016].

69　Director of Global Issues to Director of Soviet Analysis, 29 October 1982, CIA-RDP08S01350R000200470001-4, US National Archives and Records Administration, College Park, MD.

70 AMEMBASSY NEW DELHI to NUERC/SECSTATE WASHDC, 19 March 1987,
    document no. NLC-131-5-7-6-7, Jimmy Carter Presidential Library, Atlanta, Georgia.

71 Judith Miller, "Disputes Growing in U.N. Atom Panel," *New York Times*, 1 November
    1981, 14.

72 International Issues, Regional and Political Analysis, RP AII 77-002, 16 February
    1977, CIA-RDP79T00912A002300010010-3, US National Archives and Records
    Administration, College Park, MD.

73 Miller, "Disputes Growing in U.N. Atom Panel."

74 Miller, "Disputes Growing in U.N. Atom Panel."

75 Martha van Wyk, "Sunset over Atomic Apartheid: United States-South African Nuclear
    Relations, 1981–93," *Cold War History* 10:1(2010), 51–79.

76 Judith Miller, "U.S. Walks Out as Atom Parley Bars the Israelis," *New York Times*, 25
    September 1982, 1.

77 Miller, "U.S. Walks Out as Atom Parley Bars the Israelis."

78 OES/NTS(Allen L. Sessoms, Acting, Department of State) to IAEA IG, 12
    October 1982, with paper "IAEA Reassessment—Long Term Issues," CIA-
    RDP85M00364R000801330032-5, US National Archives and Records Administration,
    College Park, MD.

79 OES/NTS(Allen L. Sessoms, Acting, Department of State) to IAEA IG, 12 October
    1982.

80 OES/NTS(Allen L. Sessoms, Acting, Department of State) to IAEA IG, 12 October
    1982.

81 [Redacted], Weapons Proliferation/ISID/OGI, memorandum for National
    Intelligence Officer, Nuclear Proliferation, 12 October 1982, CIA-
    RDP85M00364R000801330030-7, US National Archives and Records Administration,
    College Park, MD.

82 S/NP(Mr. Richard Kennedy) to The Secretary(of State), n.d.,(subject: IAEA
    Reassessment), CIA-RDP85M00364R000801330013-6, US National Archives and
    Records Administration, College Park, MD.

83 S/NP(Mr. Richard Kennedy) to The Secretary(of State), n.d.,(subject: IAEA
    Reassessment).

84 L. Paul Bremer III, to various(Interagency Group No. 32), 17 November 1982, with
    draft strategy paper on IAEA Reassessment, CIA-RDP84B00049R000501260009-4, US
    National Archives and Records Administration, College Park, MD.

85 *Nuclear Public Relations Campaign*, Hearings before the Subcommittee on Energy

Conservation and Power of the Committee on Energy and Commerce, House of Representatives, 23 May and 30 June, 1983(Washington, DC: US Government Printing Office, 1983), 12, 220.

86 Judith Miller, "Breeder Reactor Faulted on Cost," *New York Times*, 12 December 1982, 43.

87 Martin Tolchin, "Senate Vote Virtually Kills Clinch River Atom Reactor," *New York Times*, 27 October 1983, 24. 더욱 충실한 논의로는 다음을 보라. Michael Camp, "'Wandering in the Desert': The Clinch River Breeder Reactor Debate in the US Congress, 1972−1983," *Technology and Culture* 59:1(2018), 26−47.

88 Mark Kirk, "Atomizing Bases," *New York Times*, 30 August 1984, 23.

89 "US Resumes Plan for Space Reactor," *New York Times*, 23 November 1985, 6.

90 Lester Berstein, "A Different Kind of China Syndrome," *New York Times*, 22 August 1985, 23.

91 F. H. Bormann, "Air Pollution and Forests: An Ecosystem Perspective," *BioScience* 35:7(1985), 434−441.

92 Bernard L. Cohen, *Before It's Too Late: A Scientist's Case for Nuclear Energy*(New York: Plenum, 1983).

93 Hans Blix, "The Relevance of the IAEA," *IAEA Bulletin Supplement* 24(1982), 3−5.

94 체르노빌 사고에 관해서는 다음을 보라. Serhii Plokhy, *Chernobyl: The History of a Nuclear Catastrophe*(New York: Basic Books, 2018) 및 Kate Brown, *Manual for Survival: A Chernobyl Guide to the Future*(New York: Norton, 2019).

95 Hans Blix, "The Post-Chernobyl Outlook for Nuclear Power," *IAEA Bulletin* 28:3(Autumn 1986), 9− 12.

96 K. G. Steele, Nuclear Operations Support Group, to Dr. J. H. Gittus, Atomic Energy Authority, 21 August 1986, with attached report "Chernobyl Accident—Simplified Interpretation of Soviet's Reported Accident Sequence," AB 38/2164, UK National Archives, Kew, England.

97 "Medical Aspects," n.d.(part of materials related to August 1986 meeting in Vienna about Chernobyl) AB 38/2164, UK National Archives, Kew, England.

98 John H. Gittus, "IAEA Post Accident Review Meeting on the Chernobyl Accident, 25−29 August 1986," AB 38/2164, UK National Archives, Kew, England.

99 리가소프에 관해서는 다음을 보라. Plokhy, *Chernobyl*.

100 A curie is a unit of measuring radioactivity. John H. Gittus, "Accident, 25−29 August 1986," AB 38/2164, UK National Archives, Kew, England.

101 "Introductory Statement by Director General Dr. Hans Blix at the Post-Accident Review

Meeting on the Chernobyl Accident, Vienna, 25 August 1986," AB 38/2164, UK National Archives, Kew, England.

102 "Introductory Statement by Director General Dr. Hans Blix."

103 Directorate of Intelligence, Central Intelligence Agency, "The Chernobyl Accident: Social and Political Implications," December 1987, CIA-RDP08S01350R000300900002-4, National Archives and Records Administration, College Park, MD.

104 Ronald Reagan, Presidential Proclamation 5514, 100 Stat. 4478, 29 July 1986.

105 Chernobyl Task Force, Office of Soviet Analysis et al., Central Intelligence Agency, "Chernobyl: A Year Later," SOV 87-10047, August 1987, Central Intelligence Agency Freedom of Information Act Reading Room, document number CIA-RDP08S01350R000401290002-0, quote on pp. 23–24.

106 Javier Pérez de Cuéllar, "Nations of the World Have Greatly Benefited from the IAEA," *IAEA Bulletin* 29:3(1987), 5–7.

107 "Congratulatory Messages on IAEA's 30th Birthday," *IAEA Bulletin* 29:3(1987), 6.

108 Munir Ahmad Khan, "1957–87: Development through Global Co-operation," *IAEA Bulletin* 29:3(1987), 7–10.

109 비핵지대 협정에 관해서는 다음을 보라. Jonathan Hunt, "Mexican Nuclear Diplomacy, the Latin American Nuclear-Weapon-Free Zone, and the NPT Grand Bargain, 1962–1968," in *Negotiating the Nuclear Non-Proliferation Treaty: The Making of a Nuclear Order*, ed. Roland Popp, Liviu Horovitz, and Andreas Wenger(New York: Routledge, 2016), 179–202.

110 Hans Blix, "The Next 10 Years: Major Challenges Shaping the IAEA's Future," *IAEA Bulletin* 29:3(1987), 11–13.

결론 | 풍요라는 환상

1 Joshua S. Goldstein, Staffan A. Qvist, and Steven Pinker, "Nuclear Power Can Save the World," *New York Times*, 19 April 2019, SR, 4. 그런 호소의 한 사례는 또한 다음에 나타난다. Jeff W. Eerkens, *The Nuclear Imperative: A Critical Look at the Approaching Energy Crisis*(Dordrecht: Springer, 2006).

2 Mohamed ElBaradei, *The Age of Deception: Nuclear Diplomacy in Treacherous Times*(New York: Metropolitan, 2011).

3 Interview with Mohamed ElBaradei by freelance journalist Marika Griehsel, 7 October

2005, https://www.nobelprize.org/prizes/peace/2005/elbaradei/26135-interview-with-mohamed-elbaradei/ [accessed 26 June 2020].

4   Mark Landler, "Man in the News: The UN's Geiger Counter," *New York Times*, 8 October 2005, 10.

5   이 책에서 내가 종종 이용한 문서들은 위키리크스가 2010년에 공개한 미국 외교 전신들의 일부였다. 나는 그러한 문건들의 사용에 관해 『뉴욕타임스』 편집진과 견해가 같다. 다음을 보라. "A Note to Readers: The Decision to Publish Diplomatic Documents," *New York Times*, 28 November 2010, A10. 여기서 언급된 전신은 다음과 같다. "IAEA: What Is Being Done in Food Security," 9 July 2009, ID: 09UNVIEVIENNA327, https://search.wikileaks.org/plusd/cables/09UNVIEVIENNA327_a.html [accessed 26 June 2020].

6   오바마 연간의 핵기술에 관한 관점으로는 다음을 보라. Gregory B. Jaczko, *Confessions of a Rogue Nuclear Regulator*(New York: Simon and Schuster, 2019).

7   브리머는 국제기구문제 담당 미국 국무차관보였다. "IO A/S Brimmer's First Call on DG Amano and Meetings with IAEA Reps," 4 December 2009, http://wikileaks.org/cable/2009/12/09UNVIEVIENNA545.html [accessed 26 June 2020].

8   Sasha Henriques(IAEAS Division of Public Information), "More than a Watchdog," 20 September 2010, https://www.iaea.org/newscenter/news/more-watchdog [accessed 26 June 2020].

9   Fredrik Dahl, "Analysis: Fukushima to Slow, Not Stop, Nuclear Growth," *Reuters World News*, 22 September 2011, https://in.reuters.com/article/idINIndia-59491320110922 [accessed 26 June 2020].

찾아보기